安徽省高等学校省级质量工程项目

GAOJI CAIWU KUAIJI

高级财务会计

主　编◎吴本洲
副主编◎吴　洋　杨　英　刘溢华

北京师范大学出版集团
BEIJING NORMAL UNIVERSITY PUBLISHING GROUP
安徽大学出版社

图书在版编目(CIP)数据

高级财务会计 / 吴本洲主编. -- 合肥 : 安徽大学出版社，2024. 8. -- ISBN 978-7-5664-2833-2
(2025.7 重印)

Ⅰ. F234.4

中国国家版本馆 CIP 数据核字第 2024WD1256 号

高级财务会计

GaoJi CaiWu KuaiJi

吴本洲 主编

出版发行：北京师范大学出版集团
安 徽 大 学 出 版 社
(安徽省合肥市肥西路 3 号 邮编 230039)
www.bnupg.com
www.ahupress.com.cn

印　　刷：安徽利民印务有限公司
经　　销：全国新华书店
开　　本：880 mm×1230 mm　1/16
印　　张：24.5
字　　数：679 千字
版　　次：2024 年 8 月第 1 版
印　　次：2025 年 7 月第 2 次印刷
定　　价：69.00 元
ISBN 978-7-5664-2833-2

策划编辑：邱　昱　姚　宁　　装帧设计：李　军　孟献辉
责任编辑：姚　宁　　美术编辑：李　军
责任校对：方　青　　责任印制：陈　如　孟献辉

前 言

高级财务会计作为中级财务会计的延伸，是会计学、审计学、财务管理、资产评估等专业的核心课程。基础会计、中级财务会计和高级财务会计共同构成财务会计学科的完整体系，三者既相对独立又相互衔接，系统完整地呈现了财务会计确认、计量与报告的理论与实务。

基础会计是财务会计知识体系的基础，由浅入深地讲解会计学的基本知识，循序渐进地介绍财务会计确认、计量与报告的基本原理和基本方法。中级财务会计则系统地介绍会计六大要素的确认、计量与报告的理论与实务的相关内容，完整地阐述企业利用财务报告列报企业的财务状况、经营成果和现金流量信息的原理与方法。而高级财务会计是在中级财务会计的基础上，对财务会计教学内容的补充与延伸，并且随着不断变化的经济环境，对财务会计教学理念与体系随时提出新的要求，其补充与延伸的内容也在日益更新与丰富。特别是近年来《企业会计准则第 22 号——金融工具确认和计量》《企业会计准则第 23 号——金融资产转移》《企业会计准则第 24 号——套期会计》《企业会计准则第 37 号——金融工具列报》《企业会计准则第 14 号——收入》《企业会计准则第 21 号——租赁》《企业会计准则第 25 号——保险合同》等会计准则的修订和完善，以及《关于修订印发一般企业财务报表格式的通知》(2019)和《关于修订印发合并财务报表格式的通知》(2019 版)等政策的发布，对高级财务会计的内容提出了更高的要求。

本教材立足应用型会计本科人才培养目标，是安徽省高等学校规划教材和省级质量工程教材规划项目。本书在编写过程中突出了以下特点：第一，以国际会计惯例和最新的会计准则、政策为依据，对会计实务既阐述了理论依据又示范了实务处理；第二，教材立足应用型本科人才的培养，力求言简意赅地分析了企业会计准则的精髓和要义，使学生学习起来能事半功倍、触类旁通、举一反三；第三，注重理论联系实际，本教材很好地处理了会计理论与我国实际相结合的问题，各章各节的理论知识点配备了大量的例题，精准模拟了会计实务，对我国企业会计准则给予充分的解释、补充和说明。

在撰写本书过程中,编者力求体现出会计专业教学的严谨态度和务实精神;体现最科学、最规范的会计专业知识掌握要求,力争实现系统性、先进性、严谨性,并突出应用性和理论联系实际。本书在编写过程中,得到了铜陵学院会计学院院长、安徽大学出版社领导及编辑的大力支持和热心帮助,参考了诸多相关教材和国内外会计学专家的最新研究结果,同时,铜陵学院会计学院许多老师也给本书提供了宝贵意见,在此一并表示衷心的感谢。

本书由吴本洲担任主编,吴洋和杨英担任副主编。铜陵学院会计学院副院长杨英教授总体策划本书,并对本书的撰写进行了指导。本书由吴本洲老师、吴洋老师和杭婷婷老师负责校稿,吴本洲老师负责全书大纲的拟定和最终的总纂。具体编写分工如下:第一章由陈颖老师撰写,第二章由刘溢华老师撰写、第三章和第八章由吴本洲老师撰写、第四章和第十章由聂冬雪老师撰写、第五章由葛雪老师撰写、第六章由吴洋老师撰写、第七章由吴中山老师撰写、第九章由赵春艳老师撰写、第十一章由杭婷婷老师撰写。由于时间仓促、修改工作量大,水平有限,书中难免出现错漏之处,欢迎广大读者和同行批评指正。

编　者

2024 年 7 月

目　录

第一章 所得税会计

本章知识结构

- 所得税会计
  - 所得税会计概述
    - 会计利润与应纳税所得额之间的差异
    - 所得税会计核算方法
    - 资产负债表债务法
  - 计税基础与暂时性差异
    - 资产的计税基础
    - 负债的计税基础
    - 暂时性差异
  - 递延所得税资产与递延所得税负债的确认和计量
    - 递延所得税资产的确认和计量
    - 递延所得税负债的确认和计量
    - 所得税率变化对递延所得税资产和负债的影响
  - 所得税的会计处理及信息披露
    - 当期所得税
    - 递延所得税
    - 利润表所得税费用
    - 所得税的列报

学习目标

通过本章的学习，了解所得税会计处理方法的变迁；理解资产负债表债务法的基本程序；掌握资产负债表债务法的应用。

案例导入

总经理的疑问

当远洋公司总经理看完2023年度的财务会计报告后，眉头紧皱了起来，马上给财务部经理打电话，叫他和主管会计一同到经理办公室来。见到财务部经理，总经理就问："我按照利润表中利润总额的25%计算2023年应交的所得税，怎么比财务部计算的所得税少那么多？"财务部经理解释说："财务会计和税收分别遵循不同的原则，服务于不同的目的，两者计算收支的口径和确认时间有时不同，这样就使会计利润和按税法要求计算的应税收益之间存在一定差额。"

总经理说："请你们财务部马上把我们公司会计确认的收支与税法规定不一致的地方整理出一份材料，我看下这种差异到底对我们公司的税后利润有多大影响。"财务部经理安排主管会计做这项工作。经过几天紧张的工作，主管会计将2023年与所得税有关的业务整理如下：公司2023年所得税前利润为5 000 000元。当年发生的在收入中扣除的项目有：(1)职工工资150 000元；(2)计提职工福利费21 000元；(3)支付赞助费20 000元；(4)支付未履行合同违约金21 000元；(5)支付未按期纳税滞纳金和罚款2 500元；(6)上年12月份购入管理用设备，价值500 000元，预计使用8年，会计上按8年提取折旧(假设不考虑净残值，直线法计提折旧)；(7)向非金融机构借入资金1 000 000元，年利率15%，借款用于生产，当年计入财务费用的利息支出150 000。据查，金融机构同类、同期贷款利率为年利率10%。

税法规定，企业在计算应纳税所得额时发生的上述支出，应按以下要求从所得额中扣除：(1)工资费用按计税工资总额扣除；该公司计税工资总额为140 000元；(2)职工福利费按计税工资总额的14%扣除；(3)管理用设备的折旧费按5年计提，采用直线法(不考虑净残值)；(4)公司向非金融机构借款利息支出，按照不高于金融机构同类、同期贷款利率的部分扣除；(5)企业支付的赞助费及滞纳金、罚款不得从纳税所得中扣除；(6)该公司按25%的所得税税率计算缴纳所得税。

总经理看完后，又提出了以下问题：

(1)税前会计利润与应税所得之间存在几种差异？各差异的内容是什么？

(2)以上哪些项目在计算缴纳所得税时应调整会计所得，并属于哪种差异？

(3)如何计算2023年公司应缴纳的所得税额？

(4)如何进行会计处理？

分析思考：如果你是财务部经理，你如何回答总经理的上述问题？

第一节　所得税会计概述

财务会计与税法服务于不同的目的。财务会计是在一系列公认会计(GAAP)或会计标准的制约下，旨在真实公允地反映企业特定时点的财务状况，特定期间的经营成果、现金流量及所有者权益变动情况的信息，既可以用来解除管理当局的受托责任，又可以协助投资者、债权人及利益相关者进行恰当的经济决策。而税法的目的在于根据国家的有关法律规定，确定一定时期内纳税人应该缴纳的税额；若从所得税的角度审视，则主要是确定企业的应纳税所得额。随着市场经济的发展和企业业务的复杂性，财务会计与税法目标的差异必然导致所得税法规和会计准则的规定日渐分离，所得税会计逐渐从财务会计中分离出来。

一、会计利润与应纳税所得额之间的差异

会计核算遵循会计准则，而计算缴纳所得税必须遵循税收法律，按照会计准则计算出的利润

并不是税法上所认定的应纳税所得额。会计利润是广义的收入减去广义的费用。应纳税所得额的计算运用的是会计的原理，用收入减去费用，只是收入和费用都是税法标准下的。所得税会计是研究如何处理会计利润和应纳税所得额之间差异的会计理论与方法。例如企业投资国债的利息收入符合会计要素收入的定义应当计入当期损益，可企业所得税法规定国债利息收入可以免税，所以就造成了会计利润和应纳税所得额之间的差异。假设没有其他任何会计与税法差异，由于该项差异将会导致会计利润大于应纳税所得额。

会计利润与应纳税所得额之间的差异按照性质不同可以分为永久性差异与暂时性差异。

（一）永久性差异

永久性差异是指某一会计期间，由于会计准则和税法在计算收益、费用或损失时的口径不同所产生的税前会计利润与应纳税所得额之间的差异。例如，税收滞纳金会计核算计入“营业外支出”减少当期利润，但是税法规定税收滞纳金不允许从税前扣除。在这种情形发生的时候应纳税所得额就需要在会计利润的基础上加上税收滞纳金，导致的结果就是应纳税所得额大于会计利润。

知识点链接

企业所得税法明确规定下列支出不得从税前扣除：

(1)分红；

(2)所得税税款；

(3)税收滞纳金；

(4)罚没损失以及规定以外捐赠支出；

(5)未经核定的准备金支出以及与取得应税收入无关的支出。

永久性差异的特点在本期发生不会在以后期间随着时间的推移差异消失。

（二）暂时性差异

暂时性差异是指资产、负债的账面价值与其计税基础不同产生的差异，该差异的存在影响未来期间的应纳税所得额。例如，一项设备原价 1 000 万元，会计本期计提折旧 200 万元，税法本期只允许提 100 万元折旧，本期会计利润比应纳税所得额少了 100 万元，导致会计设备账面价值 800 万元和税法的计税基础 900 万元之间有差额 100 万元，未来会计期间当经济利益实现时会计利润扣除 800 万元折旧，但企业所得税法允许扣除 900 万元折旧，也就意味着本期在会计利润基础上多计算应纳税所得额 100 万元，未来会计期间可以少计算应纳税所得额 100 万元。

二、所得税会计核算方法

（一）应付税款法

应付税款法不区分永久性差异和暂时性差异，在会计利润的基础上按照税法的标准计算出应纳税所得额，再乘以适用的税率得到所得税费用和应纳所得税额，利润表上的所得税费用和应纳所得税额相等。小企业会计准则规定对所得税的核算只采用应付税款法。

【例 1-1】 华鑫股份有限公司本期会计利润 200 万元，适用的所得税率为 25%，除了国债利息 20 万元免交企业所得税外，还有一项固定资产会计本期计提 30 万元折旧，税法规定只允许提 20 万元折旧。

按税法规定应纳所得税额＝(200－20＋10)×25%＝47.5(万)

账务处理如下：

借：所得税费用　　　　　　　　　　　　47.5

　贷：应交税费——应交企业所得税　　　　　　47.5

在备查簿上登记本期按税法规定少扣折旧 10 万，在以后会计期间可以补扣。

(二)纳税影响会计法

纳税影响会计法是将本期会计利润与应纳税所得额之间的时间性差异造成的影响纳税的金额，递延和分配到以后各期。在采用纳税影响会计法时，所得税被视为企业在获得收益时发生的一种费用，并应随同有关的收入费用计入同一期内，以达到收入和费用的配比，由于时间性差异影响的所得税金额，包括在损益表的所得税项目内，以及资产负债表中的递延税款余额里。适用于企业会计准则的会计主体对所得税的核算必须采用纳税影响会计法。

应付税款法与纳税影响会计法的主要区别是，应付税款法不确认暂时性差异对所得税的影响金额，直接以本期应交所得税作为本期的所得税费用；而纳税影响会计法确认暂时性差异对所得税的影响金额，在资产负债表中单独作为递延所得税资产或递延所得税负债项目列示，同时，在利润表中增加或抵减本期的所得税费用。

在采用纳税影响会计法进行所得税的会计处理时，按照所得税率变动时是否需要对已经入账的递延所得税项目进行调整，又有两种处理方法：一种是在税率发生变动的情况下，不需要按未来适应税率调整已经入账的递延所得税项目，待转回暂时性差异对所得税的影响时，按照原确认的递延所得税项目时的适应税率计算并予以转销，这种方法叫作“递延法”；另一种方法是在税率发生变动的情况下，需要按未来适应税率调整已经入账的递延所得税项目，待转回暂时性差异对所得税的影响时，均按照转回期间适应的所得税率计算并予以转销，这种方法叫作“债务法”。由于递延法的会计处理存在许多不足，我国企业会计准则不允许采用递延法会计处理。

另外，在债务法下，按照确定暂时性差异对未来所得税影响的目的不同，又分为利润表债务法和资产负债表债务法。利润表债务法是以“收入费用观”作为理论基础，其主要目的是合理确认利润表中的所得税费用，递延所得税资产或递延所得税负债是由利润表间接推导得出的，使得资产负债表无法真实、完整地揭示企业的财务状况，也降低了会计信息的可比性，不利于财务报表使用者对企业财务状况的判断和评价。因此，我国企业会计准则已不允许使用利润表债务法。而资产负债表债务法是以“资产负债观”作为理论基础，其主要目的是合理确认资产负债表中的递延所得税资产和递延所得税负债，所得税费用是由资产负债表间接得出来的，使得资产负债表比较真实、完整地揭示企业的财务状况，提高了会计信息的可比性，有利于财务报表使用者作出正确的决策。因此，我国现行企业会计准则要求企业使用资产负债表债务法核算所得税的会计处理。

三、资产负债表债务法

（一）资产负债表债务法概述

资产负债表债务法是基于资产负债表中所列示的资产、负债账面价值和计税基础经济含义的基础上，分析按照会计原则列报的账面价值与税法规定的差异，并就有关差异确定相关所得税影响的会计方法。相较于仅将当期实际应交所得税作为利润表中所得税费用的核算方法，资产负债表债务法除了能够反映企业已经持有的资产、负债及其变动对当期利润的影响，还能够反映有关资产、负债对未来期间的所得税影响，在所得税核算领域贯彻了资产负债观。

正是由于资产负债表债务法在所得税的会计核算方面遵循了资产、负债的界定，从资产负债角度考虑，资产的账面价值代表的是某项资产在持续持有及最终处置的一定期间内为企业带来未来经济利益的总额，而其计税基础代表的是该期间内按照税法规定就该项资产可以税前扣除的总额。资产的账面价值小于其计税基础的，表明该项资产于未来期间产生的经济利益流入低于按照税法规定允许税前扣除的金额，产生可抵减未来期间应纳税所得额的因素，减少未来期间以所得税税款的方式流出企业的经济利益，应确认为递延所得税资产；反之，一项资产的账面价值大于其计税基础的，两者之间的差额会增加企业于未来期间的应纳税所得额及应交所得税，对企业形成经济利益流出的义务，应确认为递延所得税负债。

（二）资产负债表债务法的基本核算程序

我国所得税会计采用了资产负债表债务法。资产负债表债务法是从资产负债表出发，通过比较资产负债表上列示的资产、负债按照会计准则规定确定的账面价值与按照税法规定确定的计税基础，对于两者之间的差异分别应纳税暂时性差异与可抵扣暂时性差异，确认相关的递延所得税负债与递延所得税资产，并在综合考虑当期应交所得税的基础上，确定每一会计期间利润表中的所得税费用。企业进行所得税核算一般应遵循以下程序。

1. 确定资产和负债的账面价值

按照相关会计准则规定，确定资产负债表中除递延所得税资产和递延所得税负债以外的其他资产和负债项目的账面价值。资产、负债的账面价值，是指企业按照相关会计准则的规定进行核算后在资产负债表中列示的金额。对于计提了减值准备的各项资产，是指其账面余额减去已计提的减值准备后的金额。例如，企业持有的库存商品账面余额为 2 000 万元，企业对该库存商品计提了 80 万元的存货跌价准备，其账面价值为 1 920 万元，该金额即为库存商品在资产负债表中应列示的金额。

2. 确定资产和负债的计税基础

按照会计准则中对于资产和负债计税基础的确定方法，以适用的税收法规为基础，确定资产负债表中有关资产、负债项目的计税基础。对于计提了减值准备的各项资产，根据税法的规定，企业计提的资产减值准备在发生实质性损失前不允许税前扣除，即该库存商品的计税基础不会随着减值准备的提取发生变化。例如，企业持有的库存商品账面余额为 2 000 万元，企业对该库存商品计提了 80 万元的存货跌价准备，其计税基础仍为 2 000 万元。

3. 确定递延所得税

比较资产、负债的账面价值与其计税基础，对于两者之间存在差异的，分析其性质、除准则中规定的特殊情况外，分别以应纳税暂时性差异与可抵扣暂时性差异，确定资产负债表日递延所得税负债和递延所得税资产的应有金额，并与期初递延所得税负债和递延所得税资产的余额相比，确定当期应予进一步确认的递延所得税负债和递延所得税资产的金额或应予转销的金额，并将两者的差额作为递延所得税。

4. 确定当期所得税

就企业当期发生的交易或事项，按照适用的税法规定计算确定当期应纳税所得额，将应纳税所得额与适用的所得税税率计算的结果确认为当期应交所得税，作为当期所得税。

5. 确定利润表中的所得税费用

利润表中的所得税费用包括当期所得税（当期应交所得税）和递延所得税两个部分组成，企业在计算确定了当期所得税和递延所得税后，两者之和（或之差），即是利润表中的所得税费用。

资产负债表债务法核算所得税的程序如图 1-1 所示：

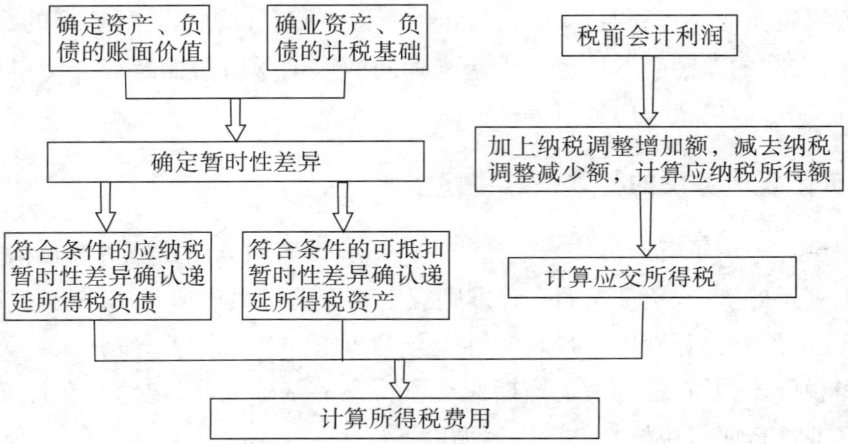

图 1-1　资产负债表债务法的基本程序

第二节　计税基础与暂时性差异

根据所得税会计核算的程序，想要确定递延所得税资产或者递延所得税负债首先要比较资产和负债的账面价值与资产和负债的计税基础之间的差异额，通过其他相关准则的学习已经掌握了资产和负债账面价值的确定，因此所得税会计准则核心的问题就是确定资产和负债的计税基础。在确定资产和负债的计税基础时，应严格遵循税收法规中对于资产的税务处理以及可税前扣除的费用等的规定进行。

一、资产的计税基础

资产的计税基础，是指企业收回资产账面价值的过程中，计算应纳税所得额时按照税法规定可以从应税经济利益中抵扣的金额，即某一项资产在未来期间收回该资产的账面价值时，计税时按照税法规定可以税前扣除的总金额，或者可以称之为“税收标准下资产的账面价值”。所得税是直接税，只就“所得”征税，所得其实质就是所赚的钱，通过资产的定义资产可以给企业带来经济利益的流入，但是并不是就所有的流入要征所得税，可以扣除自身的成本才是所得，在收入确定的情形下所得的多与少直接取决于可以扣的成本，所以资产的计税基础就是税法所规范的可以扣除的成本。

因为资产负债表日资产的账面价值与取得成本以及后续计量和期末计量的原则有关，所以不同的资产账面价值与计税基础之间的差异产生的原因也不尽相同。

（一）固定资产

会计账面价值＝实际成本－会计累计折旧－固定资产减值准备

计税基础＝实际成本－税法累计折旧

以各种方式取得的固定资产，初始确认时按照会计准则规定的入账价值基本上是被税法认可的，即取得时其账面价值一般等于计税基础。固定资产在持有期间进行后续计量时，由于会计与税法规定就折旧方法、折旧年限以及固定资产减值准备的提取等处理的不同，可能造成固定资产账面价值与计税基础的差异。

1. 折旧方法或者折旧年限不同导致的差异

会计准则规定，企业应当根据与固定资产有关的经济利益的预期实现方式，合理选择固定资产折旧方法。可选用的折旧方法包括年限平均法、工作量法、双倍余额递减法和年数总和法等。税法规定除了某些特例，企业固定资产由于技术进步等原因，确需加速折旧的，可以采用加速折旧方法外，一般只允许企业按照直线法计算提取的折旧，才可在计算应纳税所得额时扣除。另外，税法还对每一类固定资产的最低折旧年限作出了规定，而会计准则规定折旧年限是由企业根据固定资产的性质和使用情况合理确定的。

【例 1-2】 华鑫股份有限公司于 2×22 年 1 月 1 日开始计提折旧的某项固定资产，原价为 3 000 000元，使用年限为 10 年，采用年限平均法计提折旧，预计净残值为 0。税法规定类似固定资产采用加速折旧法计提的折旧可予税前扣除，该企业在计税时采用双倍余额递减法计提折旧，预计净残值为 0。

【分析】 2×23 年 12 月 31 日，会计账面价值与计税基础金额为：

该项固定资产的账面价值＝3 000 000－300 000×2＝2 400 000(元)

计税基础＝3 000 000－3 000 000×20%－2 400 000×20%＝1 920 000(元)

该项固定资产账面价值 2 400 000 元与其计税基础 1 920 000 元之间的 480 000 元差额，代表着将于未来期间计入企业应纳税所得额的金额，产生未来期间应交所得税的增加，应确认递延所得税负债。

【例 1-3】 承接【例 1-2】，假定税法也规定采用年限平均法计提折旧，但是税法规定的使用年限是 20 年。

【分析】 2×23 年 12 月 31 日，会计账面价值与计税基础金额为：

该项固定资产的账面价值＝3 000 000－300 000×2＝2 400 000(元)

计税基础＝3 000 000－150 000×2＝2 700 000(元)

该项固定资产账面价值2 400 000元与其计税基础2 700 000元之间的300 000元差额，代表着将于未来期间可以递减企业应纳税所得额的金额，产生未来期间应交所得税的减少，应确认递延所得税资产。

2. 计提减值准备导致的差异

会计准则规定当账面价值高于可收回金额表明固定资产减值了根据谨慎性要求应该计提减值，而税法对减值的认定强调实际发生，会计上计提的无论何种形式的准备金除非国家税务总局认可否则一律不得从所得税前扣除。

【例1-4】 华鑫股份有限公司于2×20年12月20日取得某设备，成本为16 000 000元，预计使用10年，预计净残值为0，采用年限平均法计提折旧。2×23年12月31日。根据该设备生产产品的市场占有情况，华鑫股份有限公司估计其可收回金额为9 200 000元。假定税法规定的折旧方法、折旧年限与会计准则相同，企业的资产在发生实质性损失时可予税前扣除。

【分析】 2×23年12月31日，华鑫股份有限公司该设备的账面价值＝16 000 000－1 600 000×3＝11 200 000(元)，可收回金额为9 200 000元，应当计提2 000 000元固定资产减值准备，计提该减值准备后，固定资产的账面价值为9 200 000元。该设备的计税基础＝16 000 000－1 600 000×3＝11 200 000(元)，资产的账面价值9 200 000元小于其计税基础11 200 000元，产生可抵扣暂时性差异。

(二)无形资产

会计账面价值＝实际成本－会计累计摊销－无形资产减值准备

计税基础＝实际成本－税法累计摊销

除内部研究开发形成的无形资产外，以其他方式取得的无形资产，初始确认时其入账价值与税法规定的成本之间一般不存在差异。

1. 内部研究开发形成的无形资产导致实际成本的差异

企业会计准则规定有关研究开发支出区分两个阶段，研究阶段的支出应当费用化计入当期损益，而开发阶段符合资本化条件的支出应当计入所形成无形资产的成本。

知识点链接

《中华人民共和国企业所得税法》第三十条规定，企业的下列支出，可以在计算应纳税所得额时加计扣除：

第(一)项，开发新技术、新产品、新工艺发生的研究开发费用。

《中华人民共和国企业所得税法实施条例》规定：所称研究开发费用的加计扣除，是指企业为开发新技术、新产品、新工艺发生的研究开发费用，未形成无形资产计入当期损益的，在按照规定据实扣除的基础上，按照研究开发费用的50%加计扣除；形成无形资产的，按照无形资产成本的150%摊销。

【例1-5】 华鑫股份有限公司当期发生研究开发支出计10 000 000元，其中研究阶段支出2 000 000元，开发阶段符合资本化条件前发生的支出为2 000 000元，符合资本化条件后发生的支出为 6 000 000 元。假定开发形成的无形资产在当期期末已达到预定用途，但尚未进行摊销。

【分析】 华鑫股份有限公司当年发生的研究开发支出中，按照会计规定应予费用化的金额为 4 000 000 元，形成无形资产的成本为 6 000 000 元，即期末所形成无形资产的账面价值为 6 000 000 元。华鑫股份有限公司于当期发生的 10 000 000 元研究开发支出，可在税前扣除的金额为 6 000 000 元。对于按照会计准则规定形成无形资产的部分，税法规定按照无形资产成本的 150%作为计算未来期间摊销额的基础，即该项无形资产在初始确认时的计税基础为 9 000 000 元（6 000 000×150%）。该项无形资产的账面价值 6 000 000 元与其计税基础 9 000 000 元之间的差额 3 000 000 元将于未来期间税前扣除，产生可抵扣暂时性差异。

2. 无形资产后续计量导致的差异

无形资产后续计量导致会计账面价值与计税基础之间的差异主要产生于对无形资产是否需要摊销及无形资产减值准备的计提。

同一项无形资产摊销会计与税法的差异主要的原因：一是，是否需要摊销；二是，摊销年限。会计对无形资产的摊销方法一般和税法要求一致基本采用的是直线法。

【例 1-6】 华鑫股份有限公司于 2×23 年 1 月 1 日取得某项无形资产，成本为 9 000 000 元。企业根据各方面情况判断，无法合理预计其带来未来经济利益的期限，作为使用寿命不确定的无形资产。2×23 年 12 月 31 日，对该项无形资产进行减值测试表明未发生减值。企业在计税时，对该项无形资产按照 10 年的期间摊销，有关摊销额允许税前扣除。

【分析】 会计上将该项无形资产作为使用寿命不确定的无形资产，在未发生减值的情况下，其账面价值为取得成本 9 000 000 元。

该项无形资产在 2×23 年 12 月 31 日的计税基础为 8 100 000 元（9 000 000－900 000）。

该项无形资产的账面价值 9 000 000 元与其计税基础 8 100 000 元之间的差额 900 000 元将计入未来期间的应纳税所得额，产生未来期间企业所得税税款流出的增加，为应纳税暂时性差异。

（三）期末以公允价值计量的资产

1. 以公允价值计量且其变动计入当期损益的金融资产

会计：期末按公允价值计量，公允价值变动计入当期损益。

税法：期末按成本计量。

【例 1-7】 华鑫股份有限公司 2×23 年 7 月以 520 000 元取得乙公司股票 50 000 股作为交易性金融资产核算，2×23 年 12 月 31 日，华鑫股份有限公司尚未出售所持有乙公司股票，乙公司股票公允价值为每股 12.4 元。税法规定，资产在持有期间公允价值的变动不计入当期应纳税所得额，待处置时一并计算应计入应纳税所得额的金额。

【分析】 作为交易性金融资产的乙公司股票在 2×23 年 12 月 31 日的账面价值为 620 000 元（12.4×50 000），其计税基础为原取得成本不变，即 520 000 元，两者之间产生 100 000 元的应纳税暂时性差异。

2. 以公允价值计量且其变动直接计入其他综合收益的金融资产

会计：期末按公允价值计量，公允价值变动计入其他综合收益。

税法：期末按成本计量。

【例 1-8】 承接【例 1-7】，假设取得的股票划为其他权益工具投资。

【分析】 作为其他权益工具投资的乙公司股票在 2×23 年 12 月 31 日的账面价值为 620 000 元(12.4×50 000)，其计税基础为原取得成本不变，即 520 000 元，两者之间产生 100 000 元的应纳税暂时性差异。

本例与上例相同点是产生的差异金额和性质是相同的，不同点在于确认递延所得税负债时交易性金融资产由于公允价值变动计入损益，所以产生的会计与税法差异确认递延所得税负债时对应的是“所得税费用”科目，其他权益工具投资公允价值变动直接计入所有者权益的“其他综合收益”科目，所以产生的会计与税法差异确认递延所得税负债时对应的是“其他综合收益”科目。

3. 公允价值模式进行后续计量的投资性房地产

后续计量采用成本模式的投资性房地产其账面价值与计税基础差异与固定资产和无形资产相同；采用公允价值模式进行后续计量的投资性房地产会计期末账面价值按公允价值计量，公允价值变动计入当期损益，因税法中没有投资性房地产的概念及专门的税收处理规定，所以其计税基础的确定类似于固定资产或无形资产的计税基础。

【例 1-9】 华鑫股份有限公司的 C 建筑物于 2×21 年 12 月 31 日投入使用并直接出租，成本为 6 800 000 元。华鑫股份有限公司对投资性房地产采用公允价值模式进行后续计量。2×23 年 12 月 31 日，已出租建筑物累计公允价值变动损益为 200 000 元，其中本年度公允价值变动收益为 50 000元。根据税法规定 C 建筑物以历史成本扣除按税法规定计提折旧后作为其计税基础，折旧年限为 20 年，净残值为零，自投入使用的次月起采用年限平均法计提折旧。

【分析】 2×23 年 12 月 31 日，该投资性房地产的账面价值为 7 000 000 元，计税基础为 6 120 000 元。(6 800 000－6 800 000÷20×2)。2×23 年的会计利润包含的公允价值变动收益 50 000 元无须纳入应纳税所得额并且可以扣除折旧 340 000 元，当年度应纳税所得额在会计利润的基础上应该调减总计 390 000 元。产生的是应纳税暂时性差异。

(四)其他计提准备的资产

其他计提准备的资产会计的账面价值与计税基础之间也会有差异。例如应收账款提坏账准备，某会计期末应收账款账面余额 1 000 万元，假设会计上计提坏账准备 10 万元，则应收账款的账面价值为 990 万元，而计税基础是 1 000 万元。存货期末计提跌价准备也会导致账面价值与计税基础不同，账面价值是用存货的账面余额减去跌价准备，而计税基础是存货的账面余额。

二、负债的计税基础

负债的计税基础，是指负债的账面价值减去未来期间计算应纳税所得额时按照税法规定可予抵扣的金额。对于预收收入，所产生负债的计税基础是其账面价值减去未来期间非应税收入的金额。用公式表示为：

负债的计税基础＝负债账面价值－未来负债偿还税法允许从所得税前抵扣的金额(或未来期间非应税收入的金额)

资产负债表上负债的账面价值在未来偿还的时候一般很少会涉及损益，不涉及损益就和所得税没有关系。所以负债的账面价值与计税基础一般情况下相等比较多见。但是某些情况下，负债的确认可能会影响企业的损益，进而影响不同期间的应纳税所得额，使得其计税基础与账面价值之间产生差额。

（一）企业因销售商品提供售后服务等原因确认的预计负债

按照《企业会计准则第 13 号——或有事项》的规定，企业应将预计提供售后服务发生的支出在满足有关确认条件时，在销售当期确认为费用，同时确认预计负债。如果税法规定，与销售产品有关的支出应于发生时税前扣除，由于该类事项产生的预计负债在期末的计税基础为其账面价值与未来期间可税前扣除的金额之间的差额，因有关的支出实际发生时可全部税前扣除，所以其计税基础为 0。

【例 1-10】 华鑫股份有限公司 2×23 年因销售产品承诺提供 3 年的保修服务，在当年度利润表中确认了 100 000 元销售费用，同时确认为预计负债，当年度发生保修支出 30 000 元，预计负债的期末余额为 70 000 元。假定税法规定，与产品售后服务相关的费用在实际发生时税前扣除。

【分析】 该项预计负债在华鑫股份有限公司 2×23 年 12 月 31 日的账面价值为 70 000 元；

该项预计负债的计税基础＝账面价值－未来期间计算应纳税所得额时按照税法规定可予抵扣的金额＝70 000－70 000＝0(元)；

在 2×23 会计利润的基础上应该调增应纳税所得额 70 000 元，未来期间实际发生售后服务费时允许从所得税前扣除，产生了可抵扣暂时性差异。

因其他事项确认的预计负债，应按照税法规定的计税原则确定其计税基础。某些情况下确认的预计负债，如果税法规定无论是否实际发生均不允许税前扣除，即未来期间按照税法规定可予抵扣的金额为 0，则其账面价值与计税基础相同。

（二）合同负债

企业在收到客户预付的款项时，因不符合收入确认条件，会计上将其确认为负债。税法中对于收入的确认原则一般与会计规定相同，即会计上未确认收入时，计税时一般亦不计入应纳税所得额，该部分经济利益在未来期间计税时可予税前扣除的金额为 0，计税基础等于账面价值。

某些情况下，如果不符合企业会计准则规定的收入确认条件，未确认为收入而确认为合同负债的，但按税法规定应计入当期应纳税所得额时，则该合同负债的计税基础为 0，即因其产生时已经计算交纳所得税，未来期间可全额税前扣除。

【例 1-11】 某上市公司 2×23 年 12 月 31 日收到客户预付的购 A 商品款项 300 万元，作为合同负债核算。

【分析】 (1)若预收时不计入应纳税所得额

2×23 年 12 月 31 日合同负债的账面价值为 300 万元。

2×23 年 12 月 31 日合同负债的计税基础＝账面价值 300－可从未来经济利益中扣除的金额 0＝300(万元)。

(2)若预收的款项计入当期应纳税所得额

2×23 年 12 月 31 日合同负债的账面价值为 300 万元，因按税法规定预收的款项已计入当期应纳税所得额，所以在以后年度减少合同负债确认收入时，由税前会计利润计算应纳税所得额时应将其扣除。

2×23 年 12 月 31 日合同负债的计税基础＝账面价值 300－可从未来经济利益中扣除的金额 300＝0。

(三)应付职工薪酬

企业会计准则规定，企业为获得职工提供的服务给予的各种形式的报酬以及其他相关支出均应作为企业的成本费用，在未支付之前确认为负债。税法规定，企业支付给职工的合理的工资薪金性质的支出可税前列支。一般情况下，对于应付职工薪酬，其计税基础为账面价值减去在未来期间可予税前扣除的金额 0 之间的差额，即账面价值等于计税基础。即使企业当期确认职工薪酬的金额超出税法规定的合理的工资薪金标准，其计税基础依然等于账面价值。例如，企业当期确认职工薪酬 500 万元，税法认为合理的工资薪金支出应该为 480 万元，这样的差异是永久性的差异，只需要在当年会计利润基础上调增 20 万元，其计税基础依然为 500 万元。因为未来实际支付职工薪酬时税法允许从税前扣除的金额为 0 万元，500 万元减去 0 依然是 500 万元。

以现金结算的股份支付形成的应付职工薪酬，在未来实际支付时可以在税前扣除，其计税基础为 0。股份支付确认的职工薪酬将在高级财务会计其他章节中讲解。

(四)其他负债

企业的其他负债项目，如企业应交的罚款和滞纳金等，在尚未支付之前按照会计准则规定确认为费用，同时作为负债反映。税法规定，罚款和滞纳金不得税前扣除，其计税基础为账面价值减去未来期间计税时可予税前扣除的金额 0 之间的差额，即计税基础等于账面价值。

【例 1-12】 华鑫股份有限公司因未按照税法规定缴纳税金，按规定需在 2013 年缴纳滞纳金 100 000 元，至 2×23 年 12 月 31 日，该款项尚未支付，形成其他应付款 100 000 元。税法规定，企业因违反国家法律、法规规定缴纳的罚款、滞纳金不允许税前扣除。

【分析】 因应缴滞纳金形成的其他应付款账面价值为 100 000 元，因税法规定该支出不允许税前扣除，其计税基础＝100 000－0＝100 000(元)。

对于罚款和滞纳金支出，会计与税收规定存在差异，但该差异仅影响发生当期，对未来期间计税不产生影响，因而不产生暂时性差异。

除企业在正常生产经营活动过程中取得的资产和负债以外，对于某些特殊交易中产生的资产、负债，其计税基础的确定应遵从税法规定，如企业合并过程中取得资产、负债计税基础的确定。

三、暂时性差异

(一)基本界定

暂时性差异，是指资产或负债的账面价值与其计税基础之间的差额。因资产、负债的账面价值与其计税基础不同，产生了在未来收回资产或清偿负债的期间内，应纳税所得额增加或减少并导致未来期间应交所得税增加或减少的情况，形成企业的资产或负债，在有关暂时性差异发生当期，符合确认条件的情况下，应当确认相关的递延所得税负债或递延所得税资产。

某些不符合资产、负债的确认条件，未作为财务报告中资产、负债列示的项目，如果按照税法规定可以确定其计税基础，该计税基础与其账面价值之间的差额也属于暂时性差异。

（二）暂时性差异的分类

根据暂时性差异对未来期间应纳税所得额影响的不同，分为应纳税暂时性差异和可抵扣暂时性差异。

1. 应纳税暂时性差异

应纳税暂时性差异，是指在确定未来收回资产或清偿负债期间的应纳税所得额时，将导致产生应税金额的暂时性差异。

应纳税暂时性差异通常产生于以下情况：

(1)资产的账面价值大于其计税基础；

(2)负债的账面价值小于其计税基础。

【例 1-13】 华鑫股份有限公司 2×21 年 12 月 31 日购入价值 200 万元的设备，预计使用期限为 5 年，无残值。采用年限平均法计提折旧，税法允许采用双倍余额递减法计提折旧。适用的所得税税率为 25%。确定 2×23 年 12 月 31 日应纳税暂时性差异。

【分析】 2×23 年 12 月 31 日设备的账面价值＝200－200÷5×2＝120(万元)

计税基础＝200－200×40%－(200－200×40%)×40%＝72(万元)

应纳税暂时性差异余额＝120－72＝48(万元)

2. 可抵扣暂时性差异

可抵扣暂时性差异，是指在确定未来收回资产或清偿负债期间的应纳税所得额时，将导致产生可抵扣金额的暂时性差异。

可抵扣暂时性差异通常产生于以下情况：

(1)资产的账面价值小于其计税基础；

(2)负债的账面价值大于其计税基础。

【例 1-14】 承接【例 1-13】，假设会计采用双倍余额递减法计提折旧，企业所得税法规定只能采用年限平均法。

【分析】 2×23 年 12 月 31 日差异额的余额没有变化，只是差异额的性质发生了变化。2×23 年 12 月 31 日会计账面价值是 72 万元，计税基础是 120 万元。资产账面价值小于计税基础产生的是可抵扣暂时性差异。

（三）特殊项目产生的暂时性差异

1. 未作为资产、负债确认的项目产生的暂时性差异

某些交易或事项发生以后，因为不符合资产、负债的确认条件而未体现为资产负债表中的资产或负债，但按照税法规定能够确定其计税基础的，其账面价值 0 与计税基础之间的差异也构成暂时性差异。如企业发生的符合条件的广告费和业务宣传费支出，除另有规定外，不超过当年销

售收入15%的部分准予扣除;超过部分准予向以后纳税年度结转扣除。该类费用在发生时按照会计准则规定即计入当期损益,不形成资产负债表中的资产,但按照税法规定可以确定其计税基础的,两者之间的差额也形成暂时性差异。

【例1-15】 华鑫股份有限公司2×23年发生广告费20 000 000元,至年末已全额支付给广告公司。税法规定,企业发生的广告费、业务宣传费不超过当年销售收入15%的部分允许税前扣除,超过部分允许结转以后年度税前扣除。华鑫股份有限公司2×23年实现销售收入80 000 000元。

【分析】 因广告费支出形成的资产的账面价值为0元,其计税基础=20 000 000−80 000 000×15%=8 000 000(元)。

广告费支出形成的资产的账面价值为0元与计税基础8 000 000元之间形成8 000 000元可抵扣暂时性差异。

2. 可抵扣亏损及税款抵减产生的暂时性差异。

对于按照税法规定可以结转以后年度的未弥补亏损及税款抵减,虽不是因资产、负债的账面价值与计税基础不同产生的,但本质上可抵扣亏损和税款抵减与可抵扣暂时性差异具有同样的作用,均能减少未来期间的应纳税所得额和应交所得税,视同可抵扣暂时性差异,在符合确认条件的情况下,应确认与其相关的递延所得税资产。

第三节　递延所得税资产和递延所得税负债的确认和计量

一、递延所得税资产的确认和计量

(一)递延所得税资产的确认

1. 一般原则

递延所得税资产产生于可抵扣暂时性差异。资产、负债的账面价值与其计税基础不同产生可抵扣暂时性差异的,在估计未来期间能够取得足够的应纳税所得额用以利用该可抵扣暂时性差异时,应当以很可能取得用来抵扣可抵扣暂时性差异的应纳税所得额为限,确认相关的递延所得税资产。

(1)递延所得税资产的确认应以未来期间可能取得的应纳税所得额为限。在可抵扣暂时性差异转回的未来期间内,企业无法产生足够的应纳税所得额用以抵减可抵扣暂时性差异的影响,使得与递延所得税资产相关的经济利益无法实现的,该部分递延所得税资产不应确认;企业有明确的证据表明其于可抵扣暂时性差异转回的未来期间能够产生足够的应纳税所得额,进而利用可抵扣暂时性差异的,则应以可能取得的应纳税所得额为限,确认相关的递延所得税资产。

考虑到受可抵扣暂时性差异转回的期间内可能取得应纳税所得额的限制,因无法取得足够的应纳税所得额而未确认相关的递延所得税资产的,应在财务报表附注中进行披露。

(2)对于按照税法规定可以结转以后年度的未弥补亏损和税款抵减,应视同可抵扣暂时性差异处理。在预计可利用可弥补亏损或税款抵减的未来期间内能够取得足够的应纳税所得额时,应当以很可能取得的应纳税所得额为限，确认相应的递延所得税资产，同时减少确认当期的所得税费用。

与未弥补亏损和税款抵减相关的递延所得税资产，其确认条件与可抵扣暂时性差异产生的递延所得税资产相同。

【例1-16】 华鑫股份有限公司于2×23年因政策性原因发生经营亏损1 000万元，按照税法规定，该亏损可用于抵减以后5个年度的应纳税所得额。

【分析】 该经营亏损不是资产、负债的账面价值与其计税基础不同产生的，但从性质上可以减少未来期间企业的应纳税所得额和应交所得税，属于可抵扣暂时性差异。企业预计未来期间能够产生足够的应纳税所得额利用该可抵扣亏损时，应确认相关的递延所得税资产。

(1)假设未来5年有足够的应纳税所得额弥补该亏损，则2×23年12月31日应确认递延所得税资产＝1 000×25%＝250(万元)。

(2)假设未来5年税前会计利润为600万元，则2×23年12月31日应确认递延所得税资产＝600×25%＝150(万元)。

(3)假设未来5年无利润，则在2×23年12月31日不确认递延所得税资产。

(3)在企业合并中，按照会计准则规定确定的合并中取得各项可辨认资产、负债的入账价值与其计税基础之间形成可抵扣暂时性差异的，应确认相应的递延所得税资产，并调整合并中应予确认的商誉等。

(4)与直接计入所有者权益的交易或事项相关的可抵扣暂时性差异，相应的递延所得税资产应计入所有者权益。如因其他权益工具投资公允价值下降而应确认的递延所得税资产。

【例1-17】 华鑫股份有限公司2×23年12月1日取得一项其他权益工具投资，成本为240万元，2×23年12月31日，该项其他权益工具投资的公允价值为200万元。该公司适用的所得税税率为25%。

【分析】 相关的账务处理如下。

(1)公允价值下降时：

借：其他综合收益　　400 000

　　贷：其他权益工具投资—公允价值变动　　400 000

(2)2×23年12月31日该项其他权益工具投资的账面价值为200万元。

2×23年12月31日该项其他权益工具投资的计税基础为240万元。

资产的账面价值小于计税基础产生的是可抵扣暂时性差异，应确认递延所得税资产为10万元。

借：递延所得税资产　　100 000

　　贷：其他综合收益　　100 000

2. 不确认递延所得税资产的特殊情况

某些情况下，企业发生的某项交易或事项不是企业合并，并且该交易发生时既不影响会计利润也不影响应纳税所得额，且该项交易中产生的资产、负债的初始确认金额与其计税基础不同，产生可抵扣暂时性差异的，企业会计准则中规定在交易或事项发生时不确认相应的递延所得税资产。其原因在于，如果确认递延所得税资产，则需要调整资产、负债的入账价值，对实际成本进行调整将有违会计核算中的历史成本原则，影响会计信息的可靠性，该种情况下不确认相应的递延所得税资产。

【例 1-18】 华鑫股份有限公司 2×23 年发生资本化研究开发支出 1 000 000 元，至年末研发项目尚未完成。税法规定，按照会计准则规定资本化的开发支出按其 150%作为计算摊销额的基础。

【分析】 华鑫股份有限公司按照会计准则规定资本化的开发支出为 1 000 000 元，其计税基础为 1 500 000 元(1 000 000×150%)，该开发支出及所形成无形资产在初始确认时其账面价值与计税基础即存在差异，因该差异并非产生于企业合并，同时在产生时既不影响会计利润也不影响应纳税所得额，按照《企业会计准则第 18 号——所得税》规定，不确认与该暂时性差异相关的所得税影响。

(二)递延所得税资产的计量

资产负债表日递延所得税资产的金额应该等于可抵扣暂时性差异额乘以适用的所得税税率。

1. 适用税率的确定

确认递延所得税资产时，应估计相关可抵扣暂时性差异的转回时间，采用转回期间适用的所得税税率为基础计算确定。无论相关的可抵扣暂时性差异转回期间如何，递延所得税资产均不予折现。

【例 1-19】 华鑫股份有限公司于 2×20 年 12 月 1 日开业，2×21 年和 2×22 年享受企业所得税税收优惠，所得税税率为 15%，从 2×23 年开始适用的所得税税率为 25%。华鑫股份有限公司 2×21 年 1 月开始计提折旧的一台设备，2×21 年 12 月 31 日其账面价值为 6 000 万元，计税基础为 8 000 万元；2×22 年 12 月 31 日账面价值为 3 600 万元，计税基础为 6 000 万元。2×23 年 12 月 31 日设备账面价值 2 160 万元，计税基础 4 000 万元。假定资产负债表日，有确凿证据表明未来期间很可能获得足够的应纳税所得额用来抵扣可抵扣暂时性差异。

【分析】 华鑫股份有限公司与递延所得税资产有关的账务处理如下。

(1)2×21 年 12 月 31 日

设备的账面价值 6 000 万元小于计税基础 8 000 万元，产生的是可抵扣暂时性差异额，当年虽然企业所得税税率是 15%，但应该用暂时性差异转回的时间适用的所得税税率 25%确认递延所得税资产。

借：递延所得税资产　　5 000 000

　贷：所得税费用　　5 000 000

(2)2×22 年 12 月 31 日

虽然可抵扣暂时性差异额的金额＝(6 000－3 600)＝2 400(万元)，但是不能再确认递延所得税资产 600 万元，因为在 2×22 年年末确认资产负债表递延所得税资产余额应该为 600 万元时期初递延所得税资产尚有余额 500 万元，所以再确认 100 万元递延所得税资产。

借：递延所得税资产　　1 000 000

　贷：所得税费用　　1 000 000

(3)2×23 年 12 月 31 日

资产账面价值 2 160 万元，计税基础 4 000 万元，差异额为 1 840 万元，资产负债表的递延所得税资产的金额应该为460万元，递延所得税资产期初有借方余额600万元，也就意味着暂时性差异转回了。应该冲销递延所得税资产140万元。

借：所得税费用　　1 400 000

　贷：递延所得税资产　　1 400 000

2. 递延所得税资产的减值

资产负债表日，企业应当对递延所得税资产的账面价值进行复核。如果未来期间很可能无法取得足够的应纳税所得额用以利用递延所得税资产的利益，应当减记递延所得税资产的账面价值。递延所得税资产的账面价值减记以后，继后期间根据新的环境和情况判断能够产生足够的应纳税所得额利用可抵扣暂时性差异，使得递延所得税资产包含的经济利益能够实现的，应相应恢复递延所得税资产的账面价值。

二、递延所得税负债的确认和计量

（一）递延所得税负债的确认

1. 一般原则

除企业会计准则中明确规定可不确认递延所得税负债的情况以外，企业对于所有的应纳税暂时性差异均应确认相关的递延所得税负债。除直接计入所有者权益的交易或事项以及企业合并外，在确认递延所得税负债的同时，应增加利润表中的所得税费用。

【例1-20】 华鑫股份有限公司于2×23年1月1日开始计提折旧的某设备，取得成本为1 000 000元，采用年限平均法计提折旧，使用年限为10年，预计净残值为0。假定计税时允许按双倍余额递减法计提折旧，使用年限及预计净残值与会计相同。华鑫股份有限公司适用的所得税税率为25%。假定该企业不存在其他会计与税收处理的差异。

【分析】 2×23年该项固定资产按照会计规定计提的折旧额为100 000元，计税时允许扣除的折旧额为200 000元，则该固定资产的账面价值900 000元与其计税基础800 000元的差额构成应纳税暂时性差异，企业应确认递延所得税负债25 000元[(900 000－800 000)×25%]。

借：所得税费用　　25 000

　贷：递延所得税负债　　25 000

2. 不确认递延所得税负债的特殊情况

有些情况下，虽然资产、负债的账面价值与其计税基础不同，产生了应纳税暂时性差异，但出于各方面考虑，企业会计准则中规定不确认相应的递延所得税负债，主要包括如下。

(1)商誉的初始确认。具体公式为：

商誉＝非同一控制下企业合并的合并成本－享有的被购买方可辨认净资产公允价值份额

若确认递延所得税负债，则减少被购买方可辨认净资产公允价值，增加商誉，由此进入不断循环状态。应予说明的是，按照会计准则规定在非同一控制下企业合并中确认了商誉，并且按照所得税法的规定该商誉在初始确认时计税基础等于账面价值的，该商誉在后续计量过程中因会计准则规定与税法规定不同产生暂时性差异的，应当确认相关的所得税影响。

(2)除企业合并以外的其他交易或事项中,如果该项交易或事项发生时既不影响会计利润,也不影响应纳税所得额,则所产生的资产、负债的初始确认金额与其计税基础不同,形成应纳税暂时性差异的,交易或事项发生时不确认相应的递延所得税负债。

该类交易或事项在我国企业实务中并不多见,一般情况下有关资产、负债的初始确认金额均会为税法所认可,不会产生两者之间的差异。

(3)与联营企业、合营企业投资等相关的应纳税暂时性差异,一般应确认相应的递延所得税负债,但同时满足以下两个条件的除外:一是投资企业能够控制暂时性差异转回的时间;二是该暂时性差异在可预见的未来很可能不会转回。满足上述条件时,投资企业可以运用自身的影响力决定暂时性差异的转回,如果不希望其转回,则在可预见的未来该项暂时性差异即不会转回,从而无须确认相应的递延所得税负债。

(二)递延所得税负债的计量

递延所得税负债应以相关应纳税暂时性差异转回期间适用的所得税税率计量。在我国,除享受优惠政策的情况以外,企业适用的所得税税率在不同年度之间一般不会发生变化,企业在确认递延所得税负债时,可以现行适用税率为基础计算确定,递延所得税负债的确认不要求折现。

【例 1-21】 华鑫股份有限公司在 2×23 年 1 月 1 日购入的一项无形资产原价为 200 万元,由于无法合理估计使用寿命,会计处理不摊销,税法在计算所得税时可以按 10 年摊销。华鑫股份有限公司适用的企业所得税税率为 25%。

【分析】 2×23 年相关的会计处理如下:

由于会计不摊销,账面价值 200 万元,税法可以按 10 年摊销,当年摊销 20 万元,计税基础为 180 万元。账面价值大于计税基础产生的是应纳税暂时性差异,应确认递延所得税负债。差异额 20 万元乘以适用税率 25%,应确认递延所得税负债 5 万元。

借:所得税费用　　　　　　　　　　50 000
　贷:递延所得税负债　　　　　　　　　50 000

三、所得税率变化对递延所得税资产和负债的影响

税收法规的变化,导致企业在某一会计期间适用的所得税税率发生变化的,企业应对已确认的递延所得税资产和递延所得税负债按照新的税率进行重新计量。递延所得税资产和递延所得税负债的金额代表的是有关可抵扣暂时性差异或应纳税暂时性差异于未来期间转回时,导致企业应交所得税金额的减少或增加的情况。适用税率变动的情况下,应对原已确认的递延所得税资产及递延所得税负债的金额进行调整,反映税率变化带来的影响。

除直接计入所有者权益的交易或事项产生的递延所得税资产及递延所得税负债,相关的调整金额应计入所有者权益以外,其他情况下因税率变化产生的调整金额应确认为税率变化当期的所得税费用(或收益)。递延所得税资产和递延所得税负债的确认和计量如图 1-2 所示:

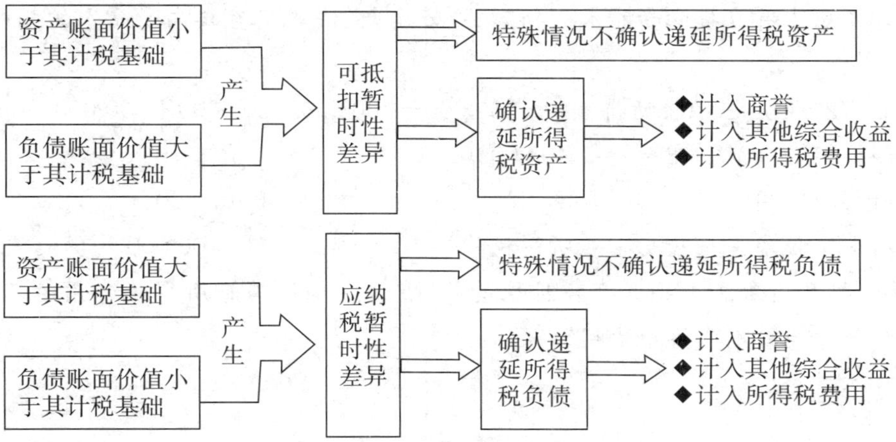

图 1-2　递延所得税资产和递延所得税负债的确认和计量

第四节　所得税的会计处理及信息披露

所得税会计的主要目的之一是确定当期应交所得税以及利润表中的所得税费用。在按照资产负债表债务法核算所得税的情况下，利润表中的所得税费用包括当期所得税和递延所得税两个部分。

一、当期所得税

当期所得税是指企业按照税法规定计算确定的针对当期发生的交易和事项，应交纳给税务部门的所得税金额，即当期应交所得税。

企业在确定当期应交所得税时，对于当期发生的交易或事项，会计处理与税法处理不同的，应在会计利润的基础上，按照适用税收法规的规定进行调整，计算出当期应纳税所得额，按照应纳税所得额与适用所得税税率计算确定当期应交所得税。一般情况下，应纳税所得额可在会计利润的基础上，考虑会计与税收法规之间的差异，按照以下公式计算确定：

应纳税所得额＝会计利润＋按照会计准则规定计入利润表但计税时不允许税前扣除的费用±计入利润表的费用与按照税法规定可予税前抵扣的金额之间的差额±计入利润表的收入与按照税法规定应计入应纳税所得额的收入之间的差额－税法规定的不征税收入±其他需要调整的因素

当期应交所得税＝应纳税所得额×适应的所得税税率

【例 1-22】　华鑫股份有限公司对所得税采用资产负债表债务法进行核算，所得税税率为25%，2×23 年会计利润为 500 万元，会计与税法不一致的地方有：

(1)2×23 年 1 月 1 日开始提折旧的固定资产，原价 300 万元，会计按直线法 5 年提折旧，税法可以按年限总和法提折旧从税前扣除(年限也为 5 年，无残值)；

(2)2×23 年会计确认产品售后质量三包费用 80 万元，税法规定三包费用实际发生才允许扣除；

(3)营业外支出中有直接向受赠人的捐赠20万元，税法规定直接向受赠人的捐赠不允许从税前扣除。

【分析】 2×23年度应纳税所得额＝5 000 000－400 000＋800 000＋200 000＝5 600 000(元)

应交所得税＝5 600 000×25％＝1 400 000(元)

借：所得税费用　　　　1 400 000

　贷：应交税费——应交企业所得税　　　　1 400 000

虽然差异的性质有永久差异也有暂时性差异，但是在确认当期所得税费用时不需要区分，本例中1 400 000元即为当期所得税费用。

二、递延所得税

递延所得税是指按照所得税准则规定当期应予确认的递延所得税资产和递延所得税负债金额，即递延所得税资产与递延所得税负债当期发生额的综合结果，但不包括计入所有者权益的交易或事项的所得税影响。公式如下：

递延所得税费用(或收益)＝(递延所得税负债的期末余额－递延所得税负债的期初余额)－(递延所得税资产的期末余额－递延所得税资产的期初余额)

应予说明的是，企业因确认递延所得税资产和递延所得税负债产生的递延所得税，一般应计入所得税费用，但以下两种情况除外。

【例1-23】 承接例【例1-22】，2×23年末固定资产的账面价值为240万元，计税基础为200万元。资产账面价值大于计税基础产生的是应纳税的暂时性差异，应当确认递延所得税负债。

【分析】 相应的账务处理如下：

借：所得税费用　　　　100 000

　贷：递延所得税负债　　　　100 000

本例中的所得税费用即为递延所得税费用。

【例1-24】 承接例【例1-22】，由于确认三包费用2×23年期末"预计负债"账面价值80万元，计税基础为0元。负债账面价值大于计税基础产生的是可抵扣暂时性差异，应当确认递延所得税资产。

【分析】 相应的账务处理如下：

借：递延所得税资产　　　　200 000

　贷：所得税费用　　　　200 000

本例中的所得税费用即为递延所得税费用中的递延所得税收益。

一是某项交易或事项按照企业会计准则规定应计入所有者权益，由该交易或事项产生的递延所得税资产或递延所得税负债及其变化亦应计入所有者权益，不构成利润表中的所得税费用(或收益)。

【例1-25】 华鑫股份有限公司2×23年3月取得的某项其他权益工具投资，成本为2 000 000元，2×23年12月31日，其公允价值为1 800 000元。华鑫股份有限公司适用的所得税税率为25％。

【分析】 会计期末确认200 000元(1 800 000－2 000 000)的公允价值下降时：

借：其他综合收益 200 000

  贷：其他权益工具投资——公允价值变动 200 000

确认可抵扣暂时性差异的所得税影响时：

借：递延所得税资产 50 000

  贷：其他综合收益(200 000×25%) 50 000

二是企业合并中取得的资产、负债，其账面价值与计税基础不同，应确认相关递延所得税的，该递延所得税的确认影响合并中产生的商誉或是计入当期损益的金额，不影响所得税费用。

三、利润表所得税费用

利润表所得税费用＝当期所得税＋递延所得税

计入当期损益的所得税费用(或收益)不包括企业合并和直接在所有者权益中确认的交易或事项产生的所得税影响。与直接计入所有者权益的交易或者事项相关的递延所得税，应当计入所有者权益。所得税费用应当在利润表中单独列示。

【例 1-26】 承接例【例 1-22】，最终利润表所得税费用等于当期所得税费用 140 万元加确认递延所得税负债时确认的递延所得税费用 10 万元减去确认递延所得税资产时确认的递延所得税收益 20 万元，最终利润表所得税费用为 130 万元。

【例 1-27】 华鑫股份有限公司 2×22 年度利润表中利润总额为 1 900 万元，该公司适用的所得税税率为 25%。递延所得税资产及递延所得税负债不存在期初余额。华鑫股份有限公司 2×22 年发生的有关交易和事项中，会计处理与税收处理存在差别的有：

(1)2×22 年 1 月开始计提折旧的一项固定资产，成本为 420 万元，使用年限为 6 年，净残值为 0，会计处理按平均年限法计提折旧，税收处理按年数总和法计提折旧。假定税法规定的使用年限及净残值与会计规定相同。

(2)用银行存款向关联企业捐赠 100 万元。假定按照税法规定，企业向关联方的捐赠不允许税前扣除。

(3)当期取得作为交易性金融资产核算的股票投资成本为 1 000 万元，2×22 年 12 月 31 日的公允价值为 1 300 万元。税法规定，以公允价值计量的金融资产持有期间市价变动不计入应纳税所得额。

(4)违反环保法规定应支付罚款 40 万元。

(5)期末对持有的存货计提了 80 万元的存货跌价准备。(假设期末该存货的账面余额为 1 500 万元)

【分析】 该公司 2×22 年资产负债表相关项目金额及其计税基础如表 1-1 所示：

表 1-1　华鑫股份有限公司 2×22 年资产负债表相关项目金额及其计税基础　　单位:万元

项目	账面价值	计税基础	差异	
			应纳税暂时性差异	可抵扣暂时性差异
交易性金融资产	1 300	1 000	300	
存货	1 420	1 500		80
固定资产:				
固定资产原价	420	420		
减:累计折旧	70	120		
减:固定资产减值准备	0	0		
固定资产账面价值	350	300	50	
其他应付款	40	40		
总计			350	80

(1)2×22 年度当期应交所得税

应纳税所得额＝1 900－(120－70)＋100－300＋40＋80＝1 770(万元)

应交所得税＝1 770×25%＝442.5(万元)

(2)2×22 年度递延所得税

递延所得税资产＝80×25%＝20(万元)

递延所得税负债＝350×25%＝87.5(万元)

递延所得税＝87.5－20＝67.5(万元)

(3)利润表中应确认的所得税费用

所得税费用＝442.5＋67.5＝510(万元),确认所得税费用的账务处理如下:

借:所得税费用　　5 100 000
　　递延所得税资产　　200 000
　贷:应交税费—应交所得税　　4 425 000
　　　递延所得税负债　　875 000

【例 1-28】　承【例 1-27】假定华鑫股份有限公司 2×23 年度当期应交所得税为 1 155 万元,资产负债表中有关资产、负债的账面价值与其计税基础相关资料如表 1-2 所示,除所列项目外,其他资产、负债项目不存在会计和税收的差异。

表 1-2　华鑫股份有限公司 2×23 年资产负债表相关项目金额及其计税基础　　单位:万元

项目	账面价值	计税基础	差异	
			应纳税暂时性差异	可抵扣暂时性差异
交易性金融资产	1460	1 000	460	
存货	4 000	4 200		200
固定资产:				
固定资产原价	420	420		
减:累计折旧	140	220		
减:固定资产减值准备	20	0		
固定资产账面价值	260	200	60	
预计负债	250	0		250
总计			520	450

(1)2×23 年度当期所得税＝当期应交所得税＝1 155(万元)

(2)2×23 年度递延所得税

①期末递延所得税资产	(450×25%)112.5
期初递延所得税资产	20
递延所得税资产增加	92.5
②递延所得税负债	(520×25%)130
期初递延所得税负债	87.5
递延所得税负债增加	42.5

递延所得税＝42.5－92.5＝－50(万元)(收益)

(3)利润表中应确认的所得税费用

所得税费用＝1 155－50＝1 105，确认所得税费用的账务处理如下：

借：所得税费用	11 050 000	
递延所得税资产	925 000	
贷：应交税费—应交所得税		11 550 000
递延所得税负债		425 000

四、所得税的列报

(一)列报的基本原则

企业对所得税的核算结果，除利润表中列示的所得税费用以外，在资产负债表中形成的应交税费—应交所得税以及递延所得税资产和递延所得税负债应当遵循准则规定进行列报。其中，递延所得税资产和递延所得税负债一般应当分别作为非流动资产和非流动负债在资产负债表中列示，所得税费用应当在利润表中单独列示，同时还应在附注中披露与所得税有关的信息。

一般情况下，在个别财务报表中，当期所得税资产与当期所得税负债及递延所得税资产及递延所得税负债可以以抵销后的净额列示。在合并财务报表中，纳入合并范围的企业中，一方的当期所得税资产或递延所得税资产与另一方的当期所得税负债或递延所得税负债一般不能予以抵销，除非所涉及的企业具有以净额结算的法定权利并且意图以净额结算。

(二)所得税费用(收益)与会计利润关系的说明

企业会计准则要求企业在会计报表附注中就所得税费用(或收益)与会计利润的关系进行说明，该说明意在于在利润表中已列示所得税费用的基础上，对当期以会计利润为起点，考虑会计与税收规定之间的差异，计算得到所得税费用的调节过程。具体包括：一是未包括在利润总额的计算中，但包含在当期或递延所得税计算中的项目；二是未包括在当期或递延所得税计算中，但包含在利润总额中的项目。会计利润与所得税费用的调整过程如表 1-3 所示：

表 1-3　会计利润与所得税费用的调整过程

项　目	细　项
利润总额	
按法定/适用税率计算的所得税费用	
子公司适用不同税率的影响	
永久性差异的影响	非应税收入的影响
	不可抵扣的成本、费用和损失的影响
未确认递延所得税的暂时性差异的影响	本期未确认递延所得税资产的可抵扣暂时性差异或可抵扣亏损的影响
	使用前期未确认递延所得税资产的可抵扣亏损的影响
调整以前期间所得税的影响	
税率调整导致期初递延所得税资产/负债余额的变化	
所得税费用	

课堂思政

广西桂锦祥投资有限公司隐匿收入偷税案例

事件大致经过：广西桂锦祥投资有限公司采取“两套账”的方式，在2×13年至2×18年期间共计销售钢材275 722 295.67元，设立两套账本，隐瞒销售收入。在此期间，该公司已向税务机关申报销售收入85 639 708.12元，核实公司以账外经营方式隐瞒钢材销售收入共计190 082 587.55元，共计少缴增值税30 055 891.45元。

根据相关法律法规：应追缴增值税30 055 891.45元、企业所得税2 679 047.31元、城市维护建设税2 103 912.40元、教育费附加901 676.74元、地方教育附加601 117.84元、印花税91 347.38元、水利建设基金156 776.21元，并按规定加收滞纳金。

处罚决定：根据《中华人民共和国税收征收管理法》第六十三条第一款的规定，广西桂锦祥投资有限公司上述行为已构成偷税，偷税金额为增值税30 055 891.45元、城市维护建设税2 103 912.40元、企业所得税2 679 047.31元、印花税91 347.38元，合计34 930 198.54元，对广西桂锦祥投资有限公司处以少缴税款两倍罚款，罚款金额为69 860 397.08元。

课后思考题

1. 会计利润与应纳税所得额有何主要区别？
2. 什么是暂时性差异？包括哪些类型？
3. 什么是资产或负债的计税基础？
4. 递延所得税资产和递延所得税负债如何确认和计量？
5. 什么是所得税费用？如何确认和计量？
6. 所得税在报表中如何列示和披露？

课后习题

一、单项选择题

1. 华鑫股份有限公司期末持有一批存货，成本为 1 000 万元，按照存货准则规定，估计其可变现净值为 800 万元，对于可变现净值低于成本的差额，应当计提存货跌价准备 200 万元，由于税法规定资产的减值损失在发生实质性损失前不允许税前扣除，该批存货的计税基础为(　　)万元。

A. 1 000　　B. 800　　C. 200　　D. 0

2. 华鑫股份有限公司自 2×22 年 2 月 1 日起自行研究开发一项专利技术，当年发生研究费用 200 万元；开发阶段符合资本化条件前发生的支出为 300 万元，符合资本化条件后至达到预定用途前发生的支出为 800 万元，2×23 年 4 月 2 日该项专利技术获得成功并取得专利权。专利权预计使用年限为 10 年，采用直线法进行摊销。华鑫股份有限公司发生的研究开发支出及预计年限均符合税法规定的优惠条件。华鑫股份有限公司 2×23 年末因该项无形资产产生的暂时性差异为(　　)万元。

A. 600　　B. 300　　C. 370　　D. 500

3. 下列项目中，不会产生可抵扣暂时性差异的是(　　)。

A. 计提产品保修费用确认的预计负债

B. 会计上计提的坏账准备

C. 本期取得的其他权益工具投资期末公允价值高于入账价值

D. 成本计量模式下，计提的投资性房地产减值准备

4. 2×22 年 12 月 31 日，华鑫股份有限公司“预计负债——产品质量保证费用”科目贷方余额为 100 万元，2×23 年实际发生产品质量保证费用 90 万元，2×23 年 12 月 31 日预提产品质量保证费用 120 万元，税法规定相关支出在实际发生时准予税前扣除。2×23 年 12 月 31 日，下列说法中正确的是(　　)。

A. 应纳税暂时性差异余额为 130 万元　　B. 可抵扣暂时性差异余额为 130 万元

C. 应纳税暂时性差异余额为 120 万元　　D. 可抵扣暂时性差异余额为 120 万元

3. 按照准则规定，下列各事项产生的暂时性差异中，不确认递延所得税的是(　　)。

A. 会计折旧与税法折旧的差异　　B. 期末按公允价值调增其他权益工具投资

C. 因非同一控制下免税合并而产生的商誉　　D. 计提无形资产减值准备

6. 华鑫股份有限公司 2×23 年年末应收账款账面余额为 800 万元，已提坏账准备 100 万元，假定税法规定，已提坏账准备在实际发生损失前不得税前扣除。则 2×23 年年末产生的暂时性差异为(　　)。

A. 应纳税暂时性差异 800 万元　　B. 可抵扣暂时性差异 700 万元

C. 应纳税暂时性差异 900 万元　　D. 可抵扣暂时性差异 100 万元

7. 华鑫股份有限公司采用资产负债表债务法进行所得税费用的核算，该公司 2×22 年度利润总额为 4 000 万元，适用的所得税税率为 33%，已知自 2×23 年 1 月 1 日起，适用的所得税率变更为 25%。2×22 年发生的交易和事项中会计处理和税收处理存在差异的有：本期计

提国债利息收入 500 万元;年末持有的交易性金融资产公允价值上升 1 500 万元;年末持有的其他权益工具投资公允价值上升 100 万元。假定 2×22 年 1 月 1 日不存在暂时性差异,则华鑫股份有限公司 2×22 年确认的所得税费用为(　　)万元。

A. 660　　B. 1 060　　C. 1 035　　D. 627

8. 华鑫股份有限公司采用资产负债表债务法进行所得税核算,所得税税率为 25%,该企业 2×23年度实现利润总额 1 800 万元,当年取得国债利息收入 135 万元,当期列入"财务费用"的借款费用包括高于银行同期利率而多支付的 60 万元,因违反税收法规支付罚款 5 万元,当期列入"销售费用"的折旧额包括计提的低于税法规定扣除金额为 36 万元。则 2×23 年企业应交纳的所得税为(　　)万元。

A. 423.5　　B. 441.5　　C. 414.5　　D. 417.5

9. 华鑫股份有限公司拥有乙公司 70% 有表决权股份,能够控制乙公司的生产经营决策。2×23年 9 月华鑫股份有限公司以 9 500 万元将自产产品一批销售给乙公司。该批产品在华鑫股份有限公司的生产成本为 8 500 万元。至 2×23 年 12 月 31 日,乙公司对外销售了该批商品的 50%。假定涉及商品未发生减值。两公司适用的所得税税率均为 25%,且在未来期间预计不会发生变化。税法规定,企业的存货以历史成本作为计税基础。为此,在合并财务报表中应确认(　　)。

A. 递延所得税资产 125 万元　　B. 递延所得税负债 125 万元

C. 递延所得税资产 250 万元　　D. 递延所得税负债 250 万元

10. 下列各项负债中,其计税基础为零的是(　　)。

A. 因欠税产生的应交税款滞纳金　　B. 因购入存货形成的应付账款

C. 因确认保修费用形成的预计负债　　D. 为职工计提的应付养老保险金

11. 华鑫股份有限公司自 2×22 年 2 月 1 日起自行研究开发一项新产品专利技术,2×22 年度在研究开发过程中发生研究费用 300 万元,开发阶段符合资本化条件前发生的支出为 400 万元,符合资本化条件后至达到预定用途前发生的支出为 600 万元,2×23 年 4 月 2 日该项专利技术获得成功并取得专利权。华鑫股份有限公司预计该项专利权的使用年限为 10 年,采用直线法进行摊销。华鑫股份有限公司发生的研究开发支出及预计年限均符合税法规定的条件,所得税税率为 25%。华鑫股份有限公司 2×23 年末因上述业务确认的递延所得税资产为(　　)万元。

A. 0　　B. 75　　C. 69.38　　D. 150

12. 华鑫股份有限公司 2×23 年 12 月 20 日与乙公司签订产品销售合同。合同约定,华鑫股份有限公司向乙公司销售 A 产品 100 万件,单位售价为 6 元,增值税税率为 17%;乙公司收到 A 产品后 3 个月内如发现质量问题有权退货。A 产品单位成本为 4 元。华鑫股份有限公司于 2×23 年 12 月 20 日发出 A 产品,并开具增值税专用发票。根据历史经验,华鑫股份有限公司估计 A 产品的退货率为 30%。至 2×23 年 12 月 31 日止,上述已销售的 A 产品尚未发生退货。华鑫股份有限公司因销售 A 产品于 2×23 年度确认的递延所得税费用是(　　)万元。

A. −15　　B. 15　　C. 0　　D. 60

二、多项选择题

1. 下列各事项中，计税基础等于账面价值的有（　　）。

A. 支付的购货合同违约金　　B. 计提的国债利息

C. 因产品质量保证计提的预计负债　　D. 应付的税收滞纳金

2. 华鑫股份有限公司自2×23年1月2日起自行研发一项新产品专利技术，2×23年度在研究开发过程中发生研究费用100万元，开发阶段符合资本化条件前发生的支出为200万元，符合资本化条件后至达到预定用途前发生的支出为500万元，2×23年10月2日，该项专利技术获得成功并取得专利权。华鑫股份有限公司预计该项专利权的使用年限为10年，采用直线法进行摊销，与税法处理一致。税法规定，企业为开发新技术、新产品、新工艺发生的研究开发费用，未形成无形资产计入当期损益的，在按照规定据实扣除的基础上，按照研究开发费用的50%加计扣除；形成无形资产的，按照无形资产成本的150%摊销。当年会计利润为5 000万元，所得税税率为25%。假定没有其他纳税调整事项。华鑫股份有限公司2×23年年末因上述业务正确的会计处理有（　　）。

A. 无形资产的计税基础为731.25万　　B. 形成可抵扣暂时性差异243.75万元

C. 不确认递延所得税资产　　D. 当期应交所得税为1 210.94万元

3. 下列交易或事项中，不产生应纳税暂时性差异的有（　　）。

A. 企业对销售的商品计提产品质量保证费用于当期确认160万元的预计负债

B. 企业为关联方提供债务担保确认了预计负债2 600万元

C. 企业当期计入成本费用的职工工资总额为1 000万元，尚未支付

D. 税法规定的收入确认时点与会计准则一致，会计确认预收账款1 500万元

4. 下列交易或事项中，可能会产生应纳税暂时性差异的有（　　）。

A. 企业一项固定资产，会计采用直线法计提折旧，税法采用双倍余额递减法计提折旧，折旧年限相同

B. 企业一项交易性金融资产，期末公允价值大于其初始确认金额

C. 企业购入无形资产，作为使用寿命不确定的无形资产进行核算

D. 企业发生的税法允许税前弥补的亏损额

5. 华鑫股份有限公司2×23年度发生了4 000万元的广告费用，在发生时已计入当期损益，税法规定广告费支出不超过当年销售收入15%的部分，准予扣除；超过部分允许在以后年度税前扣除。2×23年度A公司实现销售收入20 000万元，会计利润为10 000万元。A公司所得税税率为25%，不考虑其他纳税调整事项。A公司2×23年年末应确认（　　）。

A. 递延所得税负债250万元　　B. 应交所得税2 750万元

C. 所得税费用2 500万元　　D. 递延所得税资产250万元

6. 下列项目产生的递延所得税资产中，不应计入所得税费用的有（　　）。

A. 企业发生可用以后年度税前利润弥补的亏损

B. 可供其他权益工具投资期末公允价值暂时性下降

C. 企业合并中产生的可抵扣暂时性差异

D. 交易性金融资产期末公允价值下降

7. 在采用资产负债表债务法对所得税进行核算的情况下，当期发生的下列事项中，可能影响当期所得税费用的有（　　）。

A. 发生可抵扣暂时性差异产生的递延所得税资产

B. 发生应纳税暂时性差异产生的递延所得税负债

C. 税率变动对递延所得税资产或递延所得税负债余额的调整

D. 本期转回应纳税暂时性差异所产生的递延所得税负债

8. 下列表述方式正确的有（　　）。

A. 企业预计提供售后服务而确认预计负债，如税法规定，有关的支出应于发生时税前扣除，其计税基础为零，应确认递延所得税资产

B. 企业预计提供售后服务而确认预计负债，如税法规定对于费用支出按照权责发生制原则确定税前扣除时点，则所形成负债的计税基础等于账面价值，不应确认递延所得税资产

C. 企业涉及担保诉讼案件而确认预计负债，假定税法规定担保涉诉讼不得税前扣除，则所形成负债的计税基础等于账面价值，不应确认递延所得税资产

D. 企业涉及违约诉讼案件而确认预计负债，假定税法规定违约涉诉讼实际发生可税前扣除，其计税基础为零，应确认递延所得税资产

9. 在不考虑其他影响因素的情况下，企业发生的下列交易或事项中，期末可能会引起递延所得税资产增加的有（　　）。

A. 本期计提固定资产减值准备

B. 本期转回存货跌价准备

C. 企业购入交易性金融资产，当期期末公允价值小于其初始确认金额

D. 实际发生产品售后保修费用，冲减已计提的预计负债

10. 下列项目中，应确认递延所得税负债的有（　　）。

A. 固定资产账面价值大于其计税基础

B. 其他权益工具投资账面价值大于其计税基础

C. 预计负债账面价值大于其计税基础

D. 预收账款账面价值大于其计税基础

三、判断题

1. 资产负债表日，如果未来期间很可能无法获得足够的应纳税所得额用以抵扣递延所得税资产的利益，应当减记递延所得税资产的账面价值。（　　）

2. 资产账面价值大于其计税基础，产生可抵扣暂时性差异；负债账面价值小于其计税基础，产生可抵扣暂时性差异。（　　）

3. 利润表中的所得税费用包括当期应交所得税和当期递延所得税两部分。（　　）

4. 对于因其他权益工具投资公允价值变动而确认的递延所得税资产或递延所得税负债，应该通过其他综合收益核算。虽然不影响当期所得税费用，但是在根据利润总额计算应纳税所得额时，仍然要考虑这部分可抵扣暂时性差异或应纳税暂时性差异。（　　）

5. 企业递延所得税资产及递延所得税负债不得以抵销后的净额列示。（　　）

6. 因税收法规的变化，导致企业在某一会计期间适用的所得税税率发生变化的，企业需对以

后期间的递延所得税按照新的税率进行计量，已经确认的递延所得税不用再作调整。（　　）

7. 企业确认的预收账款，其计税基础一定等于其账面价值。（　　）

8. 递延所得税资产与固定资产等资产不同，不应计提减值准备，从而也不涉及减值准备转回的问题。（　　）

9. 企业融资租入固定资产按其公允价值与最低租赁付款额的现值两者孰低的金额确定的入账价值小于其计税基础，产生可抵扣暂时性差异，企业应确认相应的递延所得税资产。（　　）

10. 递延所得税资产的确认原则是以可抵扣暂时性差异转回期间预计将获得的应税所得为限，确认相应的递延所得税资产。（　　）

四、计算分析题

1. 华鑫股份有限公司2×23年年初递延所得税资产的余额为10万元，递延所得税负债的余额为35万元，本年度末有关资产和负债的账面价值和计税基础不一致的有：固定资产账面价值为800万元，计税基础为700万元；无形资产账面价值为200万元，计税基础为180万元（该企业没有自创的无形资产）；存货账面价值500万元，计税基础为560万元；预计负债账面价值40万元，计税基础为0。

要求：

(1)计算本期可抵扣暂时性差异额；

(2)计算本期应纳税暂时性差异额；

(3)计算本期应确认或冲销递延所得税资产的金额并作出相应的会计处理；

(4)计算本期应确认或冲销递延所得税负债的金额并作出相应的会计处理；

(5)假设本期没有任何永久性的差异，会计利润为1 000万元，计算出应纳税所得额，并进行相应的会计处理。

2. 华鑫股份有限公司自2×22年开始对所得税采用资产负债表债务法进行核算，2×22年1月1日递延所得税资产和递延所得税负债的余额皆为零，2×22年会计利润为1 000万元，会计与税法不一致的地方有2×22年1月1日开始提折旧的固定资产，原价500万元，会计按年限平均法5年提折旧，税法按双倍余额递减法提折旧（年限也为5年，无残值），2×23年会计利润为1 200万元，除了2×22年设备的影响之外，会计计提产品三包费用确认了预计负债60万元，（产品三包费用，税法要求实际发生时扣除），所得税税率为25%。

要求：

(1)计算2×22年和2×23年的应纳税所得额；

(2)计算确定固定资产2×22年和2×23年末的账面价值；

(3)计算确定固定资产2×22年和2×23年末的计税基础；

(4)确定预计负债2×23年末的账面价值和计税基础；

(5)作出2×22年计算应交企业所得税时的会计分录；

(6)作出2×23年计算应交企业所得税时的会计分录。

第二章 企业合并会计

本章知识结构

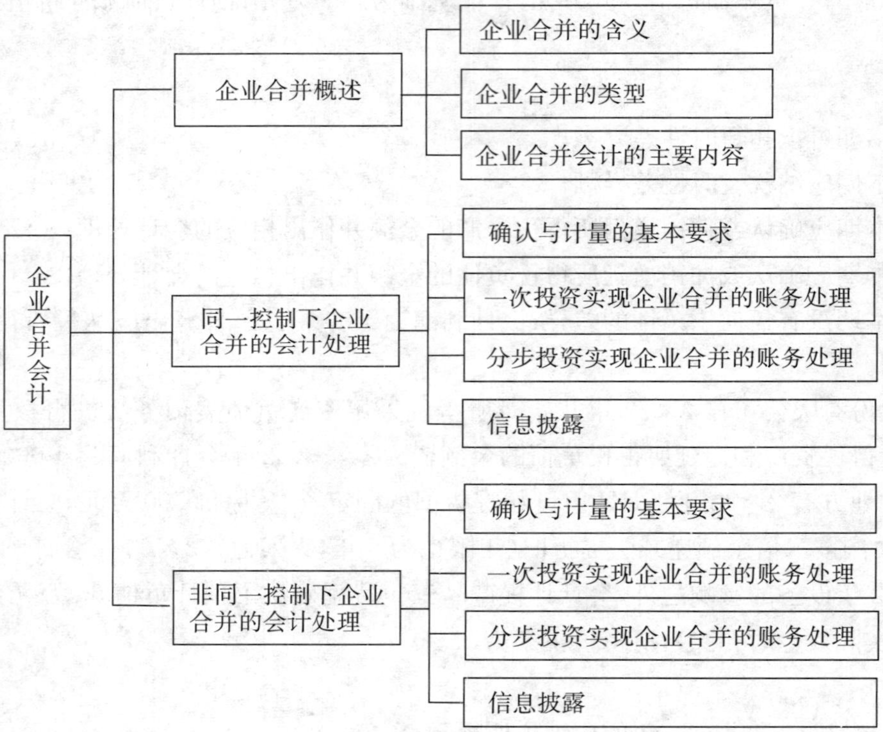

学习目标

通过本章的学习，了解企业合并的动因以及同一控制下企业合并、非同一控制下企业合并的信息披露内容，理解企业合并的含义及其分类；掌握同一控制下企业合并和非同一控制下企业合并业务确认与计量的基本要求以及相关业务具体的会计处理。

案例导入

甲公司是一家专注于乳制品开发和生产的上市公司，在西南地区具有较高的市场认可度。目前乳制品行业的发展空间巨大，正处在行业新黄金十年，特别是 2020 年以来，国家有关部门陆续出台相关支持性政策，将乳制品作为主要的营养品予以推荐。因此，抓住机遇形成规模优势是甲公司的战略选择，甲公司希望通过企业合并快速响应政策利好，进一步拓宽低温奶生产基地，扩大低温奶市场份额，将公司影响力从目前的西南地区向其他地区辐射，增强企业凝聚力。为实现快速发展，甲公司积极寻求目标公司实施企业合并战略。

乙公司地处奶牛养殖的黄金地带位置，主要生产常温奶和低温奶。近年来，乙公司营业收入稳步增长，但资金周转率低于行业平均水平。经市场调研，乙公司成了甲公司的目标公司。

经友好协商，甲乙双方就甲公司收购乙公司 100%股权达成一致意见，并向乙公司全体股东发出收购要约。收购后，乙公司成为甲公司的全资子公司。第三方独立评估机构采用收益法对乙公司进行估值，收益口径为公司自由现金流量，在评估标准日乙公司的评估价值为 20 亿元。甲、乙公司协商确定的合并价格为 24 亿元。合并前甲公司的评估价值为 265 亿元，两家公司经过整合后的整体价值预计将达到 300 亿元。合并过程中的审计费、评估费等相关费用合计 0.5 亿元，全部由甲公司承担。收购后，乙公司的奶源、技术和区域市场渠道等优势优化了甲公司的产业布局，增强规模效应，强化市场竞争力，向行业头部企业趋进。甲公司先进的乳制品管理经验得以快速推广，提高了乙公司的经营效率。

思考：该合并属于哪种类型？从财务角度分析此项合并的合并成本是多少？

第一节　企业合并概述

一、企业合并的含义

（一）企业合并的含义

我国《企业会计准则第 20 号——企业合并》对企业合并的定义为“将两个或者两个以上单独的企业合并形成一个报告主体的交易或事项”。从企业合并的定义看，是否构成企业合并，进而是否能够按照企业合并准则进行会计处理，主要应关注以下两个方面：

1. 被合并方是否构成业务

企业合并的结果通常是一个企业取得了对另一个或多个业务的控制权。即要形成会计意义上的“企业合并”，前提是被购买的资产或资产负债组合要形成“业务”。如果一个企业取得了对另一个或多个企业的控制权，而被购买方（或被合并方）并不构成业务，则该交易或事项不形成企业合并。

企业取得了不形成业务的一组资产或资产、负债的组合时，应识别并确认所取得的单独可辨认资产及承担的负债，并将购买成本基于购买日所取得各项可辨认资产、负债的相对公允价值，在各单独可辨认资产和负债间进行分配，不按照企业合并准则进行处理，从而不会产生商誉或购买利得。在被购买资产构成业务，需要作为企业合并处理时，购买日（合并日）的确定、合并中取得资产与负债的计量、合并差额的处理等均需要按照企业合并准则的有关规定进行处理。

上述所称的“业务”是指企业内部某些生产经营活动或资产负债的组合，该组合具有投入、加工处理过程和产出能力，能够独立计算其成本费用或所产生的收入。要构成业务不需要有关资产、负债的组合一定构成一个企业，或是具有某一具体法律形式。有关的资产组合或资产、负债组合是否构成业务，不是看其在出售方手中如何经营，也不是看购买方在购入该部分资产或资产、负债组合后准备如何使用。为保持业务判断的客观性，对一组资产或资产、负债的组合是否构成业务，要看在正常的市场条件下，从一定的商业常识和行业惯例等出发，有关的资产或资产、负债的组合能否被作为具有内在关联度的生产经营目的整合起来使用。

2. 交易或事项发生前后，是否引起报告主体的变化

从企业合并的定义看，是否形成企业合并，除了要看取得的资产或资产、负债组合是否构成业务之外，还要看有关交易或事项发生前后，是否引起报告主体的变化。报告主体的变化产生于控制权的变化。具体有两种情况：一是在交易或事项发生以后，投资方拥有对被投资方的权力，通过参与被投资方的相关活动享有可变回报，且有能力运用对被投资方的权力影响其回报金额的，投资方对被投资方具有控制，即一方能够对另一方的生产经营决策实施控制，双方形成母子公司关系，则涉及控制权的转移，被合并方（子公司）需要纳入合并方（母公司）合并财务报表的范围中，从合并财务报告角度形成报告主体的变化，形成企业合并；二是交易或事项发生以后，一方能够控制另一方的全部净资产，被合并的企业在合并后失去其法人资格，也涉及控制权及报告主体的变化，形成企业合并。在实务中，对于交易或事项发生前后是否形成控制权的转移，应当遵循实质重于形式原则，综合可获得的各方面情况进行判断。

在理解企业合并的定义时，至少还应该注意以下问题：

（1）“单独的主体”既是独立的法人主体也是独立的报告主体，即作为独立的法人单位，单独的主体应定期提供单独的会计报告。

（2）“合并形成一个报告主体”是指多个主体合并形成的合并体作为一个报告主体，它应该是经济意义上的一个整体，而从法律意义上看可能是一个法人主体也可能是多个法人主体。当一个企业将其他一个或几个企业的资产和负债吸收并入本企业，被合并的企业解散，实施合并的企业继续保留其法人地位时，合并体既是一个法人主体，也是一个报告主体；当两家或两家以上企业合并组成一个新的企业，参与合并的原各企业均不复存在时，这个新的企业作为合并体也同时是一个法人主体和一个报告主体；而由一家企业通过购买其他企业股份或通过交换股份取得其他企业股份的方式，取得对其他企业的控制权的合并中，在保留合并前各法人主体的前提下，合并体构成一个经济意义上的整体，从而产生一个需要提供合并会计信息的新的报告主体。

【例 2-1】 合并概念的理解

现有华鑫股份有限公司、美华股份有限公司两个企业。如果华鑫股份有限公司、美华股份有限公司合并后只存留下华鑫股份有限公司，则合并后的报告主体是华鑫股份有限公司；如果华鑫股份有限公司、美华股份有限公司合并创设一个新企业——鑫美股份有限公司，则合并后的报告主体是鑫美股份有限公司；如果华鑫股份有限公司、美华股份有限公司合并后华鑫股份有限公司、美华股份有限公司作为独立的法人主体仍都存在，但华鑫股份有限公司取得对美华股份有限公司的控制权，则华鑫股份有限公司、美华股份有限公司虽然互为独立的法律主体但却构成一个经济意义上的整体，从编制合并财务报表的角度来看，这个整体就是一个报告主体。

（3）企业合并是一项交易还是一个事项，这实际上是关于企业合并的性质问题。企业合并的

"交易"性将决定公允价值的使用,而合并"事项"只能使用账面价值进行企业合并的确认与计量。

(二)企业合并的动因

企业合并是产业发展、企业竞争的必然产物,是现代大公司形成和发展的有效手段。在市场经济条件下,随着企业间竞争的日益激烈,企业寻求发展的有效途径之一便是进行企业间的联合,企业间的联合已经成为公司扩张的重要形式。我国20世纪80年代末以来,随着经济体制改革的深入而掀起的企业合并浪潮,其目的在于优化经济资源的配置和组合、调整产业结构、提高经营综合效益和规模效益、推动社会生产力的发展。企业合并无论是从宏观经济的角度还是从微观经济的角度来看,都有重大意义。企业合并通常可以增加原企业的市场份额,提高产品的产量,有利于引进技术,寻求新的管理人才,提高营销能力等。企业合并也可能出于政府进行产业结构调整,或减少亏损企业的需要,让一些优势企业兼并劣势企业。总之,企业合并是企业发展的需要,有着复杂的动因,但对经济利益的追求应是其主要动因。企业合并的动因可概括如下。

1. 企业合并是企业实现快速扩张,增强竞争力的需要

企业合并是现代经济发展的一个突出现象,企业为了扩大生产规模,增强竞争力,最常见的方式有两种:一是通过筹集权益资本及信贷资本或动用盈余来进行生产设备的购置、厂房的购建、新产品研制与开发,以达到扩大其市场份额、提升竞争优势的目的;二是通过收购其他的同类生产厂家或者与其他厂家获得被并企业原有生产力达到扩大生产规模的目的。二者相比较,采用企业合并的方式具有的优越性,它可以使企业的规模得到迅速扩张。同时企业原有的资产可以在更大范围内共享,可以减少设备重复投资以及合并企业职能部门。企业的研发费用投入可以分摊到更多的产品上,有助于降低单位成本,增大单位投入的收益,实现专业化分工协作,提高企业整体的经济效益。

2. 企业合并是企业开展多元化经营,降低经营风险的需要

企业要分散风险、获得新的更多的发展机会,往往开展多元化经营。实现多元化经营的一项重要战略就是合并相关行业中的现有企业,因为合并正在经营的现有企业,可以取得时间优势,也可以减少一个竞争者,并直接获得其在某行业中已有的地位。通过企业合并获得已有的产品生产线,接受现有的市场,扩展现有的营销网络,通常要比依靠企业自身内部积累来开发新产品、拓展新市场的风险小。另外,合并企业可能有大量充足的现金流量但缺乏好的投资机会,而被并企业可能有良好投资机会但缺乏现金流量,合并后合并双方可以充分利用资源,带来整体经营业绩的提升,降低经营风险。

3. 企业合并时企业节约成本,提高融资能力的需要

一家企业通过合并其他企业取得所需的设备和生产能力,比自己新建同样设备、形成同样生产能力,易于收到立竿见影的效果,通过企业合并还可以取得固定资产,这些资产可望在短期内投入运行,马上转化为生产能力。企业合并可能取得有形的经济资源,也可能取得无形资产,如专利权、专营权、管理技术、专有技术、营销网络、优越的地理位置,甚至是进出口特许权等。企业合并不仅可以迅速获得规模经济效益,而且可以缓解资金压力,降低融资成本。一般来说,合并后企业的举债能力要大于合并前企业的举债能力之和。因为企业合并扩大企业规模,使企业更易进入资本市场融资。通过合并现金充裕而负债比率较低的企业,可以改善合并企业的财务状况,从而提高企业的举债能力。也可以通过合并实现双方的优势互补。如A公司的营销能力很强,但是在产品研发方面比较薄弱;而B公司正好相反,其具有很强的研发能力,但销售能力不足,因此若这两家企业合并则可取长补短,产生经营协同效应,在改善企业财务状况的同时,还能提高企业的融资能力。

4. 企业合并是企业进行税收筹划的需要

通过企业间的合并,组建企业集团,可以得到税收上的优惠,可以给有关方面带来税收上的好处。我国和有些国家的税法,对企业集团的增值税、所得税都给予了税收优惠条件。税法一般包含亏损递延条款,允许亏损企业免交当年所得税,且其亏损可以向后递延抵销以后年度盈余。从合理避税角度来看,一个有大量盈余的企业可以通过合并一个大量亏损的企业来抵减其应缴纳的企业所得税。对合并方而言,我国税法上允许以被合并方以前年度发生的累计亏损抵销合并方当前年度或以后年度的应纳税所得额,从而取得税收上的好处;对被合并方而言,可以避免因出售企业获得现金而应该缴纳的税款,从而取得税收上的好处。

二、企业合并的类型

企业合并的方式多种多样,企业可根据其企业合并的目的采用不同的合并方式。企业合并可按照不同的标准、从不同的角度进行分类,常见的分类方式有以下几种。

(一)按合并双方合并前、后最终控制方是否变化分类

按合并双方合并前、后是否同属于同一方或相同的多方最终控制分类,企业合并可分为同一控制下的企业合并和非同一控制下的企业合并两类。这也是我国《企业会计准则——企业合并》准则中对企业合并进行的分类。企业合并的类型划分不同,会计处理原则也不同。

1. 同一控制下的企业合并

同一控制下的企业合并,是指参与合并的企业在合并前、后均受同一方或相同的多方最终控制且该控制并非暂时性的。

例如,A公司为母公司,B公司、C公司同为A公司的子公司,而且A公司控制B公司和C公司在12个月以上(含12个月),现在B公司和C公司合并,此合并属于同一控制下的企业合并。

为了能正确理解同一控制下企业合并的定义,至少应该注意以下几个问题。

(1)"同一方":这里的"同一方"是指能够对参与合并各方在合并前后均实施最终控制的投资者,通常指企业集团的母公司。同一控制下的企业合并一般发生于企业集团内部,如集团内母子公司之间、子公司与子公司之间等。因为该类合并从本质上是集团内部企业之间的资产或权益的转移,不涉及自集团外购入子公司或是向集团外其他企业出售子公司的情况,能够对参与合并企业在合并前后均实施最终控制的一方为集团的母公司。

(2)"相同的多方":这里的"相同的多方"即能够对参与合并的企业在合并前后均实施最终控制的相同多方,通常是指根据合同或投资者之间的协议约定,在对被投资单位的生产经营决策行使表决权时发表一致意见的两个或两个以上的投资者。即拥有最终决定参与合并企业的财务和

经营政策，并从中获取利益的投资者群体。

(3)“控制并非暂时性”：这里的“控制并非暂时性”是对实施控制的时间性要求，是指参与合并各方在合并前后较长时间内为最终控制方所控制。具体是指在企业合并之前(即合并日之前)，参与合并各方在最终控制方的控制时间一般在 1 年以上(含 1 年)，企业合并后所形成的报告主体在最终控制方的控制时间也应达到 1 年以上(含 1 年)。

(4)“实质重于形式”：企业之间的合并是否属于同一控制下的企业合并，应综合构成企业合并交易的各方面情况，按照实质重于形式的原则进行判断。通常情况下，同一控制下的企业合并是指发生在同一企业集团内部企业之间的合并。但同受国家控制的企业之间发生的合并，不应仅仅因为参与合并各方在合并前后均受国家控制而将其作为同一控制下的企业合并。

例如，A、B 公司均为 P 公司的子公司，B 公司拥有 C 公司 60%的股权，并控制 C 公司的财务和经营决策，现 A 公司从 B 公司手中购买了 B 公司所持有的 C 公司 60%的股权，从而使 C 公司成为 A 公司的子公司，此项合并就属于同一控制下的企业合并，如图 2-1 所示。

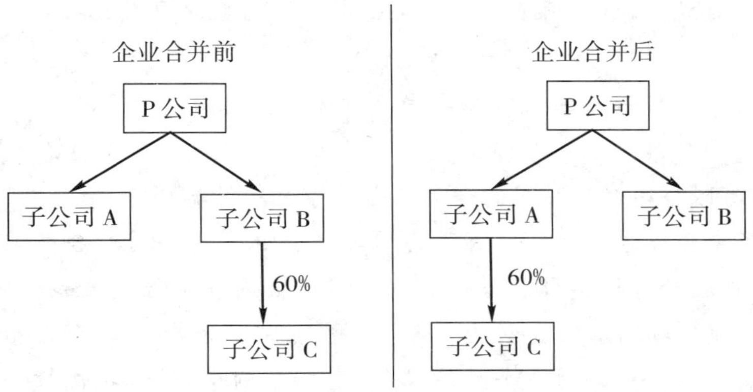

图 2-1　同一控制下的企业合并

2. 非同一控制下的企业合并

非同一控制下的企业合并是指参与合并的各方在合并前后不受同一方或相同的多方最终控制的企业合并。即除判断属于同一控制下企业合并的情况以外其他的企业合并。

例如，假定 A 公司、B 公司为没有关联的两个企业，A 公司是 C 公司的母公司，B 公司是 D 公司的母公司，A 公司、B 公司分别控制 C 公司、D 公司，现在 C 公司和 D 公司进行合并，合并后 C 公司拥有对 D 公司的控制权，此合并属于非同一控制下的企业合并，如图 2-2 所示。

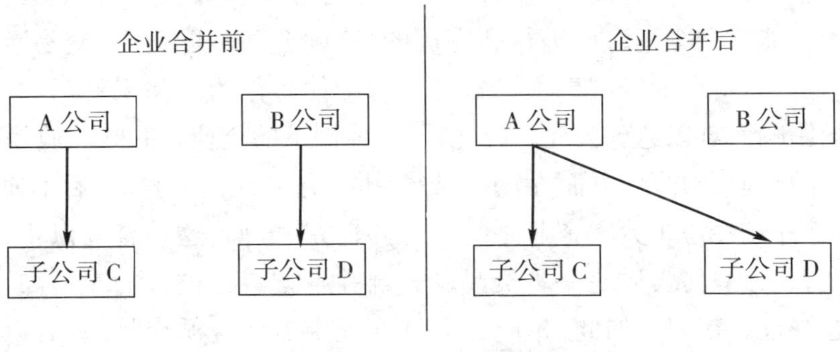

图 2-2　非同一控制下的企业合并

简而言之,同一控制下的企业合并,参与合并的各方合并前与合并后均属于相同的最终控制方;非同一控制下的企业合并,参与合并的被并方在合并前与合并后分属于不同的最终控制方。

【例 2-2】 企业合并类型的理解

华鑫股份有限公司为某省国资委控制的国有企业,2×23 年 10 月,因该省国资系统出于整合同类业务的需要,由华鑫股份有限公司通过定向发行其普通股的方式给乙公司部分股东,取得对乙公司控制权。该项交易前,乙公司的股权由该省国资委下属丙投资公司持有并控制。合并双方签订的协议约定如下:

(1)以 2×23 年 9 月 30 日为评估基准日,根据独立的评估机构评估确定的乙公司全部股权的公允价值 4.02 亿元为基础确定甲公司应支付的对价;

(2)华鑫股份有限公司普通股作价 5 元/股,该项交易中华鑫股份有限公司向丙投资公司发行 3 700 万公司普通股取得乙公司 46%股权;

(3)华鑫股份有限公司在本次交易中定向发行的 3 700 万股向丙投资公司发行后,即有权力调整和更换乙公司董事会成员,该事项不受本次交易中股东名册变更及乙公司有关工商注册变更的影响。

2×23 年 12 月 10 日,华鑫股份有限公司向丙投资公司定向发行了 3 700 万股并于当日对乙公司董事会进行改选。

问题:华鑫股份有限公司对乙公司的合并应当属于哪一种类型?

【分析】 本案例中合并方华鑫股份有限公司与被合并方乙公司在合并前均为独立的市场主体,其特殊性在于华鑫股份有限公司在合并前直接被当地国资委控制,乙公司是当地国资委通过下属投资公司间接控制。判断本项交易的合并类型关键在于找到是否存在于合并交易发生前后对参与合并各方均能够实施控制的一个最终控制方,本案例中,最终控制方即为当地国资委。虽然该项交易是国资委出于整合同类业务的需要,安排华鑫股份有限公司、乙公司的原控股股东丙投资公司进行的,但交易中作价是完全按照市场价格确定的,同时企业合并准则中明确规定,同受国家控制的两个企业进行合并,不能仅因为其为国有企业即作为同一控制下企业合并。因此,该项合并应当作为非同一控制下企业合并处理。

为了能正确区分同一控制下企业合并与非同一控制下的企业合并,还应该注意以下几个问题。

(1)两类合并的实质。

同一控制下的企业合并,一方面,由于合并各方在合并前、后的最终控制方没有发生变化,合并双方的合并行为可能不完全是自愿进行和完成的,这种合并不能算作“交易”,只是一个对合并各方资产、负债进行重新组合的经济事项;另一方面,即使想作为交易来看,合并交易的作价往往因受最终控制方的影响而难以达到公允。因此,同一控制下的企业合并其实质是一桩“事项”。

非同一控制下的企业合并,一方面,由于参与合并的有关方在合并前、后不属于同一方或相同的多方最终控制,这种合并是非关联企业之间的合并;另一方面,这种合并以市价为基础,确定的合并作价相对公允。因此,其实质是一种交易——合并各方自愿进行的交易,其结果是合并方购买了被合并方的控制权。正因为如此,相应的会计处理中需要遵循交易规则,以自愿交易的双方都能够接受的价值——公允价值为计量基础。

(2)两类合并的参与方称谓。

正因为两类合并的实质不同,属于经济事项的同一控制下的企业合并和属于购买交易的非同一控制下的企业合并,参与合并各方的称谓不同。同一控制下的企业合并,在合并日取得对其他参与合并企业控制权的一方为合并方,参与合并的其他企业为被合并方;非同一控制下的企业合并,在合并日取得对其他参与合并企业控制权的一方即合并方,也称购买方,参与合并的其他企业即被合并方,也称被购买方。

购买方是指在企业合并中取得对另一方或多方控制权的一方。从购买方的定义中可以看出,认定购买方的关键标准是取得控制权。控制,是指投资方拥有对被投资方的权力,通过参与被投资方的相关活动而享有可变回报,并且有能力运用对被投资方的权力影响其回报金额。控制的定义包含三项基本要素:第一,投资方拥有对被投资方的权力,第二,因参与被投资方的相关活动而享有可变回报,第三,有能力运用对被投资方的权力影响其回报金额。具体可从以下几方面来认定购买方。

①企业合并中一方取得了另一方半数以上有表决权股份的,除非有明确的证据表明不能形成控制,一般认为取得另一方半数以上表决权股份的一方为购买方。

②投资方持有被投资方半数或以下表决权,但通过与其他表决权持有人之间的协议能够控制半数以上表决权,一般也可以认为其获得了对另一方的控制权。例如,甲公司拥有A公司40%的表决权资本,乙公司拥有A公司30%的表决权资本,丙公司拥有A公司30%的表决权资本。甲公司与乙公司达成协议,乙公司将其拥有的A公司30%的表决权委托甲公司管理(即由甲公司代表)。在这种情况下,甲公司实质上拥有A公司70%的表决权,能够操纵A公司股东大会的表决,在A公司的章程等没有特别规定的情况下,表明甲公司实质上控制了A公司。

持有半数或半数以下表决权的投资方,还可综合考虑下列事实和情况,以判断其持有的表决权与相关事实和情况相结合是否拥有对被投资方的控制权。一是投资方持有的表决权份额相对于其他投资方持有的表决权份额的大小以及其他投资方持有表决权的分散程度;二是投资方和其他投资方持有的潜在表决权;三是其他合同安排产生的权利;四是其他相关事实或情况等。

③在某些情况下,可能难以确定企业合并中的购买方,如参与合并的两家或多家企业规模相当,这种情况下,往往可以结合一些迹象表明购买方的存在。在具体判断时,可以考虑下列相关因素:

一是以支付现金、转让非现金资产或承担负债的方式进行的企业合并,一般支付现金、转让非现金资产或是承担负债的一方为购买方。

二是考虑参与合并各方的股东在合并后主体的相对投票权,其中股东在合并后主体中具有相对较高投票比例的一方一般为购买方。

三是参与合并各方的管理层对合并后主体生产经营决策的主导能力,如果合并导致参与合并一方的管理层能够主导合并后主体生产经营政策的制定,其管理层能够实施主导作用的一方一般为购买方。

四是通过以有表决权的股份换取另一方的现金及其他资产的企业合并,则付出现金或其他资产的一方很可能为购买方。

五是通过权益互换实现的企业合并,发行权益性证券的一方通常为购买方。但如果有证据表明发行权益性证券的一方，其生产经营决策在合并后被参与合并的另一方控制，则其应为被购买方，参与合并的另一方为购买方。该类合并通常称为反向购买。

(3)合并日或购买日的确定。

合并日或购买日是指被合并方或被购买方净资产或生产经营决策的控制权转移给合并方或购买方的日期。由合并实质所决定，同一控制下的企业合并，合并方实际取得对被合并方净资产或生产经营决策的控制权的日期，称为“合并日”；非同一控制下的企业合并的购买方实际取得被购买方的净资产或生产经营决策控制权的日期，称为“购买日”或“合并日”。

同时满足以下条件的，可认定为实现了控制权的转移：

①企业合并协议已获股东大会等内部权力机构通过；

②企业合并事项需要经过国家有关部门实质性审批的，已取得了有关部门的批准；

③参与合并各方已办理了必要的财产交接手续；

④合并方或购买方已支付了合并价款的大部分(一般应超过 50%)，并且有能力支付剩余款项；

⑤合并方或购买方实际上已经控制了被合并方或被购买方的财务和经营政策，并享有相应的利益及承担风险。

值得注意的是，就非同一控制下的企业合并而言，有时候“购买日”(即合并日)与股权投资的“交易日”可能不一致。如果企业合并是通过一次股权交易实现的，股权交易日就是购买日；如果企业合并涉及一次以上股权交易分步实现的，企业应于每一交易日确认对被投资企业的各单项投资，即交易日是各单项投资在投资方财务报表中确认之日，购买日则是购买方获得对被购买方控制权之日。

【例 2-3】 股权交易日与企业合并日的比较

资料：华鑫股份有限公司于 2×23 年 7 月 1 日用银行存款 3 000 万元取得乙公司 20%的股份；2×23 年 11 月 1 日，甲公司又以 7 000 万元的价格进一步购入乙公司 40%的股份，至此，华鑫股份有限公司获得了对乙公司的控制权并能长期控制。

问题：如何区分股权交易日与企业合并日？

【分析】 这里 2×23 年 7 月 1 日、11 月 1 日都属于股权交易日，但购买日(或合并日)只能是 2×23年 11 月 1 日。

(4)两类合并的合并对价形式。

两类合并下支付的合并对价形式没有太大区别。同一控制下企业合并的合并方和非同一控制下企业合并的购买方，都可能以支付资产、发生或承担负债以及发行权益性证券等作为合并对价。所不同的是，同一控制下企业合并的合并方支付的合并对价应按账面价值计量，非同一控制下企业合并的购买方支付的合并对价则需以公允价值计量。这是由不同类别的企业合并实质使然。

(二)按照合并后企业主体法律形式是否变化分类

按照合并后企业主体法律形式是否变化分类，企业合并可以分为吸收合并、创立合并和控股合并三种。

无论是同一控制下的企业合并还是非同一控制下的企业合并，从合并后主体的法律地位上看，都有可能产生两种结果：一种结果是合并不形成母子公司关系；另一种结果是合并形成母子公司关系。不形成母子公司关系的企业合并，包括吸收合并和新设合并两种情况；形成母子公司关系的企业合并，就是通常所说的控股合并。

1. 吸收合并

吸收合并也称为"兼并"，是指合并方（或购买方）通过企业合并取得被合并方（或被购买方）的全部净资产，被合并方（或被购买方）原持有的资产、负债在合并后成为合并方（或购买方）的资产、负债并入合并方自身的账簿和报表进行核算。吸收合并后，参与合并的企业通常只有其中一个企业（主并方）继续保留其法人地位，另外一个或几个企业（被并方）在合并后丧失法人资格，不复存在。吸收合并具体做法可以是由保留法人资格的企业通过发行股票、支付现金或发行债券等方式取得其他一个或几个企业的净资产。主并企业作为保留下来的单一经济主体和法律主体处理其会计事务，接受参与合并的各企业的资产并承担其债务。吸收合并完成后，合并后的企业除对所有被合并企业的资产实行控制和管理以外，还往往承担被合并企业的负债。例如，A 公司通过吸收合并取得了 B 公司，则这种合并方式可用下式表示：

A 公司＋B 公司＝A 公司

吸收合并中，因被合并方（或被购买方）在合并发生以后被注销，从合并方（或购买方）的角度需要解决的问题是：其在合并日（或购买日）取得的被合并方有关资产、负债入账价值的确定，以及企业合并支付的对价与所取得被合并方资产、负债的入账价值之间存在差额的处理。

2. 新设合并

新设合并又称为"创立合并"，是指两个或两个以上的企业联合成立一个新的企业。创立合并后，原有的各家企业均不复存在，丧失法人资格，新设企业向原企业的股东发行股票或签发出资证明，从而使原企业的股东成为新设企业的股东。合并完成后，新设企业作为一个法人机构存在，并作为一个单一经济主体和法律主体从事生产经营活动并处理其会计事务，原来参与合并的各企业均解散，新设企业在接受已解散的原企业资产的同时，往往也承担其债务。

例如，A 公司与 B 公司以新设合并的方式成立 C 公司，则这种合并方式可用下式表示：

A 公司＋B 公司＝C 公司

新设合并中，因参与合并的各方在合并发生以后被注销，新设企业取得了参与合并的各方的资产与负债。从新设企业的角度需要解决的问题与上述吸收合并相同，后文不再单独阐述。

3. 控股合并

控股合并是指一家企业通过支付现金或其他资产、发行股票或债券的方式取得另一家或几家企业（被合并方）全部或部分有表决权的股份，从而达到能够对被投资企业（被合并方）实施控制的企业合并形式。合并完成后，参与合并的各家企业仍然保持其独立的法人资格并继续经营，但合并方（投资企业）与被合并方（被投资企业）之间形成了母子公司关系，合并方（母公司）除了要编制本公司的会计报表外，还需要编制反映母子公司构成的企业集团的整体财务状况与经营成果的合并财务报表。

在控股合并方式下，合并双方形成了投资与被投资的关系(股权投资关系)，并且投资方对被投资方取得了控制股权，被投资方成为投资方的子公司，而投资企业成为子公司的母公司，或称控股公司。取得控制股权后，原来的企业仍然以各自独立的法律实体从事生产经营活动。以母公司为中心，连同它所控制的子公司，称为企业集团，企业集团虽不是法律主体，但它是一个会计主体。例如，A公司以现金购买了B公司80%有表决权的股份，并能够决定B公司的财务和经营政策，则A公司就成了B公司的母公司，B公司则成了A公司的子公司，仍然保留其法人资格，继续经营。控股合并完成后，A公司、B公司构成了一个企业集团，这种合并方式可用下式表示：

A公司＋B公司＝A公司＋B公司(合并后形成以A公司为母公司的企业集团)

控制的标志是有权决定一个企业的财务和经营政策，并能据以从该企业的经营活动中获取收益。控股的实施途径是一个企业直接或间接拥有另一企业半数以上表决权资本，或者一个企业拥有另一企业表决权资本不足半数但是通过拥有的表决权资本和其他方式达到控制。控股合并并不是法律意义上的合并，控股企业和被控股企业仍分别为独立的法人，但前者对后者的财务和经营决策的控制权决定了二者事实上是一个经济整体。

值得一提的是，无论是不形成母子公司关系的吸收合并、新设合并，还是形成母子公司关系的控股合并，合并方(或购买方)在企业合并中都取得了对其他参与合并的企业的“控制权”。不过，这种“控制权”的表现形式不同：在吸收合并或新设合并下，这个“控制权”表现为取得的被合并方(或被购买方)的净资产；在控股合并下，这个“控制权”表现为取得的被合并方(或被购买方)的股权，合并方取得的被合并方的股权，在其账簿及个别财务报表中应确认为对被并方的长期股权投资。这一点对企业合并的会计确认与计量至关重要，同时对正确理解企业合并与长期股权投资的关系也很重要。企业合并与长期股权投资具有密切的联系。

(三)按企业合并的性质分类

按照企业合并的性质分类，企业合并可以分为购买性质的合并和股权联合性质的合并。

1. 购买性质的合并

购买性质的合并也称为“购买合并”，是指通过转让资产、承担负债或发行股票等方式，由一个企业(购买企业)获得对另一个企业(被购买企业)净资产和经营权控制的合并行为。在企业合并活动中，一般以支付现金等资产为购买条件，是一种完全意义上的有偿合并，通常总有一个参与合并的企业能够控制其他参与合并的企业，只要一个参与合并的企业能够控制其他参与合并的企业，就能够辨别出购买方与被购买方。

2. 股权联合性质的合并

股权联合是指各参与合并企业的股东联合控制其全部或实际上是全部净资产和经营，以便共同对合并后实体分享利益和分担风险的企业合并。参与合并的企业根据签订的平等协议共同控制其全部或实际上全部的净资产和经营，参与合并的企业管理者共同管理合并企业，并且参与合并企业的股东共同分担合并后主体的风险和利益，这种企业合并属于股权联合性质的企业合并。这种合并不存在购买方与被购买方，也不存在控制与被控制关系。不能区分为购买方和被购买方的关键在于：股权联合性质的企业合并是通过合并企业的全部或绝大部分有表决权的普通股参与交换或合并；各合并企业的股东在合并后的企业中拥有与合并以前相同的表决权。

（四）按照合并企业所涉及的行业分类

按照合并企业所涉及的行业不同，企业合并可以分为横向合并、纵向合并和混合合并。

1. 横向合并

横向合并也称"水平合并"，是指一个企业与从事相同或相似生产经营活动的其他企业合并。合并双方或多方原来属于同一行业，或生产工艺、产品、劳务相同或相似。例如，中国吉利控股集团与瑞典沃尔沃汽车公司的合并。横向合并通常具有以下两个目的：一是通过企业规模的扩张达到扩大企业经营规模，提高产品的市场占有率，从而降低管理成本与费用、增强企业竞争优势、获取规模效益；二是拓展行业专属管理资源，使企业自身的管理能力得到充分有效的发挥。

2. 纵向合并

纵向合并也称为"垂直合并"，是指一个企业与处于同行业不同生产经营阶段的其他企业合并。合并双方的生产工艺、产品、劳务虽不相同或相近，但相互之间具有前后联系。参与合并的各家企业，其产品相互配套，或有一定内在联系，形成产销一条龙。例如某钢铁公司与矿石的勘探、开采、冶炼、销售等环节的企业的合并。纵向合并的初衷在于加强前后产品之间的生产联系和生产协作，将市场行为内部化，即通过纵向并购，将不同企业之间的交易转化为同一企业的内部或同一集团内部的交易，从而减少价格资料收集、签约、收取货款、广告等方面的支出，降低生产协调成本，并获得税收上的好处。纵向并购可节约交易过程中的选择成本、监督成本以及流转费用，加快资金周转，提高使用效率。消除竞争力量，提高企业的竞争优势。

3. 混合合并

混合合并也称为"多种经营合并、多元化合并"，是指从事不相关业务类型的企业间的合并。合并双方的生产工艺、产品、劳务没有内在联系。例如某商业集团与宾馆酒店、证券交易、房地产公司的合并。混合合并的目的往往是通过合并来从事多元化经营，以达到优化投资组合，分散投资风险，增强企业的生存与发展能力；或者合并企业（合并方）利用被合并企业（被合并方）的环境条件，进一步拓展市场。20 世纪 60 年代到 90 年代初，全球企业界盛行多元化经营的思路，认为通过混合兼并实现多元化经营后能够有效地分散投资风险、挖掘新的市场机会、稳定企业的现金流量、增强企业的实力等。经过混合合并，一般会形成跨行业的企业集团。

（五）按企业合并对价的支付方式分类

按照企业合并对价的支付方式分类，企业合并可分为现金收购合并、股票兑换合并、债券收购合并、杠杆收购合并。

1. 现金收购合并

现金收购合并是指购买企业（购买方）向被购买企业（被购买方）的股东支付现金或现金等价物，以取得被购买企业股权的企业合并，即为现金收购合并。在这种支付方式下，对于被购买方而言，得到的现金数额是确定的，不必承担证券的风险，也不会受到并购后公司发展前景、利息率以及通货膨胀率变动的影响。被购买企业的股东一旦收到与他所拥有的股份相应的现金，就失去了对原企业的任何权益；对购买方而言，需要承担支付风险，由于是向被购买企业的股东支付现金而不是股票，不会出现控制权的稀释甚至转移，但必须立即支付足额现金，无论企业是筹集资金，还是动用现有现金，这都是一个较大的负担。因此，在作出现金支付方式前，购买方必须谨慎考虑资产的流动性（不仅需考虑当时的流动性，还必须考虑中长期的流动性）、资本结构和融资能力。

2. 股票兑换合并

股票兑换合并是指合并方按照规定增加发行本企业的股票，以新发行的股票替换目标企业股票的合并。与支付现金相比，股票兑换合并具有以下特点：一是合并企业不会产生大量现金流出，不会影响企业的现金流动状况；二是收购完成后，被合并企业的股东不会失去他们所拥有的股权，只是合并前拥有的是被合并企业的股权，而合并完成后拥有的是合并企业的股权。在这种合并方式中，由于被合并企业的股东仍保留合并企业的股权，对合并企业而言，不利结果是股本结构会发生变动，甚至可能导致合并企业控制权发生转移。

3. 债券收购合并

债券收购合并是指合并企业用本企业的债券交换被合并企业股东的股票的合并。实际运作中，通常将债券与认股权证或可转换债券结合起来。认股权证赋予持有者在指定时间内用指定价格认购发行公司一定数量新股的权利，而持有者获得该项权利的同时无须担负某项责任，权利的行使与否不受任何约束。对于合并企业而言，可转换债券的利率通常低于普通债券的利率，从而降低了筹资的成本；对于被合并企业的股东而言，可转换债券具有普通债券的安全性和作为股票增值的有利性相结合的双重性质。

4. 杠杆收购合并

杠杆收购合并是指增加企业的财务杠杆来完成的合并。它是指合并企业主要通过银行贷款或金融市场的借债来获得被合并企业的所有权，然后从被合并企业产生的现金流量偿还债务的合并。杠杆收购合并具有两个显著特点：一是筹资结构发生变化，因为合并企业在杠杆收购中引起的负债主要由被合并企业的资产或现金流量来支持和偿还，其次才是投资者的投资；二是只需少量的资本就可以完成企业合并，交易过程中需要由一个交易双方以外的第三者充当经纪人，支付经纪人费用，由经纪人在合并双方起促进和推动作用。杠杆收购的意义在于：在融资结构中以小比例内源资金支持大比例的外源资金。

三、企业合并会计的主要内容

（一）企业合并的会计问题

企业合并的会计问题涉及会计理论和会计实务两个方面，从会计理论角度看，企业合并突破了传统的会计主体、持续经营、会计期间假设，并对会计确认和计量提出了新的问题；从会计实务角度看，企业合并的会计问题包括合并过程的会计处理方法和合并以后的有关财务报表编制问题。

1. 合并过程的会计处理方法

由于企业合并按性质分为股权联合性质的合并和购买性质的合并，与之相应，通常采用的会计处理方法有权益结合法和购买法两种。这两种方法的选用与企业合并的性质相关：股权联合性质的企业合并应采用权益结合法进行会计处理；购买性质的企业合并应采用购买法进行会计处理。在我国，对于同一控制下的企业合并而言，合并前后的控制方未发生变化，它们共同控制其全部或实际上全部的净资产和经营权。这种合并不具有购买性质，类似股权的联合。因此，同一控制下企业合并的实质不能算作“交易”，而是一桩“事项”，所采用的会计处理方法类似于权益结合法，强调以账面价值对相关资产、负债进行确认与计量；对于非同一控制下的企业合并而言，被并方在合并前后的控制方发生了变化，企业合并是一家企业取得其他参与合并企业净资产的一项交易，这与企业按公平交易的原则购置普通资产的交易基本相同，因此，非同一控制下企业合并的实质是一项“交易”，所采用的会计处理方法为购买法，强调以公允价值对取得的相关资产、负债进行确认与计量。

2. 合并以后的有关财务报表编制

在吸收合并、新设合并和控股合并三种方式中，吸收合并结束后，被合并的企业全部解散，只有实施合并的企业在合并后仍是一个单一的法律主体和会计主体；新设合并完成后，原来的企业均不复存在，新创立的企业是一个单一的法律主体和会计主体，因此，吸收合并和新设合并后的会计处理没有新的会计问题出现。控股合并完成后，母公司本身和子公司都是一个独立核算的企业，但站在母子公司构成的企业集团的角度看，会计服务对象的空间范围显然是由母公司以及子公司等构成的整体，也就是说，会计上不仅要以每一独立的企业为报告主体编制个别企业财务报表，还要以整个企业集团为服务对象，需要编制合并财务报表。合并财务报表的编制，无论从编制基础，还是从编制程序和编制方法来看，都与个别企业财务报表不同，这是控股合并完成后面临的新的会计问题。有关控股合并以后，涉及合并日以及合并日后每个会计期末的合并财务报表编制问题，将在第三章进行详细阐述。

（二）企业合并会计的主要内容

企业合并有关的会计处理主要涉及两个方面的内容：一是合并日合并方如何对企业合并属于事项或交易进行确认与计量；二是合并日是否需要编制合并财务报表以及如何编制合并财务报表。对企业合并属于事项或交易的确认与计量是本章的关键问题，而合并日是否需要编制合并财务报表以及如何编制合并财务报表的内容将在第三章阐述。

如前所述，尽管企业合并的性质不同，但无论是同一控制下的企业合并还是非同一控制下的企业合并，两类企业合并的结果都包括不形成母子公司关系和形成母子公司关系两种情况；两类企业合并的实施都需要合并方支付合并对价（如银行存款、库存商品、应付债券、股本等）；两类企业合并的进行都有可能发生合并费用。因此，各类企业合并业务中的这些相关内容都应该如何进行确认与计量，必然是企业合并会计首先需要解决的问题。

合并日合并方对企业合并进行确认与计量的账务处理基本思路如下。

1. 对于吸收合并、新设合并(不形成母子公司关系的合并)

借:有关资产账户　　　　　　　[取得的净资产]

　贷:有关负债账户
　　银行存款
　　库存商品　　　　　　　　[支付的合并对价]
　　应付债券
　　股本等
　　银行存款等　　　　　　　[支付的合并费用]

2. 对于控股合并(形成母子公司关系的合并)

借:长期股权投资　　　　　　　[取得的股权]

　贷:银行存款
　　库存商品　　　　　　　　[支付的合并对价]
　　应付债券
　　股本等
　　银行存款等　　　　　　　[支付的合并费用]

在同一控制下的企业合并和非同一控制下的企业合并中,需要思考的问题主要有:

第一,如何计量合并日取得的净资产或股权?

第二,如何计量支付的合并对价?

第三,如何处理上述两者之间的差异?

第四,如何处理支付的合并费用?

下面依据我国现行的企业会计准则,介绍企业合并业务的具体会计处理。

第二节　同一控制下企业合并的会计处理

一、确认与计量的基本要求

对于同一控制下的企业合并,《企业会计准则——企业合并》中规定的会计处理方法类似于权益结合法。该方法将企业合并看作两个或多个参与合并企业权益的重新整合,由于最终控制方的存在,从最终控制方的角度,该类企业合并不会造成企业集团整体的经济利益流入和流出,最终控制方在合并前后实际控制的经济资源并没有发生变化,有关交易事项涉及的相关资产、负债不作为出售或购买。因此,同一控制下的企业合并,在合并中不涉及自少数股东手中购买股权的情况下,合并方应遵循以下确认与计量的基本要求进行相关的会计处理。

(一)同一控制下的企业合并——不产生商誉

同一控制下的企业合并,从最终控制方的角度来看,其在企业合并发生前后能够控制的净资产价值总量并没有发生变化,因此,同一控制下的企业合并不产生商誉。合并方在合并中确认取得的被合并方的资产、负债仅限于被合并方账面上原已确认的资产和负债，合并中不产生新的资产和负债。但被合并方在企业合并前账面上原已确认的商誉还应当继续作为资产确认。

（二）合并方取得的净资产或股权投资——按账面价值入账

合并方在同一控制下企业合并中取得的有关资产和负债不应因该项合并而改记其账面价值。从最终控制方的角度，该事项仅是其原本已经控制的资产、负债空间位置的转移，不应影响所涉及资产、负债的计价基础发生变化。也就是说，合并方在合并中取得的被合并方各项资产、负债应维持其在被合并方的原账面价值不变。同一控制下企业合并的合并方，对吸收合并和新设合并中取得的资产和负债，按照合并日被合并方有关资产、负债的账面价值计量；对控股合并中取得的长期股权投资，按照合并日享有的被合并方在最终控制方合并财务报表中所有者权益账面价值的份额作为其初始投资成本。被并方在合并日的净资产账面价值为负数的，长期股权投资成本按零确定，同时在备查簿中予以登记。

在确定合并中取得各项资产、负债的入账价值时，如果被合并方在企业合并前采用的会计政策与合并方不一致的，基于重要性会计信息质量要求，首先应统一会计政策，即合并方应当按照本企业会计政策对被合并方资产、负债的账面价值进行调整，然后以调整后的账面价值作为有关资产、负债的入账价值。

（三）合并方支付的合并对价——按账面价值结转

同一控制下企业合并不会造成企业集团整体的经济利益流入和流出，最终控制方在合并前后实际控制的经济资源并没有发生变化，有关交易事项涉及的相关资产、负债不作为出售或购买。因此，合并方为企业合并所支付的对价应按账面价值转账。也就是说，合并方对作为合并对价所付出的资产、发生或承担的负债，合并方应按其账面价值结转；发行的股份按面值总额记录；不需要确认支付的合并对价的转让损益。

（四）股东权益的调整

合并方在合并中取得的净资产的入账价值相对于为企业合并所支付的对价的账面价值之间的差额，不作为资产的处置损益，不影响企业合并当期的利润表，有关差额应调整所有者权益相关项目。

同一控制下的企业合并，本质上不作为购买，而是两个或多个会计主体股东权益的整合。合并方在企业合并中取得的净资产或长期股权投资的账面价值与所支付的合并对价的账面价值（或发行股份面值总额）之间如有差额，应当调整所有者权益。在根据合并差额调整合并方的所有者权益时，应首先调整资本公积（资本溢价或股本溢价），若需要调整减少资本公积时，以合并方资本公积（资本溢价或股本溢价）余额为最高限额，资本公积（资本溢价或股本溢价）的余额不足冲减的，应冲减留存收益。

值得注意的是：从权益结合的角度看，还应当对合并前被并方的留存收益进行调整。虽然被并方在吸收合并时已注销了账面留存收益，但从合并前双方就被视为一个经济整体的立场考虑，合并方需将被并方合并前留存收益调整回来，并在贷记“留存收益”相关科目的同时借记“资本公积”科目(以合并方股本溢价或资本溢价余额为最高限额)。由于“留存收益”与“资本公积”均属股东权益项目,本章对此不作调整。

(五)合并费用的处理

合并方为进行企业合并发生的审计费用、资产评估费用以及有关的法律咨询费用等(不包括发行权益性证券和发行的债券或承担其他债务支付的手续费、佣金等)各项直接相关费用,应当于发生时计入当期损益,一般通过“管理费用”账户核算。

合并方为进行企业合并发生的其他费用,分别以下两种情况进行处理:合并方为进行企业合并发行的债券或承担其他债务支付的手续费、佣金等,应当计入所发行债券或其他债务的初始计量金额,即构成有关债务的入账价值的组成部分;合并方在企业合并中发行权益性证券发生的手续费、佣金等,应当抵减权益性证券溢价收入,溢价收入不足冲减的,冲减留存收益。

总之,对于合并方而言,无论是吸收合并、新设合并还是控股合并,其所支付的资产评估、审计、法律咨询等费用,以及为发行证券(作为合并对价)所支付的发行费用,都不计入吸收合并或新设合并取得的净资产的入账价值,也不计入控股合并取得的长期股权投资的初始投资成本。

二、一次投资实现企业合并的账务处理

根据上述要求,对于同一控制下企业合并,合并方确认合并业务的账务处理如下。

(一)吸收合并与新设合并

1. 支付现金、非现金资产作为合并对价实施的企业合并

应作如下会计分录:

借:有关资产账户(取得被合并方资产的账面价值)

  贷:有关负债账户(承担被合并方负债的账面价值)

    银行存款(以现金支付的合并对价)

    固定资产清理、库存商品等(支付的非现金资产的账面价值)

    资本公积——股本(资本)溢价(差额)*

注:* 如果需要借记“资本公积”科目,则以合并方“资本公积”科目的股本(资本)溢价贷方余额为上限,不足部分冲减合并方“留存收益”账面余额。以下同。

2. 以发行债券作为合并对价

应作如下会计分录:

借:有关资产账户(取得被合并方资产的账面价值)

  贷:有关负债账户(承担被合并方负债的账面价值)

    应付债券——面值(发行债券的面值)

    应付债券——利息调整(发行债券的溢价减去债券发行费用;如为折价,则记借方)

    银行存款(以现金支付的债券发行费用)

    资本公积——股本(资本)溢价(差额)

3. 以发行权益性证券作为合并对价

应作如下会计分录：

借：有关资产（取得被合并方资产的账面价值）
　　贷：有关负债（承担被合并方负债的账面价值）
　　　　股本（发行的股票的面值）
　　　　银行存款（股票发行费用）
　　　　资本公积——股本溢价（差额）

4. 支付的与企业合并相关的评估费用、审计费用、咨询费用等相关直接费用

应作如下会计分录：

借：管理费用（企业合并发生的相关直接费用）
　　贷：银行存款等（支付的相关直接费用）

（二）控股合并

对同一控制下的控股合并而言，合并方在合并日的会计处理包括两个方面的内容：一是因企业合并形成的对被合并方的长期股权投资的确认、计量以及具体账务处理；二是合并日合并财务报表的编制。本章只介绍长期股权投资的确认、计量以及具体账务处理；对于合并财务报表的编制将在第三章做具体介绍。

1. 支付现金、非现金资产作为合并对价实施的企业合并

应作如下会计分录：

借：长期股权投资（按享有的被合并方净资产账面价值的份额）
　　贷：银行存款（以现金支付的合并对价）
　　　　固定资产清理、库存商品等（支付的非现金资产的账面价值）
　　　　资本公积——股本（资本）溢价（差额）*

注：* 如果需要借记“资本公积”科目，则以合并方“资本公积”科目的股本（资本）溢价贷方余额为上限，不足部分冲减合并方“留存收益”账面余额。以下同。

2. 以发行债券作为合并对价

应作如下会计分录：

借：长期股权投资（按享有的被合并方净资产账面价值的份额）
　　贷：应付债券——面值（发行债券的面值）
　　　　应付债券——利息调整（发行债券的溢价减去债券发行费用；如为折价，则记借方）
　　　　银行存款（以现金支付的债券发行费用）
　　　　资本公积——股本（资本）溢价（差额）

3. 以发行权益性证券作为合并对价

应作如下会计分录：

借：长期股权投资（按享有的被合并方净资产账面价值的份额）
　　贷：股本（发行的股票的面值）
　　　　银行存款（股票发行费用）
　　　　资本公积——股本（资本）溢价（差额）

4. 支付的与企业合并相关的评估费用、审计费用、咨询费用等相关直接费用

应作如下会计分录：

借：管理费用（企业合并发生的直接相关费用）

　贷：银行存款等（支付的直接相关费用）

以下举例加以说明。

【例 2-4】 以发行股票作为合并对价的吸收合并情形

华鑫股份有限公司和B公司均为A公司控制下的两家子公司。2×23年6月30日，华鑫股份有限公司增发面值为每股1元的普通股票2 000万股作为合并对价，吸收合并了B公司。假定华鑫股份有限公司与B公司采用的会计政策相同。合并日，华鑫股份有限公司和B公司的净资产构成如表2-1所示：

表 2-1　华鑫股份有限公司和B公司的净资产　　　单位：万元

华鑫股份有限公司		B公司	
项目	金额	项目	金额
货币资金（银行存款）	1 200	货币资金（银行存款）	800
存货（库存商品）	1 000	存货（原材料）	600
固定资产	5 400	固定资产	2 600
短期借款	1 400	短期借款	1 360
应付账款	600	其他应付款	240
股本	2 500	股本	600
资本公积（股本溢价）	800	资本公积	200
盈余公积	800	盈余公积	800
未分配利润	1 500	未分配利润	800
股东权益合计	5 600	股东权益合计	2 400

根据以上资料，分析华鑫股份有限公司吸收合并B公司的账务处理。

【分析】 华鑫股份有限公司在合并日对合并事项账务处理如下：

借：银行存款	8 000 000	
原材料	6 000 000	
固定资产	26 000 000	
贷：短期借款		13 600 000
其他应付款		2 400 000
股本		20 000 000
资本公积——股本溢价		4 000 000

B公司注销账面记录，其会计处理略。

将上述分录登记入账，并体现在合并日的报表（略）上。从上述会计处理的结果可以分析出，合并后华鑫股份有限公司体现在合并日的会计报表中的股东权益总额应为8 000万元（＝5 600＋2 000＋400），与合并前两公司的股东权益总额之和8 000万元（＝5 600＋2 400）相等，也就是说，华鑫股份有限公司采用增发股票的方式对B公司实施的吸收合并,并未改变合并后主体的所有者权益账面价值总额。对于参与合并的同一控制下的两个公司而言,此项合并导致了所有者权益按账面价值的结合。

接上题资料,若华鑫股份有限公司还以银行存款15万元支付了与企业合并相关的评估费用、审计费用、咨询费用。

则支付相关直接合并费用时,会计分录为:

借:管理费用　　150 000

　贷:银行存款　　150 000

该项分录登记入账并体现在合并日的报表(略)上,合并后华鑫股份有限公司体现在合并日的会计报表中的股东权益总额应为7 985万元。

【例2-5】 非100%控股的情形

2×23年6月30日华鑫股份有限公司向同一集团内的A公司的原股东定向增发1 000万股普通股(每股面值为1元,市价为5元),取得A公司80%的普通股股权,并于当日起能够对A公司实施控制。华鑫股份有限公司以银行存款支付股票发行手续费40万元,以银行存款10万元支付与企业合并相关的评估费用、审计费用、咨询费用。两公司在企业合并前采用的会计政策相同。合并日,A公司所有者权益账面价值总额为6 000万元。

根据上述资料,分析华鑫股份有限公司控股合并A公司的账务处理。

【分析】 华鑫股份有限公司在合并日对合并事项的账务处理如下:

取得的长期股权投资的入账价值=6 000×80%=4 800(万元)

取得控股权:

借:长期股权投资——A公司　　48 000 000

　贷:股本　　10 000 000

　　资本公积——股本溢价　　38 000 000

支付股票发行手续费:

借:资本公积——股本溢价　　400 000

　贷:银行存款　　400 000

支付相关直接合并费用:

借:管理费用　　100 000

　贷:银行存款　　100 000

另外,控股合并日华鑫股份有限公司需要编制合并会计报表,其会计处理略。

【例2-6】 100%控股的情形

资料见上述【例2-5】,只是假定2×23年6月30日,华鑫股份有限公司取得A公司全部控制性股权。

根据上述资料,分析华鑫股份有限公司控股合并A公司的账务处理。

【分析】 华鑫股份有限公司在合并日对合并事项的账务处理如下:

取得的长期股权投资的入账价值=6 000×100%=6 000(万元)

取得控股权：

借：长期股权投资——A 公司　　60 000 000
　贷：股本　　10 000 000
　　资本公积——股本溢价　　50 000 000

支付股票发行手续费：

借：资本公积——股本溢价　　400 000
　贷：银行存款　　400 000

支付相关直接合并费用：

借：管理费用　　100 000
　贷：银行存款　　100 000

另外，控股合并日华鑫股份有限公司需要编制合并会计报表，其会计处理略。

【例 2-7】 非 100%控股的情形

2×23 年 6 月 30 日华鑫股份有限公司向同一集团内的 A 公司的原股东支付银行存款 1 000 万元、库存商品等账面价值 3 000 万元，取得 A 公司 60%的普通股股权，并于当日起能够对 A 公司实施控制。另以银行存款 10 万元支付与企业合并相关的评估、审计、咨询费用。两公司在企业合并前采用的会计政策相同。合并日 A 公司所有者权益账面价值总额为 6 000 万元。

根据上述资料，分析华鑫股份有限公司控股合并 A 公司的账务处理。

【分析】 华鑫股份有限公司在合并日对合并事项的账务处理如下：

取得的长期股权投资的入账价值＝6 000×60%＝3 600(万元)

取得控股权：

借：长期股权投资——A 公司　　36 000 000
　资本公积——股本溢价　　4 000 000
　贷：银行存款　　10 000 000
　　库存商品　　30 000 000

支付相关直接合并费用：

借：管理费用　　100 000
　贷：银行存款　　100 000

另外，控股合并日华鑫股份有限公司需要编制合并会计报表，其会计处理略。

三、分步投资实现企业合并的账务处理

如果企业合并不是通过一次交换交易实现的，而是通过多次交换交易分步实现的，则企业在每一单项交易发生时，应确认对被购买方的投资。投资企业在持有被投资单位的部分股权后，通过增加持股比例等方式对被投资单位形成控制的，应按持股比例计算确定合并日应享有被合并方所有者权益账面价值的份额作为该项股权投资的初始投资成本。

通过多次交换交易分步实现的企业合并应分别个别财务报表和合并财务报表处理，合并财务报表处理将在第三章具体讲述。通过多次股权投资分步实现的同一控制下企业合并，合并日确认

企业合并的账务处理思路如下。

(一)分步实现的控股合并

以按持股比例计算的合并日应享有被合并方所有者权益账面价值的份额作为该项股权投资的初始投资成本。这里的被合并方账面所有者权益,是指被合并方的所有者权益相对于最终控制方而言的账面价值。

合并日长期股权投资初始投资成本与达到合并前的原股权投资账面价值加上合并日进一步取得股份而新支付对价的账面价值之和的差额,调整资本公积(股本溢价或资本溢价);如需冲减资本公积,资本公积不足冲减的应冲减留存收益。

(二)分步实现的吸收合并

如果通过多次投资分步实现同一控制下吸收合并的,则按照前述同一控制下吸收合并相同的原则进行处理。

(三)合并日之前持有的被合并方股权涉及其他综合收益的账务处理思路

合并日之前持有的被合并方股权因采用权益法核算而涉及其他综合收益的,暂不进行会计处理,直至处置该项投资时采用与被投资单位直接处置相关资产或负债相同的基础进行会计处理;因采用权益法核算而确认的被投资单位净资产中除净损益、其他综合收益和利润分配以外的所有者权益其他变动,暂不进行会计处理,直至处置该项投资时转入当期损益。合并日之前持有的被合并方股权分类为以公允价值计量的金融资产而确认的其他综合收益,在合并日也暂不进行会计处理,直至处置该投资时再转入处置当期的投资收益。

下面举例予以说明。

【例 2-8】 分步投资实现同一控制下的控股合并

资料:华鑫股份有限公司与乙公司在实现合并前为同受 A 公司控制的两个公司。华鑫股份有限公司于 2×23 年 7 月初用银行存款 5 000 万元取得乙公司 20%的股份,当日乙公司可辨认净资产账面价值为 19 600 万元、公允价值为 20 000 万元。取得投资后华鑫股份有限公司派人参与乙公司的生产经营决策,对该投资采用权益法核算。2×23 年下半年乙公司实现净利润 3 000 万元,华鑫股份有限公司确认投资收益 600 万元(假定本例中投资时被投资方可辨认净资产公允价值与账面价值之差对权益法下投资收益的确定没有产生影响);在此期间,乙公司未宣告发放现金股利或利润。2×24 年 1 月,华鑫股份有限公司支付 13 600 万元进一步购入乙公司 40%的股份,从而因拥有乙公司 60%的表决权资本实现了与乙公司的合并。合并日乙公司可辨认净资产的账面价值为 22 600 万元、公允价值为 30 000 万元。假定乙公司净资产公允价值高于账面价值的差额属于固定资产的评估增值;合并日乙公司在最终控制方 A 公司合并财务报表中的所有者权益账面价值为 22 600 万元。不考虑相关税费及其他会计事项。

根据上述资料,分析华鑫股份有限公司的有关会计处理。

【分析】 华鑫股份有限公司有关会计处理如下。

(1)华鑫股份有限公司与个别报表有关的确认与计量。

①2×23 年 7 月初进行股权投资时：

借：长期股权投资——投资成本　　50 000 000

　贷：银行存款　　50 000 000

②2×23 年确认投资收益时：

借：长期股权投资——损益调整　　6 000 000

　贷：投资收益　　6 000 000

③2×24 年 1 月追加投资时：

借：长期股权投资　　136 000 000

　贷：银行存款　　136 000 000

④将此前持有的原投资由权益法转为成本法：

借：长期股权投资　　56 000 000

　贷：长期股权投资——投资成本　　50 000 000

　　　　　　　　　——损益调整　　6 000 000

⑤调整长期股权投资账面价值：

初始投资成本与其原长期股权投资账面价值加上合并日进一步取得股份而新支付对价的账面价值之和的差额，调整资本公积。

合并日的初始投资成本＝22 600×60%＝13 560(万元)

合并日长期股权投资的账面价值＝13 600＋5 600＝19 200(万元)

应调整金额＝19 200－13 560＝5 640(万元)

编制调整分录如下：

借：资本公积　　56 400 000

　贷：长期股权投资　　56 400 000

至此，合并日华鑫股份有限公司对乙公司的长期股权投资账面余额为 13 560 万元。

(2)华鑫股份有限公司与合并日合并财务报表有关的会计处理略。

【例 2-9】 原持有股权分类为以公允价值计量的金融资产情形

资料：见【例 2-8】，只是假定 2×23 年 7 月初华鑫股份有限公司将对乙公司的股权投资分类为以公允价值计量且其变动计入其他综合收益的金融资产，且 2×23 年年末该投资的公允价值为 5 020万元。

根据上述资料，分析华鑫股份有限公司会计处理。

【分析】 华鑫股份有限公司与个别报表有关的会计处理如下。

(1)2×23 年 7 月初进行股权投资时：

借：其他权益工具投资——成本　　50 000 000

　贷：银行存款　　50 000 000

(2)2×23 年年末确认公允价值变动时：

借：其他权益工具投资——公允价值变动　　200 000

　贷：其他综合收益　　200 000

(3)2×24 年 1 月追加投资时：

借：长期股权投资　　136 000 000

　贷：银行存款　　136 000 000

(4)将此前持有的投资进行转账：

借：长期股权投资　　50 200 000

　贷：其他权益工具投资——成本　　50 000 000

　　　　——公允价值变动　　200 000

(5)调整长期股权投资账面价值：

合并日的初始投资成本＝22 600×60%＝13 560(万元)

合并日长期股权投资的账面价值＝13 600＋5 020＝18 620(万元)

应调整金额＝18 620－13 560＝5 060(万元)

编制调整分录如下：

借：资本公积　　50 600 000

　贷：长期股权投资　　50 600 000

至此，合并日华鑫股份有限公司对作为子公司的乙公司的长期股权投资账面余额为 13 560 万元。另外，华鑫股份有限公司与合并日合并财务报表有关的会计处理略。

四、信息披露

同一控制下企业合并，合并方应在合并当期报表附注中披露下列有关信息：

(1)参与合并企业的基本情况；

(2)属于同一控制下企业合并的判断依据；

(3)合并日的确定依据；

(4)以支付现金、转让非现金资产以及承担债务作为合并对价的，所支付对价在合并日的账面价值，以发行权益性证券作为合并对价的，合并中发行权益性证券的数量及定价原则，以及参与合并各方交换有表决权股份的比例；

(5)被合并方的资产、负债在上一会计期间资产负债表日及合并日的账面价值；被合并方自合并当期期初至合并日的收入、净利润、现金流量情况；

(6)合并合同或协议约定将承担被合并方或有负债的情况；

(7)被合并方采用的会计政策与合并方不一致所作调整情况的说明；

(8)合并后已处置被合并方资产、负债的账面价值、处置价格等。

第三节　非同一控制下企业合并的会计处理

一、确认与计量的基本要求

对于非同一控制下的企业合并，依据我国《企业会计准则第 20 号——企业合并》，宜采用购买法进行会计处理。购买法是将企业合并视为一家企业购买另一家或几家企业的行为，它要求购买方对被购买方的可辨认资产和负债项目进行重新评估，并按照购买日的公允价值反映在购买方的账面上或合并财务报表中。也就是说，购买法是将企业合并看作购买方购买被购买方净资产的一项交易，这项交易与企业直接从外界购入机器设备、存货等资产一样，因此，购买方取得被购买方净资产（资产和负债）应按其公允价值入账，购买成本（支付的合并对价）也要按购买日支付的现金或非现金资产、发行的权益性证券或承担的负债的公允价值加以确定。

非同一控制下企业合并的会计处理主要包括企业合并成本的确定及其在所取得的资产和负债的确认与计量、合并差额的处理以及购买日合并财务报表的编制等，其中购买日合并财务报表的编制将在第三章介绍。因此，非同一控制下的企业合并，合并方应遵循以下确认与计量的基本要求进行相关的会计处理。

（一）合并方取得的可辨认净资产按其公允价值入账，取得的长期股权投资按合并成本作为初始投资成本

非同一控制下的企业合并，其实质是一项"交易"。其中，吸收合并一般是购买方一揽子方式购买被购买方全部资产并承担其全部负债的交易；控股合并是购买方购买被购买方净资产控制权的交易。作为购买交易中取得的资产、承担的负债或取得的股权，需要采用公允价值计量，而不应该采用账面价值计量。取得可辨认净资产或股权的具体计量方法分别为：吸收合并和新设合并情况下，购买方需要将取得的被购买方可辨认净资产按其公允价值入账；控股合并的情况下，购买方应当在购买日按所确定的合并成本作为长期股权投资的初始投资成本入账，以确认取得的被购买方的股权份额。

（二）购买方合并成本的确定

1.一次交易实现的企业合并

（1）一般情况下合并成本的确定。购买方的合并成本一般等于购买方为进行企业合并所支付的现金或非现金资产、发行或承担的债务、发行的权益性证券等在购买日的公允价值。这就意味着：合并方支付的合并对价需按公允价值记账。一方面，购买方在合并中付出的资产（或发生的负债），其公允价值构成合并成本；另一方面，购买方在合并中付出的资产在按其账面价值予以注销（表示相关资产退出企业）的同时，需将相关资产公允价值与账面价值的差额，作为资产转让损益计入当期损益。

（2）关于计入合并成本的预计负债。在合并合同或者协议中对可能影响合并成本的未来事项作出约定的，购买方估计未来事项很可能发生并且对合并成本的影响金额能够可靠计量的，购买方应将其计入合并成本，并作为合并中承担的负债予以单独确认。

（3）关于或有负债的确认。对于购买方在企业合并时可能需要代被购买方承担的或有负债，在其公允价值能够合理确定的情况下，购买方应将其计入成本，并作为合并中承担的负债予以单独确认。

（4）关于或有对价的处理。在某些情况下，企业合并合同或协议中可能规定视未来或有事项的发生，购买方通过发行额外证券、支付额外现金或其他资产等方式追加合并对价，或者要求返还之前已经支付的对价，购买方应当将合并协议约定的或有对价作为企业合并转移对价的一部分，按其在购买日的公允价值计入企业合并成本。

(5)关于合并成本的调整。在企业合并发生在当期期末的情况下，如果合并中取得的可辨认资产、负债及或有负债的公允价值或者购买方的合并成本只能暂时确定的，则购买方应当以所确定的暂时价值为基础，对合并交易进行确认和计量；如果购买日后12个月内对确认的暂时价值进行了调整，则所调整的部分视为在购买日进行的确认和计量，并调整合并成本。

例如，A企业于2×23年9月20日对B公司进行吸收合并，合并中取得的一项固定资产不存在活跃市场，为确定其公允价值，A企业聘请了有关的资产评估机构对其进行评估。至A企业2×23年财务报告对外报出时，尚未取得评估报告。A企业在其2×23年财务报告中对该项固定资产暂估的价值为300 000元，预计使用年限为5年，预计净残值为0，按照直线法计提折旧。该项企业合并中A企业确认商誉1 200 000元。2×24年4月A企业取得了资产评估报告，确认该项固定资产的价值为450 000元。则A企业应视同在购买日确定的该项固定资产的公允价值为450 000元，相应调整2×23年财务报告中确认的商誉价值（调减150 000元）及利润表中的折旧费用（调增7 500元）。进行有关调整后，A企业在其2×23年会计报表附注中应对有关情况作出说明，即有关固定资产的价值在2×23年财务报告中为暂时确定，其后的调整金额以及对比较报表已进行调整的事实。

2. 通过多次交换交易分步实现的企业合并

通过多次交换交易分步实现的企业合并应区分个别财务报表和合并财务报表处理，合并财务报表处理将在第三章具体讲述。在购买方个别财务报表中，应当以购买日之前所持被购买方的股权投资的账面价值与购买日新增投资成本之和，作为该项投资的初始投资成本。在合并财务报表中以购买日之前所持被购买方股权在购买日的公允价值与购买日支付对价的公允价值之和，作为合并成本。

购买日之前持有的股权投资，采用金融工具确认和计量准则进行会计处理的，应当将按照该准则确定的股权投资的公允价值加上新增投资成本之和，作为该按成本法核算的股权投资初始投资成本，原持有股权的公允价值与账面价值之间的差额以及原计入其他综合收益的累计公允价值变动应当全部转入改按成本法核算的当期投资收益。

（三）合并差额的处理——合并商誉的确认与计量

购买方对于合并成本与取得的被购买方可辨认净资产或股权的公允价值份额之间的差额，应视情况分别作如下处理。

1. 企业合并成本大于合并中取得的被购买方可辨认净资产公允价值的份额的差额，应确认为商誉

企业合并交易中，购买方一方面要按公允价值对取得的被购买企业可辨认净资产或取得的被购买方股权份额进行入账；另一方面要按合并成本反映付出的合并对价的公允价值。这时，后者大于前者的差额，可能与被购买方的地理位置、产品品牌、员工素质、管理水平、市场潜力、企业合并的协同效应等诸种对合并主体获利能力的影响因素有关。这就涉及合并商誉的确认，商誉是“由不能分别辨认并单独确认的资产所形成的未来经济利益”。目前，国际会计界尚没有确认和计量企业自创商誉的规范，只有企业合并才有可能确认合并商誉。根据第20号企业合并会计准则，购买方应当将合并成本超过合并中取得的被购买方可辨认净资产公允价值份额的差额，确认为商誉。

合并商誉的会计处理方法一般有三种：①将合并商誉确认为一项永久资产，不摊销；②将合并商誉确认为一项资产，并分期摊销；③将合并商誉直接调整合并当期的股东权益。目前，我国对合并商誉的会计处理基本选用了上述第①种方法。根据我国《企业会计准则第8号——资产减值》准则的规定，对于企业合并形成的商誉，经初始确认为资产项目以后，不予摊销，而是至少在每年的年末进行减值测试，按照账面价值与可收回金额孰低的原则计量，对于可收回金额低于账面价值的部分，确认相应的减值损失，并计提减值准备，然后按其成本扣除累计减值损失的金额予以计量。有关减值准备在提取以后，不得转回。

值得一提的是，不形成母子公司关系的企业合并交易，即吸收合并和新设合并，购买日购买方的账务处理中就能够单独确认商誉，从而在合并后存续企业的个别资产负债表中单项列示；而形成母子公司关系的控股合并交易，因合并日账务处理中作为长期股权投资的初始投资成本入账的合并成本中就包括商誉价值，所以，在合并日购买方的个别资产负债表中商誉并未单独列报，而是包含在“长期股权投资”项目中；而在合并日合并资产负债表中才需要单独列报合并商誉。也就是说，如果企业的个别资产负债表中列有商誉，说明该商誉来自企业曾经对其他企业实施的吸收合并或新设合并；如果企业的个别资产负债表中没有商誉，而企业的合并资产负债表中列有商誉，则意味着该商誉来自企业曾经对其他企业实施的控股合并。

2. 企业合并成本小于合并中取得的被购买方可辨认净资产公允价值的份额的差额，应计入当期损益

根据第20号企业合并会计准则，非同一控制下的企业合并交易中，当购买方的合并成本小于合并中取得的被购买方可辨认净资产公允价值时，首先应对产生该差异的有关因素进行复核，即一方面要对取得的被购买方各项可辨认资产、负债及或有负债的公允价值进行复核；另一方面要对购买方确定的合并成本进行复核。经过复核认定合并成本确实小于合并中取得的被购买方可辨认净资产公允价值的份额，将其差额计入合并当期损益（营业外收入）。其中，在吸收合并的情况下，企业合并成本小于合并中取得的被购买方可辨认净资产公允价值的差额，应计入购买方合并当期的个别利润表；在控股合并的情况下，合并成本小于合并中取得的被购买方可辨认净资产公允价值份额的差额，在合并日购买方的个别资产负债表中并未单独列报，而是包含在“长期股权投资”项目中；而在合并日才体现在合并当期的合并利润表中。

（四）合并费用的处理

非同一控制下企业合并中发生的与企业合并直接相关的费用，包括为进行企业合并而发生的会计审计费用、资产评估费用、法律服务费用、咨询费用等，与同一控制下企业合并进行过程中发生的有关费用处理原则一致，应计入当期损益（管理费用）。上述与企业合并直接相关的费用不包括与为企业合并发行的权益性证券或发行的债券相关的手续费、佣金等。为企业合并发行债券支付的手续费、佣金等，应当计入所发行债券的初始计量金额（计入利息调整）。企业合并中发行权益性证券发生的手续费、佣金等费用，应当抵减权益性证券的溢价收入，溢价收入不足冲减或发行权益性证券无溢价的，应冲减留存收益。

可见，对于合并方而言，无论是吸收合并、新设合并还是控股合并，其所支付的为进行企业合并而发生的会计审计费用、资产评估费用、法律服务费用、咨询费用等相关直接费用，都不影响吸收合并或新设合并取得的净资产入账价值，也不影响控股合并取得的长期股权投资的初始投资成本，这一点与同一控制下企业合并是一致的。但合并方为发行证券（作为合并对价）所支付的发行费用，虽然处理原则与同一控制下企业合并是相同的，但其结果却有区别：由于证券发行费用构成发行证券的入账价值的组成部分，影响合并成本，进而影响控股合并时取得股权的入账价值或吸收合并与新设合并时确认的合并商誉（或当期损益）价值。

（五）递延所得税的处理

根据我国会计准则规定，非同一控制下的企业合并，合并中取得的有关资产、负债应按其在购买日的公允价值计量，通常情况下应视为被合并企业按公允价值转让、处置其相关资产，计算资产的转让所得，依法缴纳所得税，但在某些情况下税法还规定合并时可以免税。经税务机关审核确认进行免税处理时，合并企业接受被合并企业全部资产的计税成本，以被合并企业原账面价值为基础确定。因此，在这种情况下，由于会计准则与税收法规对企业处理原则的不同，企业合并中取得的有关资产、负债的入账价值与其计税基础就会存在差异，应该考虑所得税的影响。

另外，在非同一控制下的企业合并中，企业合并成本大于合并中取得的被购买方可辨认净资产公允价值份额的差额应确认为商誉。在免税合并的情况下，税法规定计税时不认可商誉的价值，即从税法角度，商誉的计税基础为0，两者之间的差额形成应纳税暂时性差异。对于商誉的账面价值与其计税基础不同产生的应纳税暂时性差异，按规定不确认与其相关的递延所得税负债。原因在于：一是确认该部分暂时性差异产生的递延所得税负债，则意味着购买方在企业合并中获得的可辨认净资产的价值量下降，企业应增加商誉的价值，商誉的账面价值增加以后，有可能又要计提减值准备，同时其账面价值的增加还会进一步产生应纳税暂时性差异，使得递延所得税负债和商誉价值量的变化不断循环；二是商誉本身即是企业合并成本在取得的被购买方可辨认资产、负债之间进行分配后的剩余价值，确认递延所得税负债进一步增加其账面价值会影响到会计信息的可靠性。

也就是说，非同一控制下的企业合并如按税法规定作为免税合并处理的情况下，合并方要注意以下两个与递延所得税有关的问题：

第一，按照规定将取得的被购买方可辨认净资产按公允价值进行初始计量，但其计税基础却等于原计税基础，其计税基础与账面价值不同形成暂时性差异的，应当按照所得税会计准则的规定确认相应的递延所得税资产或递延所得税负债，并调整合并商誉；

第二，按照会计准则确认的合并商誉，免税合并情况下其计税基础为零，由此产生了合并商誉账面价值大于计税基础的应纳税暂时性差异，且根据会计准则的规定，该暂时性差异的未来纳税影响不应予以确认，即不确认与该商誉的暂时性差异有关的递延所得税负债。

二、一次投资实现企业合并的账务处理

根据上述要求，对于非同一控制下企业合并，合并方确认合并业务的相关账务处理如下。

(一)吸收合并与新设合并

非同一控制下的吸收合并中，购买方在购买日将合并中取得的符合确认条件的各项可辨认资产、负债，应按其公允价值确认为本企业的资产和负债；作为合并对价的有关非现金资产在购买日的公允价值与其账面价值的差额，应作为资产的处置损益，计入合并当期的利润表。

1. 合并成本大于所取得的被购买方可辨认净资产公允价值的账务处理

(1)以支付货币资金、出让存货(如:库存商品)作为合并对价。

借:有关资产账户(取得被购买方资产的公允价值)

　　商誉(合并成本大于取得的可辨认净资产公允价值的差额)

　贷:有关负债账户(承担被购买方负债的公允价值)

　　　银行存款、主营业务收入等(支付的货币资金、存货公允价值)

同时:

借:主营业务成本(作为合并对价的库存商品的账面价值)

　　存货跌价准备(作为合并对价的库存商品已计提的跌价准备)

　贷:库存商品(作为合并对价的库存商品账户的账面余额)

(2)以支付固定资产等作为合并对价。

①固定资产转入清理时:

借:固定资产清理(固定资产净值)

　　累计折旧(固定资产已计提的折旧)

　贷:固定资产(固定资产账面原值)

②确认企业合并取得的净资产时:

借:有关资产账户(取得被购买方资产的公允价值)

　　商誉(合并成本大于取得的可辨认净资产公允价值的差额)

　贷:有关负债账户(承担被购买方负债的公允价值)

　　　固定资产清理等(支付的非现金资产的账面价值)

　　　资产处置损益(或借方)(固定资产等账面价值与其公允价值的差额)

(3)以发行的权益性证券作为合并对价。

借:有关资产账户(取得被购买方资产的公允价值)

　　商誉(合并成本大于取得的可辨认净资产公允价值的差额)

　贷:有关负债账户(承担被购买方负债的公允价值)

　　　股本(作为对价发行的股票的面值)

　　　资本公积——股本溢价(发行的股票的公允价值—面值总额—股票发行费用)

　　　银行存款(支付的股票发行费用)

(4)以承担债务作为合并对价。

借:有关资产账户(取得被购买方资产的公允价值)

　商誉(合并成本大于取得的可辨认净资产公允价值的差额)

　贷:有关负债账户(承担被购买方负债的公允价值)

　　应付债券——面值(作为合并对价发行的债券的面值总额)

　　应付债券——利息调整(发行债券的溢价—手续费等)

　　银行存款(实际发生的手续费等)

2. 合并成本小于所取得的被购买方可辨认净资产公允价值的账务处理

(1)以支付现金、出让存货(如:库存商品)作为合并对价。

借:有关资产账户(取得被购买方资产的公允价值)

　贷:有关负债账户(承担被购买方负债的公允价值)

　　银行存款、主营业务收入等(作为合并对价支付货币资金、存货公允价值)

　　营业外收入(合并成本小于取得的可辨认净资产公允价值的差额)

同时:

借:主营业务成本(作为合并对价的库存商品的账面价值)

　存货跌价准备(作为合并对价的库存商品已计提的跌价准备)

　贷:库存商品(作为合并对价的库存商品账户的账面余额)

(2)以支付固定资产作为合并对价。

①固定资产转入清理时:

借:固定资产清理(固定资产净值)

　累计折旧(固定资产已计提的折旧)

　贷:固定资产(固定资产账面原值)

②确认企业合并取得的净资产时:

借:有关资产账户(取得被购买方资产的公允价值)

　贷:有关负债账户(承担被购买方负债的公允价值)

　　固定资产清理等(作为合并对价支付的非现金资产的账面价值)

　　资产处置损益(或借方)(固定资产等账面价值与其公允价值的差额)

　　营业外收入(合并成本小于取得的可辨认净资产公允价值的差额)

(3)以发行的权益性证券作为合并对价。

借:有关资产账户(取得被购买方资产的公允价值)

　贷:有关负债账户(承担被购买方负债的公允价值)

　　股本(作为对价发行的股票的面值)

　　资本公积——股本溢价(发行的股票的公允价值—面值总额—股票发行费用)

　　银行存款(支付的合并对价、股票发行费用)

　　营业外收入(合并成本小于取得的可辨认净资产公允价值的差额)

(4)以承担债务作为合并对价。

借:有关资产账户(取得被购买方资产的公允价值)

贷:有关负债账户(承担被购买方负债的公允价值)

应付债券——面值(作为合并对价发行的债券的面值总额)

应付债券——利息调整(发行债券的溢价—手续费等)

银行存款(实际发生的手续费等)

营业外收入(合并成本小于取得的可辨认净资产公允价值的差额)

3. 直接相关费用的会计处理

无论是吸收合并、新设合并还是控股合并,支付的与企业合并相关的评估费、审计费、咨询费等直接相关费用,都应作如下会计处理:

借:管理费用(企业合并发生的相关直接费用)

贷:银行存款等(支付的相关直接费用)

(二)控股合并

非同一控制下的控股合并中,购买方在购买日应当按照确定的企业合并成本(不包括应自被投资单位收取的现金股利或利润),作为形成的对被购买方长期股权投资的初始投资成本。购买方以支付非现金资产作为合并对价的,有关非现金性资产在购买日的公允价值与其账面价值的差额,应作为资产的处置损益,计入合并当期的利润表。非同一控制下的控股合并的具体账务处理因支付的合并对价不同而有所不同。

1. 以库存商品作为合并对价

以库存商品作为合并对价的,应按其公允价值确认为主营业务收入,同时,将库存商品的账面价值结转至主营业务成本,并作如下账务处理:

借:长期股权投资(确定的合并成本)

应收股利(已宣告但尚未发放的现金股利或利润)

贷:主营业务收入(作为合并对价的库存商品的公允价值)

应交税费——应交增值税(销项税额)(转让商品应交的增值税)

银行存款(支付的相关直接费用)

同时:

借:主营业务成本(作为合并对价的库存商品的账面价值)

存货跌价准备(作为合并对价的库存商品已计提的跌价准备)

贷:库存商品(作为合并对价的库存商品账户的账面余额)

2. 以固定资产等非现金资产作为合并对价

以固定资产等非现金资产作为合并对价时,应作如下账务处理。

(1)固定资产转入清理时:

借:固定资产清理(固定资产净值)

累计折旧(固定资产已计提的折旧)

贷:固定资产(固定资产账面原值)

（2）确认合并成本时：

借：长期股权投资（确定的合并成本）

应收股利（已宣告但尚未发放的现金股利或利润）

贷：固定资产清理等（作为合并对价支付的固定资产的账面价值）

资产处置损益（或借方）（固定资产等账面价值与其公允价值的差额）

3. 发行权益性证券作为合并对价

发行权益性证券作为合并对价时，应作如下账务处理：

借：长期股权投资（确定的合并成本，即发行的股票的公允价值）

贷：股本（作为合并对价发行的股票的面值总额）

资本公积——股本溢价（股票的公允价值—股票面值—股票发行手续费用）

银行存款（实际发生的手续费等）

4. 承担债务作为合并对价

承担债务作为合并对价的，应作如下账务处理：

借：长期股权投资（确定的合并成本，即发行的股票的公允价值）

贷：应付债券——面值（作为合并对价发行的债券的面值总额）

应付债券——利息调整*（发行债券的溢价—手续费等）

银行存款（实际发生的手续费等）

注：* 如有折价，则将折价与手续费之和借记“应付债券—利息调整”。

以下举例加以说明。

【例 2-10】 2×23 年 7 月 1 日，华鑫股份有限公司以持有的长期股权投资——A 股票作为合并对价，对 B 公司进行吸收合并。长期股权投资——A 股票的公允价值为 9 000 万元、账面价值为 8 200 万元。华鑫股份有限公司与 B 公司的股东已于当日办妥相关手续。华鑫股份有限公司与 B 公司在合并前不存在关联方关系。2×23 年 7 月 1 日 B 公司持有资产、负债的情况如表 2-2 所示：

表 2-2 B 公司持有的资产和负债 单位：万元

项　目	账面价值	公允价值
固定资产	7 000	8 000
无形资产	3 000	4 200
长期借款	4 000	4 000
净资产	6 000	8 200

根据上述资料，不考虑相关税款，分析华鑫股份有限公司进行会计处理。

【分析】 华鑫股份有限公司吸收合并 B 公司时，会计处理如下：（单位：元）

借：固定资产　80 000 000

无形资产　42 000 000

商誉　8 000 000

贷：长期借款　40 000 000

长期股权投资　82 000 000

投资收益　8 000 000

【例 2-11】 资料接【例 2-10】，假定该项合并符合税法规定的免税合并条件，交易各方选择进行免税处理，华鑫股份有限公司适用的所得税税率为 25%。在考虑所得税的影响下，华鑫股份有限公司因吸收合并取得的 B 公司资产、负债的计税基础为其原账面价值，因此在购买日华鑫股份有限公司取得的 B 公司资产、负债的账面价值（即公允价值）、计税基础（即原账面价值）及暂时性差异如表 2-3 所示：

表 2-3 取得 B 公司的资产、负债形成的暂时性差异 单位：万元

项 目	计税基础	账面价值	应纳税暂时性差异
固定资产	7 000	8 000	1 000
无形资产	3 000	4 200	1 200
长期借款	4 000	4 000	0

根据上述资料，考虑所得税的影响，分析华鑫股份有限公司有关业务的会计处理。

【分析】 上表应纳税暂时性差异会产生递延所得税负债为 550 万元（2 200 万元×25%），考虑所得税后形成的商誉为 9 000－（8 000＋4 200－4 000－550）＝1 350（万元）。因该项合并符合税法规定的免税合并条件，在合并各方选择进行免税处理的情况下，购买方在免税合并中取得的被购买方有关资产、负债应维持其原计税基础不变。该项合并中所确认的商誉金额 1 350 万元（账面价值），在免税合并时其计税基础为零，二者之间产生的应纳税暂时性差异，按照企业会计准则规定，不再进一步确认相关的所得税影响。

华鑫股份有限公司的会计处理为：

借：固定资产　　80 000 000
　　无形资产　　42 000 000
　　商誉　　13 500 000
　贷：长期借款　　40 000 000
　　　长期股权投资　　82 000 000
　　　投资收益　　8 000 000
　　　递延所得税负债　　5 500 000

【例 2-12】 华鑫股份有限公司与 B 企业为非同一控制下的两个企业。2×23 年 6 月末 A 企业用发行 6 000 万股普通股的方式合并 B 企业，发行的股票每股面值 1 元、市价 1.4 元；另付 6 万元的股票发行手续费。购买日 B 企业有关资料如表 2-4 所示：

表 2-4 B 企业净资产价值资料 2×23 年 6 月 30 日 单位：万元

资 产	账面价值	公允价值	负 债	账面价值	公允价值
银行存款	500	500	应付账款	1 000	1 000
原材料等	2 000	2 000	长期借款	3 000	3 000
固定资产	10 000	10 000			

根据上述资料，不考虑所得税的影响，按吸收合并和控股合并（100%控股）两种情况分别分析购买日购买方华鑫股份有限公司有关的会计处理。

【分析】 根据以上资料，华鑫股份有限公司在合并日对 B 企业进行合并的账务处理如下。

(1)若为吸收合并。

①取得净资产：

借:银行存款　　5 000 000
　原材料等　　20 000 000
　固定资产　　100 000 000
　贷:应付账款　　10 000 000
　　长期借款　　30 000 000
　　股本　　60 000 000
　　资本公积　　24 000 000
　　营业外收入　　1 000 000

②支付股票发行手续费：

借:资本公积　　60 000
　贷:银行存款　　60 000

(2)若为控股合并(100%控股)。

借:长期股权投资(6 000 万股×1.4 元/股)　　84 000 000
　贷:股本　　60 000 000
　　资本公积　　23 940 000
　　银行存款　　60 000

(3)若为控股合并(80%控股),会计分录与上述相同。

另外,控股合并日华鑫股份有限公司需要编制与合并财务报表有关的抵销分录以及合并财务报表,其相关会计处理略。

【例 2-13】 华鑫股份有限公司和乙公司不属于同一控制下的两个公司。华鑫股份有限公司于 2×23 年 4 月 1 日与乙公司原投资者 A 公司签订协议约定:华鑫股份有限公司以投出存货和承担 A 公司的短期还贷义务换取 A 公司持有的乙公司股权,2×23 年 7 月 1 日(合并日)乙公司可辨认净资产公允价值为 1 000 万元(其中:股本 800 万元、资本公积 100 万元、盈余公积 60 万元、未分配利润 40 万元),华鑫股份有限公司取得乙公司 70%的份额。华鑫股份有限公司投出存货的公允价值为 500 万元,增值税 85 万元,其账面成本 400 万元,承担归还贷款义务 200 万元。

根据上述资料,分析华鑫股份有限公司合并成本并编制有关会计分录。

【分析】 计算如下：

合并成本＝500＋85＋200＝785(万元)

华鑫股份有限公司在合并日的会计处理如下。

(1)取得控制权：

借:长期股权投资　　7 850 000
　贷:短期借款　　2 000 000
　　主营业务收入　　5 000 000
　　应交税费——应交增值税(销项税额)　　850 000

(2)结转存货成本:

借:主营业务成本　　4 000 000

　贷:库存商品　　4 000 000

另外,控股合并日华鑫股份有限公司需要编制与合并财务报表有关的抵销分录以及合并财务报表,其会计处理略。

【例 2-14】 华鑫股份有限公司在与非同一控制下的B企业的合并交易中,用账面价值800万元、公允价值为900万元的库存商品和200万元的货币资金购买了B企业的100%控制权。在该项并购交易中华鑫股份有限公司还用银行存款3万元支付了资产评估等合并费用。

根据上述资料,分析计算华鑫股份有限公司合并成本并编制有关会计分录。

【分析】 计算如下:

华鑫股份有限公司确认的合并成本=900×(1+17%)+200=1 253(万元)

华鑫股份有限公司确认的资产转让收益=900−800=100(万元)

华鑫股份有限公司确认的长期股权投资初始成本=1 253(万元)

此项合并交易的确认对华鑫股份有限公司合并当年的税前利润的影响额为=100−3=97(万元)

华鑫股份有限公司在合并日的会计处理如下。

(1)取得控制权:

借:长期股权投资　　12 530 000

　贷:银行存款　　2 000 000

　　主营业务收入　　9 000 000

　　应交税费——应交增值税(销项税额)　　1 530 000

(2)结转存货成本:

借:主营业务成本　　8 000 000

　贷:库存商品　　8 000 000

(3)支付直接合并费用:

借:管理费用　　30 000

　贷:银行存款　　30 000

另外,控股合并日华鑫股份有限公司需要编制与合并财务报表有关的抵销分录以及合并会计报表,其会计处理略。

【例 2-15】 资料见【例 2-14】,假设合并协议中还约定,如果B企业在合并后两年内每年实现的净利润均超过1 000万元,华鑫股份有限公司就应在原购买出价的基础上另付50万元的价款,华鑫股份有限公司根据对已有信息的分析,认为B企业今后两年各年实现的净利润很可能超过1 000万元。

根据上述资料,分析计算华鑫股份有限公司合并成本并编制有关会计分录。

【分析】

华鑫股份有限公司确认的合并成本=1 253+50=1 303(万元)

华鑫股份有限公司确认的资产转让收益=900−800=100(万元)

华鑫股份有限公司确认的长期股权投资初始成本=1 303(万元)

此项合并交易的确认对华鑫股份有限公司合并当年的税前利润的影响额＝100－3＝97(万元)

华鑫股份有限公司在合并日的会计处理如下。

(1)取得的控制权：

借：长期股权投资　　13 030 000
　贷：银行存款　　2 000 000
　　主营业务收入　　9 000 000
　　应交税费——应交增值税(销项税额)　　1 530 000
　　预计负债　　500 000

(2)结转存货成本：

借：主营业务成本　　8 000 000
　贷：库存商品　　8 000 000

(3)支付直接合并费用：

借：管理费用　　30 000
　贷：银行存款　　30 000

另外，控股合并日华鑫股份有限公司需要编制与合并财务报表有关的抵销分录以及合并会计报表，其会计处理略。

三、分步投资实现企业合并的账务处理

如果企业合并不是通过一次交换交易实现的，而是通过多次交换交易分步实现的，则企业在每一单项交易发生时，应确认对被购买方的投资。投资企业在持有被投资单位的部分股权后，通过增加持股比例等方式对被投资单位形成控制的，应区分每一单项交易的成本与该交易发生时被投资单位可辨认净资产公允价值的份额进行比较，确定每一单项交易中产生的商誉。达到企业合并时点应确认的商誉(合并财务报表中应确认的商誉)为每一单项交易中应确认的商誉之和。对于通过多次交易分步实现的企业合并，在实务操作中，应具体考虑以下几方面：

(一)合并日(购买日)的确定

如果企业合并是通过多次股权投资交易分步实现的，交易日就是各单项投资在购买方财务报表中确认之日，合并日则是获得控制权之日。也就是说，每一单项交易发生之日并不一定就是合并日，合并日应该是多次交易之后实现控制权转移之日。

(二)初始投资成本的确定

通过多次投资交易分步实现的企业合并，合并日改按成本法核算的，长期股权投资的初始投资成本等于合并日之前持有的被购买方的股权投资账面价值与合并日新增股权投资成本之和。

(三)账务处理思路

根据上面的分析，购买方在合并日应按照以下步骤对合并交易进行确认。

(1)在合并日之前持有的对被合并方的投资，原采用权益法核算的，账面价值保持不变；合并

日之前持有的对被合并方的投资原采用金融工具确认与计量准则进行会计处理的，将账面价值调整至公允价值，公允价值与账面价值之间的差额计入当期投资收益。

(2)合并日之前持有的对被合并方的投资，因采用权益法而确认的其他综合收益，应当在处置该项投资时采用与被合并方为直接处置相关资产或负债相同的基础进行会计处理；因被投资单位除净损益、其他综合收益和利润分配以外的其他所有者权益变动而确认的所有者权益，应在处置该项投资时转入当期损益。合并日之前持有的对被合并方的投资作为按公允价值计量的金融资产核算的，原计入其他综合收益的累计公允价值变动应当在改按成本法核算时转入当期损益。

(3)合并日追加的投资，按合并日支付的合并对价的公允价值计量，并将该新增投资成本与合并日之前持有的对被合并方的股权投资账面价值之和，作为合并日的初始投资成本，报告长期股权投资。

另外，合并日与合并财务报表有关的处理将在第三章介绍，此处略。

【例 2-16】 分步投资实现控股合并(假定原投资为权益法核算的长期股权投资)

资料：见前【例 2-8】，其他资料不变。假设华鑫股份有限公司与乙公司在实现合并前为非同一控制下的两个公司。

根据上述资料，分析华鑫股份有限公司与个别报表有关的会计处理。

【分析】 华鑫股份有限公司与个别报表有关的会计处理如下。

(1)2×23 年 7 月初进行股权投资时：

借：长期股权投资——投资成本　　50 000 000

　贷：银行存款　　50 000 000

(2)2×23 年确认投资收益时：

借：长期股权投资——损益调整　　6 000 000

　贷：投资收益　　6 000 000

(3)2×24 年 1 月追加投资时：

借：长期股权投资　　136 000 000

　贷：银行存款　　136 000 000

(4)将权益法核算的长期股权投资结转为成本法核算的长期股权投资：

借：长期股权投资　　56 000 000

　贷：长期股权投资——投资成本　　50 000 000

　　　　　　　　——损益调整　　6 000 000

至此，合并日华鑫股份有限公司对子公司——乙公司的长期股权投资初始成本为 19 200 万元(=13 600 万元+5 600 万元)。

另外，与合并报表有关的商誉及相关会计处理略。

【例 2-17】 分步投资实现控股合并(假定原投资为其他权益工具投资)

资料：见前【例 2-8】，假定 2×23 年 7 月初华鑫股份有限公司将对乙公司的股权投资分类为以公允价值计量且其变动计入其他综合收益的金融资产，且在 2×23 年年末该投资的公允价值为 5 020万元。其他资料不变。

根据上述资料，分析华鑫股份有限公司与个别报表有关的会计处理。

【分析】 华鑫股份有限公司与个别报表有关的会计处理如下。

(1)2×23 年 7 月初进行股权投资时：

借:其他权益工具投资——成本　　50 000 000

　贷:银行存款　　50 000 000

(2)2×23 年年末确认公允价值变动时：

借:其他权益工具投资——公允价值变动　　200 000

　贷:其他综合收益　　200 000

(3)2×24 年 1 月追加投资时：

借:长期股权投资　　136 000 000

　贷:银行存款　　136 000 000

(4)将此前持有的投资转换为长期股权投资：

借:长期股权投资　　50 200 000

　贷:其他权益工具投资——成本　　50 000 000

　　　　——公允价值变动　　200 000

(5)将原累积的其他综合收益进行重分类(假定该公司按净利润的 10%提取盈余公积)：

借:其他综合收益　　200 000

　贷:盈余公积　　20 000

　　利润分配——未分配利润　　180 000

另外,与合并报表有关的商誉及相关会计处理略。

四、信息披露

非同一控制下的企业合并,合并方应当在合并当期报表附注中披露下列有关信息：

(1)参与合并企业的基本情况；

(2)购买日的确定依据；

(3)合并成本的构成及其账面价值、公允价值及公允价值的确定方法；

(4)被购买方各项可辨认资产、负债在上一会计期间资产负债表日及购买日的账面价值和公允价值,企业合并中取得的被购买方无形资产的公允价值及公允价值的确定方法；

(5)合并合同或协议约定将承担被购买方或有负债的情况；

(6)被购买方自购买日起至报告期期末的收入、净利润、现金流量等情况；

(7)商誉的金额及其确定方法；

(8)因合并成本小于合并中取得的被购买方可辨认净资产公允价值的份额计入当期损益的金额；

(9)合并后已处置或拟处置被购买方资产、负债的账面价值、处置价格等。

课堂思政

随着全球经济一体化的进一步加快,企业间的竞争日趋激烈,企业合并已屡见不鲜。为了更好地提高企业合并质量和合并后的经营效益,进一步推动改革和创新,促进企业间的合作与共赢,我们要坚定不移从习近平新时代中国特色社会主义思想中悟规律、明方向、学方法、增智慧,坚定中国特色社会主义的道路自信、理论自信、制度自信、文化自信,依据我国相关法规及政策指导,明确企业合并的合法性、合规性、合理性和可行性,以守正创新的正气和锐气,向技术创新要价值,向管理创新要效益,进一步增强企业职工的自豪感和归属感,着力提升企业的核心竞争力,促进企业更加健康稳健地发展。

知识拓展

课后思考题

1. 什么是企业合并?合并的动机有哪些?
2. 企业合并的方式有哪些?它们的主要区别是什么?
3. 同一控制下企业合并与非同一控制下企业合并的会计处理要求有何不同?
4. 企业合并的法律形式不同,会引起哪些相应的会计处理问题?

课后习题

一、单项选择题

1. 下列有关企业合并的说法中,正确的是(　　)。

A. 企业合并必然形成长期股权投资　　B. 同一控制下企业合并就是吸收合并
C. 控股合并的结果是形成母子公司关系　　D. 企业合并的结果是取得被合并方净资产

2. 下列各项企业合并示例中,属于同一控制下企业合并的是(　　)。

A. 合并双方合并前分属于不同的主管单位
B. 合并双方合并前分属于不同的母公司
C. 合并双方合并后不形成母子公司关系
D. 合并双方合并后仍同属于原企业集团

3. 甲公司与乙公司合并,下列有关此项合并的阐述中,不正确的是(　　)。

A. 通过合并,甲公司有可能取得乙公司的有关资产和负债
B. 通过合并,甲公司有可能取得乙公司的大部分股权
C. 通过合并,甲公司有可能需要确认长期股权投资
D. 通过合并,甲公司必然成为乙公司的母公司

4. 同一控制下企业合并中所称的“控制非暂时性”是指,参与合并各方在合并前、后较长的时间内受同一方或多方控制的时间通常在(　　)。

A. 3 个月以上　　B. 6 个月以上
C. 12 个月以上　　D. 12 个月以上(含 12 个月)

5. 控股合并方式下,合并成本超过所取得的可辨认净资产公允价值的差额,在投资企业账上反映为(　　)。

A. 商誉　　B. 营业外收入　　C. 长期股权投资　　D. 没有反映

6. 控股合并的主要特点是(　　)。

A. 被并企业不丧失法人地位　　B. 用公允价值计量
C. 取得控制权的手续比较简单　　D. 用账面价值计量

7. 下列各项中,(　　)不属于非同一控制下企业合并会计处理的特点。

A. 被并企业的资产、负债应按购买日公允价值确认

B. 应确认合并商誉

C. 被并企业的留存利润不予确认

D. 被并企业的留存利润全数成为合并后企业的留存利润

8. 甲公司和乙公司为非同一控制下的两家公司,2×23 年 1 月 1 日,甲公司以 600 万股普通股(每股面值 1 元,市价 1.5 元)作为对价,取得乙公司 60%的股权,同日乙公司可辨认净资产账面价值为 1 300 万元,公允价值为 1 500 万元。不考虑其他因素,则 2×23 年 1 月 1 日甲公司取得的长期股权投资的入账价值为(　　)万元。

A. 900　　B. 750　　C. 780　　D. 600

9. 甲公司和乙公司同为 A 集团的子公司,2×23 年 1 月 1 日,甲公司以银行存款 760 万元取得乙公司 80%的股份,同日乙公司可辨认净资产账面价值为 1 000 万元,公允价值为 1 100 万元。不考虑其他因素,则 2×23 年 1 月 1 日,甲公司应确认的资本公积为(　　)万元。

A. −40　　B. 40　　C. 0　　D. 120

10. 甲公司和乙公司同为 A 集团的子公司,2×23 年 1 月 1 日,甲公司以 600 万股普通股(每股面值 1 元,市价 1.5 元)作为对价,取得乙公司 60%的股权,同日乙公司可辨认净资产账面价值为 1 300 万元,公允价值为 1 500 万元。不考虑其他因素,则 2×23 年 1 月 1 日甲公司取得的长期股权投资的入账价值为(　　)万元。

A. 900　　B. 750　　C. 780　　D. 600

二、多项选择题

1. 按照合并前后控制方是否发生改变,会计上将企业合并分为(　　)。

A. 同一控制下企业合并　　B. 非同一控制下企业合并

C. 横向合并　　D. 控股合并　　E. 吸收合并

2. 按照企业合并后主体法律形式的不同,企业合并的方式包括(　　)。

A. 吸收合并　　B. 新设合并　　C. 控股合并

D. 同一控制下的合并　　E. 非同一控制下的合并

3. 将合并商誉确认为资产并且不予以摊销,但要进行减值测试,这种会计处理方法(　　)。

A. 符合会计信息质量谨慎性的要求

B. 与自创商誉的处理原则有相同之处

C. 符合商誉不能脱离会计主体而独立存在这一特性

D. 是国际财务报告准则中提倡的关于合并商誉的会计处理方法

E. 是我国现行会计准则中确定的合并商誉的处理方法

4. 下列有关企业合并与长期股权投资两者之间关系的表述中,正确的有(　　)。

A. 甲企业控股合并丙企业,导致甲拥有对丙的长期股权投资

B. 甲企业吸收合并丙企业,不会形成甲对丙的长期股权投资

C. 甲企业合并中取得丙企业控制权,则甲对丙形成长期股权投资

D. 甲企业合并丙企业,则甲对丙形成长期股权投资

E. 甲企业取得丙企业 15%的股权,则甲需确认长期股权投资

5. 甲企业与乙企业合并前分属于两个不同的企业集团。甲企业在与乙企业的吸收合并交易中所确定的合并成本为 1 150 万元，乙企业当时的可辨认净资产的账面价值为 1 300 万元，公允价值为 1 200 万元。不考虑其他因素，下列有关说法中正确的有（　　）。
   A. 甲企业确认合并业务时，应单项确认 50 万元的负商誉
   B. 甲企业确认合并业务时，应单项确认 150 万元的负商誉
   C. 甲企业确认合并业务时，应将 50 万元计入当期收益
   D. 甲企业确认合并业务时，应将 150 万元计入当期收益
   E. 甲企业对合并业务确认之前，应首先对合并成本和公允价值进行复核
6. 关于同一控制下的企业合并，下列说法正确的是（　　）。
   A. 控股合并中取得的长期股权投资，应按合并日被合并方净资产账面价值作为其初始投资成本
   B. 同一控制下的企业合并不需要确认支付的合并对价的转让损益
   C. 合并方取得的净资产或长期股权投资的账面价值与所支付的合并对价的账面价值之间的差额依次调整资本公积和留存收益
   D. 合并方为进行企业合并发生的直接合并费用计入当期损益
   E. 控股合并中取得的长期股权投资，应按合并日被合并方净资产公允价值作为其初始投资成本
7. 下列有关非同一控制下的企业合并的处理方法，正确的有（　　）。
   A. 吸收合并时，购买方取得的净资产按购买日被购买方可辨认净资产公允价值的份额入账
   B. 吸收合并时，购买方取得的净资产按购买日被购买方可辨认净资产公允价值入账
   C. 控股合并时，合并成本大于取得的被并方可辨认净资产公允价值的差额，确认为商誉
   D. 控股合并时，合并成本大于取得的被并方可辨认净资产公允价值份额的差额，确认为商誉
   E. 合并方为进行企业合并发生的直接合并费用计入管理费用
8. 非同一控制下的企业合并，企业合并成本包括（　　）。
   A. 购买方为进行企业合并支付的现金
   B. 购买方为进行企业合并付出的非现金资产的公允价值
   C. 购买方为进行企业合并发行的权益性证券在购买日的公允价值
   D. 购买方为进行企业合并付出的非现金资产的账面价值
   E. 企业合并发生的各项直接相关费用
9. 在企业合并中，合并方（购买方）在合并日（购买日）编制的企业合并分录中，借方登记的可能是（　　）。
   A. 吸收合并中取得的被购买方净资产的公允价值
   B. 吸收合并中取得的被购买方净资产的账面价值
   C. 控股合并取得的长期股权投资的初始投资成本
   D. 控股合并中取得的长期债权投资的初始投资成本
   E. 控股合并中取得的其他权益工具投资的初始投资成本
10. 关于非同一控制下的企业合并，下列表述中正确的有（　　）。
   A. 吸收合并情况下，合并方应将取得的被并方各项可辨认资产、负债等反映在其个别财务报表中
   B. 分步实现的企业合并中，购买日则是指购买方最终取得对被购买方控制权的日期

C. 通过多次投资交易分步实现的企业合并，应当以合并日之前持有的被购买方的股权投资的账面价值与合并日新增股权投资成本之和作为购买方个别报表中该项长期股权投资的初始投资成本

D. 合并成本小于合并中取得的被并方可辨认净资产公允价值份额的差额，确认为商誉

E. 合并成本小于合并中取得的被并方可辨认净资产公允价值份额的差额，应计入资本公积

三、判断题

1. 根据我国企业合并准则，同一控制下企业合并的吸收合并中，合并方确认企业合并的账务处理中，不会涉及损益的确认。（　　）

2. 就分步实现的非同一控制下控股合并而言，购买股权的交易日是各单项投资在投资方财务报表中确认之日，购买日则是购买方获得控制权之日。（　　）

3. 如果企业合并业务中合并方确认了长期股权投资，则该合并必然是控股合并。（　　）

4. 如果企业合并业务中合并方确认了取得的有关资产和负债，则该合并必然是吸收合并或新设合并。（　　）

5. 同一控制下企业合并，合并方在吸收合并中支付的各项合并对价，应按其账面价值转出。（　　）

6. 非同一控制下的控股合并中，购买方应当按所确定的合并成本对取得的对被购买方的长期股权投资进行初始计量。（　　）

7. 确认合并商誉的前提是在企业合并中实施吸收合并。（　　）

8. 根据我国企业合并准则，非同一控制下的吸收合并中，购买方确认企业合并的会计处理中如果涉及损益的确认，则所确认的损益既有可能是出让资产损益又有可能是合并成本低于取得的可辨认净资产公允价值的差额。（　　）

9. 同一控制下企业合并，合并方在吸收合并中取得的被合并方各项可辨认资产、负债，应当按其账面价值入账。（　　）

10. 同一控制下企业合并的控股合并中，合并方应当按所支付的合并对价的账面价值对取得的对被合并方的长期股权投资进行初始计量。（　　）

四、计算分析题和业务题

1. 资料：A企业与B企业为非同一控制下的两个企业。2×23年6月末A企业用账面价值500万元，公允价值580万元的库存商品和300万元的银行存款实施与B企业的吸收合并。合并日B企业净资产价值资料见表2-5，相关税费略。

表2-5　被购买方B企业净资产价值资料　　单位：万元

资产			负债及股东权益		
项目	账面价值	公允价值	项目	账面价值	公允价值
原材料等	200	200	应付账款等	400	400
固定资产	900	1 000	股本	400	
			资本公积	100	
			盈余公积	50	
			未分配利润	150	

要求：根据上述资料进行A企业的账务处理。

2. 资料：依据上述第1题资料，假定上述合并为控股合并，且A企业取得B企业的控制权。控股合并过程中A企业支付了5万元评估咨询费。其他相关税费略。

要求：根据上述资料，分别按100%和80%控股合并两种情况对A企业进行购买日购买方的账务处理。

3. 资料：A企业与B企业为同一控制下的两个企业。2×23年6月末A企业用账面价值500万元，公允价值580万元的库存商品和100万元的银行存款实施与B企业的吸收合并。合并日B企业净资产价值资料见表2-6，相关税费略。

表2-6　被购买方B企业净资产价值资料　　单位：万元

资　产			负债及股东权益		
项目	账面价值	公允价值	项目	账面价值	公允价值
原材料等	200	200	应付账款等	400	400
固定资产	900	1 000	股本	400	
			资本公积	100	
			盈余公积	50	
			未分配利润	150	

要求：根据上述资料进行A企业的账务处理。

4. 资料：依据上述第3题资料，假定上述合并为控股合并，且A企业取得B企业的控制权。控股合并过程中A企业支付了5万元评估咨询费。其他相关税费略。

要求：根据上述资料，分别按100%和80%控股合并两种情况为A企业进行购买日购买方的账务处理。

5. 资料：A企业与B企业为非同一控制下的两个企业。2×23年6月末A企业用自身股票作为合并对价实施与B企业的吸收合并。A企业向B企业股东发行本公司普通股700万股，每股面值1元，每股市场价格为1.2元。所得税税率为25%。假定此项合并符合税法规定的免税合并条件。合并日B企业净资产价值资料见表2-7，其他相关税费略。

表2-7　被购买方B企业净资产价值资料　　单位：万元

资　产			负债及股东权益		
项目	账面价值	公允价值	项目	账面价值	公允价值
原材料等	200	200	应付账款等	400	400
固定资产	900	1 000	股本	400	
			资本公积	100	
			盈余公积	50	
			未分配利润	150	

要求：根据上述资料进行A企业合并日确认企业合并的账务处理。

第三章 合并财务报表

本章知识结构

- 企业合并会计
  - 合并财务报表概述
    - 合并财务报表概念、种类以及合并范围
    - 合并报表的编制程序
  - 与内部股权投资有关的抵销处理
    - 同一控制下合并抵销处理、非同一控制下合并抵销处理
    - 合并日相关抵销处理、合并日后相关抵销处理
  - 与内部债权、债务有关的抵销处理
    - 内部债权、债务余额抵销处理
    - 与内部债权、债务相关利息收益和利息费用抵销处理
    - 与内部债权有关的坏账准备和减值准备抵销处理
  - 与内部资产交易有关的抵销处理
    - 内部存货交易抵销处理
    - 内部固定资产交易抵销处理
  - 编制合并财务报表的其他问题
    - 与外币报表折算差额有关的合并处理
    - 本期增减公司时如何编制合并财务报表
    - 合并现金流量表的编制

学习目标

通过本章的学习，掌握内部股权投资有关的抵销处理，内部债权、债务有关的抵销处理、内部资产交易有关的抵销处理以及现金流量表抵销处理；理解合并财务报表概念、种类、合并范围以及合并报表编制程序；了解外币报表折算差额合并处理、本期增减子公司合并处理。

案例导入

2022年12月，经报国务院批准，中国宝武钢铁集团有限公司与中国中钢集团有限公司实施重组，中国中钢集团有限公司整体划入中国宝武钢铁集团有限公司，不再作为国资委直接监管企业。

对于重组的意义，中国企业改革与发展研究会研究员吴刚梁在电话接受《每日经济新闻》记者采访时表示：中国宝武已经成为国内钢铁企业的龙头，重组后，将提高行业集中度，解决行业存在的散、乱、小的问题，从产业结构升级的角度看，这是积极正面的。并且中国宝武近年来频繁的重组兼并，更多地发挥了国有资本投资公司的属性，此次双方重组，也符合中国宝武的功能定位。

1. 两家央企重磅重组

公开资料显示，中国宝武钢铁集团有限公司（以下简称"中国宝武"）由原宝钢集团有限公司和武汉钢铁（集团）公司联合重组而成，于2016年12月1日揭牌成立。中国宝武在刚成立时就提出，作为国有资本投资公司的试点企业，将依据国有资本投资公司的功能定位，逐渐向"管资本"转型，在体制机制创新、专业化公司发展、职业经理人制度、"瘦身健体"、提质增效等方面深化改革。

而中国中钢集团有限公司（以下简称"中钢集团"）则是由国务院国资委监管的中央企业。中钢集团主要从事冶金矿产资源开发与加工，冶金原料、产品贸易与物流，相关工程技术服务与设备制造，是一家为冶金工业提供资源、科技、装备集成服务，集矿产资源、工程装备、科技新材、贸易物流、投资服务为一体的大型跨国企业集团。

据新华社消息，2020年10月，中国中钢集团有限公司干部大会在北京召开，国资委决定，由中国宝武钢铁集团有限公司对中国中钢集团有限公司进行托管。

当时，会议对下一步工作进行了部署安排：一是成立中钢集团管理委员会，中国宝武党委书记、董事长陈德荣任主任，全面负责托管期间各项工作；二是抓紧制定托管实施方案，并采取有效措施，确保托管任务落实落地；三是加强分析研判，保障中钢集团生产经营稳定；四是深化中钢集团内部改革，进一步激发企业发展的活力。

会上，中国宝武和中钢集团主要负责同志表示，将坚决贯彻落实国资委部署要求，统一思想，同心协力，确保托管工作稳妥有序开展和各项改革举措加快实施，推动中钢集团改革脱困取得实效。

2. 往产业链上游延伸

近年来，中国宝武开启了兼并重组的步伐。2019年9月，中国宝武对马钢集团实施联合重组；2020年8月，中国宝武与太钢实施联合重组；2020年10月，中国宝武托管中钢集团；2020年12月，中国宝武成为重庆钢铁实际控制人；2022年4月，新余钢铁表示，江西省国有资本运营控股集团已与中国宝武签署协议，前者将向中国宝武无偿划转新余钢铁集团51%股权。上述股权划转完成后，江西国控仍将持有新余钢铁集团49%的股权，中国宝武则成为新余钢铁集团的控股股东。

2020年，中国宝武的钢产量达到1.15亿吨，实现"亿吨宝武"的历史性跨越，问鼎全球钢企之冠。在2022年《财富》发布的世界500强榜单中，中国宝武首次跻身前五十强，排名第44位，继续位居全球钢铁企业首位。

2021年，中国宝武钢铁集团有限公司营业总收入高达9 722亿元人民币。此外，中国宝武旗下还拥有多家上市公司，包括宝钢股份、马钢股份、太钢不锈、八一钢铁、重庆钢铁等。

2022年6月，经国务院国资委专项评估，中国宝武由国有资本投资公司试点企业正式转为国有资本投资公司，标志着基本完成从产业集团向国有资本投资公司的成功转型。

值得注意的是，过去中国宝武重组主要涵盖同行业的钢铁制造，而中钢集团主业为钢铁上游的冶金矿产资源等，实施重组后，能为中国宝武带来哪些新的发展动力呢？对此，吴刚梁表示，从重组来看，中国宝武开始往产业链上游延伸，这体现了国企改革过程中大企业发挥的“供应链链长”的作用，也是加快补链、固链、强链、延链的尝试。

第一节　合并财务报表概述

第二章曾指出，企业合并可以分为吸收合并、新设合并和控股合并，无论是吸收合并后继续存在的企业，还是新设合并后新成立的企业，都是一个统一的法律主体和会计主体，合并后财务报表的编制，与一般企业相同，不涉及合并财务报表的编制问题。而控股合并，它带来了新的会计问题，虽然合并方与被合并方仍各为独立的法律主体和会计主体，但作为合并后的企业集团这一经济意义上的整体来说，为了反映其总体的财务状况、经营成果以及现金流量情况，需要编制合并财务报表。本章主要介绍如何解决控股合并所带来的合并财务报表的编制问题。

一、合并财务报表的含义

（一）合并报表的概念

一个企业通过对另一个企业的权益性投资而获得对被投资企业的控制权的合并行为称为“控股合并”。通常把拥有控制权的投资企业称为“控股企业（公司）”或“母公司”；把受控制的被投资企业称为“被控股企业（公司）”或“子公司”。

从法律角度来看，控股合并后的控股企业与被控股企业仍然是相互独立的法律实体，但从经济角度来看，它们实际上形成了一个统一的经济实体。为了综合全面地反映这一统一经济实体的财务状况、经营成果以及现金流量情况，需要由控股企业为其编制一套财务报表。这种由母公司依据母公司和子公司的个别财务报表编制的用以综合反映由母公司与其全部子公司组成的企业集团的整体财务状况、经营成果以及现金流量情况的财务报表，称为“合并财务报表”。相应地，在会计上将由母公司和子公司组成的企业集团称为“合并主体”。同时，为便于讨论问题，相对于合并财务报表而言，将母公司或子公司自身的财务报表称为“个别财务报表”。

编制合并财务报表体现了当今企业会计准则所高度重视的实质重于形式的基本理念。基于这一基本理念的解释是，虽然从法律形式来看，合并主体并不是一个统一的法律实体，但从经济实质来看，它却是个统一的经济实体。为合并主体编制财务报表，显然是将其当作一个特殊的会计主体（报告主体）来看待。因为现行会计实务并不为合并主体设置账簿体系，也不为其进行日常的会计核算，所以合并主体不是记账主体。由于要为合并主体编制合并财务报表，合并主体是一个特殊的报告主体。由此可见，由控股合并所引起的合并财务报表的编制，客观上要求我们将会计主体细分为记账主体与报告主体。一般情况下，一个会计主体既是记账主体，也是报告主体，也就是说报告主体与记账主体是一致的。我们在财务会计学教材中涉及的会计主体，都是报告主体与记账主体一致的情形。但是，在编制合并财务报表的情况下，报告主体与记账主体出现了分离，合并主体只是报告主体，不是记账主体。

（二）编制合并财务报表的意义

合并财务报表由母公司编制，它可以为有关方面提供决策有用的会计信息，弥补母公司个别财务报表的不足。一般来说，编制合并财务报表是为了满足母公司的投资者、债权人等有关方面对会计信息的需要。编制合并财务报表的意义有如下几点。

1. 为母公司的股东提供决策有用的信息

母公司的股东最关心合并主体的财务状况与经营成果，因为母公司的财务状况与经营成果在很大程度上受子公司的财务状况与经营成果的影响。由于控股关系的存在，子公司的盈亏事实上就是母公司的盈亏。总之，母公司股东对合并财务报表的需要是第一位的。

2. 为母公司的长期债权人提供决策有用的信息

母公司的债权人通过母公司对子公司的投资而对子公司的资产有间接求偿权，因而母公司的长期债权人要评估母公司的盈利能力与财务状况，就必然关心整个合并主体的经营成果与财务状况。

3. 为企业管理者提供有用的信息

外界对于企业管理业绩的评价往往以整个经济实体为基础，企业所能分配的红利也通常是基于合并主体的业绩来计算的，因此，合并财务报表对企业管理者也有重要作用。

4. 为有关政府管理机构提供有用的信息

企业的控股合并容易形成市场垄断或竞争优势，从而可能对整个国民经济产生重大影响。为此，有关法规为了维护正当竞争，常常对企业的市场占有率规定一个上限，合并财务报表可以为有关政府管理机构评价企业的市场占有情况及其对国民经济的影响提供参考依据。

总之，在会计实务中，之所以要编制合并财务报表，是因为合并财务报表具有重要作用。一般认为，编制合并财务报表有利于真实反映企业集团的财务状况和经济实质，有利于正确反映企业集团的经营成果和经营规模，有助于财务报表使用者作出正确的经济决策。然而，合并财务报表能否发挥上述作用，还需要经过实践来检验。合并财务报表还有利于防止一些投资企业利用对被投资企业的控制权，人为地操纵财务报表。

（三）合并财务报表的特点

合并财务报表的特点主要从合并财务报表与个别财务报表（或称个别报表）相比较来看。合并财务报表与个别报表相比较有以下特点。

1. 反映的对象不同

合并财务报表以企业集团这一非法律主体为会计主体，反映该主体的财务会计信息；而个别报表则只反映既是法律主体又同时是会计主体的单个企业的财务会计信息。

2. 编制主体不同

合并财务报表由企业集团的控股公司或母公司编制，而个别报表由各单个企业自行编制。

3. 编制基础不同

合并财务报表以个别报表为编制基础，而个别报表以各单个企业系统的会计账簿记录资料作为编制基础。

4. 编制方法不同

合并财务报表要采用工作底稿这一特殊手段，并在工作底稿中编制调整与抵销分录，对个别报表数据进行加总、调整、抵销，整理出合并数，据以填列合并财务报表；而个别报表则根据系统的账簿记录，直接或间接计算填列各报表项目。

（三）合并财务报表的局限性

合并财务报表的局限性主要表现在以下几个方面。

第一，纳入合并范围的只是母公司及其能够实施控制的子公司，不包括企业集团中的母公司对其权益性资本在半数以下的、不能对其实施控制但能对其施加重大影响的被投资公司，这就不能全面反映企业集团整体的完整的财务信息。

第二，多元化经营的企业集团，由于子公司行业不同、经营范围各异，必然影响合并报表信息的可理解性和相关性。

第三，对于跨国企业集团，由于境外子公司个别报表的外币折算采用的汇率不同，加上各国通货膨胀程度各异，也使合并财务报表的相关性受到影响。

第四，对于需要了解特定公司特定信息的报表使用人来讲，合并财务报表不能提供企业集团中具体个体的偿债能力、股利支付能力和获利能力等有用信息。

因此，合并财务报表的局限性使得分部报告以及关联方关系及其交易的披露成为必然。

二、合并财务报表的种类

（一）按编制时间及目的不同进行分类

合并财务报表按编制时间及目的的不同，分为合并日合并财务报表和合并日后合并财务报表两类。

合并日合并财务报表，是指取得控股权当天编制的合并报表，编制合并日合并财务报表，是企业股权取得日的重要会计事项之一。同一控制下的企业合并，母公司在合并日编制的合并报表包括合并资产负债表、期初至合并日的合并利润表和合并现金流量表；非同一控制下的企业合并，母公司在购买日只编制合并资产负债表。

合并日后合并财务报表，是指控股合并日后的每个资产负债表日编制的合并报表。同合并日相比，合并日以后的各报告期内发生了投资收益的确认、内部交易、股利分配等经济事项对母子公司的会计业务、会计账簿和会计报表均产生影响，而这些经济事项在控股权取得日不曾发生的，因此在编制合并日后合并会计报表时，就要对与之相关的会计报表数据进行抵销和调整，这就构成了合并日后合并财务报表工作底稿中与合并日合并财务报表工作底稿不同的内容。

（二）按反映的具体内容不同进行分类

按合并财务报表反映的具体内容不同，合并财务报表分为合并资产负债表、合并利润表、合并所有者权益变动表、合并现金流量表以及附注。

合并资产负债表是由母公司编制的，反映报告期末企业集团整体的资产、负债和股东权益情况的报表。

合并利润表是由母公司编制的、反映报告期内企业集团整体的经营成果情况的报表。

合并所有者权益变动表是由母公司编制的、反映报告期内企业集团整体所有者权益变动情况的报表。

合并现金流量表是由母公司编制的，反映报告期内企业集团整体的现金流入、现金流出数量及增减变动情况的报表。

三、合并范围的确定

（一）合并范围的确定原则

合并范围，是指可纳入合并财务报表的主体范围。正确界定合并范围是编制合并财务报表的重要前提。会计准则如何界定合并范围，对于完善合并会计理论体系、避免合并报表实务中的主观随意性、提高合并财务报表信息的相关性，都具有重要意义。

合并财务报表准则规定，合并财务报表的合并范围应当以控制为基础加以确定。该准则同时还规定，母公司应当将其全部子公司纳入合并财务报表的合并范围，但是，母公司是投资性主体，则只应将那些为投资性主体的投资活动提供相关服务的子公司纳入合并范围，其他子公司不应予以合并，母公司对其他子公司应当按照公允价值计量且其变动计入当期损益。这就意味着解决合并范围的关键是要正确理解“控制”的含义与判断标准。

（二）“控制”的基本涵义

控制，是指投资方拥有对被投资方的权力，通过参与被投资方的相关活动而享有可变回报，并且有能力运用对被投资方的权力影响其回报金额。当投资方因参与被投资方的相关活动而享有可变回报，且有能力运用对被投资方的权力来影响上述回报时，投资方即控制被投资方。

因此，投资方要实现控制，必须具备以下基本要素：一是因涉入被投资方而享有可变回报；二是拥有对被投资方的权力，并且有能力运用对被投资方的权力影响其回报金额。投资方只有同时具备上述两个要素，才能控制被投资方。

实际工作中，投资方在判断其能否控制被投资方时，应综合考虑所有相关事实和情况，以判断是否同时满足控制的这两个要素。相关事实和情况主要包括：被投资方的设立目的和设计；被投资方的相关活动以及如何对相关活动作出决策；投资方享有的权利是否使其目前有能力主导被投资方的相关活动；投资方是否通过参与被投资方的相关活动而享有可变回报；投资方是否有能力运用对被投资方的权力影响其回报金额；投资方与其他方的关系。其中，对被投资方的设立目的和设计的分析，贯穿于判断控制的始终，也是分析上述其他事实和情况的基础。如果事实和情况表明上述控制要素中的一个或多个发生变化，投资方应当重新判断其还能否控制被投资方。投资方在判断能否控制被投资方时，具体判断如下。

当判断对被投资方的控制时，投资方应考虑被投资方的设立目的及设计，以明确哪些是相关活动，相关活动的决策机制，谁拥有现时能力主导这些活动，以及谁从这些活动中获得可变回报。

了解被投资方的设立目的和设计有助于了解每个投资方的目的，即：投资方为何参与被投资方的相关活动，参与了哪些活动。因此，在识别哪个投资方控制被投资方时，了解被投资方的设立目的和设计非常关键。被投资方的设立目的和设计在控制判断的很多环节都需要考虑。具体来说，了解被投资方的设立目的和设计有助于确定以下方面：①被投资方存在哪些风险，投资方参与被投资方相关活动可能产生哪些风险？②相关活动是指哪些活动？③被投资方相关活动的决策机制是怎样的？④哪个投资方有能力主导被投资方的相关活动？⑤哪些投资方能够通过参与被投资方相关活动而享有其可变回报？⑥被投资方相关活动如何影响投资方的回报？⑦如果投资方拥有对被投资方的权力、享有其可变回报，那么它是否有能力运用其对被投资方的权力影响其回报金额？

如果对被投资方的控制是通过持有被投资方权益工具而获得一定比例表决权或是潜在表决权的方式来实现，在不存在其他改变决策机制的安排时，控制的判断主要着重于判断哪一方能够通过行使表决权来决定被投资方的财务和经营政策。例如在最简单的情况下，在不存在其他因素时，通常持有半数以上表决权的投资方控制被投资方，但是如果章程或者其他协议有某些特殊约定，例如，被投资方相关活动的决策需要 2/3 以上表决权比例通过，在这种情况下，拥有半数以上表决权并不意味着必然能够对被投资方实施控制。

如果在被投资方的设计中，表决权不是判断能否控制被投资方的决定性因素，其仅与被投资方的日常行政管理活动有关，而被投资方的相关活动可能是由其他合同安排规定的，则在这种情况下，投资方在考虑被投资方的设立目的和设计时，还应考虑被投资方的设立带来了哪些风险和收益；被投资方将哪些风险和收益转移给了参与其活动的各方；投资方是否面临这些风险和收益。所考虑的风险不仅包括下行风险，也包括可能的上行收益。

（三）“控制”的三个要素

1. 主导被投资方的权力

(1)权力的定义。控制的第一个要素是权力。投资方能够主导被投资方的相关活动时，称投资方对被投资方享有“权力”。在判断投资方是否对被投资方拥有权力时，应注意以下几点。

①权力只表明投资方主导被投资方相关活动的现时能力，并不要求投资方实际行使权力。即如果投资方拥有主导被投资方相关活动的现时能力，即使这种能力的尚未实际行使，也视为该投资方拥有对被投资方的权力。

②权力是一种实质性权利，而不是保护性权利。

③权力是为自己行使的，而不是代其他方行使。

④权方通常表现为表决权、但有时也可能表现为其他合同安排。

(2)"权力"是一种实质性权利。权力源于权利。但是,这并不意味着在判断权力时需要考虑投资方及其他方对被投资方的所有权利。在判断投资方是否拥有对被投资方的权力时,应区分投资方及其他方享有的权利是实质性权利还是保护性权利,仅实质性权利才应当被考虑。

①实质性权利。实质性权利,是指持有人在对相关活动进行决策时,有实际能力行使的可执行权利。"有实际能力行使",意味着对于投资方拥有的实质性权利,即便投资方并未实际行使,也应在判断投资方是否对被投资方拥有权力时予以考虑。为了使一项权利成为实质性权利,在作出可主导被投资方相关活动的决策时,该项权利应当是可行使的。通常情况下,实质性权利应当是当前可执行的权利,但某些情况下,目前不可行使的权利也可能是实质性权利,如某些潜在表决权。

②保护性权利。保护性权利旨在保护持有这些权利的当事方的权益,而不赋予当事方对这些权利所涉及的主体的权力。仅持有保护性权利的投资方不能对被投资方实施控制,也不能阻止其他方对被投资方实施控制。例如,贷款方限制借款方进行会对借款方信用风险产生不利影响从而损害贷款方利益的活动的权利;少数股东批准超过正常经营范围的资本性支出或发行权益工具、债务工具的权利;贷款方在借款方发生违约行为时扣押其资产的权利。上述各项均属于保护性权利的例子。

保护性权利通常仅适用于被投资方的活动发生根本性改变或某些特殊例外的情况,但并非所有在例外情况下行使的权利或在不确定事项发生时才行使的权利都是保护性权利。例如,当被投资方的活动和回报已被预先设定,只有在发生某些特定事项时才需要进行决策,且这些决策对被投资方的回报产生重大影响,则该等事项引发的活动属于相关活动,对这些相关活动行使的权利就不是保护性权利。对于有权主导这些相关活动的投资者,在判断其对被投资方是否拥有权力时,不需要考虑这些特定事项是否已经发生。被投资方为被特许人时,特许经营协议经常给予特许人保护特许品牌的权利,也通常会赋予特许人某些与被特许人经营相关的决策权。在对被投资方进行分析时,需要区分两种权利,一是目前有能力作出对被特许人回报产生重大影响的决策的权利,二是有能力作出保护特许品牌的决策的权利,两种权利并不完全相同。一般而言,通过签订特许经营协议,被特许人依据特许经营协议的条款能够自行决定其业务的运营;特许人的权利并不限制其他方有能力作出对被特许人回报有重大影响的决策,也不必然导致特许人目前有能力主导对被特许人的相关活动。被特许人的法律形式和资本结构等基本决策可能由特许人之外的其他方来决定,并且这些决策可能会对被特许人的回报产生重大影响。当其他方享有现时权利使其目前有能力主导被特许人的相关活动时,特许人不拥有对被特许人的权力。特许人提供的财务支持越少,特许人面临的被特许人的回报的变动性越小,特许人就越有可能只拥有保护性权利。

(3)权力的持有人应为主要责任人。权力是能够"主导"被投资方相关活动的现时能力,可见,权力是为自己行使的(行使人为主要责任人),而不是代其他方行使权力(行使人为代理人)。

代理人代表其他方(主要责任人)行动并服务于该其他方的利益。主要责任人可能将其对被投资方的某些或全部决策权授予代理人,但代理人代表主要责任人行使此类权力时,代理人并不对被投资方拥有控制。在评估控制时,代理人的决策权应被视为由主责任人直接持有,权力属于主要责任人，而非代理人。

当存在多个主要责任人时，每个主要责任人需评估其是否拥有对被投资方的权力。决策者不会仅仅因为其他方能从其决策中获益而成为代理人。决策者在确定其是否为代理人时，应总体考虑自身、被投资方以及其他方之间的关系。

（4）权力的一般来源——来自表决权。投资方对被投资方的权力可能源自各种权利，例如，表决权、委派或罢免有能力主导被投资方相关活动的该被投资方关键管理人员或其他主体的权利、决定被投资方进行某项交易或否决某项交易的权利、由管理合同授予的决策权利。这些权利单独或者结合在一起，可能赋予对被投资方的权力。

通常情况下，当被投资方具有系列对回报产生重要影响的经营及财务活动，且需要就这些活动连续地进行实质性决策时，表决权或类似权利本身或结合其他安排，将赋予投资者权力。

表决权是对被投资方经营计划、投资方案、年度财务预算方案和决算方案、利润分配方案和弥补亏损方案、内部管理机构的设置、聘任或解聘公司经理及确定其报酬、公司的基本管理制度等事项进行表决而持有的权利。表决权比例通常与其出资比例或持股比例是一致的，但公司章程另有规定的除外。

除非有确凿证据表明其不能主导被投资方的相关活动，下列情况表明投资方对被投资方拥有权力。

①投资方持有被投资方半数以上的表决权。投资方拥有被投资方半数以上的表决权的方式，包括直接拥有、间接拥有、直接和间接合计拥有三种方式。例如，A 公司拥有 B 公司 90％的表决权，B 公司拥有 C 公司 80％的表决权，则 A 公司直接拥有 B 公司半数以上的表决权，A 公司间接拥有 C 公司半数以上的表决权；再如，E 公司拥有 F 公司 90％的表决权、直接拥有 G 公司 30％的表决权，F 公司直接拥有 G 公司 40％的表决权，则 E 公司直接拥有 F 公司半数以上的表决权，直接加间接合计拥有 G 公司半数以上的表决权。

怎样确定直接加间接合计拥有的被投资单位表决权的比例，通常有两种计算方法：一种是乘法，另一种是加法。以上述 E、F、G 公司为例，间接表决权比例按乘法计算，E 公司间接持有 G 公司 36％表决权（90％×40％），直接加间接合计持有 66％表决权；按加法计算，则 E 公司间接持有 G 公司 40％表决权，直接加间接合计持有 70％表决权。

按我国现行合并财务报表有关规范，在确定对间接持股的被投资单位的表决权比例时，不采用乘法而是采用加法。

②投资方持有被投资方半数或半数以下的表决权，但仍然可以通过表决权判断拥有权力。持有半数或半数以下表决权的投资方（或者虽持有半数以上表决权，但仅凭自身表决权比例仍不足以主导被投资方相关活动的投资方），应综合考虑下列事实和情况，以判断其持有的表决权与相关事实和情况相结合是否可以赋予投资方对于被投资方的权力。

第一种情况：考虑投资方持有的表决权相对于其他投资方持有的表决权份额的大小，以及其他投资方持有表决权的分散程度。与其他方持有的表决权比例相比，投资方持有的表决权比例越高，越有可能有现时能力主导被投资方相关活动。为否决投资方而需要联合一致的行动方越多，投资方越有可能有现时能力主导被投资方相关活动。

【例 3-1】 情况 1,A 投资者持有被投资者 48%的投票权,剩余投票权由数千位股东持有,但除 A 之外,没有任何股东持有超过 1%的投票权,没有任何股东与其他股东达成协议或能够作出共同决策。当以其他股权的相对规模为基础判断所获得的投票权的比例时,A 投资者确定 48%的权益将足以使其拥有控制权。在这种情况下,A 投资者无需考虑权利的任何其他证据,即可以其持有股权的绝对规模和其他股东持有股权的相对规模为基础,确定其拥有充分决定性的投票权以满足权力的标准。

情况 2,A 投资者持有被投资者 40%的投票权,其他 12 位投资者各持有被投资者 5%的投票权,股东协议授予 A 投资者任免负责相关活动的管理人员及确定其薪酬的权利,若要改变协议,须获得 2/3 的多数股东表决权同意。在这种情况下,单凭投资者持有的投票权的绝对规模和与其他股东持有的相对规模,无法对投资者是否拥有足以赋予其权力的权利作出结论。但是,股东协议条款赋予 A 投资者任免管理人员及确定其薪酬的权利,足以说明 A 投资者拥有对被投资者的权力。

情况 3,A 投资者持有被投资者 45%的投票权,其他两位投资者各持有被投资者 26%的投票权,剩余投票权由其他三位股东持有,各占 1%。不存在影响决策的其他安排,在这种情况下,只要其他两位投资者联合起来,就能够阻止 A 投资者主导被投资者的相关活动,A 投资者投票权的规模及与其他股东持有的投票权的相对规模,足以得出 A 投资者不拥有权力的结论。

第二种情况:考虑与其他表决权持有人的协议。投资方自己拥有的表决权不足,但通过与其他表决权持有人的协议使其可以控制足以主导被投资方相关活动的表决权,从而拥有被投资方的权力。该类协议需确保投资方能够主导其他表决权持有人的表决,即,其他表决权持有人按照投资方的意愿进行表决,而不是与其他表决权持有人协商根据双方协商一致的结果进行表决。

【例 3-2】 情况 1,E 企业拥有 4 名股东,分别为 A 企业、B 企业、C 企业和 D 企业,A 企业持有 E 企业 40%的普通股,其他三位股东各持有 20%。E 企业的相关活动由其董事会主导。董事会由 6 名董事组成,其中 3 名董事由 A 企业任命,剩余 3 名分别 B 企业、C 企业和 D 企业任命。A 企业和 B 企业单独签订合同安排,规定 B 企业任命的董事必须与 A 企业任命的董事以相同方式进行表决。若不存在其他因素,该合同安排赋予 A 企业在董事会会议上获得涉及相关活动的大多数投票权,从而使得 A 企业拥有对 E 企业的权力,即使 A 企业并未持有 E 企业的大多数投票权。

情况 2,假定为避免董事审议陷入僵局,股东们签订协议赋予 A 企业任命的其中 1 名董事作为董事会主席,并且在董事会会议上享有额外的一票。除此以外,其他事实与本例中情况 1 一致。在这种情况下,股东协议有效地赋予 A 企业在董事会会议上获得相关活动的大多数投票权,如果不存在其他因素,这将使 A 企业拥有对 E 企业的权力,即使 A 企业并未持有 E 企业的大多数投票权。

第三种情况:考虑其他合同安排产生的权利。投资方可能通过拥有的表决权和其他决策权相结合的方式使其目前有能力主导被投资方的相关活动。例如,合同安排赋予投资方在被投资方的权力机构中指派若干成员的权利,而该等成员足以主导权力机构对相关活动的决策。又如,投资方可能通过表决权和合同安排给予的其他权利,使其目前有能力主导被投资方的生产活动,或主导被投资方的其他经营和财务活动,从而对被投资方的回报产生重大影响。但是,在不存在其他权利时，仅仅是被投资方对投资方的经济依赖（如供应商和其主要客户的关系）不会导致投资方对被投资方拥有权力。

第四种情况：如果结合表决权和上述三种情况所列因素，仍不足以判断投资者能否控制被投资方，则还需要考虑是否存在其他事实或情况，能够证明投资方拥有主导被投资方相关活动的现时能力。例如：投资方能够任命或批准被投资方的关键管理人员，这些关键管理人员能够主导被投资方的相关活动；投资方能够出于自身利益决定或者否决被投资方的重大交易；投资方能够控制被投资方董事会等类似权力机构成员的任命程序，或者从其他表决权持有人手中获得代理投票权；投资方与被投资方的关键管理人员或董事会等类似权力机构中的多数成员存在关联关系；投资方与被投资方之间存在特殊关系，如被投资方的关键管理人员是投资方的现任或前任职工，被投资方的经营活动依赖于投资方，被投资方活动的重大部分有投资方参与其中或者是以投资方的名义进行，投资方自被投资方承担可变回报的风险或享有可变回报的收益的程度远超过其持有的表决权或其他类似权利的比例等。

投资方所持有的被投资方表决权比例越低，否决投资方所提关于相关活动的议案所需一致行动的其他投资者数量越少，投资者为了证明其拥有主导被投资方权利，就需要在更大程度上证明存在这些"其他事实或情况"。

对于被投资方的相关活动通过表决权进行决策，而投资方持有的表决权比例不超过半数的情况，如果投资方在综合考虑了所有相关情况和事实后仍不能确定投资方是否拥有被投资方的权力，则投资方不控制被投资方。

2. 通过参与被投资方的相关活动而享有可变回报

（1）识别相关活动。从上述权力的定义中可以看出，要判断投资方是否拥有对被投资方的权力，首先需要识别被投资方的相关活动，相关活动是指对被投资方的回报产生重大影响的活动。可见，判断相关活动时，应关注的是那些对被投资方的回报具有重大影响的活动，而不是对被投资方回报影响甚微或没有影响的行政活动。

对许多企业而言，经营和财务活动通常对其回报产生重大影响。但是，不同企业的相关活动可能是不同的，应当根据企业的行业特征、业务特点、发展阶段、市场环境等具体情况来进行判断，这些活动可能包括但不限于：商品或劳务的销售和购买；金融资产的管理；资产的购买和处置；研究与开发活动；确定资本结构和获取融资。同一企业在不同环境和情况下，相关活动也可能有所不同。

（2）利用对被投资方的权力影响其回报金额。投资方必须不仅拥有对被投资方的权力和因涉入被投资者而承担或有权获得可变回报，还要有能力使用权力来影响因涉入被投资者而获得的投资方回报。只有当投资方不仅拥有对被投资方的权力、通过参与被投资方的相关活动而享有可变回报，并且有能力运用对被投资方的权力来影响其回报的金额时，投资方才控制被投资方。可变回报，是不固定且可能随着被投资方业绩而变化的回报，可以仅是正回报，仅是负回报，或者同时包括正回报和负回报。

投资方在评价其享有被投资方的回报是否可变以及可变的程度时，需基于合同安排的实质，而不是法律形式。例如，投资方持有固定利息的债券投资时，由于债券存在违约风险，投资方需承担被投资方不履约而产生的信用风险，因此投资方享有的固定利息回报也可能是一种可变回报。

又如，投资方管理被投资方资产而获得的固定管理费也是一种变动回报，因为投资方是否能获得此回报依赖于被投资方能否获得足够的收益以支付该固定管理费。

可变回报的形式主要包括以下几种。

①股利、被投资方经济利益的其他分配(例如，被投资方发行的债务工具产生的利息)、投资方对被投资方的投资的价值变动。从被投资方获取股利是投资方的可变回报的通常表现形式。但是，某些情况下，受限于法律法规的相关规定，投资方无法通过分配投资方利润或结余的形式获得回报，例如当被投资方的法律形式为信托机构时，其盈利可能不是以股利形式分配给投资者。这种情况下，需要根据具体情况，以投资方的投资目的为出发点，综合分析投资方是否获得除股利以外的其他可变回报，即被投资方不能进行利润分配并不必然代表投资方不能获取可变回报。

②因向被投资方的资产或负债提供服务而得到的报酬、因提供信用支持或流动性支持收取的费用或承担的损失、被投资方清算时在其剩余净资产中所享有的权益、税务利益、因参与被投资方而获得的未来流动性。

③其他利益持有方无法得到的回报。例如，投资方将自身资产与被投资方的资产整合以实现规模经济，达到节约成本的目的；投资方通过涉入被投资方，从而保证稀缺资源的供应、获得专有技术或者限制被投资方某些运营或资产，从而达到提高投资方其他资产价值的目的。

此外，尽管只有一个投资方能够控制被投资方，但可能存在多个投资方分享被投资方的回报。例如，少数股东权益的持有者可以分享被投资方的利润。

3. 判断投资方是否对被投资方拥有权力，并能够运用此权力影响回报金额

投资方必须不仅拥有对被投资方的权力和因涉入被投资者而承担或有权获得可变回报，而且要有能力使用权力来影响因涉入被投资者而获得的投资方回报。只有当投资方不仅拥有对被投资方的权力、通过参与被投资方的相关活动而享有可变回报，并且有能力运用对被投资方的权力来影响其回报的金额时，投资方才控制被投资方。

(四)纳入合并范围的特殊情况——对被投资方可分割部分的控制

投资方通常应当对是否控制被投资方整体进行判断。但在少数情况下，如果有确凿证据表明同时满足下列条件并且符合相关法律法规规定的，投资方应当将被投资方的一部分视为被投资方可分割的部分，进而判断是否控制该部分(可分割部分)：

(1)该部分的资产是偿付该部分负债或该部分其他利益方的唯一来源，不能用于偿还该部分以外的被投资方的其他负债；

(2)除与该部分相关的各方外，其他方不享有与该部分资产相关的权利，也不享有与该部分资产剩余现金流量相关的权利。

实质上该部分的所有资产、负债及其他相关权益均与被投资方的剩余部分相隔离，即：该部分的资产产生的回报不能由该部分以外的被投资方其他部分享有，该部分的负债也不能用该部分以外的被投资方资产偿还。

如果被投资方的一部分资产和负债及其他相关权益满足上述条件，构成可分割部分，则投资方应当基于控制的判断标准确定其是否能控制该可分割部分，考虑该可分割部分的相关活动及其决策机制，投资方是否目前有能力主导可分割部分的相关活动并据以从中取得可变回报。如果投资方控制可分割部分，则应将其进行合并。在此情况下，其他方在考虑是否合并被投资方时，应仅对被投资方的剩余部分进行控制及合并的评估，而将可分割部分排除在外。

（五）合并范围的豁免——投资性主体

1. 豁免的规定

母公司应当将其全部子公司（包括母公司所控制的被投资单位可分割部分，结构化主体）纳入合并范围。但是，如果母公司是投资性主体，则只应将那些为投资性主体的投资活动提供相关服务的子公司纳入合并范围，其他子公司不应予以合并，母公司对其他子公司的投资应当按照公允价值计量且其变动计入当期损益。

一个投资性主体的母公司如果其本身不是投资性主体，则应当将其控制的全部主体，包括投资性主体以及通过投资性主体间接控制的主体，纳入合并财务报表范围。

2. 投资性主体的定义

当母公司同时满足以下三个条件时，该母公司属于投资性主体。

一是该公司以向投资方提供投资管理服务为目的，从一个或多个投资者获取资金。这是投资性主体与其他主体的显著区别。

二是该公司的唯一经营目的，是通过资本增值、投资收益或两者兼有而让投资者获得回报。投资性主体的经营目的一般可能通过其设立目的、投资管理方式、投资退出战略等体现出来，具体表现形式可以是通过募集说明书、公司章程或合伙协议以及所发布的其他公开信息。例如，如果一个基金在募集说明书中说明其投资的目的是实现资本增值、一般情况下的投资期限较长、制定了比较清晰的投资退出战略等，则这些描述与投资性主体的经营目的是一致的；反之，如果该基金的经营目的是与被投资方合作开发、生产或者销售某种产品，则其不是投资性主体。

三是该公司按照公允价值对几乎所有投资的业绩进行计量和评价。对于投资性主体而言，相对于合并子公司财务报表或者按照权益法核算对联营企业或合营企业的投资，公允价值计量所提供的信息更具有相关性。公允价值计量体现在：在企业会计准则允许的情况下，在向投资方报告其财务状况和经营成果时应当以公允价值计量其投资；向其关键管理人员提供公允价值信息，以供他们据此评估投资业绩或作出投资决策。但是，投资性主体没必要以公允价值计量其固定资产等非投资性资产或其负债。

3. 投资性主体的特征

投资性主体通常应当符合下列四个特征。

一是拥有一个以上投资。投资性主体通常会同时持有多项投资，以分散风险，但通过直接或间接投资于另一持有多项投资的投资性主体的，也可能是投资性主体。另外，当投资性主体刚设立、尚未寻找到多个符合要求的投资项目，或者刚处置了部分投资、尚未进行新的投资，或者正处于清算过程中时，也有可能仅持有一项投资。

二是拥有一个以上投资者。典型的投资性主体通常拥有多个投资者，多个投资者通过投资性主体集中资金，以获取单个投资者可能无法单独获取的投资管理服务和投资机会。拥有多个投资者使投资性主体或其集团成员获取除资本增值、投资收益以外的收益的可能性减小。一个投资性主体在过渡期也可能只有一个投资者，例如，当投资性主体刚刚设立、正在积极识别合格投资者，或者原持有的权益已经赎回、正在寻找新的投资者，或者处于清算过程中时，或者是为了代表或支持一个较大的投资者集合的利益而设立的（如某企业设立的年金基金），也有可能仅拥有一个投资者。

三是投资者不是该主体的关联方。投资性主体通常拥有若干投资者，这些投资者既不是其关联方，也不是该投资主体所在集团的成员，这一情况使投资性主体或其集团成员获取除资本增值和投资收益以外的收益的可能性减小；反之，一个主体的投资方中包括了与该主体存在关联关系的投资方，则该主体或者关联投资方更有可能存在除了获取资本增值或者投资收益之外的其他投资目的，在这种情况下，需要更为谨慎的判断和确凿的证据来证明其唯一的经营目的是取得资本增值或投资收益或两者兼有。但是，关联投资者的存在并非表明该主体一定不是投资性主体。例如，某基金的投资方之一可能是该基金的关键管理人员出资设立的企业，其目的是更好地激励基金的关键管理人员，这一安排并不影响该基金符合投资性主体的定义。

四是该主体的所有者权益以股权或类似权益存在。一个投资性主体并不一定必须是单独的法律实体，但无论其采取什么样的法律形式，其所有者权益应该采取股份、合伙权益或者类似权益份额的形式，且净资产按照所有者权益比例份额享有。然而，拥有不同类型的投资者，并且其中一些投资者可能仅对某类或某组特定投资拥有权利，或者不同类型的投资者对净资产享有不同比例的分配权的情况，并不说明该主体不是一个投资性主体。

可见，上述特征仅仅是投资性主体的常见特征，当主体不完全具备上述四个特征时，需要审慎评估，判断是否有确凿证据证明虽然缺少其中一个或几个特征，但该主体仍然符合投资性主体的定义。

四、合并财务报表的编制程序

（一）合并财务报表的编制原则

合并财务报表作为财务报表，必须符合财务报表编制的一般原则和基本要求。这些基本要求包括真实可靠、内容完整。与个别财务报表相比，合并财务报表又具有下列特点：一是反映的对象是由母公司和其全部子公司组成的会计主体；二是编制者是母公司，但所对应的会计主体是由母公司及其控制的所有子公司所构成的企业集团；三是合并财务报表是站在合并财务报表主体的立场上，以纳入合并范围的企业个别财务报表为基础，根据其他有关资料，抵销母公司与子公司、子公司相互之间发生的内部交易，考虑了特殊交易事项对合并财务报表的影响后编制的，旨在反映合并财务报表主体作为一个整体的财务状况、经营成果和现金流量。因此，合并财务报表的编制除在遵循财务报表编制的一般原则和要求外，还应当遵循以下原则和要求。

1. 以个别财务报表为基础编制

合并财务报表并不是直接根据母公司和子公司的账簿编制，而是利用母公司和子公司编制的反映各自财务状况和经营成果的财务报表提供的数据，通过合并财务报表的特有方法进行编制。以纳入合并范围的个别财务报表为基础，可以说是客观性原则在合并财务报表编制时的具体体现。

2. 一体性原则

合并财务报表反映的是企业集团的财务状况和经营成果，反映的是由多个法人企业组成的一个会计主体的财务情况，在编制合并财务报表时应当将母公司和所有子公司作为整体来看待，视为一个会计主体，母公司和子公司发生的经营活动都应当从企业集团这一整体的角度进行考虑。因此，在编制合并财务报表时，对于母公司与子公司、子公司相互之间发生的经济业务，应当视同同一会计主体内部业务处理，视同同一会计主体之下的不同核算单位的内部业务。

3. 重要性原则

与个别财务报表相比，合并财务报表涉及多个法人主体，涉及的经营活动的范围很广，母公司与子公司经营活动往往跨越不同行业界限，有时母公司与子公司经营活动甚至相差很大。这样，合并财务报表要综合反映这样的会计主体的财务情况，必然要涉及重要性的判断问题。特别是在拥有众多子公司的情况下，更是如此。在编制合并财务报表时，特别强调重要性原则的运用。如对一些项目在企业集团中的某一企业具有重要性，但对于整个企业集团则不一定具有重要性，在这种情况下根据重要性的要求对财务报表项目进行取舍，则具有重要的意义。此外，母公司与子公司、子公司相互之间发生的经济业务，对整个企业集团财务状况和经营成果影响不大时，为简化合并手续也应根据重要性原则进行取舍，可以不编制抵销分录而直接编制合并财务报表。

（二）合并财务报表编制的前期准备事项

合并财务报表的编制涉及多个子公司，有的合并财务报表的合并范围甚至包括数百个子公司。为了使编制的合并财务报表准确全面反映企业集团的真实情况，必须做好一系列的前期准备事项。这些前期准备事项主要包括如下。

1. 统一母子公司的会计政策

会计政策是指企业进行会计核算和编制财务报表时所采用的会计原则、会计程序和会计处理方法，是编制财务报表的基础，统一母公司和子公司的会计政策是保证母子公司财务报表各项目反映内容一致的基础。为此，在编制财务报表前，应当尽可能统一母公司和子公司的会计政策，统一要求子公司所采用的会计政策与母公司保持一致。对一些境外子公司，由于所在国或地区法律、会计准则等方面的原因，确实无法使其采用的会计政策与母公司所采用的会计政策保持一致，应当要求其按照母公司所采用的会计政策重新编报财务报表，也可以由母公司根据自身所采用的会计政策对境外子公司报送的财务报表进行调整，以重编或调整编制的境外子公司财务报表，作为编制合并财务报表的基础。

2. 统一母子公司的资产负债表日及会计期间

财务报表总是反映一定日期的财务状况和一定会计期间经营成果的，母公司和子公司的个别财务报表只有在反映财务状况的日期和反映经营成果的会计期间一致的情况下，才能进行合并。为了编制合并财务报表，必须统一企业集团内所有的子公司的资产负债表日和会计期间，使子公司的资产负债表日和会计期间与母公司的资产负债表日和会计期间保持一致，以便于子公司提供相同资产负债表日和会计期间的财务报表。

对于境外子公司，由于当地法律限制不能与母财务报表决算日和会计期间一致的，母公司应当按照自身的资产负债表日和会计期间对子公司的财务报表进行调整，以调整后的子公司财务报表为基础编制合并财务报表，也可以要求子公司按照母公司的资产负债表日和会计期间另行编制报送其个别财务报表。

3. 对子公司以外币表示的财务报表进行折算

对母公司和子公司的财务报表进行合并，其前提必须是母子公司个别财务报表所采用的货币计量单位一致。在我国允许外币业务比较多的企业采用某一外币作为记账本位币，境外企业一般也是采用其所在国或地区的货币作为其记账本位币。在将这些企业的财务报表纳入合并时，则必须将其折算为母公司所采用的记账本位币表示的财务报表。我国外币财务报表基本上采用的是现行汇率法。有关外币财务报表的具体折算方法将在本书外币业务章节中进行阐述，在此不再重复。

4. 收集编制合并财务报表的相关资料

合并财务报表以母公司和其子公司的财务报表以及其他有关资料为依据，由母公司合并有关项目的数额编制。为编制合并财务报表，母公司应当要求子公司及时提供下列有关资料：

(1)子公司相应期间的财务报表；

(2)与母公司及与其他子公司之间发生的内部购销交易、债权债务、投资及其产生的现金流量和未实现内部销售损益的期初、期末余额及变动情况等资料；

(3)子公司所有者权益变动和利润分配的有关资料；

(4)编制合并财务报表所需要的其他资料，如非同一控制下企业合并购买日的公允价值资料。

（三）合并财务报表的编制程序

合并财务报表的编制是一项极为复杂的工作，不仅涉及本企业会计业务和财务报表，还涉及纳入合并范围的子公司的会计业务和财务报表。为了使合并财务报表的编制工作有条不紊，必须按照一定的程序有步骤地进行。合并财务报表编制程序大致如图 3-1 所示：

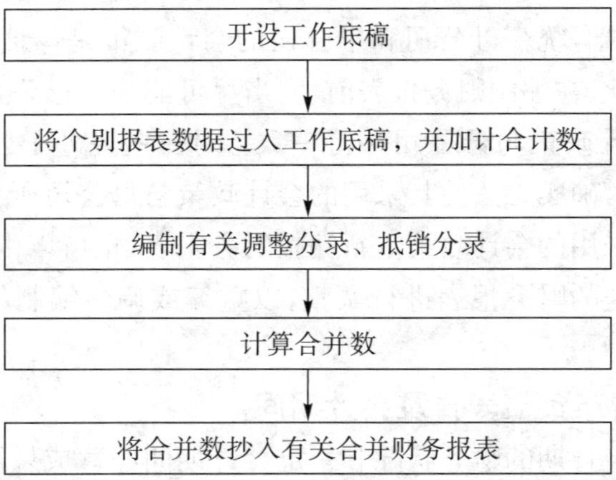

图 3-1　工作底稿法下编制合并财务报表的步骤

1. 设置合并工作底稿

合并工作底稿的作用是为合并财务报表的编制提供基础。在合并工作底稿中，对母公司和纳入合并范围的子公司的个别财务报表各项目的数额进行汇总和抵销处理，最终计算得出合并财务报表各项目的合并数。

一般地，合并利润表工作底稿、合并所有者权益变动表工作底稿和合并资产负债表工作底稿合在一张工作底稿中，合并现金流量表工作底稿单独设置。

合并财务报表工作底稿的格式为：纵向设置报表项目，横向分别设置"个别报表""合计数""调整与抵销分录"及"合并数"四大栏。合并财务报表工作底稿具体格式如表3-1所示。

表3-1 合并财务报表工作

单位：元

项目	个别报表		合计数	调整与抵销分录		合并数
	母公司	子公司				
资产负债表项目：						
略：						
利润表项目：						
略：						
所有者权益变动表中的有关利润分配项目：						
略：						

2. 将个别报表数据过入工作底稿，并加计合计数

将母公司、纳入合并范围的子公司个别财务报表数据过入合并工作底稿，并在合并工作底稿中对母公司和子公司个别财务报表各项目的数据进行加总，计算得出合并工作底稿中财务报表各项目合计数额。

3. 编制调整分录与抵销分录

将母公司与子公司、子公司相互之间发生的经济业务对个别财务报表有关项目的影响进行调整抵销处理。编制调整分录与抵销分录，进行调整抵销处理是合并财务报表编制的关键和主要内容，其目的在于将因会计政策及计量基础的差异而对个别财务报表的影响进行调整，以及将个别财务报表各项目的加总数据中重复的因素等予以抵销。

4. 计算合并财务报表各项目的合并数额

在母公司和纳入合并范围的子公司个别财务报表各项目加总数额的基础上，分别计算财务报表中的资产项目、负债项目、所有者权益项目、收入项目和费用项目的合并数。其计算方法如下：

(1)资产类项目，其合并数根据该项目加总计算的合计数，加上该项目调整分录与抵销分录的借方发生额，减去该项目调整分录与抵销分录的贷方发生额计算确定；

(2)负债类项目和所有者权益类项目，其合并数根据该项目加总计算的合计数，减去该项目调整分录与抵销分录的借方发生额，加上该项目调整分录与抵销分录的贷方发生额计算确定；

(3)有关收益类项目，其合并数根据该项目加总计算的合计数，减去该项目调整分录与抵销分录的借方发生额，加上该项目调整分录与抵销分录的贷方发生额计算确定；

(4)有关成本费用类项目和有关利润分配的项目，其合并数根据该项目加总计算的合计数，加上该项目调整分录与抵销分录的借方发生额，减去该项目调整分录与抵销分录的贷方发生额计算确定；

5. 填列合并财务报表

根据合并工作底稿中计算出的资产、负债、所有者权益、收入、成本费用类各项目的合并数，填列正式的合并财务报表。

(四)关于调整处理

进行抵销处理之前需要对个别报表有关项目进行调整。由于企业合并分为同一控制下企业合并和非同一控制下企业合并两种类型，而两种类型企业合并形成的子公司在合并资产负债表中净资产的报告价值及其对合并所有者权益的影响结果有所不同，所以，两种类型下合并财务报表工作底稿的调整内容可能有所不同。有关的调整处理主要有以下两类。

第一类：为统一会计政策、统一资产负债表日和会计期间所作的调整，以实现抵销前的数据基础可比性。母公司应当统一子公司所采用的会计政策，使子公司采用的会计政策与母公司的会计政策保持一致；如果子公司采用的会计政策与母公司的不一致，应当按照母公司的会计政策对子公司财务报表进行必要的调整，或者要求子公司按照母公司的会计政策另行编制财务报表。母公司还应当统一子公司的资产负债表日和会计期间，使子公司的资产负债表日和会计期间与母公司的资产负债表日和会计期间保持一致；如果子公司的资产负债表日和会计期间与母公司的不一致，应当按照母公司的资产负债表日和会计期间对子公司财务报表进行必要的调整，或者要求子公司按照母公司的资产负债表日和会计期间另行编制财务报表。

第二类：对非同一控制下企业合并取得的子公司，要对子公司可辨认净资产按合并日公允价值为报告基础进行调整，以满足所选择的合并理念的要求。根据实体理念，子公司各项可辨认净资产在合并报表中应按合并日公允价值为基础进行报告。合并日合并报表中子公司各项可辨认净资产按合并日公允价值报告，而合并日后每期末的合并资产负债表中，子公司可辨认净资产的报告价值并不是期末评估的公允价值，而是按合并日公允价值作为基础，再结合相关资产、负债报告期内的价值变动，对子公司个别报表账面价值进行调整。这样做的结果，使子公司净资产在合并表中的报告，既保持了各期合并报表对子公司净资产报告价值的连续性，又维护了与相关会计准则对各项资产、负债后续计量规范的一致性。

值得注意的是，还可以将母公司对子公司长期股权投资的成本法结果按权益法进行调整。这一调整满足了会计实务工作者长期以来对抵销分录编制基础的惯性思维。从母公司对子公司的长期股权投资来看，从"消除公司间关系一切痕迹"的理念出发，抵销分录的结果只能有一个：母公司对子公司的"长期股权投资"和"投资收益"等一切受到对子公司股权投资影响的有关报表项目的影响金额均应抵销为零。既然如此，在成本法基础上进行抵销和在权益法基础上进行抵销，都能达到这个结果，只不过抵销分录涉及的具体项目或金额不完全相同而已。从这个意义上来说，工作底稿中将成本法调整为权益法这个调整工作实际可以省略。

（五）关于抵销处理

合并财务报表编制程序中的核心环节是进行有关的抵销处理，也就是说，要在合并财务报表工作底稿中，编制各类有关的抵销分录。合并财务报表编制程序中抵销处理的目的在于：确定合并报表数据。从合并财务报表的特点可见，合并财务报表反映的是包括母公司和纳入合并范围的子公司在内的、经济意义上的一个整体的财务状况、经营成果和现金流量信息，所以，构成这个整体的各成员企业之间的交易，从合并报表的视角来看，属于内部交易。在依据个别报表编制合并报表时，内部交易对相关成员企业个别报表产生的影响，应予以抵销，以便生成能够真正反映相关成员企业构成的企业集团整体的"合并"财务信息。具体抵销项目如下所示。

1. 编制合并资产负债表需要抵销的项目

合并资产负债表是以母公司和纳入合并范围的子公司的个别资产负债表为基础编制的。个别资产负债表则是以单个企业为会计主体进行会计核算的结果，它从母公司本身或从子公司本身的角度对自身的财务状况进行反映。对于企业集团内部发生的经济业务，从发生内部经济业务的企业来看，发生经济业务的两方都在其个别资产负债表中进行了反映。例如：集团内部母公司与子公司之间发生的赊购赊销业务，对于赊销企业来说，确认营业收入、结转营业成本、计算营业利润，并在其个别资产负债表中反映为应收账款；而对于赊购企业来说，在内部购入的存货未实现对外销售的情况下，则在其个别资产负债表中反映为存货和应付账款。在这种情况下，资产、负债和所有者权益类各项目的加总数额中，必然包含有重复计算的因素。作为反映企业集团整体财务状况的合并资产负债表，必须将这些重复计算的因素予以扣除，对这些重复的因素进行抵销处理。这些需要扣除的重复因素，就是合并财务报表编制时需要进行抵销处理的项目。

编制合并资产负债表时需要进行抵销处理的主要有如下项目：

(1)母公司对子公司股权投资项目与子公司所有者权益(或股东权益)项目；

(2)母公司与子公司、子公司相互之间未结算的内部债权债务项目；

(3)存货项目，即内部购进存货价值中包含的未实现内部销售损益；

(4)固定资产项目(包括固定资产原价和累计折旧项目)，即内部购进固定资产价值中包含的未实现内部销售损益。

2. 编制合并利润表和合并所有者权益变动表需要调整抵销的项目

合并利润表和合并所有者权益变动表是以母公司和纳入合并范围的子公司的个别利润表和个别所有者权益变动表为基础编制的。利润表和所有者权益变动表作为以单个企业为会计主体进行会计核算的结果，它从母公司本身或从子公司本身反映一定会计期间经营成果的形成及其分配情况。在以其个别利润表及个别所有者权益变动表为基础计算的收益和费用等项目的加总数额中，也必然包含有重复计算的因素。在编制合并利润表和合并所有者权益变动表时，也需要将这些重复的因素予以扣除。

编制合并利润表和合并所有者权益变动表时需要进行抵销处理的主要有如下项目：

(1)内部销售收入和内部销售成本项目；

(2)内部投资收益项目，包括内部利息收入与利息支出项目、内部股权投资收益项目；

(3)资产减值损失项目，即与内部交易相关的内部应收账款、存货、固定资产等项目的资产减值损失；

(4)纳入合并范围的子公司利润分配项目。

3. 编制合并现金流量表需要调整抵销的项目

合并现金流量表是综合反映母公司及其子公司组成的企业集团，在一定会计期间现金流入、现金流出数量以及其增减变动情况的财务报表。合并现金流量表以母公司和子公司的现金流量表为基础，在抵销母公司与子公司、子公司相互之间发生内部交易对合并现金流量表的影响后，由母公司编制。

在以母公司和子公司个别现金流量表为基础编制合并现金流量表时，需要进行抵销的内容主要有：

(1)母公司与子公司、子公司相互之间当期以现金投资或收购股权增加的投资所产生的现金流量；

(2)母公司与子公司、子公司相互之间当期取得投资收益收到的现金与分配股利、利润或偿付利息支付的现金；

(3)母公司与子公司、子公司相互之间以现金结算债权与债务所产生的现金流量；

(4)母公司与子公司、子公司相互之间当期销售商品所产生的现金流量；

(5)母公司与子公司、子公司相互之间处置固定资产等长期资产收回的现金净额与购建固定资产等长期资产支付的现金；

(6)母公司与子公司、子公司相互之间当期发生的其他内部交易所产生的现金流量。

这里需要注意的是，由于调整和抵销分录只能在合并财务报表工作底稿里编制，调整和抵销分录中涉及的对象应该是有关的报表项目而不是会计科目。

第二节　与内部股权投资有关的抵销处理

在第二章中已经介绍，按照我国《企业会计准则第 20 号企业合并》的规定，企业合并要区分同一控制下的企业合并与非同一控制下的企业合并，采用不同的会计处理方法。对于同一控制下的企业合并，合并方与被合并方资产、负债的计价基础都不改变，即按照账面价值合并，这一规定同样适用于控股合并。而对于非同一控制下的企业合并，合并方与被合并方资产、负债的计价基础都要改变，即按照公允价值合并，这一规定同样适用于控股合并。因此，我们讨论合并财务报表的编制就需要区分两种情形：同一控制下的控股合并条件下合并财务报表的编制与非同一控制下的控股合并条件下合并财务报表的编制。

一、基本原理概述

(一)从与内部股权投资有关的业务看相关抵销处理的必要

与企业集团内部成员企业之间股权投资有关的业务主要包括：第一，投资方对被投资方进行股权投资；第二，投资后被投资方向投资方宣告分派股利。以母公司对子公司的股权投资为例，母公司为取得对子公司的控股权进行股权投资时，一方面增加母公司的长期股权投资，另一方面形成子公司的股本；股权投资之后的各报告期内，子公司宣告分派的现金股利，会导致母公司确认投资收益。但从企业集团的角度来看，这种股权投资引致的长期股权投资、股本、投资收益及利润分配等会计要素的变动，源于内部股权投资业务；而从编制合并财务报表的角度来看，这些内部股权投资业务的确认与计量对投资双方个别报表数据产生的影响，应予以抵销。

(二)抵销处理的内容概括

1. 基本抵销处理

通过上面叙述，与内部股权投资有关的抵销基本内容包括(以母公司对子公司股权投资为例)如下。

(1)应将母公司对子公司的长期股权投资余额与子公司的股东权益中归属于母公司的股东权益予以抵销。

(2)应将报告期内母公司来自子公司的股权投资收益与子公司的股利分配中归属于母公司应享有的部分进行抵销。还要将子公司报告期净利润中归属于少数股东的部分确认为归属于少数股东的利润，确认为少数股东损益。少数股损益在金额上相当于子公司当年净利润与少数股东持股比例之乘积。

(3)还要将子公司报告期净利润中归属于少数股东的部分确认为归属于少数股东的利润，根据子公司股东权益中归属于少数股东的部分确认少数股东权益。少数股东权益也称为“非控制性权益”，是指子公司股东权益中非属母公司所拥有的那部分股权，是相对于控股权益而言的。少数股东权益显然产生于子公司非母公司全资投资的场合。

经过上述合并处理的结果是：合并资产负债表中“长期股权投资”项目能够反映企业集团报告期末的对外长期股权投资价值；合并资产负债表中的股东权益合并数能够反映母公司的股东和子公司来自除母公司以外的股东对母、子公司净资产所拥有的权益之和；合并利润表中“投资收益”项目剔除了来自内部股权投资的收益；合并所有者权益变动表中的“利润分配”项目只反映对母公司股东进行的股利分配情况。

2. 其他调整与抵销处理

除了上述三个层面的抵销处理，与内部股权投资有关的处理还涉及以下几个方面的调整与抵销。

(1)在连续编制合并报表的情况下，要对以前期间的上述抵销处理对本期期初未分配利润的影响进行调整，以便实现本期合并报表中未分配利润期初余额与上期合并报表中未分配利润期末余额相符。

(2)在对内部长期股权投资进行抵销处理时，内部长期股权投资已计提的减值准备对个别资产负债表和利润表以及期初未分配利润的影响，也应予以消除。

(3)在进行上述相关抵销处理之前，母公司对子公司的长期股权投资是否需要在合并报表工作底稿中由成本法调整到权益法。一种处理方法是将母公司对子公司的长期股权投资先由成本法调整到权益法结果，然后再进行抵销；另一种处理方法是不将母公司对子公司的长期股权投资先由成本法调整到权益法结果，而是在成本法的基础上直接进行抵销。两种方法抵销分录中涉及的项目和金额自然会不同，但抵销后的合并数结果是相同的。

(4)在同一控制下的企业合并和非同一控制下的企业合并两种情况下对内部股权投资有关的调整与抵销处理，在是否确认合并商誉、对子公司可辨认净资产是否按合并日公允价值为基础进行调整等方面，两者也可能有所不同。

下面，先不考虑内部股权投资计提减值准备的抵销问题，以母公司对子公司股权投资为例对合并日及合并日后每期期末编制合并报表时与内部股权投资有关的调整与抵销分录进行归纳。

二、合并日合并财务报表工作底稿中的相关调整抵销处理

(一)同一控制下企业合并

1. 一次投资实现的控股合并

对于一次投资实现的同一控制下的控股合并，一方面，在编制合并日合并资产负债表时，被合并方的各项资产、负债，应按其账面价值计量；如果被合并方采用的会计政策、资产负债表日和会计期间与合并方不一致，应按照合并方采用的会计政策、资产负债表日和会计期间进行调整，以调整后的账面价值计量。也就是说，应对合并方与被合并方的资产、负债按照一致会计政策、资产负

债表日和会计期间下的账面价值予以合并。另一方面，合并方对被合并方的长期股权投资的入账价值按合并日被合并方所有者权益账面价值的份额计量。在这种情况下，合并日合并方与合并资产负债表有关的抵销分录如下。

(1)母公司全资时的抵销分录：

借：股本
　　资本公积
　　其他综合收益　　[子公司报告价值]
　　盈余公积
　　未分配利润
　贷：长期股权投资　　[母公司对子公司股权投资报告价值]

(2)母公司非全资时的抵销分录：

借：股本
　　资本公积
　　其他综合收益　　[子公司报告价值]
　　盈余公积
　　未分配利润
　贷：长期股权投资　　[母公司对子公司股权投资报告价值]
　　　少数股东权益　　[子公司股东权益×少数股东持股比例]

(3)同时，根据子公司合并前留存收益中母公司应享有部分调整母公司的股东权益。作会计分录如下：

借：资本公积
　贷：盈余公积　　[子公司合并前盈余公积×母公司持股比例]
　　　未分配利润　　[子公司合并前未分配利润×母公司持股比例]

下面举例予以说明。

【例 3-3】 控股合并形成全资子公司的情况

资料：华鑫股份有限公司(以下简称“华鑫公司”)和B公司为同一控制下的两个企业。华鑫公司与B公司合并前的资料如表 3-2、表 3-3 所示；2×23 年 6 月末华鑫公司用账面价值 350 万元、公允价值 500 万元的库存商品和 100 万元的银行存款给B公司的原股东，取得B公司 100%的股权。有关账务处理略。合并后双方的个别报表资料见表 3-4 中的“个别报表”栏目。

表 3-2　合并方资产负债表简表　　单位：万元

资产		负债及股东权益	
项目	账面价值	项目	账面价值
货币资金	500	应付账款等负债	1 400
库存商品等存货	1 000	股本	900
固定资产	1 500	资本公积	400
		盈余公积	100
		未分配利润	200
合计	3 000	合计	3 000

表 3-3　被合并方资产负债表简表　　单位：万元

资产		负债及股东权益	
项目	账面价值	项目	账面价值
货币资金	300	应付账款等负债	400
库存商品等存货	400	股本	500
固定资产	500	资本公积	200
		盈余公积	40
		未分配利润	60
合计	1 200	合计	1 200

要求：进行合并日华鑫公司编制合并财务报表工作底稿中的有关处理。

【分析】　由于华鑫公司与B公司的合并使B公司成为华鑫公司的全资子公司，合并日华鑫公司在编制合并资产负债表时进行下列调整与抵销处理。

①将母公司对子公司的长期股权投资与子公司的股东权益相抵销：

借：股本　5 000 000
　　资本公积　2 000 000
　　盈余公积　400 000
　　未分配利润　600 000
　贷：长期股权投资　8 000 000

②根据子公司合并前留存收益中母公司应享有部分调整母公司的股东权益：

借：资本公积　1 000 000
　贷：盈余公积　400 000
　　　未分配利润　600 000

将上述调整与抵销分录抄到合并财务报表工作底稿中，则华鑫公司编制的合并日合并财务报表工作底稿《简表》见表 3-4 中的"调整与抵销分录"栏目。华鑫公司应根据工作底稿中计算确定的"合并数"栏数字填制合并日合并资产负债表。

表 3-4　合并日合并财务报表工作底稿(简表)　　单位：万元

项目	个别报表		合计数	调整与抵销分录		合并数
	母公司	子公司		借	贷	
货币资金	400	300	700			700
库存商品等存货	650	400	1 050			1 050
长期股权投资	800		800		①800	0
固定资产	1 500	500	2 000			2 000
负债	1 400	400	1 800			1 800
股本	900	500	1 400	①500		900
资本公积	750	200	950	①200 ②100		650
盈余公积	100	40	140	①40	②40	140
未分配利润	200	60	260	①60	②60	260

【例 3-4】 控股合并形成非全资子公司的情况

资料:见【例 3-3】,另假设华鑫公司合并 B 公司的合并使华鑫公司拥有了 80%的股权。

要求:进行合并日华鑫公司编制合并财务报表工作底稿中的有关处理。

【分析】 由于华鑫公司与 B 公司的合并使 B 公司成为华鑫公司的非全资子公司,合并日华鑫公司在编制合并资产负债表时要确认少数股东权益,并进行下列调整与抵销处理。

①将母公司对子公司的长期股权投资与子公司的股东权益相抵销:

借:股本 5 000 000
　资本公积 2 000 000
　盈余公积 400 000
　未分配利润 600 000
　贷:长期股权投资 6 400 000
　　少数股东权益 1 600 000

②根据子公司合并前留存收益中母公司应享有部分调整母公司的股东权益:

借:资本公积 800 000
　贷:盈余公积 320 000
　　未分配利润 480 000

将上述调整与抵销分录抄到合并财务报表工作底稿中,则华鑫公司编制的合并日合并财务报表工作底稿《简表》见表 3-5 中的"调整与抵销分录"栏目。华鑫公司应根据工作底稿中计算确定的"合并数"栏数字填制合并日合并资产负债表。

表 3-5 合并日合并财务报表工作底稿(简表) 单位:万元

项目	个别报表		合计数	调整与抵销分录		合并数
	母公司	子公司		借	贷	
货币资金	400	300	700			700
库存商品等存货	650	400	1 050			1 050
长期股权投资	640		640		①640	0
固定资产	1 500	500	2 000			2 000
负债	1 400	400	1 800			1 800
股本	900	500	1 400	①500		900
资本公积	590	200	790	①200 ②80		510
盈余公积	100	40	140	①40	②32	132
未分配利润	200	60	260	①60	②48	248
归属于母公司股东的权益						1 790
少数股东权益					160	160
股东权益合计	1790	800	2 590	880	240	1 950

2. 分步实现的控股合并

通过多次股权投资分步实现的控股合并,合并方在合并日合并财务报表工作底稿中的抵销分录与上述一次投资形成控股合并情况下的同一控制下企业合并日编制合并财务报表时的抵销处理相同。

【例 3-5】 分步投资实现控股合并的情况

资料：见例【2-8】，即华鑫股份有限公司与乙公司在实现合并前即为同受 A 公司控制的两个公司。华鑫股份有限公司于 2×23 年 7 月初用银行存款 5 000 万元取得乙公司 20%的股份，当日乙公司可辨认净资产账面价值为 19 600 万元、公允价值为 20 000 万元。取得投资后华鑫股份有限公司派人参与乙公司的生产经营决策，对该投资采用权益法核算。2×23 年下半年乙公司实现净利润 3 000 万元，华鑫股份有限公司确认投资收益 600 万元(假定本例中投资时被投资方可辨认净资产公允价值与账面价值之差对权益法下投资收益的确定没有产生影响)；在此期间，乙公司未宣告发放现金股利或利润。2×24 年 1 月，华鑫股份有限公司支付 13 600 万元进一步购入乙公司 40%的股份，从而因拥有乙公司 60%的表决权资本实现了与乙公司的合并。合并日乙公司可辨认净资产的账面价值为 22 600 万元、公允价值为 30 000 万元。假定：乙公司净资产公允价值高于账面价值的差额属于固定资产的评估增值；华鑫股份有限公司、乙公司合并日乙公司在最终控制方 A 公司合并财务报表中的所有者权益账面价值为 22 600 万元。不考虑相关税费及其他会计事项。

要求：根据上述资料，进行华鑫股份有限公司的有关会计处理。

【分析】 华鑫股份有限公司有关会计处理如下。

(1)与个别报表相关的账务处理，见第二章例【2-8】。

(2)在合并日合并财务报表工作底稿中，将母公司以子公司的股权投资与子公司股东权益相抵销并确认少数股东权益的抵销分录是：

借：股本等股东权益	226 000 000	
贷：长期股权投资——投资成本		135 600 000
少数股东权益		90 400 000

(二)非同一控制下企业合并

1. 一次投资实现的控股合并

一次投资实现的非同一控制下的控股合并，合并日合并资产负债表的编制要点如下。

(1)在合并日合并资产负债表里，因企业合并取得的被购买方各项可辨认资产、负债及或有负债，应当以公允价值计量列示。按照合并财务报表的实体理论：无论母公司取得的子公司股权份额是否为 100%，合并资产负债表中子公司各项可辨认资产、负债及或有负债均按全部公允价值报告。这就意味着，在母公司非 100%控股的情况下，合并报表中少数股东权益中包含的子公司可辨认净资产也按其公允价值报告。根据我国现行合并财务报表准则，子公司可辨认净资产按公允价值调整后，如果计税基础不变，则还需要在合并报表中确认相关资产或负债的递延所得税。

(2)根据我国现行的企业会计准则，母公司的合并成本大于取得的子公司可辨认净资产公允价值份额的差额，即母公司对子公司的长期股权投资(按合并成本计量)大于母公司在子公司所有者权益(按公允价值计量)中所享有的份额的差额，列作商誉。在存在少数股权的情况下，这就意味着合并商誉中并未包含子公司归属于少数股东的商誉。

(3)母公司的合并成本小于取得的子公司可辨认净资产公允价值份额的差额，即母公司对子公司的长期股权投资(按合并成本计量的)小于母公司在子公司所有者权益(按公允价值计量)中所享有的份额的差额，在合并日合并资产负债表中调整留存收益。

这里需要说明的是，为什么这个差额，在合并日合并资产负债表中调整留存收益呢？如果编制合并利润表，这个差额需要调整营业外收入项目，从而对资产负债表中的留存收益产生影响；但由于非同一控制下合并日不编制合并利润表，只编制合并资产负债表，故只能直接调整资产负债表中的留存收益项目。

综上所述，合并日合并方与合并资产负债表有关的调整与抵销分录包括以下几步。

首先，将子公司可辨认净资产的报告价值调整至公允价值：

借：有关资产　　　　　[子公司有关资产公允价值与账面价值之差]A
　贷：资本公积　　　　[A与B之差]
　　　递延所得税负债　[A×所得税税率]

注：资产的调整减值作相反处理，负债的调整与资产的调整方向相反。资产调整减值或负债调整增值还会涉及递延所得税资产的确认问题。

其次，将母公司对子公司的股权投资与子公司的股东权益相抵销，并确认少数股东权益：

借：股本
　　资本公积
　　其他综合收益　　　[子公司相关项目调整后的报告价值]　A
　　盈余公积
　　未分配利润
　　商誉　　　　　　　[B大于A×母公司持股比例的差额]　D1
　贷：长期股权投资　　[母公司对子公司股权投资报告价值]　B
　　　少数股东权益　　[A×少数股东持股比例]
　　　未分配利润　　　[B小于A×母公司持股比例的差额]　D2

下面举例予以说明。

【例3-6】 母公司的合并成本大于取得的子公司可辨认净资产公允价值份额——100%控股的情况

资料：华鑫公司与B公司为非同一控制下的两个企业。合并前双方可辨认净资产价值资料如表3-6、表3-7所示。2×23年6月末华鑫公司用账面价值600万元、公允价值850万元的库存商品和100万元的银行存款给B公司的原股东，取得B公司100%的股权。有关投资的账务处理略(假设不考虑增值税)。企业所得税率为25%。合并后双方的个别报表资料到见表3-8中的"个别报表"栏目。

表3-6　合并方资产负债表简表　　单位：万元

资产		负债及股东权益	
项目	账面价值	项目	账面价值
货币资金	500	应付账款等负债	1 400
库存商品等存货	1 000	股本	900
固定资产	1 500	资本公积	400
		盈余公积	100
		未分配利润	200
合计	3 000	合计	3 000

表 3-7　被合并方资产负债表简表　　单位：万元

资产			负债及股东权益		
项目	账面价值	公允价值	项目	账面价值	公允价值
货币资金 库存商品等存货 固定资产	300 400 500	300 400 600	应付账款等负债 股本 资本公积 盈余公积 未分配利润	400 500 200 40 60	400
合计	1 200		合计	1 200	

要求：根据上述资料，说明被购买方各项可辨认净资产的列示以及合并商誉在合并日合并资产负债表工作底稿（简表）中产生的过程，并编制有关调整分录和抵销分录。

【分析】 在合并财务报表工作底稿中，为了将被购买方各项可辨认资产、负债在合并财务报表中按公允价值报告，应先编制有关的调整分录，然后再编制有关的抵销分录。华鑫公司处理具体如下。

（1）调整对子公司有关资产的报告价值：

借：固定资产　　1 000 000

　贷：资本公积　　750 000

　　递延所得税负债　　250 000

（2）将母公司对子公司的长期股权投资与子公司的股东权益相抵销：

借：股本　　5 000 000

　资本公积　　2 750 000

　盈余公积　　400 000

　未分配利润　　600 000

　商誉　　750 000

　贷：长期股权投资　　9 500 000

华鑫公司将上述调整分录与抵销分录抄入工作底稿（简表），见表 3-8。

表 3-8　合并日合并财务报表工作底稿（简表）　　单位：万元

项目	个别报表		合计数	调整与抵销分录		合并数
	母公司	子公司		借	贷	
货币资金	400	300	700			700
库存商品等存货	400	400	800			800
长期股权投资	950		950		②950	0
固定资产	1 500	500	2 000	①100		2 100
商誉	0	0	0	②75		75
负债	1 400	400	1 800		①25	1 825
股本等股东权益	1 850	800	2 650	②875	①75	1 850

【例 3-7】 母公司的合并成本大于取得的子公司可辨认净资产公允价值份额——非 100%控股的情况

资料：假设华鑫公司 2×23 年 6 月末取得 B 公司股权份额为 90%，其他资料见例【3-6】。有关投资的账务处理略(假设不考虑增值税)。企业所得税率为 25%。合并后双方的个别报表资料见表 3-9 中的“个别报表”栏目。

要求：根据上述资料，说明被购买方各项可辨认净资产的列示以及合并商誉在合并日合并资产负债表工作底稿(简表)中的产生过程，并编制有关调整分录和抵销分录。

【分析】 在合并财务报表工作底稿中，按实体理论将被购买方各项可辨认资产、负债在合并财务报表中按全部公允价值报告，应先编制有关的调整分录，然后再编制有关的抵销分录。华鑫公司处理具体如下。

(1)调整对子公司有关资产的报告价值：

借：固定资产　　1 000 000
　贷：资本公积　　750 000
　　递延所得税负债　　250 000

(2)将母公司对子公司的长期股权投资与子公司的股东权益相抵销：

借：股本　　5 000 000
　资本公积　　2 750 000
　盈余公积　　400 000
　未分配利润　　600 000
　商誉　　1 625 000
　贷：长期股权投资　　9 500 000
　　少数股东权益　　875 000

华鑫公司将上述调整分录与抵销分录抄入工作底稿(简表)，见表 3-9。

表 3-9 合并日合并财务报表工作底稿(简表)　　单位：万元

项目	个别报表		合计数	调整与抵销分录		合并数
	母公司	子公司		借	贷	
货币资金	400	300	700			700
库存商品等存货	400	400	800			800
长期股权投资	950		950		②950	0
固定资产	1 500	500	2 000	①100		2 100
商誉	0	0	0	②162.5		162.5
负债	1 400	400	1 800		①25	1 825
股本等股东权益	1 850	800	2 650	②875	①75	1 850
少数股东权益					②87.5	87.5

【例 3-8】 母公司的合并成本小于取得的子公司可辨认净资产公允价值份额——100%控股的情况

资料：见【例 3-6】。假设华鑫公司用账面价值 300 万元、公允价值 425 万元的库存商品和 100

万元的银行存款给B公司的原股东，取得B公司100%的股权，其他资料不变。有关投资的账务处理略(假设不考虑增值税)。企业所得税率为25%。合并后双方的个别报表资料到见表3-10中的“个别报表”栏目。

要求：根据上述资料，编制华鑫公司有关调整分录和抵销分录。

【分析】 在合并财务报表工作底稿中，为了将被购买方各项可辨认资产、负债在合并财务报表中按公允价值报告，应先编制有关的调整分录，然后再编制有关的抵销分录。华鑫公司会计处理具体如下。

①调整对子公司有关资产的报告价值：

借：固定资产　　1 000 000
　贷：资本公积　　750 000
　　递延所得税负债　　250 000

②将母公司对子公司的长期股权投资与子公司的股东权益相抵销：

借：股本　　5 000 000
　资本公积　　2 750 000
　盈余公积　　400 000
　未分配利润　　600 000
　贷：长期股权投资　　5 250 000
　　未分配利润　　3 500 000

华鑫公司将上述调整分录与抵销分录抄入工作底稿(简表)，见表3-10。

表3-10　合并日合并财务报表工作底稿(简表)　　单位：万元

项目	个别报表		合计数	调整与抵销分录		合并数
	母公司	子公司		借	贷	
货币资金	400	300	700			700
库存商品等存货	700	400	1 100			1 100
长期股权投资	525		525		②525	0
固定资产	1 500	500	2 000	①100		2 100
商誉	0	0	0			0
负债	1 400	400	1 800		①25	1 825
股本等股东权益	1 725	800	2 525	②875	①75 ②350	2 075

【例3-9】 母公司的合并成本小于取得的子公司可辨认净资产公允价值份额——非100%控股的情况

资料：见【例3-8】。假设华鑫公司2×23年6月末取得B公司股权份额为90%，其他资料不变。有关投资的账务处理略(假设不考虑增值税)。企业所得税率为25%。合并后双方的个别报表资料参见表3-11中的“个别报表”栏目。

要求：根据上述资料，编制华鑫公司有关调整分录和抵销分录。

【分析】 在合并财务报表工作底稿中，按实体理论将被购买方各项可辨认资产、负债在合并财务报表中全部按公允价值报告，应先编制有关的调整分录，然后再编制有关的抵销分录。华鑫公司处理具体如下。

(1)调整对子公司有关资产的报告价值：

借：固定资产　1 000 000

　贷：资本公积　750 000

　　递延所得税负债　250 000

(2)将母公司对子公司的长期股权投资与子公司的股东权益相抵销：

借：股本　5 000 000

　资本公积　2 750 000

　盈余公积　400 000

　未分配利润　600 000

　贷：长期股权投资　5 250 000

　　少数股东权益　875 000

　　未分配利润　2 625 000

华鑫公司将上述调整分录与抵销分录抄入工作底稿(简表)，见表3-11。

表3-11　合并日合并财务报表工作底稿(简表)　单位：万元

项目	个别报表		合计数	调整与抵销分录		合并数
	母公司	子公司		借	贷	
货币资金	400	300	700			700
库存商品等存货	700	400	1 100			1 100
长期股权投资	525		525		②525	0
固定资产	1 500	500	2 000	①100		2 100
商誉	0	0	0			0
负债	1 400	400	1 800		①25	1 825
股本等股东权益	1 725	800	2 525	②875	①75 ②262.5	1 987.5
少数股东权益					②87.5	87.5

2. 多次投资分步实现的非同一控制下控股合并

通过多次股权投资实现的非同一控制下企业合并，合并方在合并日编制合并资产负债表的要点是：

(1)对于合并日之前已经持有的对被合并方的股权投资，按照其在合并日的公允价值进行重新计量，公允价值与账面价值之差，计入当期投资收益；

(2)合并日之前持有的被合并方股权于合并日的公允价值，加上合并日新购入股权所支付对价的公允价值，两者之和作为合并日合并报表中的合并成本；

(3)比较合并成本与合并日被合并方可辨认净资产公允价值中合并方应享有的份额，确定合并日应确认的合并商誉或应计入未分配利润的金额(“负商誉”本应计入当期损益，但由于合并日不编制合并利润表，直接计入合并资产负债表的“未分配利润”项目)；

(4)合并方对于合并日之前持有的被合并方股权涉及的其他综合收益中合并方应享有的部分,转为合并日所属当期投资收益。

【例 3-10】 分步投资实现控股合并时合并财务报表的编制

资料:见【例 2-16】,企业所得税率 25%。华鑫股份有限公司合并日与个别报表相关的确认与计量见【例 2-16】。

要求:根据上述资料进行合并日编制合并财务报表时有关的会计处理。

【分析】 合并日编制合并财务报表时有关的会计处理如下。

(1)有关计算。

①对原有股权投资进行重新计量:

原股权投资的公允价值=30 000×20%=6 000(万元)

应调整金额=6 000-(5 000+600)=400(万元)

②计算合并成本:

合并成本=6 000+13 600=19 600(万元)

③计算合并商誉:

合并商誉=19 600-(30 000-7 400×25%)×60%=2 710(万元)

(2)合并财务报表工作底稿中的有关调整与抵销分录。

①将合并前原持有投资账面价值调整至公允价值:

借:长期股权投资	4 000 000	
贷:投资收益		4 000 000

②将母公司对子公司的股权投资与子公司股东权益相抵销,并确认少数股东权益:

借:股本等股东权益	226 000 000	
固定资产	74 000 000	
商誉	27 100 000	
贷:长期股权投资		196 000 000
少数股东权益		112 600 000
递延所得税负债		18 500 000

三、合并日后合并财务报表工作底稿中的相关抵销处理

(一)初步分析

在控制权取得日后的期末编制合并财务报表,与控制权取得日合并财务报表的编制有所不同。

1. 需要编制的合并财务报表的种类增加了

严格意义上的合并财务报表是指形成母子公司关系之后的各个会计期间的合并财务报表的编制。虽然按照现行会计准则的规定,在同一控制下的控股合并条件下,控制权取得日后编制的合并报表与合并日需要编制合并差别不大,合并日后仅多编制了合并所有者权益变动表,但非同一控制下编制报表差别较大。在非同一控制下的控股合并条件下,控制权取得日的合并财务报表只有合并资产负债表,而在控制权取得日后编制的合并财务报表,则不但有合并资产负债表,还有

合并利润表、合并所有者权益变动表和合并现金流量表。本章重点介绍合并利润表、合并所有者权益变动表中的利润分配部分以及合并资产负债表的编制原理。而合并现金流量表的编制原理在本章第五节中讲述。

2. 需要在合并工作底稿上调整与抵销的内容增加了

上述第一个特点使合并工作底稿上需要调整与抵销的内容大大增加:除了母公司对子公司的长期股权投资与子公司的相应所有者权益的抵销之外,还可能涉及集团内部的投资收益、内部利润分配的抵销、集团内部交易的抵销等,以及合并净利润的确定、合并净利润在母公司股东与少数股东之间的分配等较为复杂的问题。

3. 年末合并方的长期股权投资余额与被合并方的所有者权益的抵销难度增大了

在同一控制下的控股合并条件下,虽然在控制权取得日长期股权投资的入账金额与母公司占子公司净资产账面价值的份额相一致,但由于在母公司的个别财务报表中对子公司长期股权投资的会计处理要采用成本法,因而第一年年末开始长期股权投资的余额往往不再等于母公司所占子公司净资产账面价值的份额。所以,一般为了方便编制抵销分录,母公司需要对子公司的长期股权投资采用权益法进行调整,从而调整长期股权投资的年末余额,使其等于母公司占子公司净资产账面价值的份额,然后在此基础上进行抵销。当然也可以不进行权益法调整,直接在成本法的基础上抵销,结果是相同的,只是抵销的金额不一样。

为了方便抵销,母公司对子公司的长期股权投资一般由成本法调整到权益法,然后再进行抵销,本章也主要采用这样的方式。

(二)母公司对子公司的长期股权投资由成本法调整到权益法,然后再进行抵销

1. 同一控制下企业合并的会计处理

首先,每期期末编制合并报表时,先将母公司对子公司的长期股权投资由成本法调整到权益法,且抵销分录登记在合并财务报表工作底稿中。然后,进行抵销,本节抵销分录主要包括与资产负债表项目有关的抵销处理和与合并利润表及合并所有者权益变动表项目有关的抵销处理两种处理方式。

(1)成本法调整到权益法。

这部分内容应当根据中级财务会计中的“长期股权投资”科目下设置的“投资成本”“损益调整”“其他综合收益”和“其他权益变动”明细科目的内容决定。一般情况下的会计分录为:

借:长期股权投资
　贷:投资收益
　　其他综合收益
　　资本公积

注:投资收益部分反映子公司因发生净损益以及分配利润引起的所有者权益变动中,母公司投资当年持股比例计算应享有或应分担的增加部分,若为投资以后各年,则把投资收益改为未分配利润;其他综合收益则反映子公司因确认其他综合收益增加引起的所有者权益变动中,母公司按持股比例计算的应享有的增加金额;其他权益变动则反映母公司除发生净损益、分配利润以及确认其他综合收益以外所有者权益的其他变动中,母公司按持股比例计算的应享有或应分担的增加份额。反之,则作相反的会计分录。

(2)编制抵销分录。

①合并资产负债表项目抵销。即将母公司对子公司的股权投资余额与子公司的股东权益余额相抵销,并确认少数股东权益。

借：股本
　　资本公积
　　其他综合收益　　[子公司按权益法调整后期末报告价值]
　　盈余公积
　　未分配利润

　贷:长期股权投资　　[母公司对子公司股权投资按权益法调整后的价值]
　　　少数股东权益　　[子公司按权益法调整后期末报告价值×少数股东持股比例]

该抵销分录主要抵销内部股权投资形成的投入资本,所以涉及的都是合并资产负债表项目。

②合并利润表和合并所有者权益变动表项目抵销。即将母公司股权投资收益与子公司分配给母公司股利相抵销,并确认少数股东享有的收益。

借:投资收益　　[子公司当年净利润×母公司持股比例]
　　少数股东损益　　[子公司当年净利润×少数股东持股比例]
　　未分配利润(期初)　　[子公司期初未分配利润]
　贷:对股东的分配　　[子公司当年分配数]
　　　提取盈余公积　　[子公司当年提取数]
　　　未分配利润　　[子公司按权益法调整后期末报告价值]

如何理解该抵销分录?从金额上看,借方金额相当于子公司的可供分配利润,贷方金额相当于当年分配利润和期末未分配利润。从项目上看,借记“投资收益”是为了抵销来自内部股权投资的收益;借记“少数股东损益”是确认少数股东应享有的利润份额(少数股东享有的利润必然减少归属于母公司股东的未分配利润,所以,这里的借记导致“未分配利润”项目金额减少);贷记子公司的利润分配项目,一是因为子公司的股利分配不属于对外分配从而应予抵销,二是这里对子公司提取盈余公积的抵销与前面第一个抵销分录中对子公司盈余公积余额的抵销两者并不影响所有者权益总额的变动。

综上所述,也可将上述两个抵销分录①和②合并编制一个抵销分录如下:

借：股本
　　资本公积
　　其他综合收益　　[子公司按权益法调整后期末报告价值]
　　盈余公积
　　投资收益　　[子公司当年净利润×母公司持股比例]
　　少数股东损益　　[子公司当年净利润×少数股东持股比例]
　　未分配利润(期初)　　[上期子公司按权益法调整后期末报告价值]

贷：长期股权投资　　　　［母公司对子公司股权投资按权益法调整后的价值］
　　少数股东权益　　　　［子公司按权益法调整后期末报告价值×少数股东持股比例］
　　对股东的分配　　　　［子公司当年分配数］
　　提取盈余公积　　　　［子公司当年提取数］
　　未分配利润　　　　　［子公司按权益法调整后期末报告价值］

下面举例加以说明。

【例 3-11】 控股合并形成全资子公司的情况

资料：华鑫公司和B公司为同一控制下的两个企业。2×23年1月1日末，华鑫公司用账面价值500万元、公允价值750万元的库存商品和200万元的银行存款给B公司的原股东，取得B公司100%的股权。B公司2×23年1月1日股东权益总额为800万元(假设均为股本)。B公司当年实现净利润80万元，经公司董事会提议并经股东大会批准，当年向股东宣告分派现金股利30万元。2×23年12月末华鑫公司和B公司其他资料参见表3-12个别报表一栏。

要求：编制华鑫公司2×23年12月末有关调整分录和抵销分录。

【分析】 由于华鑫公司与B公司的合并使B公司成为华鑫公司的全资子公司，在合并日华鑫公司对B公司的长期股权投资取得时的账面价值为800万元，2×23年12月末华鑫公司在编制合并报表时进行下列调整与抵销处理。

(1)2×23年年末华鑫公司编制合并报表时，先将母公司的股权投资由成本法调整到权益法，则合并报表工作底稿中的调整分录为：

借：长期股权投资　　　　500 000
　贷：投资收益　　　　　　500 000

(2)与内部股权投资有关的抵销分录如下。

①将母公司对子公司的长期股权投资与子公司的股东权益相抵销：

借：股本　　　　　　　　8 000 000
　　未分配利润(期末)　　500 000
　贷：长期股权投资　　　　8 500 000

②将母公司股权投资收益与子公司分配给母公司股利相抵销：

借：投资收益　　　　　　800 000
　贷：对股东的分配　　　　300 000
　　　未分配利润(期末)　　500 000

③将上述两个抵销分录合并，则：

借：股本　　　　　　　　8 000 000
　　投资收益　　　　　　800 000
　贷：长期股权投资　　　　8 500 000
　　　对股东的分配　　　　300 000

根据上述调整和抵销分录，华鑫公司编制合并工作底稿如表3-12所示：

表3-12　合并财务报表工作底稿(简表)

2×23年12月31日　　　　单位：万元

项目	个别报表		合计数	调整与抵销分录		合并数
	母公司	子公司		借	贷	
资产负债表项目：						
货币资金	700	300	1 000			1 000
库存商品等存货	800	400	1 200			1 200
长期股权投资	800		800	(1)50	①850	0
固定资产	1 300	500	1 800			1 800
商誉	0	0	0			0
负债	1 700	350	2 050			2 050
股本	1 300	800	2 100	①800		1 300
资本公积	400	0	400			400
盈余公积	0	0	0			0
未分配利润(期末)	200	50	250	130	130	250
少数股东权益	0	0	0			0
利润表项目：						
营业收入	1 100	400	1 500			1 500
营业成本等	730	290	1 020			1 020
投资收益	30	0	30	②80	(1)50	0
利润总额	400	110	510	80	50	480
所得税费用	100	30	130			130
净利润	300	80	380	80	50	350
其中：少数股东损益						
所有者权益变动表项目：						
未分配利润(期初)	0	0	0			0
对股东的分配	100	30	130		②30	100
未分配利润(期末)	200	50	250	①50 130	②50 130	250

华鑫公司应根据工作底稿中计算确定的“合并数”栏数字填制合并日后合并财务报表。

【例3-12】　控股合并形成非全资子公司的情况

资料：华鑫公司和B公司为同一控制下的两个企业。2×23年1月1日末华鑫公司用账面价值500万元、公允价值750万元的库存商品和200万元的银行存款给B公司的原股东，取得B公司90%的股权。B公司2×23年1月1日股东权益总额为800万元(假设均为股本)。B公司当年实现净利润80万元，经公司董事会提议并经股东大会批准，当年向股东宣告分派现金股利30万元。2×23年12月末华鑫公司和B公司其他资料参见表3-13个别报表一栏。

要求：华鑫公司2×23年12月末编制有关调整分录和抵销分录。

【分析】 由于华鑫公司与B公司的合并使B公司成为华鑫公司的非全资子公司，在合并日华鑫公司对B公司的长期股权投资取得时的账面价值为720万元，2×23年12月末华鑫公司在编制合并报表时进行下列调整与抵销处理。

(1)2×23年年末华鑫公司编制合并报表时，先将母公司的股权投资由成本法调整到权益法，则合并报表工作底稿中的调整分录为：

借：长期股权投资　　450 000
　贷：投资收益　　450 000

(2)与内部股权投资有关的抵销分录如下。

①将母公司对子公司的长期股权投资与子公司的股东权益相抵销：

借：股本　　8 000 000
　　未分配利润　　500 000
　贷：长期股权投资　　7 650 000
　　　少数股东权益　　850 000

②将母公司股权投资收益与子公司分配给母公司股利相抵销：

借：投资收益　　720 000
　　少数股东损益　　80 000
　贷：对股东的分配　　300 000
　　　未分配利润(期末)　　500 000

③将上述两个抵销分录合并，则：

借：股本　　8 000 000
　　投资收益　　720 000
　　少数股东损益　　80 000
　贷：长期股权投资　　7 650 000
　　　少数股东权益　　850 000
　　　对股东的分配　　300 000

根据上述调整和抵销分录，华鑫公司编制合并工作底稿如表3-13所示：

表3-13　合并财务报表工作底稿(简表)

2×23年12月31日

单位：万元

项目	个别报表		合计数	调整与抵销分录		合并数
	母公司	子公司		借	贷	
资产负债表项目：						
货币资金	697	300	997			997
库存商品等存货	800	400	1 200			1 200
长期股权投资	720		720	(1)45	①765	0
固定资产	1 300	500	1 800			1 800
商誉	0	0	0			0
负债	1 700	350	2 050			2 050
股本	1 300	800	2 100	①800		1 300

续表

项目	个别报表		合计数	调整与抵销分录		合并数
	母公司	子公司		借	贷	
资本公积	320	0	320			320
盈余公积	0	0	0			0
未分配利润(期末)	197	50	247	130	125	242
少数股东权益	0	0	0		①85	85
利润表项目：						
营业收入	1 100	400	1 500			1 500
营业成本等	730	290	1 020			1 020
投资收益	27	0	27	②72	(1)45	0
利润总额	397	110	507	72	45	480
所得税费用	100	30	130			130
净利润	297	80	377	72	45	350
其中：少数股东损益				②8		8
所有者权益变动表项目：						
未分配利润(期初)	0	0	0			0
对股东的分配	100	30	130		②30	100
未分配利润(期末)	197	50	247	①50 130	②50 125	242

华鑫公司应根据工作底稿中计算确定的“合并数”栏数字填制合并日后合并财务报表。

【例 3-13】 控股合并形成非全资子公司，连续编制合并报表的情况

资料：同【例 3-8】。B公司 2×24 年又实现净利润 100 万元，经公司董事会提议并经股东大会批准，当年向股东宣告分派现金股利 40 万元。2×24 年 12 月末华鑫公司和 B 公司其他资料参见表 3-14 个别报表一栏。

要求：华鑫公司 2×24 年 12 月末编制有关调整分录和抵销分录。

【分析】 由于华鑫公司 2×23 年 12 月末编制的调整与抵销分录仅登记到合并工作底稿中，并未影响到个别报表，故 2×24 年年末编制调整分录时，不仅要编制 2×24 年的，还要编制 2×23 年的调整分录，只是把上年度调整的投资收益改为“未分配利润(期初)”即可。具体处理如下。

(1)2×24 年年末华鑫公司编制合并报表时，先将母公司的股权投资由成本法调整到权益法，则合并报表工作底稿中的调整分录为：

借：长期股权投资　　990 000

　贷：投资收益　　540 000

　　未分配利润(期初)　　450 000

(2)与内部股权投资有关的抵销分录如下。

①将母公司对子公司的长期股权投资与子公司的股东权益相抵销：

借：股本　　8 000 000

　未分配利润(期末)　　1 100 000

　贷：长期股权投资　　8 190 000

　　少数股东权益　　910 000

②将母公司股权投资收益与子公司分配给母公司股利相抵销：

借：投资收益　　900 000

　少数股东损益　　100 000

　未分配利润（期初　　)500 000

　贷：对股东的分配　　400 000

　　未分配利润（期末）　　1 100 000

③将上述两个抵销分录合并，则：

借：股本　　8 000 000

　投资收益　　900 000

　少数股东损益　　100 000

　未分配利润　　500 000

　贷：长期股权投资　　8 190 000

　　少数股东权益　　910 000

　　对股东的分配　　400 000

根据上述调整和抵销分录，华鑫公司编制合并工作底稿如表3-14所示：

表3-14　合并财务报表工作底稿（简表）

2×23年12月31日　　单位：万元

项目	个别报表		合计数	调整与抵销分录		合并数
	母公司	子公司		借	贷	
资产负债表项目：						
货币资金	733	360	1 093			1 093
库存商品等存货	800	400	1 200			1 200
长期股权投资	720		720	(1)99	①819	0
固定资产	1 300	500	1 800			1 800
商誉	0	0	0			0
负债	1 700	350	2 050			2 050
股本	1 300	800	2 100	①800		1 300
资本公积	320	0	320			320
盈余公积	0	0	0			0
未分配利润（期末）	233	110	343	260	249	332
少数股东权益	0	0	0		①91	91
利润表项目：						
营业收入	1 000	400	1 400			1 400
营业成本等	1 000	270	1 270			1 270
投资收益	36	0	36	②90	(1)54	0
利润总额	36	130	166	90	54	130
所得税费用	0	30	30			30
净利润	36	100	136	90	54	100
其中：少数股东损益				②10		10
所有者权益变动表项目：						
未分配利润（期初）	197	50	247	②50	(1)45	242
对股东的分配	0	40	40		②40	100
未分配利润（期末）	233	110	343	①110 260	②110 249	332

华鑫公司应根据工作底稿中计算确定的“合并数”栏数字填制合并日后合并财务报表。

值得一提的是，如果合并方在合并前实现留存收益，母公司编制合并报表时还需要将其中归属于母公司的部分编制结转留存收益的相关调整分录。

2. 非同一控制下企业合并的情形

非同一控制下企业合并的合并日后各期末编制合并报表过程中对内部股权投资的有关抵销与调整处理中，与前述同一控制下企业合并的原理相同的是，需要先将母公司对子公司的长期股权投资由其个别报表中列示的成本法余额通过在合并报表工作底稿中编制调整分录，调整为权益法下的结果，在此基础上再进行抵销处理。

与上述同一控制下企业合并相关的抵销处理不同的是：首先，子公司各项可辨认净资产需按其在合并日的公允价值为基础进行调整；其次，少数股东权益也要根据子公司股东权益以合并日公允价值为基础延续计算的公允价值的一定份额进行计量；最后，可能需要确认合并商誉。

先将母公司账面价值按合并日的公允价值进行调整，然后再将母公司对子公司长期股权投资由成本法调整为权益法，再进行有关的抵销处理。具体的有关调整分录和抵销分录的编制方法可以归纳如下。

(1)母公司有关调整分录。

①对子公司可辨认净资产按合并日的公允价值为基础进行调整：

借：有关资产　　　　　[子公司有关资产公允价值与账面价值之差]　A

　贷：资本公积　　　　[A与B之差]

　　递延所得税负债　　[A×所得税税率]　B

注：资产的调整减值作相反处理，负债的调整与资产的调整方向相反。资产调整减值或负债调整增值还会涉及递延所得税资产的确认。

②对子公司的长期股权投资由成本法调整到权益法。这部分内容应当根据中级财务会计中的“长期股权投资”科目下设置的“投资成本”“损益调整”“其他综合收益”和“其他权益变动”明细科目的内容决定。一般情况下的会计分录为：

借：长期股权投资

　贷：投资收益

　　其他综合收益

　　资本公积

注：投资收益部分反映子公司因发生净损益(按合并日公允价值调整后的净损益计算)以及分配利润引起的所有者权益变动中，母公司投资当年持股比例计算应享有或应分担的增加部分，若为投资以后各年，则把投资收益改为未分配利润；其他综合收益则反映子公司因确认其他综合收益增加引起的所有者权益变动中，母公司按持股比例计算的应享有的增加金额；其他权益变动则反映母公司除发生净损益、分配利润以及确认其他综合收益以外所有者权益的其他变动中，母公司按持股比例计算的应享有或应分担的增加份额。反之，则作相反的会计分录。

(2)与内部股权投资有关的抵销分录。

①合并资产负债表项目抵销。即将母公司对子公司的股权投资余额与子公司的股东权益余额相抵销，并确认少数股东权益。

借：股本
　　资本公积
　　其他综合收益　　　　[子公司调整后期末报告价值]　A
　　盈余公积
　　未分配利润
　　商誉　　　　　　　　[B大于A×母公司股东持股比例]　D1
　贷：长期股权投资　　　[母公司对子公司股权投资按权益法调整后的价值]　B
　　　少数股东权益　　　[A×少数股东持股比例]　C
　　　未分配利润(期初)　[B小于A×母公司股东持股比例]　D2

该抵销分录主要抵销内部股权投资形成的投入资本,所以涉及的都是合并资产负债表项目。

②合并利润表和合并所有者权益变动表项目抵销。即将母公司股权投资收益与子公司分配给母公司股利相抵销,并确认少数股东享有的收益。

借:投资收益　　　　　　[子公司调整后当年净利润×母公司持股比例]
　少数股东损益　　　　[子公司调整后当年净利润×少数股东持股比例]
　未分配利润(期初)　　[上期子公司调整后期末报告价值]
　贷:对股东的分配　　　[子公司当年分配数]
　　提取盈余公积　　　[子公司当年提取数]
　　未分配利润　　　　[子公司调整后期末报告价值]

这里需要说明的是:"调整后"包含两重含义,即一方面是按合并日子公司可辨认净资产公允价值为基础进行调整的,另一方面母公司对子公司的长期股权投资由成本法调整到权益法。

综上所述,也可将上述两个抵销分录①和②合并编制一个抵销分录如下:

借：股本
　　资本公积
　　其他综合收益　　　　[子公司按权益法调整后期末报告价值]　A
　　盈余公积
　　投资收益　　　　　　[子公司当年净利润×母公司持股比例]
　　少数股东损益　　　　[子公司当年净利润×少数股东持股比例]
　　未分配利润(期初)　　[上期子公司调整后期末报告价值]
　　商誉　　　　　　　　[B大于A×母公司股东持股比例]
　贷:长期股权投资　　　[母公司对子公司股权投资按权益法调整后的价值]　B
　　　少数股东权益　　　[子公司按权益法调整后期末报告价值×少数股东持股比例]
　　　对股东的分配　　　[子公司当年分配数]
　　　提取盈余公积　　　[子公司当年提取数]
　　　未分配利润(期初)　[B小于A×母公司股东持股比例]

关于非同一控制下的企业合并,下面举例加以说明。

【例3-14】 控股合并形成非全资子公司的情况

资料:华鑫公司和B公司为非同一控制下的两个企业,两企业所得税率均为25%。2×23年1月1日末华鑫公司用账面价值500万元、公允价值750万元的库存商品和200万元的银行存款给

B公司的原股东，取得B公司90%的股权。B公司2×23年1月1日股东权益总额为800万元(假设均为股本)。投资当日B公司某项管理用固定资产公允价值比账面价值高100万元，该固定资产按直线法在10年内计提折旧。B公司当年实现净利润80万元，经公司董事会提议并经股东大会批准，当年向股东宣告分派现金股利30万元。2×23年12月末华鑫公司和B公司其他资料参见表3-15个别报表一栏。

要求：华鑫公司2×23年12月末编制有关调整分录和抵销分录。

【分析】 由于华鑫公司与B公司由于是非同一控制下的两个企业，合并使B公司成为华鑫公司的非全资子公司，在合并日华鑫公司对B公司的长期股权投资按取得时的合并成本计量，故计量金额为950万元，2×23年12月末华鑫公司在编制合并报表时进行下列调整与抵销处理。

(1)2×23年年末华鑫公司编制合并报表工作底稿时，编制有关调整分录如下。

①把B公司有关资产的账面价值调整到公允价值：

	借方	贷方
借：固定资产	900 000	
管理费用	100 000	
贷：资本公积		750 000
递延所得税负债		225 000
所得税费用		25 000

②将母公司的股权投资由成本法调整到权益法：

	借方	贷方
借：长期股权投资	382 500	
贷：投资收益		382 500

注：382 500＝[(500 000－(100 000－25 000)]×90%

(2)与内部股权投资有关的抵销分录。

①将母公司对子公司的长期股权投资与子公司的股东权益相抵销：

	借方	贷方
借：股本	8 000 000	
资本公积	750 000	
未分配利润(期末)	425 000	
商誉	1 625 000	
贷：长期股权投资		9 882 500
少数股东权益		917 500

②将母公司股权投资收益与子公司分配给母公司股利相抵销：

	借方	贷方
借：投资收益	652 500	
少数股东损益	72 500	
贷：对股东的分配		300 000
未分配利润(期末)		425 000

③将上述两个抵销分录合并，则：

	借方	贷方
借：股本	8 000 000	
资本公积	750 000	
投资收益	652 500	
少数股东损益	72 500	
商誉	1 625 000	

贷:长期股权投资 9 882 500

少数股东权益 917 500

对股东的分配 300 000

根据上述调整和抵销分录,华鑫公司编制合并工作底稿如表 3-15 所示:

表 3-15 合并财务报表工作底稿(简表)

2×23 年 12 月 31 日 单位:万元

项目	个别报表		合计数	调整与抵销分录		合并数
	母公司	子公司		借	贷	
资产负债表项目:						
货币资金	697	300	997			997
库存商品等存货	800	400	1 200			1 200
长期股权投资	950		950	②38.25	③988.25	0
固定资产	1 300	500	1 800	①90		1 890
商誉	0	0	0	③162.5		162.5
负债各项目(含递延所得税负债)	1 700	350	2 050		①22.5	2 072.5
股本	1 300	800	2 100	③800		1 300
资本公积	300	0	300	③75	①75	300
盈余公积	0	0	0			0
未分配利润(期末)	447	50	497	125	113.25	485.25
少数股东权益	0	0	0		③91.75	91.75
利润表项目:						
营业收入	1 850	400	2 250			2 250
营业成本等	1 230	250	1 480			1 480
管理费用		40	40	①10		50
投资收益	27	0	27	④65.25	②38.25	0
利润总额	647	110	757	75.25	38.25	720
所得税费用	100	30	130		①2.5	127.5
净利润	547	80	627	75.25	40.75	592.5
其中:少数股东损益				④7.25		7.25
所有者权益变动表项目:						
未分配利润(期初)	0	0	0			0
对股东的分配	100	30	130		④30	100
未分配利润(期末)	447	50	497	③42.5 125	④42.5 113.25	485.25

华鑫公司应根据工作底稿中计算确定的"合并数"栏数字填制合并日后合并财务报表。

【例 3-15】 控股合并形成非全资子公司,连续编制合并报表的情况

资料:同【例 3-14】。B 公司 2×24 年又实现净利润 100 万元,经公司董事会提议并经股东大会批准,当年向股东宣告分派现金股利 40 万元。2×24 年 12 月末华鑫公司和 B 公司其他资料参见表 3-16 个别报表一栏。

要求：编制华鑫公司2×24年12月末有关调整分录和抵销分录。

【分析】 由于华鑫公司2×23年12月末编制的调整与抵销分录仅登记到合并工作底稿中，并未影响到个别报表，故2×24年年末编制调整分录时，不仅要编制2×24年的，还要编制2×23年的调整分录，只是把上年度调整的管理费用、所得税费用、投资收益等影响损益的项目改为"未分配利润(期初)"即可。具体处理如下。

(1)2×24年年末华鑫公司编制合并报表工作底稿时，编制有关调整分录如下。

①把B公司有关资产的账面价值调整到公允价值：

借：固定资产　　800 000
　管理费用　　100 000
　未分配利润(期初)　　75 000
　贷：资本公积　　750 000
　　递延所得税负债　　200 000
　　所得税费用　　25 000

②将母公司的股权投资由成本法调整到权益法：

借：长期股权投资　　855 000
　贷：未分配利润(期初)　　382 500
　　投资收益　　472 500

注：472 500＝[(600 000－(100 000－25 000)]×90%

(2)与内部股权投资有关的抵销分录如下。

①将母公司对子公司的长期股权投资与子公司的股东权益相抵销：

借：股本　　8 000 000
　资本公积　　750 000
　未分配利润(期末)　　950 000
　商誉　　1 625 000
　贷：长期股权投资　　10 355 000
　　少数股东权益　　970 000

②将母公司股权投资收益与子公司分配给母公司股利相抵销：

借：投资收益　　832 500
　少数股东损益　　92 500
　未分配利润(期初)　　425 000
　贷：对股东的分配　　400 000
　　未分配利润(期末)　　950 000

③将上述两个抵销分录合并，则：

借：股本　　8 000 000
　资本公积　　750 000
　未分配利润(期初)　　425 000
　投资收益　　832 500
　少数股东损益　　92 500
　商誉　　1 625 000

贷:长期股权投资　　10 355 000

　　少数股东权益　　970 000

　　对股东的分配　　400 000

根据上述调整和抵销分录,华鑫公司编制合并工作底稿如表 3-16 所示:

表 3-16　合并财务报表工作底稿(简表)

2×24 年 12 月 31 日

单位:万元

项目	个别报表		合计数	调整与抵销分录		合并数
	母公司	子公司		借	贷	
资产负债表项目:						
货币资金	1 233	590	1 823			1 823
库存商品等存货	300	170	470			470
长期股权投资	950		950	②85.5	③1 035.5	0
固定资产	1 300	500	1 800	①80		1 880
商誉	0	0	0	③162.5		162.5
负债各项目(含递延所得税负债)	1 700	350	2 050		①20	2 070
股本	1 300	800	2 100	③800		1 300
资本公积	300	0	300	③75	①75	300
盈余公积	0	0	0			0
未分配利润(期末)	483	110	593	247.5	223	568.5
少数股东权益	0	0	0		③97	97
利润表项目:						
营业收入	500	400	900			900
营业成本等	500	230	730			730
管理费用	0	40	40	①10		50
投资收益	36	0	36	④83.25	②47.25	0
利润总额	36	130	166	93.25	47.25	120
所得税费用	0	30	30		①2.5	27.5
净利润	36	100	136	93.25	49.75	92.5
其中:少数股东损益				④9.25		9.25
所有者权益变动表项目:						
未分配利润(期初)	447	50	497	①7.5 ④42.5	②38.25	485.25
对股东的分配	0	40	40		④40	0
未分配利润(期末)	483	110	593	③95 247.5	④95 223	568.5

华鑫公司应根据工作底稿中计算确定的"合并数"栏数字填制合并日后合并财务报表。

（三）将母公司对子公司的长期股权投资直接按成本法进行抵销的情形

由于这部分内容直接在成本法的基础上抵销，同前面（二）中调整和抵销内容相比，合并日基本没有影响，而合并日后则有不同。因为这种方法不需要编制把成本法调整到权益法的调整分录，所以其他部分操作方法同前述（二）中的方法一致，只是分录中数据有一些不同，此处就不再详细阐述了。

（四）内部长期股权投资减值准备的抵销

长期股权投资减值准备的计提，一方面减少了资产负债表中长期股权投资项目的报告价值；另一方面增加了利润表中的资产减值损失，并对以后期间的期初未分配利润项目带来影响。下面以同一控制下的企业合并为例，具体的调整和抵销分录如下。

1. 成本法调整到权益法

这部分内容同前面一致，一般情况下的会计分录为：

借：长期股权投资
　贷：投资收益
　　其他综合收益
　　资本公积

2. 抵销分录

借：股本 资本公积 其他综合收益 盈余公积	[子公司按权益法调整后期末报告价值]
投资收益	[子公司当年净利润×母公司持股比例]
少数股东损益	[子公司当年净利润×少数股东持股比例]
未分配利润（期初）	[上期子公司按权益法调整后期末报告价值]
贷：长期股权投资	[母公司对子公司股权投资按权益法调整后的价值扣除当年内部长期股权投资计提减值损失]
资产减值损失	[内部长期股权投资当年计提减值损失]
少数股东权益	[子公司按权益法调整后期末报告价值×少数股东持股比例]
对股东的分配	[子公司当年分配数]
提取盈余公积	[子公司当年提取数]
未分配利润	[子公司按权益法调整后期末报告价值]

值得一提的是，如果内部长期股权投资计提减值准备时，也确认了所得税的影响，则在抵销了内部长期股权投资减值准备之后，还应该抵销减值准备曾确认的所得税影响。相关抵销分录为：

借：所得税费用
　未分配利润（期初）
　贷：递延所得税资产

下面举例加以说明。

【例 3-16】 控股合并形成非全资子公司的情况

资料：华鑫公司和B公司为同一控制下的两个企业。2×23年1月1日末华鑫公司用账面价值500万元、公允价值750万元的库存商品和200万元的银行存款给B公司的原股东，取得B公司90%的股权。B公司2×23年1月1日股东权益总额为800万元(假设均为股本)。B公司当年实现净利润80万元，经公司董事会提议并经股东大会批准，当年向股东宣告分派现金股利30万元。假设华鑫公司当年内部股权投资计提了减值损失20万元，并确认了所得税的影响，企业所得税率为25%。

要求：编制华鑫公司2×23年12月末有关调整分录和抵销分录。

【分析】 由于华鑫公司与B公司的合并使B公司成为华鑫公司的非全资子公司，在合并日华鑫公司对B公司的长期股权投资取得时的账面价值为720万元，2×23年12月末华鑫公司在编制合并报表时进行下列调整与抵销处理。

(1)2×23年年末华鑫公司编制合并报表时，先将母公司的股权投资由成本法调整到权益法，则合并报表工作底稿中的调整分录为：

借：长期股权投资　　450 000

　贷：投资收益　　450 000

(2)与内部股权投资有关的抵销分录为：

借：股本　　8 000 000

　投资收益　　720 000

　少数股东损益　　80 000

　贷：长期股权投资　　7 450 000

　　资产减值损失　　200 000

　　少数股东权益　　850 000

　　对股东的分配　　300 000

借：所得税费用　　50 000

　贷：递延所得税资产　　50 000

四、交叉持股的抵销处理

由于金字塔式的控股结构是我国企业集团主要的控股模式，多层的控股与交叉持股在我国企业集团中很普遍，无疑多层控股与交叉持股会加大合并财务报表编制的难度。

企业集团内部子公司互相之间的长期股权投资，企业集团成员企业之间股权投资确认以公允价值计量的金融资产的，在编制合并报表时，与这些权益性投资相关的影响同样应予以抵销，基本原理可以比照前面所介绍的母公司对子公司股权投资的抵销处理。

子公司持有母公司股权的，应当视为企业集团的库存股，在合并资产负债表中按照子公司取得母公司股权日所确认的长期股权投资初始投资成本，转为库存股作为合并财务报表中所有者权益的减项；子公司所持母公司股权所确认的投资收益，应进行抵销处理。子公司持有的母公司股权分类为以公允价值计量且其变动计入其他综合收益的金融资产的，要同时冲销子公司累计确认的公允价值变动。

【例 3-17】 华鑫公司和B公司是同一控制下的两个公司，且华鑫公司是B公司的母公司，持有B公司90%的表决权股份。

资料：2×23年年末华鑫公司对B公司的长期股权投资账面价值为9 000 000元，B公司的股本等股东权益为10 000 000元；B公司持有的对华鑫公司的权益性投资作为长期股权投资按权益法进行核算，账面价值为850 000元（投资成本800 000元，当年确认投资收益50 000元）。假定不考虑其他因素。

问题：华鑫公司如何编制有关抵销分录？

【分析】 华鑫公司2×23年年末编制合并报表时，在合并财务报表工作底稿中应编制的抵销分录如下。

（1）将母公司华鑫公司对子公司B的股权投资与子公司的股东权益相抵销，并确认少数股东权益：

借：股本等股东权益　　10 000 000

　贷：长期股权投资　　9 000 000

　　少数股东权益　　1 000 000

（2）将子公司B对母公司华鑫公司的股权投资进行抵销：

借：库存股　　800 000

　投资收益　　50 000

　贷：长期股权投资　　850 000

如果将上例中B子公司持有的母公司华鑫公司股权分类为以公允价值计量且其变动计入其他综合收益的金融资产的，账面价值为850 000元（成本800 000元，当年确认公允价值变动利得50 000元），则相关的抵销分录为：

借：库存股　　800 000

　其他综合收益　　50 000

　贷：其他权益工具投资　　850 000

第三节　与内部债权、债务有关的抵销处理

母公司与子公司相互之间的债权和债务项目，是指母公司与子公司、子公司相互之间的应收账款与应付账款、预付账款和预收账款、应付债券与债券投资等项目。对于发生在母公司与子公司、子公司相互之间的这些项目，从债权方企业来说，在资产负债表中表现为一项债权资产；而从债务方来说，在资产负债表中表现为一项负债项目。发生的这种内部债权债务，从母公司与子公司组成的集团整体角度来看，它只是集团内部资金运动，既不增加企业集团的资产，也不增加负债。为此，在编制合并财务报表时也应当将内部债权债务项目予以抵销，以便使合并财务报表呈报的债权债务反映企业集团整体的对外债权债务。另外，与内部债权债务有关的利息收益、利息费用，以及与内部债权有关的坏账准备或资产减值准备，也应予以抵销。

一、内部债权、债务余额的抵销

内部债权债务余额的抵销，主要关系到合并资产负债表有关项目的报告价值。抵销内部债权债务的抵销分录主要包括如下。

1. 内部应收账款、应付账款的抵销

借：应付账款

　贷：应收账款

2. 内部应收票据、应付票据的抵销

借：应付票据

　贷：应收票据

3. 内部预收账款、预付账款的抵销

借：预收账款

　贷：预付账款

4. 内部债券投资、应付债券账面余额（含已计未付利息）的抵销

借：应付债券　　　　　　　　［发行方账面价值］

借或贷：财务费用或投资收益*　［差额］

　贷：债权投资　　　　　　　［投资方账面价值］

注：* 借差记入“财务费用”项目，贷差记入“投资收益”项目。

如果债券为分期付息债券，则已计未付利息的抵销分录为：

借：其他应付款

　贷：其他应收款

5. 内部应收股利、应付股利的抵销

借：其他应付款

　贷：其他应收款

6. 内部其他应收款、其他应付款的抵销

借：其他应付款

　贷：其他应收款

【例 3-18】 2×23 年某企业集团母公司（华鑫公司）年末应收票据 60 000 元中有 20 000 元是其子公司（B 公司）的应付票据，华鑫公司应收股利 5 000 元为应收 B 公司当年宣派尚未发放的现金股利。

【分析】 华鑫公司在合并财务报表工作底稿中的有关抵销分录如下。

（1）抵销内部应收票据、应付票据：

借：应付票据　　　　20 000

　贷：应收票据　　　　20 000

（2）抵销内部应收股利、应付股利：

借：其他应付款　　　　5 000

　贷：其他应收款　　　　5 000

二、与内部债权、债务相关利息收益、利息费用的抵销

与内部债权债务相关的利息收益与利息费用的抵销，主要关系到合并利润表有关项目的报告价值。下面以企业集团成员企业的一方持有另一方发行的债券为例予以说明。

如果债券投资方的当年利息收益与债券发行方的当年利息费用金额相等，则本期利息收益与利息费用的抵销分录为：

借：投资收益

　贷：财务费用

如果债券投资方的当年利息收益与债券发行方的当年利息费用金额不相等，则相关损益计入投资收益还是财务费用，可以简化处理。一个简单的做法是，当债券投资方的本期实际利息收益与债券发行方的本期实际利息费用二者金额不相等时，借差记入“财务费用”项目，贷差记入“投资收益”项目，也就是相当于按两者孰低额进行抵销。

【例 3-19】 华鑫公司是B公司的母公司。B公司2×22年年初发行一笔面值为2 000 000元、票面利率为5%、发行价格为2 000 000元、期限为5年、每年年末付息一次、到期还本的债券。华鑫公司按面值购入B公司发行债券的10%部分，分类为以摊余成本计量的金融资产。2×23年年末收到当年利息。双方均按实际利率法确定利息收益、利息费用（实际利率为5%）。其他资料略。

【分析】 2×23年年末，华鑫公司编制的有关抵销分录如下。

(1)抵销内部债权债务：

借：应付债券　　200 000

　贷：债权投资　　200 000

(2)抵销与内部债权债务相关的利息收益与利息费用：

借：投资收益　　10 000

　贷：财务费用　　10 000

将上述抵销分录填入合并财务报表工作底稿，如表3-17所示：

表 3-17　合并财务报表工作底稿（简表）

2×23年12月31日

单位：元

项目	个别报表		合计数	调整与抵销分录		合并数
	母公司	子公司		借	贷	
资产负债表项目：						
债权投资	200 000	0	200 000		①200 000	0
应付债券	0	200 000	200 000	①200 000		0
利润表项目：						
投资收益	10 000	0	10 000	②10 000		0
财务费用	0	10 000	10 000		②10 000	0

三、与内部债权有关的坏账准备和减值准备的抵销

在合并财务报表工作底稿中，纳入合并范围的成员企业之间的债权、债务已经抵销，那么，与

该应收款项有关的坏账准备也应该予以抵销。以应收账款为例,有关的抵销分录为:

借:应收账款　　　　　[内部应收账款计提的坏账准备期末余额]

借或贷:信用减值损失　　[内部应收账款本年冲销或计提的坏账准备]

　贷:未分配利润(期初)　[内部应收账款计提的坏账准备期初余额]

与前述内部股权投资减值准备的抵销一样,对内部债权有关的坏账准备或减值准备进行上述抵销之后,同时还应对曾确认的所得税影响予以抵销。

下面举例予以说明。

【例3-20】 与内部应收款项已计提坏账准备有关的抵销处理

资料:某企业集团母公司华鑫公司持有子公司90%的股权,母公司华鑫公司按年末应收账款余额的1%计提坏账准备。2×22年年末华鑫公司应收账款余额40 000元为应向子公司收取的销货款,2×23年年末华鑫公司应收账款余额60 000元全部为子公司的应付账款,2×24年年末华鑫公司应收账款30 000元全部为子公司的应付账款。3年中子公司各年年末应付账款余额分别为65 000元、80 000元、50 000元。企业所得税税率为25%。

问题:上述资料对个别报表的影响如何?华鑫公司编制合并财务报表时应如何编制抵销?

【分析】 (1)2×22年年末抵销分录。

①内部应收账款与应付账款的抵销:

借:应付账款　　　　40 000

　贷:应收账款　　　　40 000

②内部应收账款计提坏账准备的抵销:

借:应收账款　　　　400

　贷:信用减值损失　　　　400

③内部应收账款计提坏账准备的所得税影响抵销:

借:所得税费用　　　　100

　贷:递延所得税资产　　　　100

(2)2×23年年末抵销分录。

①内部应收账款与应付账款的抵销:

借:应付账款　　　　60 000

　贷:应收账款　　　　60 000

②内部应收账款计提坏账准备的抵销:

借:应收账款　　　　600

　贷:信用减值损失　　　　200

　　　未分配利润(期初)　　　　400

③内部应收账款计提坏账准备的所得税影响抵销:

借:未分配利润(期初)　　　　100

　　所得税费用　　　　50

　贷:递延所得税资产　　　　150

(3)2×24 年年末抵销分录。

①内部应收账款与应付账款的抵销:

借:应付账款　30 000

　贷:应收账款　30 000

②内部应收账款计提坏账准备的抵销:

借:应收账款　300

　信用减值损失　300

　贷:未分配利润(期初)　600

③内部应收账款计提坏账准备的所得税影响抵销:

借:未分配利润(期初)　150

　贷:递延所得税资产　75

　　所得税费用　75

华鑫公司将上述抵销分录填入合并财务报表工作底稿,如表 3-18 所示:

表 3-18 合并财务报表工作底稿(简表)

单位:元

项目	个别报表		合计数	调整与抵销分录		合并数
	母公司	子公司		借	贷	
2×22 年						
资产负债表项目:						
应收账款	39 600		39 600	②400	①40 000	0
递延所得税资产	100		100		③100	0
应付账款		65 000	65 000	①40 000		25 000
未分配利润(期末)	−300		−300	100	400	0
利润表和所有者权益变动表项目:						
减:信用减值损失	400		400		②400	0
减:所得税费用	−100		−100	③100		0
未分配利润(期末)	−300		−300	100	400	0
2×23 年						
资产负债表项目:						
应收账款	59 400		59 400	②600	①60 000	0
递延所得税资产	150		150		③150	0
应付账款		80 000	80 000	①60 000		20 000
未分配利润(期末)	−450		−450	150	600	0
利润表和所有者权益变动表项目:						
减:信用减值损失	200		200		②200	0
减:所得税费用	−50		−50	③50		0
未分配利润(期初)	−300		−300	③100	②400	0

续表

项目	个别报表		合计数	调整与抵销分录		合并数
	母公司	子公司		借	贷	
未分配利润(期末)	−450		−450	150	600	0
2×24 年						
资产负债表项目:						
应收账款	29 700		29 700	②300	①30 000	0
递延所得税资产	75		75		③75	0
应付账款		50 000	50 000	①30 000		20 000
未分配利润(期末)	−225		−225	450	675	0
利润表和所有者权益变动表项目:						
减:信用减值损失	−300		300	②300		0
减:所得税费用	75		−75		③75	0
未分配利润(期初)	−450		−450	③150	②600	0
未分配利润(期末)	−225		−225	450	675	0

四、内部债权债务的抵销处理对少数股东权益和少数股东损益的影响

与内部债权债务有关的抵销处理中,如果涉及对子公司净利润金额调整的,应对子公司净利润增减变动额中归属于少数股东的部分,编制相应调整分录。相关调整分录如下:

借(或贷):少数股东损益

　　贷(或借):少数股东权益

【例 3-21】 内部债权债务的抵销处理对少数股东权益和少数股东损益的影响

资料:见【例 3-20】。假设子公司为内部债权债务的债权方,母公司华鑫公司为债权债务的债务方。

问题:2×22 年母公司华鑫公司对债权债务抵销时,对子公司少数股东权益和少数股东损益如何影响?编制合并财务报表时应如何编制抵销?

【分析】 按照前面账务处理可知,相关抵销处理中涉及"信用减值损失"和"所得税费用"两个利润表项目,导致合并报表中子公司净利润净增 300(400−100)元,所以,应调增少数股东享有的利润 30 元,并相应调增少数股东权益。华鑫公司有关调整分录为:

借:少数股东损益　　30

　　贷:少数股东权益　　30

第四节　与内部资产交易有关的抵销处理

为了满足编制合并报表的需要,母公司在合并财务报表工作底稿中还需要将母公司与子公司之间、子公司相互之间销售商品、提供劳务或其他形式形成的存货、固定资产等所包含的未实现内部销售损益予以抵销,并抵销与未实现内部销售损益相关的资产跌价准备或减值准备。

一、内部存货交易抵销处理

（一）未实现交易损益的抵销

1. 内部存货交易情况分类

交易当期有关的抵销分录企业集团内部存货购销交易按交易的实现与否分为三种情况：一是企业集团内部存货交易的买方至报告期末已将该存货销售出企业集团，即企业集团的内部销售全部已经实现；二是企业集团内部存货交易的买方至报告期末全部未将该存货销售出企业集团，从企业集团来看这项销售全部并未实现；三是企业集团内部存货交易的买方至报告期末已将部分该存货销售出企业集团，即企业集团的内部销售部分已经实现，还有剩余部分未实现。

(1)对于上述第一种情况，企业集团的内部销售全部已经实现。在这种情况下，对于销售企业来说，销售给其他成员企业商品与销售给集团外部企业情况下的会计处理相同，即在本期确认销售收入、结转销售成本、计算损益，并在其个别利润表中反映；对于购买企业来说，一方面要确认销售收入，另一方面要结转销售内部购进商品的成本，并在其个别利润表中分别作为营业收入和营业成本反映，并确认损益。这也就是说，对于同一购销业务，在销售企业和购买企业的个别利润表都作了反映。但从企业集团整体来看，这一购销业务只是实现了一次销售，其销售收入只是购买企业销售该产品的销售收入，其销售成本只是销售企业销售该商品的成本。销售企业销售该商品的收入属于内部销售收入，相应的购买企业销售该商品的销售成本则属于内部销售成本。因此，在编制合并财务报表时，就必须将重复反映的内部销售收入与内部销售成本予以抵销。进行抵销处理时，应借记“营业收入”等项目，贷记“营业成本”等项目。

因此，应按集团内部存货交易的销售方的营业收入编制如下抵销分录：

借：营业收入　　　　　［内部交易销售方收入］

　贷：营业成本

(2)对于上述第二种情况，内部存货交易全部未售出企业集团。在内部购进的商品全部未实现对外销售的情况下，从销售企业来说，同样是按照一般的销售业务确认销售收入，结转销售成本，计算销售利润，并在其利润表中列示。这一业务从整个企业集团来看，实际上只是商品存放地点发生变动，并没有真正实现企业集团对外销售，不应确认销售收入、结转销售成本以及计算损益。因此，对于该内部购销业务，在编制合并财务报表时，应当将销售企业由此确认的内部销售收入和内部销售成本予以抵销。对于这一经济业务，从购买企业来说，则以支付的购货价款作为存货成本入账，并在其个别资产负债表中作为存货资产列示。这样，购买企业的个别资产负债表中存货的价值中就包含有销售企业实现的销售毛利。销售企业由于内部购销业务实现的销售毛利，属于未实现内部销售损益。

存货价值中包含的未实现内部销售损益是由于企业集团内部商品购销活动所引起的。在内部购销活动中，销售企业将集团内部销售作为收入确认并计算销售利润。而购买企业则是以支付购货的价款作为其成本入账的；在本期内未实现对外销售而形成期末存货时，其存货价值中也相应地包括两部分内容：一部分为真正的存货成本（即销售企业销售该商品的成本）；另一部分为销售企业的销售毛利（即其销售收入减去销售成本的差额）。对于期末存货价值中包括的这部分销售毛利，从企业集团整体来看，并不是真正实现的利润。因为从整个企业整体来看，集团内部企业之间的商品购销活动实际上相当于一个企业内部物资调拨活动，既不会实现利润，也不会增加商品的价值。正是从这一意义上来说，将期末存货价值中包括的这部分销售企业作为利润确认的部分，称之为未实现内部销售损益（即未实现利润或未实现损失）。如果合并财务报表将母公司与子公司财务报表中的存货简单相加，则虚增（或虚减）存货成本。因此，在编制合并资产负债表时，应当将存货价值中包含的未实现内部销售损益予以抵销。其抵销分录为：

借：营业收入　　　　[内部交易销售方收入]

　贷：营业成本　　　[内部交易销售方成本]

　　　存货　　　　　[内部交易销售方的利润]

注：内部交易若为未实现损失，则存货应记为借方。

(3)第三种情况，内部存货交易损益，部分已实现和部分未实现。这种情况就是上述两种情况的结合，即把已经实现的部分采用第一种方法处理，把未实现的部分采用第二种方法处理即可。

2. 以后各期合并财务报表工作底稿中的有关抵销分录

在连续编制合并财务报表的情况下，首先必须将上期抵销的存货价值中包含的未实现内部销售损益对本期期初未分配利润的影响予以抵销，调整本期期初未分配利润的数额；然后再对本期内部购进存货进行合并处理。其具体合并处理程序和方法如下。

首先，将上期抵销的存货价值中包含的未实现内部销售损益对本期期初未分配利润的影响进行抵销。即按照上期内部购进存货价值中包含的未实现内部销售损益的数额，借记"未分配利润（期初）"项目，贷记"营业成本"项目。这一抵销分录，可以理解为上期内部购进的存货中包含的未实现内部销售损益在本期视同实现利润，将上期未实现内部销售损益转为本期实现利润，冲减当期的合并销售成本。

其次，对于本期发生内部购销活动的，将内部销售收入及内部销售成本予以抵销。即按照销售企业内部销售收入的数额，借记"营业收入"项目，贷记"营业成本""存货"项目。

最后，将期末内部购进存货价值中包含的未实现内部销售损益予以抵销。对于期末内部购买形成的存货（包括上期结转形成的本期存货），应按照购买企业期末内部购入存货价值中包含的未实现内部销售损益的数额，借记"营业成本"项目，贷记"存货"项目。

综上所述，在连续编制合并财务报表的情况下，抵销内部交易存货未实现损益及其影响的分录具体如下。

(1)抵销上期末内部存货交易未实现利润对期初未分配利润的影响：

借：未分配利润（期初）　　[以前年度内部交易未实现利润]

　贷：营业成本

(2)抵销当期发生的内部存货交易：

借：营业收入　　　　　　[内部交易销售方的收入]

　贷：营业成本

(3)抵销期末存货价值中包含的未实现内部交易利润：

借：营业成本

　贷：存货　　　　　　　[期末存货价值中包含的未实现利润]

注：若上述(1)和(3)属于内部存货交易的未实现损失，则作相反的会计分录。

（二）内部交易存货计提的跌价准备的抵销

纳入合并财务报表编制范围的子公司之间或者其与母公司之间的内部存货交易上的未实现利润经过上述抵销处理之后，还有一个问题需要解决：按未实现利润计提的资产损失准备应如何抵销？相关的抵销处理如下所示。

1. 初次编制合并财务报表时存货跌价准备的合并处理

根据现行企业会计准则的规定，企业必须定期或者至少于年度终了时，对存货进行全面清查，采用成本与可变现净值孰低法进行期末计价，按单个存货项目计提存货跌价准备。其存货清查的范围既包括从企业集团外部购进形成的存货，也包括从企业集团内部购进形成的存货；采用成本与可变现净值孰低法进行期末计价的范围，不仅包括从企业集团外部购进形成的期末存货，也包括从企业集团内部购进形成的期末存货。当企业本期计提的存货跌价准备中包括对内部购进形成的存货计提的跌价准备时，则涉及如何将对内部购进的存货计提的跌价准备进行抵销的问题。

某商品因毁损、陈旧过时而导致其可变现净值下跌，从而计提跌价准备时，从整个企业集团来说，对这毁损、陈旧的商品同样必须计提跌价准备。也就是说，某商品在企业集团内某一成员企业计提跌价准备，对于企业集团来说也同样必须计提跌价准备。某一商品计提跌价准备的金额，从单个企业来说，为该商品可变现净值低于取得成本的差额；而从企业集团来说，则是该商品可变现净值与企业集团范围内取得该商品成本的差额。

从商品的可变现净值来说，某商品的可变现净值，无论是对于企业集团还是对于持有该商品的企业来说，基本上都是一致的。从商品的取得成本来说，持有内部购进商品的企业，该商品的取得成本包括销售企业所实现的利润，而对于企业集团整体来说，则是指从外部购买该商品的成本或生产这一产品的生产成本。编制合并财务报表时，计提存货跌价准备应当是将该商品的可变现净值与从企业集团的取得成本进行比较确定的计提金额。

本部分内部存货交易，一般以售价高于成本价为例来加以说明。对内部购进形成的存货计提跌价准备的合并处理，从购买企业来看也有四种情况：第一种情况是，购买企业本期期末内部购进存货的可变现净值低于其取得成本，但高于销售企业销售成本；第二种情况是，购买企业本期期末内部购进存货的可变现净值既低于该存货的取得成本，也低于销售企业的该存货的取得成本，即销售企业销售成本；第三种情况是，购买企业本期期末内部购进存货的可变现净值低于其取得成本，但等于销售企业销售成本；第四种情况是，购买企业本期期末内部购进存货的可变现净值高于其取得成本，但更高于销售企业销售成本。

在第一种情况下，从购买企业个别财务报表来说，购买企业按该存货的可变现净值低于其取得成本的金额，一方面，确认存货跌价准备并在其个别资产负债表中通过抵销存货项目的金额列示；另一方面，在利润表中作为资产减值损失列示。但从合并财务报表来说，随着内部购进存货包含的未实现内部销售损益的抵销，该存货在合并财务报表中列示的成本为抵销未实现内部销售损益后的成本。当该存货的可变现净值低于购买企业的取得成本，但高于该存货在合并财务报表中成本时，则不需要计提存货跌价准备。个别财务报表中计列的相应的存货跌价准备，也应予以抵销。进行合并处理时，应当按照购买企业本期计提存货跌价准备的金额，借记“存货”项目，贷记“资产减值损失”项目。

【例3-22】 华鑫公司系B公司的母公司，华鑫公司本期向B公司销售商品2 000万元，其销售成本为1 500万元；B公司购进的该批商品当期全部未实现对外销售而形成期末存货。B公司期末对存货进行检查时，发现该商品已经陈旧，其可变现净值已降至1 720万元。为此，B公司期末对该批存货计提跌价准备280万元，并在其个别报表中列示。

问题：母公司华鑫公司编制合并财务报表时应如何编制抵销分录？

【分析】 在本例中，该批存货的可变现净值降至1 720万元，高于抵销未实现内部销售损益后的金额(1 500万元)。此时，在编制本期合并财务报表时，华鑫公司应进行如下合并处理。

(1)抵销当期发生的内部存货交易：

借：营业收入　　20 000 000

　贷：营业成本　　20 000 000

(2)抵销期末存货价值中包含的未实现内部交易利润：

借：营业成本　　5 000 000

　贷：存货　　5 000 000

(3)将B公司本期计提的存货跌价准备抵销

借：存货　　2 800 000

　贷：资产减值损失　　2 800 000

华鑫公司将上述抵销分录填入合并财务报表工作底稿，如表3-19所示：

表3-19　合并财务报表工作底稿(简表)　　单位：万元

项目	个别报表		合计数	调整与抵销分录		合并数
	母公司	子公司		借	贷	
资产负债表项目：						
存货	0	1 720	1 720	③280	②500	1 500
未分配利润	500	−280	220	2 500	2 280	0
利润表和所有者权益变动表项目：						
营业收入	2 000	0	2 000	①2 000		0
减：营业成本	1 500	0	1 500	②500	①2 000	0
营业利润	500	0	500	2 500	2 000	0
减：资产减值损失	0	280	280		③280	0
未分配利润(期末)	500	−280	220	2 500	2 280	0

在第二种情况下，从购买企业个别财务报表来说，购买企业按该存货的可变现净值低于其取得成本的金额确认存货跌价准备。确认的存货跌价准备的金额，一方面，在其个别资产负债表中通过抵销存货项目列示；另一方面，在利润表中作为资产减值损失列示。购买企业在个别财务报表中确认的存货跌价准备的金额，既包括购买企业该商品取得成本高于销售企业销售成本(即取得成本)的差额(即抵销的未实现内部销售损益)，也包括销售企业销售成本高于该商品可变现净值的差额。但从合并财务报表来说，随着内部购进存货价值中包含的未实现内部销售损益的抵销，在合并财务报表中列示的该存货的成本为抵销未实现内部销售损益后的成本。相对于购买企业该存货的取得成本高于销售企业销售该存货成本的差额部分计提的跌价准备的金额，已因未实

现内部销售损益的抵销而抵销，故在编制合并财务报表时，也须将这部分金额予以抵销；而相对于销售企业销售该存货成本高于该存货可变现净值的部分而计提的跌价准备的金额，无论对于购买企业来说，还是对于整个企业集团来说，都是必须计提的存货跌价准备，必须在合并财务报表中予以反映。进行抵销处理时，应当按购买企业本期计提的存货跌价准备中内部购进商品取得成本高于销售企业取得成本的数额，借记“存货”项目，贷记“资产减值损失”项目。

【例 3-23】 将【例 3-22】中 B 公司期末该批存货的可变现净值改为 1 350 万元。为此，B 公司期末对该批存货计提跌价准备 650 万元，并在其个别报表中列示。

问题：母公司华鑫公司编制合并财务报表时应如何编制抵销分录？

【分析】 在本例中，该批存货的可变现净值降至 1 350 万元，低于抵销未实现内部销售损益后的金额(1 500 万元)。在 B 公司本期计提的存货跌价准备 650 万元中，其中的 500 万元是相对于 B 公司取得成本(2 000 万元)高于华鑫公司销售该商品的销售成本(1 500 万元)部分计提的，另外 150 万元则是相对于华鑫公司销售该商品的销售成本(1 500 万元)高于其可变现净值(1 350 万元)的部分计提的。此时，B 公司对计提存货跌价准备中相当于抵销的未实现内部销售损益的数额 500 万元部分，从整个企业集团来说，该商品的取得成本为 1 500 万元，在可变现净值高于这一金额的情况下，不需要计提存货跌价准备，故必须将其予以抵销；而对于另外的 150 万元的存货跌价准备，从整个企业集团来说，则是必须计提的存货跌价准备，则不需要进行抵销处理。

此时，华鑫公司在编制本期合并财务报表时，前两个抵销分录与【例 3-18】相同，但第(3)个抵销分录不同，具体如下。

(3)将 B 公司本期计提的存货跌价准备抵销：

借：存货　　5 000 000

　贷：资产减值损失　　5 000 000

华鑫公司将上述抵销分录填入合并财务报表工作底稿，如表 3-20 所示：

表 3-20　合并财务报表工作底稿(简表)　　单位：万元

项目	个别报表		合计数	调整与抵销分录		合并数
	母公司	子公司		借	贷	
资产负债表项目：						
存货	0	1 350	1 350	③500	②500	1 350
未分配利润	500	−650	−150	2 500	2 500	−1 500
利润表和所有者权益变动表项目：						
营业收入	2 000	0	2 000	①2 000		0
减：营业成本	1 500	0	1 500	②500	①2 000	0
营业利润	500	0	500	2 500	2 000	0
减：资产减值损失	0	650	650		③500	150
未分配利润(期末)	500	−650	−150	2 500	2 500	−150

在第三种情况下，就购买企业个别财务报表来说，购买企业按该存货的可变现净值低于其取得成本，确认的存货跌价准备的金额，一方面，在其个别资产负债表中通过抵销存货项目列示；另一方面，在利润表中作为资产减值损失列示，且购买企业确认存货跌价准备的金额刚好等于销售

企业的未实现利润。但从合并财务报表来说，随着内部购进存货价值中包含的未实现内部销售损益的抵销，在合并财务报表中列示的该存货的成本为抵销未实现内部销售损益后的成本。相对于购买企业该存货的取得成本高于销售企业销售该存货成本的差额部分计提的跌价准备的金额，已因未实现内部销售损益的抵销而抵销，故在编制合并财务报表时，也须将这部分金额予以抵销；而相对于销售企业销售该存货成本等于该存货可变现净值的部分则不需要计提的跌价准备，无论对于购买企业来说，还是对于整个企业集团来说，都不必计提的存货跌价准备。进行抵销处理时，应当按购买企业本期计提的存货跌价准备中内部购进商品取得成本高于销售企业取得成本的数额，借记“存货”项目，贷记“资产减值损失”项目。

【例 3-24】 将【例 3-23】中 B 公司期末该批存货的可变现净值改为 1 500 万元。为此，B 公司期末对该批存货计提跌价准备 500 万元，并在其个别报表中列示。

问题：母公司华鑫公司编制合并财务报表时应如何编制抵销分录？

【分析】 在本例中，该批存货的可变现净值降至 1 500 万元，等于抵销未实现内部销售损益后的金额(1 500 万元)。在 B 公司本期计提的存货跌价准备 500 万元，刚好等于华鑫公司销售该批存货的未实现利润 500 万元。此时，B 公司对计提存货跌价准备中相当于抵销的未实现内部销售损益的数额 500 万元，对于整个企业集团来说，该商品的取得成本为 1 500 万元，在可变现净值等于这一金额的情况下，不需要计提存货跌价准备，故必须将其予以抵销。

此时，华鑫公司在编制本期合并财务报表时，其抵销分录与【例 3-23】完全相同。

华鑫公司将上述抵销分录填入合并财务报表工作底稿，如表 3-21 所示：

表 3-21　合并财务报表工作底稿(简表)　　单位：万元

项目	个别报表		合计数	调整与抵销分录		合并数
	母公司	子公司		借	贷	
资产负债表项目：						
存货	0	1 500	1 500	③500	②500	1 500
未分配利润	500	－500	0	2 500	2 500	0
利润表和所有者权益变动表项目：						
营业收入	2 000	0	2 000	①2 000		0
减：营业成本	1 500	0	1 500	②500	①2 000	0
营业利润	500	0	500	2 500	2 000	0
减：资产减值损失	0	500	500		③500	0
未分配利润(期末)	500	－500	0	2 500	2 500	0

在第四种情况下，就购买企业个别财务报表来说，购买企业按该存货的可变现净值等于或高于其取得成本，不确认的存货跌价准备。这种情况无论对于购买企业来说，还是对于整个企业集团来说，都不必计提存货跌价准备，也就不存在进行抵销处理的问题。

【例 3-25】 将【例 3-24】中 B 公司期末该批存货的可变现净值改为 2 500 万元。为此，B 公司期末不需要对该批存货计提跌价准备。

问题：母公司华鑫公司编制合并财务报表时应如何编制抵销分录？

【分析】 在本例中，该批存货的可变现净值为 2 500 万元，高于其取得成本，B 公司不需要对该批存货计提跌价准备。就整个企业集团来说，该批存货也不需要计提跌价准备。此时，因为子公司B对该批存货未计提跌价准备，母公司华鑫公司对该批存货在编制抵销分录时，只需要把内部存货交易的销售收入和销售成本抵销即可，不需要编制存货跌价准备的抵销分录。

此时，华鑫公司在编制本期合并财务报表时，故只需要编制前面例【3-24】中的抵销分录(1)和(2)，而不需要编制抵销分录(3)。

华鑫公司将上述抵销分录填入合并财务报表工作底稿，如表3-22所示：

表3-22 合并财务报表工作底稿(简表) 单位：万元

项目	个别报表		合计数	调整与抵销分录		合并数
	母公司	子公司		借	贷	
资产负债表项目：						
存货	0	2 000	2 000		②500	1 500
未分配利润	500	0	500	2 500	2 000	0
利润表和所有者权益变动表项目：						
营业收入	2 000	0	2 000	①2 000		0
减：营业成本	1 500	0	1 500	②500	①2 000	0
营业利润	500	0	500	2 500	2 000	0
减：资产减值损失	0	0	0			0
未分配利润(期末)	500	0	500	2 500	2 000	0

2. 连续编制合并财务报表时存货跌价准备的合并处理

在连续编制合并财务报表进行合并处理时，首先，将上期资产减值损失中抵销的存货跌价准备对本期期初未分配利润的影响予以抵销，即按上期资产减值损失项目中抵销的存货跌价准备的数额，借记“存货”或“营业成本”项目，贷记“未分配利润(期初)”项目。其次，对于本期对内部购进存货在个别财务报表中补提或者冲销的存货跌价准备也应予以抵销，借记“存货”项目，贷记“资产减值损失”项目。

至于抵销存货跌价准备的数额，应当分别不同的情况进行处理。当本期内部购进存货的可变现净值低于持有该存货企业的取得成本但高于抵销未实现内部销售损益后的取得成本(即销售企业该存货的取得成本)时，其抵销的存货跌价准备的金额为本期存货跌价准备的增加额。当本期内部购进存货的可变现净值低于抵销未实现内部销售损益后的取得成本(即销售企业的取得成本)时，其抵销的存货跌价准备的金额为相对于购买企业该存货的取得成本高于销售成本的差额部分计提的跌价准备的数额扣除期初内部购进存货计提的存货跌价准备的金额后的余额，即本期期末存货中包含的未实现内部销售损益的金额减去期初内部购进存货计提的存货跌价准备的金额的余额。

【例3-26】 华鑫公司系B公司的母公司，2×23年华鑫公司向B公司销售商品2 000万元，其销售成本为1 500万元；B公司购进的该批商品当期全部未实现对外销售而形成期末存货，其可变现净值为1 720万元。假设2×24年B公司仍未将该存货售出企业集团，年末可变现净值为1 300万元。

问题：2×24年末母公司华鑫公司编制合并财务报表时应如何编制抵销分录？

【分析】 在本例中，该内部购进存货的可变现净值由上期末的 1 720 万元降至 1 300 万元，既低于 B 公司从华鑫公司购买时的取得成本，也低于抵销未实现内部销售损益后的金额(即华鑫公司销售该商品的成本 1 500 万元)。B 公司本期期末存货跌价准备余额 700 万元，从计提时间来看，包括上期期末计提结存的存货跌价准备 280 万元，还包括本期期末计提的存货跌价准备 420 万元。上期计提的部分，在编制上期合并财务报表时已将其与相应的资产减值损失相抵销，从而影响到本期的期初未分配利润。为此，对于这一部分在本期编制合并财务报表时需要调整期初未分配利润的数额。而对于本期计提的 420 万元存货跌价准备，其中 220 万元是相对上期计提存货跌价准备后存货净额与华鑫公司该内部销售商品的销售成本之间的差额计提的，而另外 200 万元则相对华鑫公司该内部销售商品的销售成本与其可变现净值之间的差额计提的。从整个企业集团来说，前者应当予以抵销；后者则是属于应当计提的。

华鑫公司在编制本期合并财务报表时，应进行如下合并处理：

①借：存货　　2 800 000
　　贷：未分配利润(期初)　　2 800 000

②借：未分配利润(期初)　　5 000 000
　　贷：存货　　5 000 000

③借：存货　　2 200 000
　　贷：资产减值损失　　2 200 000

华鑫公司将上述抵销分录填入合并财务报表工作底稿，如表 3-23 所示：

表 3-23　合并财务报表工作底稿(简表)

单位：万元

项目	个别报表		合计数	调整与抵销分录		合并数
	母公司	子公司		借	贷	
资产负债表项目：						
存货	0	1 500	1 500	①280 ③220	②500	1 500
未分配利润(期末)	500	−700	−200	500	500	−200
利润表和所有者权益变动表项目：						
营业收入	0	0	0			0
减：营业成本	0	0	0			0
营业利润	0	0	0	2 500	2 000	0
减：资产减值损失	0	420	420		③220	200
净利润	0		−420		220	−200
未分配利润(期初)	500	−280	220	②500	①280	0
未分配利润(期末)	500	−700	−200	500	500	−200

(三)递延所得税的调整

内部交易存货未实现利润的抵销，调低了该存货在合并资产负债表中的报告价值，从合并财务报表的角度来看，该存货的账面价值低于其计税基础，由此产生的可抵扣暂时性差异对应在合并财务报表中予以确认(当然,如果内部交易资产存在未实现损失,则会出现应纳税暂时性差异);而内部交易存货已提跌价准备已确认的所得税影响,也应随着相关跌价准备的抵销而抵销。

借:递延所得税资产　　[(抵销的内部存货交易未实现利润－已抵销该资产跌价准备)×所得税税率]

借或贷:所得税费用　　[本期应调整递延所得税]

贷:未分配利润(期初)　　[前期已调整递延所得税]

【例 3-27】 华鑫公司系B公司的母公司,2×23年华鑫公司向B公司销售商品2 000万元,其销售成本为1 500万元;B公司购进的该批商品当期全部未实现对外销售而形成期末存货,其可变现净值为2 000万元。假设2×24年B公司将该批存货40%按1 300万元价格售出企业集团;年末剩余部分的可变现净值为1 000万元。企业所得税率为25%。其他资料略。

问题:母公司华鑫公司在各相关报告期末编制合并财务报表时应如何编制调整抵销分录?

【分析】 母公司华鑫公司在各相关报告期末编制合并财务报表时编制调整抵销分录如下。

(1)2×23年

①抵销当年发生的内部存货交易:

借:营业收入　　20 000 000

贷:营业成本　　20 000 000

②抵销期末存货价值中包含的未实现内部交易利润:

借:营业成本　　5 000 000

贷:存货　　5 000 000

③调整内部交易存货相关的递延所得税:

借:递延所得税资产　　1 250 000

贷:所得税费用　　1 250 000

(1)2×24年

①抵销上年度内部交易未实现利润对期初未分配利润的影响:

借:未分配利润(期初)　　5 000 000

贷:营业成本　　5 000 000

②抵销期末存货价值中包含的未实现内部交易利润:

借:营业成本　　3 000 000

贷:存货　　3 000 000

③抵销内部交易存货本期末已提跌价准备:

借:存货　　2 000 000

贷:资产减值损失　　2 000 000

④调整内部交易存货相关的递延所得税:

借:递延所得税资产　　250 000

所得税费用　　1 000 000

贷:未分配利润(期初)　　1 250 000

华鑫公司将上述抵销分录填入合并财务报表工作底稿，如表3-24所示：

表3-24　合并财务报表工作底稿（简表）　　单位：万元

项目	个别报表		合计数	调整与抵销分录		合并数
	母公司	子公司		借	贷	
2×23年：						
资产负债表项目：						
存货		2 000	2 000		②500	1 500
递延所得税资产	0	0	0	③125		125
应交税费	125	0	125			125
未分配利润（期末）	375	0	375	2 500	2 125	0
利润表和所有者权益变动表项目：						
营业收入	2 000	0	2 000	①2 000		0
减：营业成本	1 500	0	1 500	②500	①2 000	0
减：资产减值损失	0	0	0			
营业利润	500	0	500	2 500	2 000	0
减：所得税费用	125	0	125		③125	0
净利润	375	0	375	2 500	2 125	0
未分配利润（期初）	0	0	0			0
未分配利润（期末）	375	0	375	2 500	2 125	0
2×24年：						
资产负债表项目：						
存货	0	1 000	1 000	③200	②300	900
递延所得税资产	0	50	50	④25		75
应交税费	0	25	25			25
未分配利润（期末）	375	275	650	900	825	575
利润表和所有者权益变动表项目：						
营业收入	0	1 300	1 300			1 300
减：营业成本	0	800	800	②300	①500	600
减：资产减值损失	0	200	200		③200	0
营业利润	0	300	300	300	700	700
减：所得税费用	0	25	25	④100		125
净利润	0	275	275	400	700	575
未分配利润（期初）	375	0	375	①500	④125	0
未分配利润（期末）	375	275	650	900	825	575

（四）内部存货交易的抵销处理对少数股东权益和少数股东损益的影响

如果对内部存货交易未实现损益的抵销、对内部交易存货计提的资产减值损失的抵销以及对相关的所得税费用的抵销涉及的是子公司的利润项目，则需要在合并报表工作底稿中确认由此导致的对少数股东损益的影响。

二、内部固定资产交易抵销处理

内部固定资产交易，是指企业集团内部发生的与固定资产有关的购销业务。根据销售企业销售的是产品还是固定资产，可以将企业集团内部固定资产交易一般划分为两种类型：第一种类型是企业集团内部企业将自身生产的产品销售给企业集团内的其他企业作为固定资产使用；第二种类型是企业集团内部企业将自身使用的固定资产变卖给企业集团内的其他企业作为固定资产使用。此外，还有另一类型的内部固定资产交易，即企业集团内部企业将自身使用的固定资产变卖给企业集团内的其他企业作为普通商品销售。这种类型的固定资产交易，属于固定资产的内部处置，在企业集团内部发生的情况极少，一般情况下发生的数量也不大，本部分把这种类型固定资产处理形式略去了。

严格来说，内部固定资产交易属于内部商品交易，其在编制合并财务报表时的抵销处理与一般内部商品交易的抵销处理有相同之处。但由于固定资产取得并投入使用后，往往要跨越若干个会计期间，并且在使用过程中通过计提折旧将其价值转移到产品生产成本或各会计期间费用之中去，因而其抵销处理也有其特殊性。由于其跨越若干个会计期间，涉及使用该固定资产期间编制合并财务报表的期初未分配利润的调整问题；由于固定资产需要计提折旧，不仅涉及每一次计提折旧中包含的未实现内部销售损益的抵销问题，也涉及每期累计折旧中包含的未实现内部销售损益的抵销问题。相对来说，内部固定资产交易的抵销处理，要比一般的内部商品交易的抵销处理复杂得多。

为了便于理解，本节将会计分录中的“固定资产”项目，细化设置“原价”项目、“累计折旧”项目两个二级项目，用于介绍内部交易固定资产相关的合并抵销处理，并以固定资产处置有未实现利润举例并进行调整抵销处理。若固定资产处置时，有未实现损失，则作相反的会计处理。

（一）交易当年期末合并财务报表工作底稿中的有关抵销分录

交易当年，期末合并财务报表工作底稿中的有关抵销分录主要包括如下。

（1）抵销固定资产原价中包含的未实现内部销售利润。

如果是上述第一种类型，则抵销分录为：

借：营业收入　　　　　　　　[内部交易销售方的收入]
　贷：营业成本　　　　　　　[内部交易销售方的成本]
　　　固定资产——原价　　　[未实现利润]

如果是上述第二种类型，则抵销分录为：

借：资产处置收益
　贷：固定资产——原价　　　[未实现利润]

(3)抵销购买方当年对该固定资产计提的折旧额中按未实现利润计提的部分(即本年多提折旧):

借:固定资产——累计折旧　　　[本年多提的部分]

　贷:管理费用等

(二)以后各年——到期前使用期间的各年期末的有关抵销分录

合并财务报表的编制依据是以个别报表为基础编制的,"未分配利润(期初)"中包含以前年度成员企业的销售方销售产品或固定资产的利润——企业集团未实现利润,而在上期末合并资产负债表中的"未分配利润"项目中已经抵销了这部分未实现利润。只要内部交易的买方未将该固定资产报废、出售,即未使其退出企业集团,就需要抵销这部分未实现利润对期初未分配利润的影响数,以使本期"未分配利润(期初)"项目的合并数与上期末"未分配利润"项目的合并数相符。同时,还应抵销本期及以前各期按未实现利润计提的折旧。

(1)抵销固定资产原价中包含的未实现利润及其对期初未分配利润的影响数:

借:未分配利润(期初)

　贷:固定资产——原价

(2)抵销按未实现利润计提的折旧:

借:固定资产——累计折旧

　贷:管理费用等　　　　　[当年多计提的折旧额]

　　未分配利润(期初)　　[以前年度累计多计提的折旧额]

(三)以后各年到期后至清理前各使用期间各期末的有关抵销分录

由于固定资产使用期满提足折旧后不再计提折旧,在使用期满尚未报废清理期间各年的抵销分录中,不存在抵销按包含在固定资产原价中的年初未实现利润当年多提折旧问题,只需编制如下抵销分录。

(1)抵销固定资产原价中包含的未实现利润及其对期初未分配利润的影响数:

借:未分配利润(期初)

　贷:固定资产——原价

(2)抵销以前年度累计按未实现利润计提的折旧:

借:固定资产——累计折旧

　贷:未分配利润(期初)　　[以前年度累计多计提的折旧额]

实际上,上述两笔抵销分录的金额是相同的,所以,也可以合编一笔抵销分录如下:

借:固定资产——累计折旧　　　[以前年度累计多计提的折旧额]

　贷:固定资产——原价　　　[固定资产原价中包含的未实现利润]

由于该抵销分录借、贷方的金额相等、一级项目相同,若不考虑二级项目,这一抵销分录也可不必编制。

(四)清理期的有关抵销分录

内部交易的固定资产因报废或出售而转入清理时,其原始价值中包含的未实现损益随着该固定资产退出企业集团而转为实现。但是，由于固定资产清理导致的固定资产价值的注销，清理期末合并财务报表工作底稿中的抵销分录同以前各期有所不同，而且，在不同时期清理的固定资产，其未实现损益的抵销分录也不相同。下面以固定资产出售清理为例进行归纳。

1. 第一种情况，提前清理

在固定资产未满使用年限提前出售进行清理核算时，年末合并财务报表工作底稿中的有关抵销分录为：

调整年初未分配利润中的未实现部分：

借：未分配利润（期初）

　贷：资产处置收益

抵销按未实现利润多提的折旧：

借：资产处置收益

　贷：管理费用等　　　　　　［当年多计提的折旧额］

　　未分配利润（期初）　　　［以前年度累计多计提的折旧额］

上述两个抵销分录也可以合并。随着固定资产退出企业集团，年初未分配利润中的未实现利润中有一部分转为实现——相当于以前年度按内部交易实现利润多提的折旧金额，对此可以不编制抵销分录；包含在年初未分配利润中的固定资产内部交易未实现利润的另一部分需要编制抵销分录，这里一方面将相当于当年按年初未实现利润多提的折旧进行调整，另一方面将因提前清理而未提折旧的年初未实现利润转作实现，有关的调整分录为：

借：未分配利润（期初）

　贷：管理费用等　　　　　　［当年按未实现利润多提的折旧］

　　资产处置收益　　　　　　［尚未按未实现利润多提的折旧］

2. 第二种情况，期满清理

内部交易的固定资产在使用期满转入出售清理的情况下，一方面，由于固定资产实体已经退出企业集团，期初未分配利润中的固定资产内部交易的未实现利润随之转为实现，而且该固定资产原值已经注销，所以不存在抵销固定资产原价中包含的未实现利润的问题；另一方面，由于不存在未实现利润，随着固定资产的清理，其累计折旧额已经注销，也就不存在对按未实现利润多提折旧的抵销问题。但是，需要将当年按期初未实现利润多提的折旧导致的本年管理费用与期初未分配利润进行调整，调整分录为：

借：未分配利润（期初）

　贷：管理费用等　　　　　　［本年多提的折旧］

3. 第三种情况，超期清理

内部交易的固定资产在超过预计使用年限后才清理的情况下，由于固定资产已经退出企业集团，其价值已经注销，年初未分配利润中的固定资产内部交易未实现利润已经转为实现，不存在抵销未实现利润的问题；由于已经超期使用，本年已不再计提折旧，也不必调整管理费用。因此，清理年度的年末合并财务报表工作底稿中不必编制任何抵销分录。

对固定资产清理抵销处理，下面举例加以说明。

【例 3-28】 内部固定资产交易的相关抵销处理

资料：华鑫公司是B公司的母公司。华鑫公司于2×23年12月31日，将自己生产的产品销售给B公司作为固定资产使用，华鑫公司销售该产品的销售收入为200 000元，销售成本为150 000万元。B公司以200 000元的价格作为该固定资产的原价入账。B公司购买的该固定资产用于公司的行政管理，该固定资产属于不需要安装的固定资产，当月投入使用，其折旧年限为10年，按平均年限法计提折旧，预计净残值为零。随着B公司不断更新改造，该固定资产已经不能满足B公司管理的需要，故进行出售清理。

要求：母公司华鑫公司分别假定以下三种情况编制出售清理期末有关调整与抵销分录。

(1)2×30年年末B公司出售清理，清理收益3 000元。

(2)2×33年年末B公司出售清理，清理收益2 000元。

(3)2×35年年末B公司出售清理，清理收益1 000元。

问题：母公司华鑫公司如何编制内部交易固定资产出售清理时有关调整与抵销分录？

【分析】 因B公司不同时间出售清理，导致固定资产清理出现三种情况，即提前清理、期满清理和超期清理。华鑫公司下面分三种情况分别进行有关调整与抵销处理。

(1)2×30年年末B公司出售清理。

①按照内部交易固定资产原价中包含的未实现内部销售利润，调整期初未分配利润：

借：未分配利润(期初)　　50 000

　贷：资产处置收益　　50 000

②按以前会计期间因固定资产原价中包含的未实现内部销售利润而多计提累计折旧的数额，调整期初未分配利润：

借：资产处置收益　　30 000

　贷：未分配利润(期初)　　30 000

③将本期因固定资产原价中包含的未实现内部销售利润而多计提的折旧额抵销：

借：资产处置收益　　5 000

　贷：管理费用　　5 000

(2)2×33年年末B公司出售清理。

①按照内部交易固定资产原价中包含的未实现内部销售利润，调整期初未分配利润：

借：未分配利润(期初)　　50 000

　贷：资产处置收益　　50 000

②按以前会计期间因固定资产原价中包含的未实现内部销售利润而多计提累计折旧的数额，调整期初未分配利润：

借：资产处置收益　　45 000

　贷：未分配利润(期初)　　45 000

③将本期因固定资产原价中包含的未实现内部销售利润而多计提的折旧额抵销：

借：资产处置收益　　5 000

　贷：管理费用　　5 000

以上三笔抵销分录，可以合并为以下抵销分录：

借：未分配利润（期初）　　5 000

　贷：管理费用　　5 000

(3)2×35 年年末 B 公司出售清理。

由于已经超期使用，本年已不再计提折旧，也不必调整管理费用。因此，清理年度的年末合并财务报表工作底稿中不必编制任何抵销分录。

将上述抵销分录填入合并财务报表工作底稿，这部分内容同后面例题形式方法有点类似，故本处略去。

（五）递延所得税的调整

与前面所述的内部存货交易一样，内部交易固定资产未实现利润（或亏损）的抵销，调低（或调高）了该固定资产在合并资产负债表中的报告价值，从合并报表的角度来看，该固定资产的账面价值与其计税基础不相等，由此产生的可抵扣（或应纳税）暂时性差异对未来的纳税影响应在合并报表中予以确认；而随着内部交易的固定资产计提的减值准备的抵销，与其相关的所得税影响也应予以抵销。

与前面所述的内部存货交易相关递延所得税的调整处理不同的是，内部交易的固定资产在交易当年和以后各使用期间，都可能涉及递延所得税的相关调整；而且固定资产的折旧因素也会对递延所得税的调整产生影响。从连续编制合并报表的角度来看，以内部交易存在未实现利润的情况为例，相关的调整分录为：

借：递延所得税资产　　［（抵销内部交易固定资产的未实现利润扣除其对折旧的累计影响金额－已抵销的该资产减值准备）×所得税税率］

借或贷：所得税费用　　［本期应调整递延所得税］

　贷：未分配利润（期初）［前期已调整递延所得税］

下面举例子予以说明。

【例 3-29】　内部固定资产交易有关递延所得税的相关抵销处理

资料：华鑫公司是 B 公司的母公司。华鑫公司于 2×23 年 6 月 30 日，将自己生产的产品销售给 B 公司作为固定资产使用，华鑫公司销售该产品的销售收入为 200 000 元，销售成本为 150 000 万元。B 公司以 200 000 元的价格作为该固定资产的原价入账。B 公司购买的该固定资产用于公司的行政管理，该固定资产属于不需要安装的固定资产，当月投入使用，其折旧年限为 10 年，按平均年限法计提折旧，预计净残值为零。

要求：根据上述资料编制母公司华鑫公司 2×23 年、2×24 年年末合并财务报表工作底稿中的有关调整与抵销分录。

【分析】　母公司华鑫公司 2×23 年、2×24 年年末合并财务报表工作底稿中的有关调整与抵销分录如下。

(1)2×23 年年末。

①按照内部交易固定资产原价中包含的未实现内部销售利润进行抵销：

借：营业收入　　200 000

　贷：营业成本　　150 000

　　固定资产——原价　　50 000

②固定资产原价中包含的未实现内部销售利润而多计提累计折旧的数额进行抵销：

借：固定资产——累计折旧　　2 500

　贷：管理费用　　2 500

③调整内部交易固定资产相关的递延所得税：

借：递延所得税资产　　11 875

　贷：所得税费用　　11 875

(2)2×24 年年末。

①按照内部交易固定资产原价中包含的未实现内部销售利润，调整期初未分配利润：

借：未分配利润(期初)　　50 000

　贷：固定资产——原价　　50 000

②因固定资产原价中包含的未实现内部销售利润而多计提累计折旧的数额进行抵销：

借：固定资产——累计折旧　　7 500

　贷：管理费用　　5 000

　　未分配利润(期初)　　2 500

③调整内部交易固定资产相关的递延所得税：

借：递延所得税资产　　10 625

　所得税费用　　1 250

　贷：未分配利润(期初)　　11 875

母公司华鑫公司将上述调整与抵销分录填入工作底稿，则该内部交易对个别报表及合并信息的影响如表 3-25 所示：

表 3-25　合并财务报表工作底稿(简表)

单位：元

项目	个别报表		合计数	调整与抵销分录		合并数
	母公司	子公司		借	贷	
2×23 年：						
资产负债表项目：						
固定资产	0	190 000	190 000	②2 500	①50 000	142 500
递延所得税资产	0	0	0	③11 875		11 875
应交税费	12 500	0	12 500			12 500
未分配利润(期末)	37 500	0	37 500	200 000	164 375	1 875
利润表和所有者权益变动表项目：						
营业收入	200 000	0	200 000	①200 000		0
减：营业成本	150 000	0	150 000		①150 000	0
减：管理费用	0	10 000	10 000		②2 500	7 500
营业利润	50 000	−10 000	40 000	200 000	152 500	−7 500
减：所得税费用	12 500	0	12 500		③11 875	625

续表

项目	个别报表		合计数	调整与抵销分录		合并数
	母公司	子公司		借	贷	
净利润	37 500	—10 000	27 500	200 000	164 375	—8 175
未分配利润(期初)	0	0	0			0
未分配利润(期末)	37 500	—10 000	27 500	200 000	164 375	—8 175
2×24 年:						
资产负债表项目:						
固定资产	0	170 000	170 000	②7 500	①50 000	127 500
递延所得税资产	0	0	0	③10 625		10 625
应交税费	12 500	0	12 500			12 500
未分配利润(期末)	37 500	—30 000	7 500	51 250	19 375	—24 375
利润表和所有者权益变动表项目:						
营业收入	0	0	0			0
减:营业成本	0	0	0			0
减:管理费用	0	20 000	20 000		②5 000	15 000
营业利润	0	—20 000	—20 000		5 000	—20 000
减:所得税费用	0	0	0	③1 250		1 250
净利润	0	—20 000	—20 000	1 250	5 000	—16 250
未分配利润(期初)	37 500	—10 000	27 500	①50 000	②2 500 ③11 875	—8 125
未分配利润(期末)	37 500	—30 000	7 500	51 250	19 375	—24 375

同时,还需要注意以下几点内容:

(1)与内部交易形成的固定资产相关的减值准备的抵销处理,比照前述内部交易形成的存货的相关抵销处理;

(2)与前述内部债权债务、内部存货交易的相关抵销处理中所提示的一样、内部固定资产等其他资产交易的有关抵销处理中,如果涉及对子公司净利润的增减调整,则要对其中归属于少数股东的部分,调整少数股东损益和少数股东权益;

(3)内部无形资产交易等其他资产交易,相关的调整与抵销比照上述原理进行处理,本章节略去这部分内容。

第五节 编制合并财务报表的其他问题

一、与外币报表折算差额有关的合并处理

（一）外币报表折算差额在合并资产负债表中的列报

企业存在境外经营的情况下，报告期末需将纳入合并范围的境外经营的外币财务报表按照有关会计准则规定的折算方法进行折算，然后将折算后财务报表与母公司财务报表合并，编制合并财务报表。对某一境外经营外币财务报表进行折算时，不同的报表可能采用不同的折算汇率，同一报表的不同项目也可能采用不同的折算汇率，这就导致了外币报表折算差额的产生。

根据现行会计准则，外币报表折算差额首先应在折算后的资产负债表中所有者权益部分“其他综合收益”项目中列报（参见本教材外币报表折算章节中的子公司个别报表部分）。编制合并报表时，将境外经营折算后资产负债表与母公司及纳入合并范围的其他成员企业的资产负债表进行合并后，外币报表折算差额自然将反映在合并资产负债表的所有者权益部分。值得注意的是，作为“综合收益”的组成部分之一，外币报表折算差额无疑还应体现在合并所有者权益变动表中。

（二）外币报表折算差额在合并所有者权益变动表中的列报

编制合并所有者权益变动表，关键在于明确该表的内容、结构以及该表与合并资产负债表、合并利润表各项目之间的关系。

1. 一般项目的填列方法

合并所有者权益变动表可以根据合并资产负债表和合并利润表等资料进行编制。合并所有者权益变动表一般项目的编制原理简述如下：

(1)各所有者权益项目的“上年年末余额”和“本年年末余额”，可以分别转抄自合并资产负债表的“股本”“资本公积”“其他综合收益”“盈余公积”“未分配利润”以及“减：库存股”等有关项目的年初数和年末数；

(2)“净利润”项目，转抄自合并利润表“净利润”项目金额；

(3)有关利润分配各项目，转抄自合并财务报表工作底稿中涉及的利润分配有关项目的合并数；

(4)其他各项目，可分别根据合并利润表有关项目以及合并资产负债表的“股本”“资本公积”“其他综合收益”“盈余公积”等有关项目的年末数和年初数分析填列。

2. “少数股东权益”的列报方法

在母公司非100％拥有子公司股权的情况下，合并所有者权益变动表中就需要报告少数股东权益。“少数股东权益”数额相当于子公司所有者权益中少数股东拥有的部分。因此，少数股东权益期末数可以根据合并财务报表工作底稿中第一类抵销分录确定的金额填列，而这个金额无疑应该等于少数股东权益年初余额与本年净增加数之和。少数股东权益年初余额应等于子公司所有

者权益年初余额与少数股权比例之乘积，合并财务报表工作底稿中根据子公司报告期净利润确定的少数股东收益与子公司报告期内分配给少数股东的利润，构成导致少数股东权益发生增减变动的主要因素。毫无疑问，除了上述净利润的实现与分配，子公司股本和资本公积等项目的变化，都会引起少数股东权益的变动。

更为重要的是，子公司外币报表折算差额中相当于少数股权的部分，也会导致少数股东权益的变动。

3. 外币报表折算差额的列报

在境外经营非属母公司全资子公司的情况下，外币报表折算差额中应归属于企业集团少数股东享有的部分，还需要分配至少数股东权益项目。将外币报表折算差额中归属于少数股东权益的部分进行分配时，有关的调整分录为：

借：其他综合收益

　贷：少数股东权益　　［外币报表折算差额×少数股东持股比例］

“外币报表折算差额”为负数时，调整分录的借贷方相反。

下面举例予以说明。

【例 3-30】 外币报表折算差额在合并财务报表中的列报

资料：某母公司华鑫公司拥有B子公司90%的股权，2×23年编制合并财务报表时确定该子公司的外币报表折算差额为100 000元。为简化起见，假定年度内母公司华鑫公司净利润为0，子公司净利润为200 000元，其他变动资料略。

问题：合并所有者权益变动表中应如何列报外币报表折算差额？

【分析】 (1)分摊外币报表折算差额的调整分录为：

借：其他综合收益　　　　90 000

　贷：少数股东权益　　　　90 000

(2)有关调整分录对合并财务报表工作底稿的编制过程及其对相关项目合并数据的影响：略。

二、本期增减子公司时如何编制合并财务报表

(一)本期增加子公司时如何编制合并财务报表

编制合并资产负债表时，以本期取得的子公司在合并资产负债表日的资产负债表为基础编制。对于本期投资或追加投资取得的子公司，不需要调整合并资产负债表的期初数。但为了提高会计信息的可比性，应当在财务报表附注中披露本期取得的子公司对合并财务报表的财务状况的影响，即披露本期取得的子公司在购买日的资产和负债金额，包括流动资产、长期股权投资、固定资产、无形资产及其他资产和流动负债、长期负债等的金额。

编制合并利润表时，应当以本期取得的子公司自取得控制权日起至本期期末为会计期间的财务报表为基础编制，将本期取得的子公司自取得控制权日起至本期期末的收入、费用和利润通过合并，纳入合并财务报表之中。同时，为了提高会计信息的可比性，应在财务报表附注中披露本期取得的子公司对合并财务报表的经营成果的影响，以及对前期相关金额的影响，即披露本期取得的子公司自取得控制权日至本期期末止的经营成果，包括营业收入、营业利润、利润总额、所得税

费用和净利润等。

编制合并现金流量表时，应当将本期取得的子公司自取得控制权日起至本期期末止的现金流量的信息纳入合并现金流量表，并将取得子公司所支付的现金扣除子公司于购买日持有的现金及现金等价物后的净额，在有关投资活动类的“取得子公司及其他营业单位所支付的现金”项目反映。

（二）本期减少子公司时如何编制合并财务报表

在本期出售转让子公司部分股份或全部股份，丧失对该子公司的控制权而使其成为非子公司的情况下，应当将其排除在合并财务报表的合并范围之外。

在编制合并资产负债表时，不需要对该出售转让股份而成为非子公司的资产负债表进行合并。但为了提高会计信息的可比性，应当在财务报表附注中披露该子公司成为非子公司对合并财务报表财务状况以及对前期相关金额的影响，即披露该子公司在丧失控制权日以及该子公司在上年年末的资产和负债金额，具体包括流动资产、长期股权投资、固定资产、无形资产及其他资产和流动负债、长期负债等。

编制合并利润表时，应当以该子公司期初至丧失控制权成为非子公司之日止的利润表为基础，将该子公司自期初至丧失控制权之日止的收入、费用、利润纳入合并利润表。同时，为提高会计信息的可比性，在财务报表附注中披露该子公司成为非子公司对合并财务报表的经营成果以及对前期相关金额的影响，即披露该子公司自期初至丧失控制权日止的经营成果以及上年度的经营成果，具体包括营业收入、营业利润、利润总额、所得税费用和净利润等。

在编制现金流量表时，应将该子公司自期初至丧失控制权之日止的现金流量信息纳入合并现金流量表，并将出售该子公司所收到的现金扣除子公司持有的现金和现金等价物以及相关处置费用后的净额，在有关投资活动类的“处置子公司及其他营业单位所收到的现金”项目反映。

三、合并现金流量表的编制

（一）合并现金流量表概述

现金流量表作为第三张主要报表已经为世界上一些主要国家的会计事务所采用，现金流量表要求按照收付实现制反映企业经济业务所引起的现金流入和流出，其编制方法有直接法和间接法两种。我国已经明确规定企业对外报送的现金流量表采用直接法编制。所谓直接法，是将按照权责发生制确认的营业收入调整与营业活动有关的流动资产和流动负债的增减变动，列示营业收入和其他收入的收现数，将按照配比原则确认的营业成本和营业费用调整为付现数。在采用直接法的情况下，以合并利润表有关项目的数据为基础，调整得出本期的现金流入和现金流出数量；分别经营活动产生的现金流量、投资活动产生的现金流量、筹资活动产生的现金流量三大类，反映企业一定会计期间的现金流量情况。

合并现金流量表是综合反映母公司及其子公司组成的企业集团在一定会计期间现金流入、现金流出数量以及其增减变动情况的财务报表。合并现金流量表以母公司和子公司的现金流量表为基础，在抵销母公司与子公司、子公司相互之间发生内部交易对合并现金流量表的影响后，由母公司编制。合并现金流量表也可以合并资产负债表和合并利润表为依据进行编制。

（二）编制合并现金流量表需要抵销的项目

在以母公司和子公司个别现金流量表为基础编制合并现金流量表时，需要进行抵销的内容主要包括如下。

第一，母公司与子公司、子公司相互之间当期销售商品所产生的现金流量应当抵销。母公司与子公司、子公司相互之间当期销售商品没有形成固定资产、在建工程、无形资产等资产的情况下，该内部销售商品所产生的现金流量，在销售方的个别现金流量表中表现为“销售商品、提供劳务收到的现金”的增加，而在购买方的个别现金流量表中则表现为“购买商品、接受劳务支付的现金”的增加。而在母公司与子公司、子公司相互之间当期销售商品形成固定资产、工程物资、在建工程、无形资产等资产的情况下，该内部销售商品所产生的现金流量，在购买方的个别现金流量表中表现为“购建固定资产、无形资产和其他长期资产所支付的现金”的增加。为此，在编制合并现金流量表时必须将由此所产生的现金流量予以抵销。

第二，母公司与子公司、子公司相互之间以现金结算债权与债务所产生的现金流量应当抵销。以现金结算内部债权债务，对于债权方来说表现为现金的流入，而对于债务方来说则表现为现金的流出。在现金结算的债权与债务属于母公司与子公司、子公司相互之间内部销售商品和提供劳务所产生的情况下，就其个别现金流量表来说，在债权方的个别现金流量表中表现为“销售商品、提供劳务收到的现金”的增加；而在债务方的个别现金流量表中则表现为“购买商品、接受劳务支付的现金”的增加。在编制合并现金流量表时必须将由此所产生的现金流量予以抵销。在现金结算的债权与债务属于内部往来所产生的情况下，在债权方的个别现金流量表中表现为“收到的其他与经营活动有关的现金”的增加，在债务方的个别现金流量表中表现为“支付的其他与经营活动有关的现金”的增加，在编制合并现金流量表时由此所产生的现金流量也必须将其予以抵销。

第三，母公司与子公司、子公司相互之间当期以现金投资或收购股权增加的投资所产生的现金流量应当抵销。当母公司从子公司中购买其持有的其他企业的股票时，由此所产生的现金流量，在购买股权方的母公司的个别现金流量表中，表现为“投资活动产生的现金流量”中的“投资支付的现金”的增加，而在出售股权方的子公司的个别现金流量表中则表现为“投资活动产生的现金流量”中的“收回投资收到的现金”的增加。在母公司对子公司投资的情况下，其所产生的现金流量表在母公司的个别现金流量表中表现为“投资活动产生的现金流量”中的“投资支付的现金”的增加，而在接受投资的子公司个别现金流量表中则表现为“筹资活动产生的现金流量”中的“吸收投资收到的现金”的增加。因此，编制合并现金流量表时将其予以抵销。

第四，母公司与子公司、子公司相互之间当期取得投资收益收到的现金，应当与分配股利、利润或偿付利息支付的现金相互抵销。母公司对子公司投资以及子公司之间进行投资分配现金股利或利润时，由此所产生的现金流量，在股利或利润支付方的个别现金流量表中表现为“筹资活动产生的现金流量”中的“分配股利、利润或偿付利息支付的现金”的增加，而在收到股利或利润方的个别现金流量表中则表现为“投资活动产生的现金流量”中的“取得投资收益收到的现金”的增加，为此，在编制合并现金流量表时必须将其予以抵销。

第五，母公司与子公司、子公司相互之间处置固定资产、无形资产和其他长期资产收回的现金净额,应当与购建固定资产、无形资产和其他长期资产支付的现金相互抵销。一般情况下,内部处置固定资产等长期资产时,因为处置固定资产等所产生的现金流量,对于处置方个别现金流量表来说,表现为"处置固定资产、无形资产和其他长期资产收回的现金净额"的增加;对于购置该资产的接受方来说,在其个别现金流量表中表现为"购置固定资产、无形资产和其他长期资产支付的现金"的增加,所以在编制合并现金流量表时必须将由此所产生的现金流量予以抵销。但在特殊情况下,内部处置固定资产等长期资产时,因为处置固定资产等所产生的现金流量,对于处置方个别现金流量表来说,表现为"处置固定资产、无形资产和其他长期资产收回的现金净额"的增加;对于购置该资产的接受方来说,其作为购入商品处理,在其个别现金流量表中表现为"购买商品、接受劳务支付的现金"的增加,但这种情况很少,所以在编制合并现金流量表时必须将由此所产生的现金流量予以抵销。

第六,母公司与子公司、子公司相互之间当期发生的其他内部交易所产生的现金流量应当抵销。

(三)编制合并现金流量表的抵销分录

1.成员企业间现销业务、赊销业务本期的货款收付的抵销分录

(1)一般双方均是经营活动现金流量的抵销分录为:

借:经营活动现金流量——购买商品、接受劳务支付的现金

　贷:经营活动现金流量——销售商品、提供劳务收到的现金

(2)如果上述业务在交易双方中一方涉及经营活动而另一方涉及非经营活动,则抵销分录为:

①借:经营活动现金流量——购买商品、接受劳务支付的现金

　贷:投资活动现金流量——处置固定资产、无形资产和其他长期资产收回的现金净额

或

②借:投资活动现金流量——购建固定资产、无形资产和其他长期资产支付的现金

　贷:经营活动现金流量——销售商品、提供劳务收到的现金

下面分别举例说明:首先,母公司与子公司之间当期销售商品所产生的现金流量如何抵销的问题。

【例3-31】 与合并现金流量表有关的抵销分录的编制

资料:参考【例3-27】的资料。华鑫公司系B公司的母公司,2×23年华鑫公司向B公司销售商品2 000万元,其销售成本为1 500万元;B公司购进的该批商品当期全部未实现对外销售而形成期末存货,B公司当期以银行存款2 000万元向华鑫公司支付全部的货款。其他资料略。

问题:母公司华鑫公司在2×23年末编制合并现金流量表时应如何编制该笔业务抵销分录?

【分析】 母公司华鑫公司在2×23年末编制合并财务报表时,其他调整与抵销分录的编制参见【例3-27】,与合并现金流量表有关的抵销分录为:

借:经营活动现金流量——购买商品、接受劳务支付的现金　　20 000 000

　贷:经营活动现金流量——销售商品、提供劳务收到的现金　　20 000 000

其次,母公司与子公司之间当期销售商品形成固定资产的情况下,该内部销售商品所产生的现金流量如何抵销的问题。

【例 3-32】 与合并现金流量表有关的抵销分录的编制

资料：参考【例 3-29】的资料。华鑫公司和 B 公司为甲公司控制下的两个子公司。华鑫公司于 2×23 年 6 月 30 日，将自己生产的产品销售给 B 公司作为固定资产使用，华鑫公司销售该产品的销售收入为 200 000 元，销售成本为 150 000 元。B 公司以 200 000 元的价格作为该固定资产的原价入账，B 公司当期以银行存款 200 000 元向华鑫公司支付全部的货款。其他资料略。

问题：母公司华鑫公司在 2×23 年年末编制合并现金流量表时应如何编制该笔业务抵销分录？

【分析】 母公司华鑫公司在 2×23 年年末编制合并财务报表时，该笔业务其他调整与抵销分录的编制参见【例 3-29】，与合并现金流量表有关的抵销分录为：

借：投资活动现金流量——购建固定资产、无形资产和其他长期资产支付的现金 20 000 000

贷：经营活动现金流量——销售商品、提供劳务收到的现金 20 000 000

2. 成员企业间其他与经营活动有关的现金收付（如罚款收入、经营租赁固定资产收到的现金、流动资产损失中由个人赔偿的现金收入、除税费返还外的其他政府补助收入等）的抵销分录

借：经营活动现金流量——支付其他与经营活动有关的现金

贷：经营活动现金流量——收到其他与经营活动有关的现金

3. 成员企业间筹资本金与投资成本的现金收付的抵销分录

借：投资活动现金流量——投资支付的现金

贷：筹资活动现金流量——吸收投资收到的现金

4. 成员企业间投资收益与筹资费用的现金收付的抵销分录

借：筹资活动现金流量——分配股利、利润或偿付利息支付的现金

贷：投资活动现金流量——取得投资收益收到的现金

5. 收回投资收现与增加投资付现、收回投资收现与减少筹资付现的抵销分录

现金流量表中的企业收回投资主要指出售、转让或到期收回现金等价物以外的投资。

(1)如果是出售或转让投资给集团内其他成员企业，则后者为之付出的现金属于投资活动付现，前者因此收到的现金属于投资活动收现。这时的抵销分录为：

借：投资活动现金流量——投资支付的现金

贷：投资活动现金流量——收回投资收到的现金

(2)如果企业到期收回投资，对方单位一般是筹资方。双方均是集团内部成员企业时，抵销分录为：

借：筹资活动现金流量——偿还债务支付的现金

或

借：筹资活动现金流量——支付的其他与筹资活动有关的现金

贷：投资活动现金流量——收回投资收到的现金

6. 固定资产、无形资产、其他资产交易双方现金收、付的抵销分录

固定资产、无形资产、其他资产交易的双方均为集团内部成员企业时，相关的现金流入与现金

流出属于投资活动现金流动，抵销分录为：

借：投资活动现金流量——购建固定资产、无形资产和其他长期资产支付的现金

贷：投资活动现金流量——处置固定资产、无形资产和其他长期资产收到的现金净额

（四）合并现金流量表补充资料部分的编制

如果说合并现金流量表的主表部分采用直接编制法即以成员企业的个别现量表为依据对内部现金流动予以抵销编制而成的方法比较简便的话，那么，补充资料：将对不同的项目分别根据个别现金流量表和合并资产负债表、合并利润表及有关资制，这是由补充资料本身的特殊性决定的。

1. 补充资料 1 的编制

补充资料 1 是间接法下经营活动现金流量的揭示。合并现金流量表的这一部分各项目的编制方法如下：

（1）“净利润”合并数：根据合并利润表中“净利润”项目数字填列。

（2）“计提的资产损失准备”合并数：根据成员企业个别现金流量表中本项目数之和扣除内部应收款项及内部交易的资产按未实现利润计提的损失准备数的差额填列。

（3）“计提的固定资产折旧”合并数：根据成员企业个别现金流量表中本项目数之和扣除内部交易固定资产上当年按未实现利润多提的折旧数的差额填列。

（4）“无形资产摊销”合并数：根据成员企业个别现金流量表中本项目数之和扣除内部交易无形资产上当年按未实现利润多提的摊销数的差额填列。

（5）“固定资产报废损失”“固定资产处置净损失”“固定资产盘亏损失”各项目，分别根据成员企业个别现金流量表中相应项目数之和填列。

（6）“投资收益”、“财务费用”合并数：根据合并利润表中相应项目数字填列即可，因为合并利润表中这两个项目各自的合并数中已经抵销了成员企业之间的投资收益和财务费用。

（7）“递延所得税资产（减：递延所得税负债）”合并数：根据合并资产负债表“递延所得税资产”“递延所得税负债”项目的“期末余额”与“上年年末余额”之差分析填列。

（8）“与经营活动有关的非现金流动资产的增减变动”各项目的合并数：根据合并资产负债表中各该项目合并数的“上年年末余额”与“期末余额”之差扣除其中与经营活动无关的变动数后填列。

（9）“与经营活动有关的流动负债的增减变动”各项目的合并数：根据合并资产负债表中各该项目合并数的“上年年末余额”与“期末余额”之差扣除其中与经营活动无关的变动数后填列。

2. 补充资料 2 的编制

补充资料 2 是有关不涉及现金的投资、筹资活动，所以，这里不存在对现金流动的抵销问题。合并现金流量表这一部分的编制方法是：根据成员企业个别现金流量表的相应部分加总后抵销其中发生在成员企业之间的投资筹资活动。

3. 补充资料 3 的编制

补充资料 3 是反映现金净增加情况的。合并现金流量表中这一部分项目可以根据合并资产负债表“货币资金”项目及有关成员企业“交易性金融资产”等项目在报告期的变动情况分析填列。

课堂思政

深化全球布局，筑梦“一带一路”

中联重科股份有限公司（以下简称“中联重科”）创立于1992年，由原建设部长沙建设机械研究院孵化而来。经过三十多年的创新发展，中联重科逐步成长为一家全球化企业，已从中国工程机械技术发源地成长为国际标准制定者。公司主要业务包括工程机械、智能农机和智慧农业、新材料三大板块，主导产品覆盖11大类别、70个产品系列，近600个品种。中联重科先后实现深港两地上市，成为业内首家A＋H股上市公司。目前，中联重科正加速智能化转型升级，建设世界级的“灯塔工厂”，打造国际一流的高端装备制造企业。

近年来，中联重科按照“做主、做深、做透”的理念，持续深化国际化布局，尤其对“一带一路”沿线实现资源重点倾斜。公司在“一带一路”沿线打造了10个生产基地、27个贸易平台、34个备件中心库，产品覆盖全球130多个国家。公司还持续推进海外生产基地拓展升级，用互联网思维做市场，以端对端模式展开业务，以本地化员工深耕市场，进一步做深做透位于欧洲、中东、东南亚等地区的现有海外基地，通过整合当地的研发生产资源和属地化营运模式，优化金融服务方案和物流解决方案，提供满足当地市场需求的优质设备。

中联重科海湾子公司于2007年在迪拜杰拜阿里自由贸易区注册成立，是中联重科发力“本地化”布局的重点。子公司占地面积约为10 000平方米，是辐射中东区域，集行政、仓储、备件、服务和物流“五位一体”的中心平台，并于2015年成立迪拜服务中心，提供独具“本地化”特色的客户服务和全面解决方案。中联重科是国内工程机械行业中首个在海外设立备件中心的企业，而第一家海外备件中心就落于迪拜海湾子公司。迪拜备件中心占地面积约为2 500平方米，中心组建了以本地化人才为骨干的营销服务队伍，给客户带来了优质的产品体验和售后服务，使该地区市场蓬勃发展。

在印度市场，公司已深耕超过10年，在巨大的市场保有量支撑和广阔的市场前景下，2019年公司在印度普纳购地230亩，建设中联重科印度工业园，辐射南亚等市场。

1. 在“一带一路”建设上企业践行的社会责任有哪些？

2. 海外投资遇到的风险挑战及企业对现有政策的建议？

（思政元素：“一带一路”倡议，文化“走出去”，中国企业的国际影响力，文化差异风险，培养风险意识。）

课后思考题

1. 什么是合并财务报表？
2. 如何确定合并范围？
3. 如何理解合并财务报表编制程序？
4. 合并财务报表的编制应遵循哪些原则？为什么？
5. 同一控制下的股权取得日，合并财务报表有哪些？为什么？如何编制？
6. 非同一控制下的股权取得日，合并财务报表有哪些？为什么？如何编制？

7. 编制股权取得日后的合并财务报表时，主要的调整分录有哪些？

8. 与合并资产负债表有关的调整与抵销分录主要有哪些？

9. 合并资产负债表中的少数股东权益是如何确定的？

10. 如何编制内部存货交易的有关抵销分录？

11. 如何编制内部固定资产交易的有关抵销分录？

课后习题

一、单项选择题

1. 下列有关合并财务报表的阐述中，不正确的是（　　）。

A. 合并财务报表由母公司编制

B. 合并财务报表与个别财务报表的报告主体不同

C. 股权投资并非必须编制合并财务报表

D. 只要是企业合并，就要编制合并财务报表

2. 下列有关少数股东权益的说法中，不正确的是（　　）。

A. 少数股东权益就是指持有子公司非控制性权益的股东拥有的子公司权益

B. 并非任何合并理念都要求在合并财务报表中列报少数股东权益

C. 少数股东权益的金额多少与所采用的具体合并理念有关

D. 少数股东权益与少数股东损益无关

3. 在合并报表工作底稿中，“合并数”一栏提供的数字将构成合并报表所填列的数据。在计算以下项目的“合并数”时，须用工作底稿中相关项目的“合计数”栏数字加上“抵销分录”栏的借方数字（减去贷方数字）的项目是（　　）。

A. “营业收入”　　B. “长期股权投资”　　C. “应付账款”　　D. “未分配利润”

4. 非同一控制下的企业合并，控股合并的母公司在合并日应当编制的合并报表是（　　）。

A. 合并利润表　　B. 合并现金流量表

C. 合并资产负债表　　D. 合并所有者权益变动表

5. 关于合并理论，下列说法中错误的是（　　）。

A. 所有权理论下不涉及少数股东权益的列报

B. 实体理论下对于子公司少数股东的权益，应作为负债处理

C. 实体理论下未实现内部交易损益应全额抵销

D. 母公司理论下少数股东权益不属于所有者权益

6. 甲公司拥有乙和丙两家子公司。2×23 年 6 月 15 日，乙公司将其产品以市场价格销售给丙公司，售价为 100 万元，销售成本为 76 万元。丙公司购入后作为管理用固定资产并于当月投入使用，预计使用年限为 4 年，采用年限平均法计提折旧，预计净残值为零。假定不考虑增值税和所得税的影响，甲公司在编制 2×24 年 12 月 31 日合并资产负债表时，应调减“固定资产”项目的金额为（　　）万元。

A. 15　　B. 24　　C. 9　　D. 6

7. 2×23 年 3 月，母公司以 1 000 万元的价格（不含增值税）将其生产的设备销售给其全资子公司作为管理用固定资产。该设备的生产成本为 800 万元，未计提存货跌价准备。子公司于收到当日投入使用，并采用年限平均法对该设备计提折旧，该设备预计使用年限为 10 年，预计净残值为零。假定母、子公司适用的所得税税率均为 25%，则编制 2×23 年合并财务报表时，因该设备相关的未实现内部销售利润的抵销而影响合并净利润的金额为（　　）万元。

A. 135　　B. 138.75　　C. 150　　D. 161.25

8. 甲公司拥有乙公司 80%的有表决权股份，能够控制乙公司财务和经营决策。2×17 年 6 月 1 日，甲公司将本公司生产的一批产品出售给乙公司，售价为 600 万元（不含增值税），成本为 400 万元，未计提存货跌价准备。至 2×17 年 12 月 31 日，乙公司已对外出售该批存货的 80%，结存的存货期末未发生减值。则 2×17 年末编制合并财务报表时，对“营业成本”项目的抵销金额应为（　　）万元。

A. 480　　B. 560　　C. 120　　D. 320

9. 甲公司拥有乙公司 80%的有表决权股份，能够控制乙公司财务和经营决策。2×17 年 6 月 1 日，甲公司将本公司生产的一批产品出售给乙公司，售价为 600 万元（不含增值税），成本为 400 万元，未计提存货跌价准备。至 2×17 年 12 月 31 日，乙公司已对外出售该批存货的 70%，剩余部分存货可变现净值为 130 万元。不考虑其他因素的影响，则 2×17 年年末编制合并财务报表时，对“存货”项目的抵销金额应为（　　）万元。

A. 480　　B. 10　　C. 120　　D. 320

10. 在编制合并财务报表时，关于企业集团内部存货交易的下列说法中，正确的是（　　）。

A. 该交易在合并现金流量表中没有相应的抵销分录

B. 内部存货销售产生的未实现利润应抵销

C. 该交易在合并利润表中没有相应的抵销分录

D. 内部存货销售不必抵销

11. 某企业集团母公司将其生产的成本为 50 000 元的产品按 60 000 元的价格出售给子公司，后者作为固定资产使用。在固定资产交易的当年，合并财务报表工作底稿中关于固定资产原价中包含的未实现内部销售利润的抵销分录为（　　）。

A. 借：资产处置损益　　10 000
　　贷：固定资产　　10 000

B. 借：营业收入　　60 000
　　贷：营业成本　　60 000

C. 借：营业外收入　　10 000
　　贷：固定资产　　10 000

D. 借：营业收入　　60 000
　　贷：营业成本　　50 000
　　　　固定资产　　10 000

12. 上期存在未实现内部销售利润，本期编制合并财务报表时，在合并财务报表工作底稿中需编制这样的抵销分录：（　　）。

A. 借记“未分配利润（期初）”项目，贷记“存货”项目

B. 借记“未分配利润（期初）”项目，贷记“营业成本”项目

C. 借记“未分配利润（期初）”项目，贷记“固定资产”项目

D. A、B、C 均有可能

13. 企业集团内部交易的固定资产，在报废清理的会计期末，不编制与该固定资产有关的任何抵销分录。这种情况发生在（　　）。

A. 期满报废　B. 超期报废　C. 提前报废　D. A、B、C 三种场合

14. 如果母公司应收账款年末余额中有对子公司的应收账款，在年末编制合并财务报表时，应（　　）。

A. 将母公司的应收账款抵销　B. 抵销母公司计提的坏账准备

C. 抵销该子公司的应付账款　D. 抵销该子公司对母公司应付账款

二、多项选择题

1. 由母公司编制的合并财务报表与由单独的企业编制的个别财务报表相比，存在某些不同之处，包括（　　）。

A. 反映的对象不同　B. 编制主体不同

C. 编制依据不同　D. 编制方法不同

2. 合并财务报表的合并理念表达了合并财务报表为谁服务的观点，从而关系到（　　）。

A. 少数股东权益如何列报　B. 少数股东损益如何列报

C. 合并商誉如何计量　D. 提供哪些合并报表

3. 按现行企业会计准则的要求，在合并财务报表中（　　）。

A. 少数股东权益在负债与股东权益之间单项列报

B. 少数股东损益在合并净利润前作减项单独列报

C. 合并商誉中不包括少数股东享有的部分

D. 基本上采用的是实体观的合并理念

4. 下列有关少数股东损益的表述中，不正确的有（　　）。

A. 少数股东损益是指子公司的少数股东当年实现的净损益

B. 少数股东损益是损益，其金额大小只影响合并利润表

C. 母公司管下，少数股东损益作为合并净利润的减项报告

D. 如何确定少数股东损益的金额，与所采用的合并理念相关

5. 下列有关合并财务报表的合并范围的阐述中，不正确的有（　　）。

A. 确定合并范围的关键是控制关系存在与否

B. 合并范围是指可纳入合并财务报表的企业范围

C. 母公司的所有被投资方都要纳入合并范围

D. 合并范围的年初数与年末数应保持一致

6. 下列有关合并财务报表编制过程中编制的抵销分录的说法中，正确的有（　　）。

A. 抵销分录的借、贷方所对应的不是会计科目，而是报表项目

B. 债权债务的抵销分录并不意味着债权债务的消除

C. 抵销分录不会改变个别财务报表有关项目的报告价值

D. 编制抵销分录体现了一体性原则的要求

7. 合并财务报表工作底稿中需要编制有关的调整分录，下列与调整分录有关的阐述中，不正确的有（　　）。

A. 调整分录的借、贷方所对应的不是会计科目，而是报表项目

B. 必须将对子公司的长期股权投资的成本法结果按权益法进行调整

C. 必须对子公司的资产、负债报告价值按资产负债表日的公允价值进行调整

D. 实务中一般情况下不会涉及为统一会计政策和统一会计期间所作的调整

8. 下列抵销分录中属于抵销企业集团内部债权债务业务的有（　　）。

A. 借：预付账款
　贷：预收账款

B. 借：应付账款
　贷：应收账款

C. 借：应付债券
　贷：债权投资

D. 借：其他应付款
　贷：其他应收款

9. 母公司对子公司报告期末有应收账款的情况下，合并当年编制合并财务报表时，下列描述不正确的有（　　）。

A. 必须抵销母公司坏账准备期初余额

B. 必须抵销母公司坏账准备期末余额

C. 必须抵销母公司坏账准备当期提取数

D. 必须抵销与该项应收账款有关的应付账款

10. 在编制合并财务报表时，下列有关合并财务报表工作底稿中的抵销分录的说法中不正确的有（　　）。

A. 应抵销母公司的投资收益

B. 应抵销母公司的应收账款及按该应收账款计提的坏账准备

C. 应抵销纳入合并范围的子公司对母公司的预付账款

D. 应抵销内部交易的固定资产价值

11. 甲企业拥有乙企业60%的股权，从而将乙企业纳入合并财务报表的编制范围。2×21年9月，甲企业将账面价值为80 000元、计税价格为100 000元、增值税税率为13%的一批库存商品，以100 000元的价格出售给乙企业，后者将其作为库存材料核算。变现净值为30 000元，乙企业因此计提存货跌价准备10 000元。年末甲企业和乙企业个别资产负债表中“存货”项目年末数分别为900 000元和500 000元。根据现行会计准则，甲企业编制合并财务报表时，与该业务有关的抵销分录涉及的报表项目包括（　　）。

A. “存货”　　B. “营业收入”　　C. “营业成本”　　D. “存货跌价准备”

12. 根据我国企业会计准则，合并财务报表的种类包括（　　）。

A. 合并利润表

B. 合并资产负债表

C. 合并所有者权益变动表

D. 合并现金流量表

13. 在内部交易的固定资产提前报废或期满报废清理期，合并财务报表工作底稿中，下列说法正确的有（　　）。

A. 不一定编制抵销分录

B. 必须编制调整期初未分配利润的分录

C. 必须编制抵销当年多计提的折旧的分录

D. 必须编制抵销以前年度累计多计提的折旧的分录

三、判断题

1. 根据现行企业会计准则，无论是同一控制下的企业合并还是非同一控制下的企业合并，合并日的合并财务报表中都不包括合并所有者权益变动表。（ ）

2. 作为投资性主体的某个企业，要将其下属的子公司全部纳入合并范。（ ）

3. 潜在表决权是指可能赋予一企业对另一企业在财务和经营上的表决权的认股权证、股票买入期权、可转换债券和可转换股票等工具。由于这些表决权尚未成为实际表决权，企业在确定合并范围时，不需要考虑潜在表决权因素。（ ）

4. 企业在开设合并财务报表工作底稿时，关于合并现金流量表的工作底稿，可以与合并资产负债表、合并利润表、合并所有者权益变动表的工作底稿合并在一起设置，也可单独设置。（ ）

5. 企业在合并财务报表工作底稿中编制调整与抵销分录时，不会涉及对本期"未分配利润"的期初余额进行调整。（ ）

6. 编制合并报表，要遵循以个别报表为基础原则，就是指合并报表仅以母公司和其子公司的财务报表为编制基础。（ ）

7. 为了编制财务报表的需要，母公司应当统一母、子公司所采用的会计报表，使子公司采用的会计政策与母公司保持一致。（ ）

8. 为了编制财务报表的需要，如果子公司的会计期间与母公司的不一致，应当按照母公司的会计期间对子公司财务报表进行调整；或者要求子公司按照母公司的会计期间另行编制财务报表。（ ）

9. 编制合并财务时需要对纳入合并财务报表范围的各成员期间的内部交易事项对个别财务报表的影响予以报销，这是一体性原则的要求。（ ）

10. 甲乙两个企业均属同一企业集团，甲企业以银行存款取得乙企业70%的股权，股权取得日的合并资产负债表中，"固定资产"项目的合并数应为甲企业与乙企业合并当日"固定资产"账面价值之和。（ ）

11. 甲乙两个企业分属不同的企业集团，甲企业以银行存款取得乙企业70%的股权，股权取得日的合并资产负债表中，"存货"项目的合并数必定等于甲企业与乙企业合并当日"存货"账面价值之和。（ ）

12. 甲企业以银行存款取得乙企业70%的股权，股权取得日的合并资产负债表中，"货币资金"项目的合并数应为甲企业与乙企业合并当日单独资产负债表"货币资金"项目金额之和。（ ）

13. 编制合并资产负债表时，不仅母公司与子公司之间的债权债务要抵销，子公司之间的债权债务也要抵销。（ ）

14. 在母公司对子公司有应收账款期末余额的情况下，在合并财务报表工作底稿中编制抵销分录时，应按母公司当年计提的坏账准备数额借记"应收账款"项目，贷记"管理费用"项目。（ ）

15. 企业集团母公司将存货出售给子公司的情况下，如果后者将该存货销售出企业集团，则年末编制合并财务报表时不需要编制抵销分录。（ ）

四、计算与账务处理题

1. 华鑫公司以账面价值 300 万元的库存商品（增值税税率 13%、消费税税率 10%、计税价格 400 万元）和 200 万元的银行存款购入乙公司 70%的股权，从而成为乙企业的母公司。该项股权购买事项之前，乙公司的股东权益为 800 万元，（其中股本 500 万元、资本公积 200 万元、盈余公积和未分配利润各 50 万元），华鑫公司的股东权益为 2 000 万元，假定股权购买日乙公司可辨认净资产公允价值为 810 万元（增值部分是由于存货评估价值大于账面价值而产生的）。企业所得税率 25%。

要求：

(1)假设合并前华鑫公司、乙公司不属于同一控制方，请对华鑫公司取得乙公司股权进行账务处理，并编制股权取得日合并报表工作底稿中的有关抵销分录（如果涉及合并商誉，则只按母公司拥有份额计量）；

(2)假设合并前华鑫公司、乙公司同属一个企业集团，请进行华鑫公司取得乙公司股权的账务处理，并编制股权取得日合并报表工作底稿中的有关抵销分录。

2. 华鑫公司与甲公司是同一控制下的两个企业。2×24 年 1 月 1 日华鑫公司合并甲公司。华鑫公司支付的合并对价为一项账面原价 6 800 万元、未计提减值准备、已摊销 800 万元、公允价值 6 500万元的无形资产，以及 500 万元的银行存款。经评估甲公司 2×24 年 1 月 1 日的固定资产公允价值比账面价值高 200 万元，其他资产和负债的公允价值等于账面价值，甲公司合并前有关资产、负债和所有者权益的账面价值资料如下：存货等流动资产 3 000 万元，固定资产等非流动资产 7 000万元，负债 4 000 万元，所有者权益为 6 000 万元，其中，股本为 4 300 万元，资本公积为 700 万元，盈余公积 100 万元，未分配利润 900 万元。合并前华鑫公司的资本公积（股本溢价）为 4 000 万元。其他资料略。以万元为金额单位对下列事项进行会计处理。

要求：

(1)假定此项合并属于吸收合并，编制华鑫公司合并日确认企业合并事项的有关会计分录。

(2)假定此项合并属于 100%控股合并，编制华鑫公司合并日确认企业合并事项的有关会计分录。

(3)假定此项合并属于 100%控股合并，编制华鑫公司合并日合并报表工作底稿中的有关调整与抵销分录。

(4)假定此项合并属于 80%控股合并，编制华鑫公司合并日确认企业合并事项的有关会计分录。

(5)假定此项合并属于 80%控股合并，编制华鑫公司合并日合并报表工作底稿中的有关调整与抵销分录。

3. 华鑫公司与甲公司是非同一控制下的两个企业。2×24 年 1 月 1 日华鑫公司合并甲公司。华鑫公司支付的合并对价为一项账面原价 6 800 万元、未计提减值准备、已摊销 800 万元、公允价值 6 500 万元的无形资产，以及 500 万元的银行存款。经评估甲公司 2×24 年 1 月 1 日的固定资产公允价值比账面价值高 200 万元，其他资产和负债的公允价值等于账面价值，甲公司合并前有关资产、负债和所有者权益的账面价值资料如下：存货等流动资产 3 000 万元，固定资产等非流动资产 7 000 万元，负债 4 000 万元，所有者权益为 6 000 万元，其中，股本为 4 300 万元，资本公积为 700

万元，盈余公积 100 万元，未分配利润 900 万元。合并前华鑫公司的资本公积(股本溢价)为 4 000 万元。两企业所得税率均为 25%，其他资料略。以万元为金额单位对下列事项进行会计处理。

要求：

(1)假定此项合并属于吸收合并，编制华鑫公司合并日确认企业合并事项的有关会计分录。

(2)假定此项合并属于 100%控股合并，编制华鑫公司合并日确认企业合并事项的有关会计分录。

(3)假定此项合并属于 100%控股合并，编制华鑫公司合并日合并报表工作底稿中的有关调整与抵销分录。

(4)假定此项合并属于 80%控股合并，编制华鑫公司合并日确认企业合并事项的有关会计分录。

(5)假定此项合并属于 80%控股合并，编制华鑫公司合并日合并报表工作底稿中的有关调整与抵销分录。

4. 2×23 年年末，华鑫公司取得乙公司、丙公司两个子公司 100%的有表决权股份。2×24 年 7 月初，华鑫公司又取得丁公司 60%的有表决权股份。各公司 2×24 年利润表资料见表 3-26。

表 3-26　2×14 年度利润表的有关资料　　单位：万元

项目	本年累计数(各月均匀实现)			
	华鑫公司	乙公司	丙公司	丁公司
营业收入	4 000	3 000	2 000	1 000
营业成本	2 500	2 200	1 100	600
其他各项费用	500	400	300	150
投资收益	300	100	200	50
利润总额	1 300	500	800	300
所得税费用	400	120	250	100
净利润	900	380	550	200

乙公司分别有 150 万元的营业收入和 100 万元的营业成本产生于向华鑫公司销售货物(华鑫公司当年已经实现对外销售)；其他交易或事项均略。根据上述资料，分别假设华鑫公司、丁为同一控制下和非同一控制下的企业合并两种情况，为华鑫公司计算 2×24 年度以下指标。

(1)华鑫公司按权益法调整后的投资收益；

(2)合并营业收入；

(3)合并营业成本；

(4)合并净利润；

(5)少数股东收益。

5. 甲公司和乙公司是不具有关联方关系的两个独立的公司。有关企业合并资料如下：

(1)华鑫公司于 2×23 年 1 月 1 日取得乙公司 20%的股份，成本为 2 000 万元，当日乙公司可辨认净资产账面价值等于公允价值，为 10 000 万元，取得投资后华鑫公司派人参加乙公司的生产经营决策。2×23 年乙公司实现净利润 600 万元，在此期间，乙公司未宣告发放现金股利或利润。

(2)2×24 年 1 月 1 日华鑫公司以一项固定资产、无形资产和银行存款取得乙公司 40%的股份。该固定资产原值为 3 000 万元，已提折旧 500 万元，公允价值为 2 600 万元；无形资产原值为 1 000万元，已摊销 100 万元，公允价值为 700 万元；同时支付银行存款 1 500 万元。合并时发生的直接相关费用为 60 万元也以银行存款支付。乙公司可辨认净资产的公允价值为 11 000 万元，公允价值超过账面价值的 1 000 万元为固定资产评估增值。企业所得税税率为 25%。以万元为金额单位对下列事项进行会计处理。

要求华鑫公司完成下列会计事项：

(1)确定购买方、购买日；

(2)编制 2×23 年 1 月 1 日投资时的会计分录；

(3)编制 2×23 年 12 月 31 日确认损益时的会计分录；

(4)计算固定资产和无形资产的处置损益；

(5)编制 2×24 年 1 月 1 日购买日进一步取得股份的会计分录；

(6)编制 2×24 年 1 月 1 日将长期股权投资的成本法改成权益法的会计分录；

(7)编制购买日合并财务报表工作底稿中的相关调整与抵销分录。

第四章
外币业务会计

本章知识结构

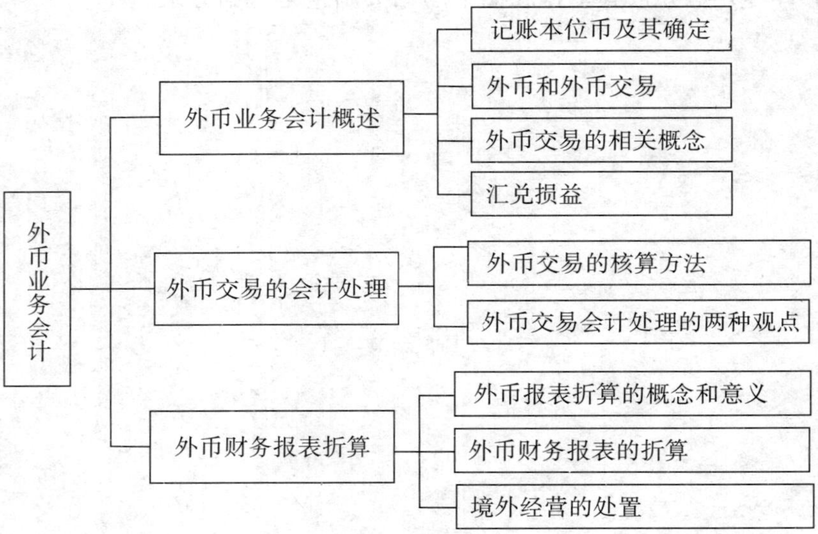

学习目标

通过本章的学习，了解外币、外币业务、汇兑损益的基本内容；掌握现行会计准则对处理外币业务时的折算汇率选择方法；掌握外币账户期末调账的原因及方法；了解外币财务报表折算的四种基本方法；掌握外币财务报表折算的现行会计规范及其应用；关注外币业务的相关会计处理对财务报表的影响。

案例导入

谷歌作为一家全球性的跨国知名企业，其足迹遍布全球各地，其收入来自世界各地。根据谷歌在 2010 年 7 月公布的 2010 年第二季度财报显示，来自美国以外的收入为 35.3 亿美元，占到其总收入的 52%。从这个数据中我们就可以看出海外市场对于谷歌的重要性。而庞大的海外市场必然会相应地带来一个问题，即汇率问题，汇率的变动会给谷歌的整体营收带来重要的影响，正如谷歌在其近期财报中所显示的那样，汇率风险成了谷歌所面临的首要市场风险，而如何对外汇风险进行管理成为了谷歌不得不面对的一个问题。

而面对如此风险，谷歌能够做的就是通过各种金融衍生产品来规避由汇率变动引起的损失。从谷歌的财报中我们可以看到，谷歌到今年6月为止，共购买了价值7.06亿的远期外汇合同，约占外汇收入的20%，而在去年这一数据是5.94亿美元，通过各种远期外汇合同的套期保值，谷歌很好地锁定了有关汇率风险。

第一节　外币业务会计概述

一、记账本位币及其确定

（一）记账本位币与列报货币

记账本位币，是指企业经营所处的主要经济环境中的货币。通常它是企业主要收、支现金的经济环境中的货币。对于发生多种货币计价的企业，需要选择一种统一的作为会计基本计量尺度的记账货币，并以该种货币计量和处理经济业务，我们将这种作为会计基本计量尺度的货币称为记账本位币。

列报货币，是指企业列报财务报表时所采用的货币。同一企业的记账本位币与列报货币可能一致，也可能不一致，也就是说，我国企业的正式编表货币只能是人民币，而记账本位币是可以选择的，既可以是人民币，也可以是人民币以外的其他货币。

我国《企业会计准则第19号——外币折算》中规定，企业通常应选择人民币作为记账本位币，业务收支以人民币以外的货币为主的企业，也可以选定其中一种货币作为记账本位币，但是，编报的财务报表应当折算为人民币。

（二）记账本位币的确定

1. 企业选定记账本位币时应考虑的因素

企业应当根据经营所处的主要经济环境选定记账本位币，在选定记账本位币时，应当考虑下列因素：

（1）该货币主要影响商品和劳务的销售价格，通常以该种货币进行商品和劳务的计价与结算；

（2）该货币主要影响商品和劳务所需人工、材料及其他费用，通常以该货币进行上述费用的计价与结算；

（3）融资活动获得的货币以及保存从经营活动中收取款项所使用的货币。

应当指出，在确定企业记账本位币时，上述因素的重要程度因企业的具体情况不同而不同，需要企业管理当局根据实际情况进行判断，但这并不是说企业管理当局可以根据需要随意选择记账本位币，而根据实际情况确定的记账本位币只能是一种货币。

2. 企业境外经营记账本位币的确定

境外经营，是指企业在境外的子公司、合营企业、联营企业、分支机构。在境内的子公司、合营企业、联营企业、分支机构，采用不同于本企业记账本位币的，也视同境外经营。

企业在选定境外经营的记账本位币时，还应当考虑下列因素。

(1)境外经营对其所从事的活动是否拥有很强的自主性。如果境外经营所从事的活动可视同本企业经营活动的延伸，构成企业经营活动的组成部分，那么该境外经营应当选择与本企业相同的记账本位币；如果境外经营对其所从事的活动具有很强的自主性，那么该境外经营不能选择与本企业记账本位币相同的货币作为记账本位币。

(2)境外经营活动中与企业的交易是否占有较大比重。如果境外经营与企业的交易占境外经营活动的比例较高，那么境外经营应当选择与企业记账本位币相同的货币作为记账本位币；反之，应选择其他货币。

(3)境外经营活动产生的现金流量是否直接影响企业的现金流量，是否可以随时汇回。如果境外经营活动产生的现金流量直接影响企业的现金流量，并可随时汇回，境外经营应当选择与企业记账本位币相同的货币作为记账本位币；反之，应选择其他货币。

(4)境外经营活动产生的现金流量是否足以偿还其现有债务和可预期的债务。在企业不提供资金的情况下，如果境外经营活动产生的现金流量难以偿还其现有债务和正常情况下可预期的债务，境外经营应当选择与企业记账本位币相同的货币作为记账本位币；反之，应选择其他货币。

(三)记账本位币的变更

企业记账本位币一经确定，不得随意变更，除非企业经营所处的主要经济环境发生重大变化。企业因经营所处的主要经济环境发生重大变化，通常是指企业主要收入和支出现金的环境发生了重大变化，使用该环境中的货币最能反映企业主要交易业务的经济结果。

企业因经营所处的主要经济环境发生重大变化，确需变更记账本位币的，应当采用变更当日的即期汇率将所有项目折算为变更后的记账本位币，折算后的金额作为以新的记账本位币计量的历史成本。由于采用同一即期汇率进行折算，不会产生汇兑损益。

企业因经营所处的主要经济环境发生重大变化，需要提供确凿的证据，并应在报表附注中披露变更的理由。

企业记账本位币发生变更的，在按照变更当日的即期汇率将所有项目折算为变更后的记账本位币时，其比较财务报表也应当以可比当日的即期汇率折算资产负债表和利润表所有项目。

二、外币和外币交易

(一)外币

外币的概念有广义和狭义之分，狭义概念的外币是指除本国货币以外的其他国家或地区的货币；广义概念的外币是指所有以外币表示的能够用于国际结算的支付手段。它通常用于企业因贸易、投资等经济活动所引起的对外结算业务中。

(二)外币交易

外币业务包括外币交易和外币财务报表折算。外币交易是指企业以外币计价或者结算的交易。根据企业会计准则的规定，不论企业以何种货币作为记账本位币，均可能存在外币交易，如果企业以外币作为记账本位币，该企业与其他企业发生的以人民币计价的交易则为外币交易。尽管外币交易本身是以非记账本位币计量的，但会计上计量和记录这些交易时必须将其表达为记账本位币。外币财务报表折算是为满足特定目的，将以某种货币单位表述的财务报表折算成所要求的按另一种货币单位表述的财务报表。

外币业务主要有以下几种类型：

(1)买入或者卖出以外币计价的商品或者劳务；

(2)借入或者借出外币资金；

(3)其他以外币计价或者结算的交易；

(4)外币折算业务，即将以某种外币表述的财务报表折算为以另一种货币表述的财务报表。

(三)记账汇率

1. 即期汇率和即期汇率的近似汇率

我国企业会计准则规定，企业在处理外币交易和对外币报表进行折算时，应当采用交易发生日的即期汇率将外币金额折算为记账本位币金额反映，也可以采用按照系统合理的方法确定的、与交易日即期汇率近似的汇率折算。

(1)即期汇率，通常是指中国人民银行公布的当日人民币外汇牌价的中间价。所谓中同价，是银行买入价与卖出价的平均价。企业发生的外币兑换业务或涉及外币兑换的交易事项，应当按照交易实际采用的汇率即银行买入价或卖出价进行折算。

(2)即期汇率的近似汇率，是指按照系统合理的方法确定的与交易发生日即期汇率近似的汇率，通常采用当期平均汇率或加权平均汇率等。

企业通常应当采用即期汇率进行折算，当汇率变动不大时，为简化核算，企业在外币交易日或对外币报表的某些项目进行折算时也可以选择即期汇率的近似汇率进行折算。

2. 记账汇率和账面汇率

(1)记账汇率也称为"现行汇率"，是指企业发生外币业务时，企业会计记账当时所采用的汇率。这个汇率可以采用记账当天的汇率，也可以采用当月 1 日的汇率。会计上所用的记账汇率一般采用中间汇率，根据情况也可以采用银行的买入汇率，可以由企业选定，但一经确定后，不能随意改变。

(2)账面汇率也称为"历史汇率"，是指企业以往外币业务发生时所采用的已经登记入账的汇率，即过去的记账汇率。会计账面上已经入账的所有外币业务的汇率都是账面汇率。它的确定可以采用几种方法，如先进先出法、加权平均法或移动加权平均法和个别认定法等。

三、外汇交易的相关概念

(一)概念

外汇，是外币资金的总称。按照国际货币基金组织的解释，外汇是货币行政管理当局以银行存款、国库券、长短期政府债券等形式保有的在国际收支逆差时可以使用的债权。我国外汇管理暂行条例规定，外汇是指以外币表示的用于国际结算的支付手段以及可用于国际支付的特殊债券和其他货币性资产。其具体包括：外国货币，包括纸币、铸币等；外币有价证券，包括政府公债、国库券、公司债券、股票、息票等；外汇收支凭证，包括票据、银行存款凭证、邮政储蓄凭证等；其他外汇资金

（二）外汇汇率

汇率，又称为"汇价"，是指以一国货币表示另一国货币的价格，即将一国货币换算成另一国货币的比率。

1. 汇率的标价

汇率的标价，是以外国货币表示本国货币的价格或以本国货币表示外国货币的价格，可用以下两种方式加以表述。

（1）直接标价法，又称为"应付标价法"，是指以一定单位的外币为标准折合成一定数额的本国货币。其特点是：外币数额固定不变，本国货币的数额随着汇率的高低变化而变化，本国货币币值的大小与汇率的高低成反比。目前，世界上大多数国家汇率的标价均采用直接标价法，我国也采用这种方法。

（2）间接标价法，又称为"应收标价法"，是指以一定单位的本国货币为标准折合成一定数额的外国货币。其特点是：本国货币数额固定不变，外国货币的数额随着汇率的高低变化而变化，本国货币币值的大小与汇率的高低成正比。通常英国、美国采用这种方法，但美国对英国采用直接标价法。

2. 汇率的种类

外汇根据不同的要求，具有不同的分类，现介绍几种主要的分类。

（1）固定汇率，是指某一国家的货币与别国货币的兑换比率是基本不变的，或者是指因某种限制而在一定幅度内波动的汇率。固定汇率一般是由政府规定的，将汇率变动规定在一定幅度之内，超出幅度，则实行政府干预。

（2）浮动汇率，是指某一国货币与另一国货币的兑换比率是根据外币市场的供求关系决定其涨落而不受限制的汇率。浮动汇率又分为自由汇率制与管理浮动制。自由汇率制完全由市场供求情况决定，国家不进行干预。在管理浮动制下，政府可根据本国经济发展需求，采取各种方式干预外汇市场，使汇率不致发生剧烈波动。目前，国际市场上现行的汇率制度大多为浮动汇率制。

（3）现行汇率，是指资产负债表日本国货币与外国货币之间的比率。

（4）历史汇率，是指当取得外币资产或承担外币债务时的汇率。

现行汇率和历史汇率一般是相对于当取得外币资产或承担外币债务而言的，当取得外币资产或承担外币债务之日就是资产负债表编制之日时，这两种汇率是相同的；在记录外币交易之日，应用的折算汇率是现行汇率，但此日一过，这种汇率就变成历史汇率了。

（5）平均汇率，是将现行汇率或历史汇率按简单算术平均或加权平均计算出的汇率。

四、汇兑损益

（一）汇兑损益的概念

汇兑损益是指发生的外币业务折算为记账本位币记账时，由于业务发生的时间不同、采用的汇率不同而产生的记账本位币的差额，或者是不同货币兑换，由于两种货币采用的汇率不同而产生的折算为记账本位币的差额。它给企业带来收益或者损失，也是衡量企业外汇风险的一个指标。

（二）汇兑损益的种类

1. 按业务归属划分

外币业务汇兑损益根据其业务划分，一般可分为以下四种经常性汇兑损益。

（1）交易损益，是指在发生以外币计价或者结算的商品交易中，因收回或偿付债权、债务而产生的交易汇兑损益。

（2）兑换损益，是指在发生外币与记账本位币，或一种外币与另一种外币进行兑换时产生的兑换汇兑损益。

（3）调整损益，是指在会计期末将所有外币债权、债务和外币货币资金账户，按规定的汇率进行调整时产生的汇兑损益。

（4）折算损益，是指在会计期末，为了编制合并财务报表或为了重新表述会计记录和财务报表金额，而把按外币计量的金额转化为按记账本位币计量的金额的过程中产生的折算汇兑损益。

2. 按本期实现与否划分

汇兑损益按其是否已经在本期实现，可分为以下两类。

（1）已实现的汇兑损益，是指产生汇兑损益的外币业务在本期内已经全部完成所产生的汇兑损益，例如，收到的外币存款在实际支付时，应收的外币债权在实际收回时，应付的外币债务在实际偿还时，不同货币在实际兑换时。一般来说，交易损益和兑换损益属于已实现的汇兑损益。

（2）未实现的汇兑损益，是指产生汇兑损益的外币业务尚未完成，例如，收到的外币存款尚未实际支付，应收的外币债权尚未实际收回，应付的外币债务尚未实际偿还，一种货币尚未兑换为另一种货币。一般来说，调整损益和折算损益属于未实现的汇兑损益。

以上关于汇兑损益的分类的关系如图 4-1 所示。

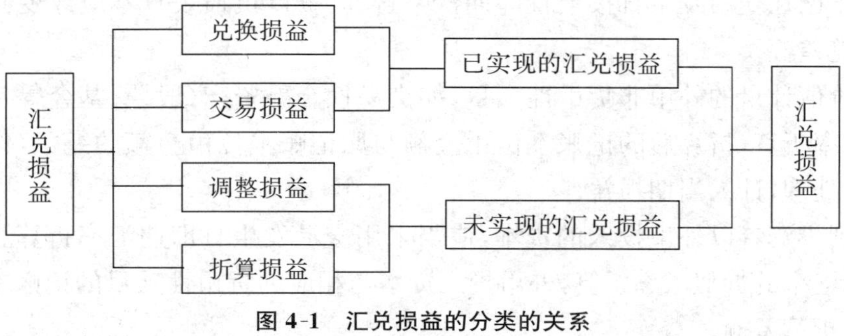

图 4-1　汇兑损益的分类的关系

另外，对于交易损益还可以将其划分为已结算交易损益和未结算交易损益两种。已结算交易损益是因在记录原始交易日与记录结算日所应用的汇率不同而产生的汇兑损益；未结算交易损益是在原始交易日与结算日跨越了两个会计期间的情况下，为了在会计期末编制财务报表的需要，对于尚未结算的债权债务按照编表日的汇率加以表述，我们将这种在交易结算日之前为编制报表所产生的损益，称为"未结算交易损益"。

（三）汇兑损益的确认

由于汇兑损益要作为财务费用计入期间费用，汇兑损益的确认问题直接影响企业损益的计算和纳税。对于汇兑损益的确认，存在以下两种不同的观点。

一种观点认为，要划分已实现汇兑损益和未实现汇兑损益。这种观点认为，本期汇兑损益的确认应以实现为准，即只有已实现的汇兑损益才能作为本期的汇兑损益登记入账。未实现的汇兑损益不能登记入账，待以后实现时才能予以确认。按照这种观点，除已实现的汇兑损益可以入账外，不管外部实际汇率发生多大变化，对于企业外币货币性资产和负债项目，一般不能因汇率变动而调整其账面的记账本位币金额。即使调整也应区分已实现汇兑损益和未实现汇兑损益，对于未实现汇兑损益要递延到以后会计期间，待实际业务发生或已结算完成后，再计入该期损益。

另一种观点认为，不必划分已实现汇兑损益和未实现汇兑损益。这种观点主张将本期已实现和未实现汇兑损益全部计入当期损益。即只要汇率发生变动，就应认为其汇兑损益已经实现。因此，期末对于各项外币货币性项目均应按照规定的汇率作为折算汇率，重新调整所有外币账户的余额。产生的汇兑损益不论是否在本期内已经实现，全部计入当期损益。这种观点在运用中又可以分为两种做法：一种是每年调整一次，即在年末根据规定的汇率调整外币账户；另一种是每月调整一次，即在月末根据规定的汇率调整外币账户。

目前，在我国会计实务中，对于调整损益大多数企业采用的是第二种观点，而对于外币报表折算损益则先作递延处理，待处置境外经营时再计入当期损益。

（四）汇兑损益的处理

我国企业会计准则规定，对汇兑损益应当按照下列规定进行处理。

(1)外币货币性项目，采用资产负债表日即期汇率折算。因资产负债表日即期汇率与初始确认或者前一资产负债表日即期汇率不同而产生的汇兑损益，计入当期损益。

(2)以历史成本计量的外币非货币性项目，仍采用交易发生日的即期汇率折算，不改变其记账本位币金额，由于已在交易发生日按当日即期汇率折算，资产负债表日不应改变其原记账本位币金额，不产生汇兑差额。

(3)以公允价值计量的外币非货币性项目，如交易性金融资产(股票、基金等)，采用公允价值确定日的即期汇率折算，折算后的记账本位币金额与原记账本位币金额的差额，作为公允价值变动(含汇率变动)处理，计入当期损益

(4)企业收到投资者以外币投入的资本，应当采用交易发生日即期汇率折算。不得采用合同约定汇率和即期汇率的近似汇率折算，外币投入资本与相应的货币性项目的记账本位币金额之间不产生外币资本折算差额。

(5)企业编制合并财务报表涉及境外经营的,如有实质上构成对外经营净投资的外币货币性项目,因汇率变动而产生的汇兑差额,应列入所有者权益"外币报表折算差额"项目;在处置境外经营时,计入处置当期损益。

第二节 外币交易的会计处理

一、外币交易的核算方法

外币业务的记账方法有外币统账制和外币分账制两种,企业可根据实际情况加以选择。

(一)外币统账制

外币统账制,是指企业发生外币业务时,即折算为记账本位币入账。采用外币统账制进行外币核算,将外币折算为记账本位币时,有当日汇率法和期初汇率法两种方法可供选择。

1. 当日汇率法

当日汇率法是对每笔外币业务均按业务发生当天的市场汇率折算为记账本位币。除了外币兑换业务外,平时不确认汇兑损益,月末再将各外币账户的外币余额按月末汇率折算为记账本位币金额,折算后的记账本位币金额与账面记账本位币金额的差额,确认为汇兑损益。采用当日汇率法,需要了解每日的市场汇率信息,增加了会计工作量,一般适用于外币种类较少、外币业务量较小的企业。

2. 期初汇率法

期初汇率法是对每笔外币业务均在发生时按当期期初(即当月1日)的市场汇率折算为记账本位币。除了外币兑换业务,平时不确认汇兑损益,月末再将各外币账户的外币余额按月末汇率折算为记账本位币金额,并将其与账面记账本位币金额的差额确认为汇兑损益。这种方法与前一种方法相比,只需掌握每月1日的市场汇率信息,减少了会计工作量,适用于外币业务较多的企业。

(二)外币分账制

外币分账制,是指企业在外币业务发生时,直接按照原币记账,不需要按一定的汇率折算成记账本位币,月末再将所有原币的发生额按一定的市场汇率折算为记账本位币,并确认汇兑损益。采用这种方法,需要按币种分设账户,分币种核算损益。这种方法减少了日常会计核算的工作量,又可及时、准确地反映外币业务情况,一般适用于外币业务繁多的企业。

对于上述两种方法,我国目前绝大多数企业采用外币统账制,而外币交易频繁、外币币种较多的金融企业应采用外币分账制。

二、外市交易会计处理的两种观点

在外币商品购销交易中,如果货物的交易和款项的结算没有同时进行,则相应的会计处理方法取决于企业在记录外币交易业务时所选择的观点,即单一交易观点和两项交易观点。

(一)单一交易观点

单一交易观点,亦称为“一笔业务交易观点”,是指企业将发生的销货或购货业务以及以后的账款结算视为一项交易的两个阶段。在这种观点下,汇率变动的影响应作为原入账销售收入或购货成本的调整,即按记账本位币计量的销售收入和购货成本,最终取决于结算日的汇率。因此,对以外币标价的销售或购货交易,必须在账款结算后才算完成。

这种方法的要点是:

(1)在交易发生日,按当日汇率将交易发生的外币金额折算为记账本位币入账;

(2)在资产负债表日,如果交易尚未结算,应按资产负债表日规定的汇率将交易发生额折算为记账本位币金额,并对有关外币资产、负债、收入、成本账户进行调整;

(3)在交易结算日,应按结算日汇率将交易发生额折算为记账本位币金额,并对有关外币资产、负债、收入、成本账户进行调整。

【例 4-1】 按照单一交易观点的外币交易会计处理

资料:华鑫股份有限公司 2×20 年 12 月 15 日以赊销方式向美国某公司出口商品一批,共计 10 000美元,当天的汇率为¥6.40=$1.00;12 月 31 日的汇率为¥6.30=$1.00;结算日为 2×21 年 2 月 16 日,当天的汇率为¥6.20=$1.00。买卖双方约定货款以美元结算,该公司所选择的记账本位币为人民币,假设不考虑相关税费(后同)。

要求:按照单一交易观点进行会计处理。

【分析】

(1)2×20 年 12 月 15 日,按交易日汇率反映出口商品销售,作会计分录:

借:应收账款——美元户($10 000×6.40)　　64 000

　贷:主营业务收入　　64 000

(2)2×20 年 12 月 31 日,按年末汇率调整原入账的销售收入和应收账款,作会计分录:

借:主营业务收入　　1 000

　贷:应收账款——美元户[$10 000×(6.40−6.30)]　　1 000

(3)2×21 年 2 月 16 日结算时,先按当日汇率调整销售收入和应收账款,并反映将收讫的款项存入银行的情况,作会计分录:

借:主营业务收入　　1 000

　贷:应收账款——美元户[$10 000×(6.30−6.20)]　　1 000

同时:

借:银行存款——美元户($10 000×6.20)　　62 000

　贷:应收账款——美元户　　62 000

由以上分录可见,在单一交易观点下,外币交易损益作为销售收入调整处理。

若将上例改为进口业务,即上例中的中国某公司从美国某公司进口商品一批,发生的外汇交易损益则作为调整购货成本处理,其会计处理程序如下。

(1)2×20 年 12 月 15 日，购货业务按交易日汇率入账，作会计分录：

借：库存商品　　　　　　　　　　　　　　　　　　64 000

　　贷：应付账款——美元户（＄10 000×6.40）　　　　64 000

(2)2×20 年 12 月 31 日，按年末汇率调整原已入账的存货成本，假定该存货没有出售，应作会计分录：

借：应付账款——美元户［＄10 000×(6.40－6.30)］　　1 000

　　贷：库存商品　　　　　　　　　　　　　　　　　　1 000

(3)2×21 年 2 月 16 日结算时，在该存货尚未出售的情况下，先按当日汇率调整存货的成本和应付账款，并反映结算应付账款的情况，作会计分录：

借：应付账款——美元户［＄10 000×(6.30－6.20)］　　1 000

　　贷：库存商品　　　　　　　　　　　　　　　　　　1 000

同时：

借：应付账款——美元户（＄10 000×6.20）　　　　62 000

　　贷：银行存款——美元户　　　　　　　　　　　　62 000

由以上分录可见，在单一交易观点下，外币交易损益作为存货成本调整处理。

(二)两项交易观点

两项交易观点，亦称为“两笔业务交易观点”，是指对企业发生的销货或购货业务，将交易的发生和以后的货款结算视为两项交易。在这种观点下，销售收入或购货成本均按照交易日的汇率确定，而与结算日的汇率无关，即确认的销售收入或购货成本取决于交易日的汇率。在交易中形成的外币债权债务将承受汇率变动风险，在资产负债表日和账款结算日由于汇率变动而产生的外币折算差额，作为汇兑损益处理，不再调整销售收入或购货成本。

在两项交易观点下，对结算日前的汇兑损益有两种处理方法：第一种方法是作为已实现的损益，列入当期利润表；第二种方法是作为未实现损益作递延处理，列入资产负债表，待到结算日再作为已实现的汇兑损益入账。现分述如下。

1. 将汇兑损益作为已实现损益处理

【例 4-2】　按照两项交易观点的外币交易会计处理

资料：沿用【例 4-1】中的出口业务资料。

要求：按照两项交易观点，将汇兑损益作为已实现损益进行会计处理。

【分析】

(1)2×20 年 12 月 15 日，按交易日汇率反映出口商品销售，作会计分录：

借：应收账款——美元户（＄10 000×6.40）　　　　64 000

　　贷：主营业务收入　　　　　　　　　　　　　　　64 000

(2)2×20 年 12 月 31 日，按年末汇率确认未结算交易损益，作会计分录：

借：财务费用——汇兑损益［＄10 000×(6.40－6.30)］　1 000

　　贷：应收账款——美元户　　　　　　　　　　　　　1 000

(3)2×21 年 2 月 16 日结算时，先按当日汇率调整应收美元账款，确认汇兑损益，并反映将收入的款项存入银行的情况，作会计分录：

借：财务费用——汇兑损益[＄10 000×(6.30－6.20)]　1 000
　贷：应收账款——美元户　1 000

同时：

借：银行存款——美元户(＄10 000×6.20)　62 000
　贷：应收账款——美元户　62 000

2. 将汇兑损益作递延处理

【例 4-3】 按照两项交易观点的外币交易会计处理

资料：沿用【例 4-1】中的出口业务资料。

要求：按照两项交易观点，将汇兑损益作递延进行会计处理。

【分析】

(1)2×20 年 12 月 15 日，按交易日汇率反映出口商品销售，作会计分录：

借：应收账款——美元户(＄10 000×6.40)　64 000
　贷：主营业务收入　64 000

(2)2×20 年 12 月 31 日，按年末汇率将未结算交易损益予以递延，作会计分录：

借：递延汇兑损益[＄10 000×(6.40－6.30)]　1 000
　贷：应收账款——美元户　1 000

(3)2×21 年 2 月 16 日结算时，先按当日汇率调整应收美元账款和递延汇兑损益，并反映将收讫的款项存入银行的情况，作会计分录：

借：递延汇兑损益[＄10 000×(6.30－6.20)]　1 000
　贷：应收账款——美元户　1 000

同时：

借：银行存款——美元户(＄10 000×6.20)　62 000
　贷：应收账款——美元户　62 000

同时，将递延汇兑损益结转为已实现的汇兑损益，作会计分录：

借：财务费用——汇兑损益　2 000
　贷：递延汇兑损益　2 000

(三)两种观点的比较

综合比较两种观点对应的会计处理方法，单一交易观点在理论上虽然符合在取得时确认资产价值，即在购买时确认存货成本的公认会计原则，但从实务上却不可行。如【例 4-1】，如果上述所购商品在 2×20 年 12 月 31 日还没出售，则会计处理就十分简单；如果上述所购商品在该日之前就已全部售出，那么 2×20 年 12 月 31 日的折算差额(￥1 000)尚可调整该年度的销售成本，但资产负债表日到结算日的差异(￥1 000)该调整什么项目呢？在本期并没有销货的情况下，调整销售收入或销售成本显然是不合理的，并且在单一交易观点下，无法反映外币的风险程度，即无法向企业管理当局提供决策有用的信息。

在两项交易观点下，会计处理方法比单一交易观点的处理方法要复杂一些，但是"汇兑损益"这个明细科目设置可以单独计量和反映因汇率变动而形成的外币交易折算差额，这可以方便企业管理和控制汇率变动给交易带来的风险。鉴于这些原因，两项交易观点已为大多数国家的会计准则所采用。《国际会计准则第 21 号——汇率变动的影响》规定，原则上采用两项交易观点的第一种方法，但也未完全否定第二种方法。

我国基本上采用两项交易观点的第一种方法，即将结算日前的汇兑损益作为已实现的损益，列入当期利润表。

三、外币交易的会计处理

(一)外币交易核算程序

1. 账户设置

在外币统账制下，不需要单独设置一级科目来核算外币交易，只需要在相应的一级科目下设置二级科目，例如在"银行存款""应收账款"等科目下设置二级科目"美元户"来反映这些一级科目中以美元计价的交易金额。外币交易中因汇率变动对损益产生的影响，应在"财务费用"科目下设置二级科目"汇兑损益"予以反映，借方表示因汇率变动而产生的汇兑损失，贷方表示因汇率变动而产生的汇兑收益。

2. 会计核算程序

(1)交易发生时，按照交易日的即期汇率或者按照系统合理的方法确定的、与交易日即期汇率近似的汇率将外币金额折算为记账本位币金额，将折算后的记账本位币金额登记到相关账户中，同时记录未经折算的外币金额。

(2)期末对外币项目的余额进行调整，具体调整方法见下文"(二)常见外币交易的会计处理"中的"5. 会计期末外币项目余额的调整"。

(二)常见外币交易的会计处理

1. 外币兑换业务

外币兑换业务，是指企业从银行买入外币或将外币卖给银行以及将一种外币兑换为另一种外币的经济业务。

(1)企业将外币卖给银行

企业按规定将持有的外币卖给银行，即结汇业务，银行买进外汇并按其买入价将人民币兑付给企业。企业应按实际收到的人民币金额借记"银行存款——人民币户"科目；按向银行结售的外币与企业选定的汇率折合的人民币金额贷记"银行存款——外币户"科目；将两者之间的差额记入"财务费用——汇兑损益"科目。

【例 4-4】 企业将外币卖给银行业务的会计处理

资料：某公司将其所持有的 2 000 美元卖给银行，当天银行买入价为￥6.40＝＄1.00，实收入民币 12 800 元。当月 1 日的汇率为￥6.30＝＄1.00。

问题:如何根据这笔业务理解企业将外币卖给银行业务的会计处理?

【分析】 该公司按当月1日汇率¥6.30=$1.00作为折算汇率,作会计分录:

借:银行存款——人民币户 12 800

贷:银行存款——美元户($2 000×6.30) 12 600

财务费用——汇兑损益 200

对于不允许开立现汇账户的企业,其所取得的外币收入要及时存入银行,其会计处理方法与上例相同。

(2)企业从银行买入外币

企业因业务需要从银行买入外币时,银行售汇时按其卖出价向企业计算收取人民币。企业应按交易当天的即期汇率或按系统、合理的方法确定的即期汇率的近似汇率折合的人民币金额,借记“银行存款——外币户”科目,按实际付出的人民币金额,贷记“银行存款——人民币户”科目;将两者之间的差额记入“财务费用——汇兑损益”科目。

【例4-5】 企业从银行买入外币业务的会计处理

资料:某公司从银行买入20 000美元,当天银行卖出价为¥6.40=$1.00,实付人民币128 000元;该公司按当月1日汇率作为折算汇率,月初汇率为¥6.20=$1.00。

问题:如何根据这笔业务理解企业从银行买入外币业务的会计处理?

【分析】 根据资料,作会计分录:

借:银行存款——美元户($20 000×6.20) 124 000

财务费用——汇兑损益 4 000

贷:银行存款——人民币户($20 000×6.40) 128 000

2. 外币结算的购销业务

【例4-6】 外币结算的销售业务的会计处理

资料:某公司于2×21年2月10日出口商品一批,货款计10 000美元,交易当天的即期汇率为¥6.40=$1.00;2×21年2月25日收到外汇并结售给银行,当天市场汇率为¥6.20=$1.00,结汇银行买入价为¥6.30=$1.00,实际收到人民币63 000元;该公司以交易发生日的即期汇率作为折算汇率。

问题:如何根据这笔业务理解外币结算的销售业务的会计处理?

【分析】

(1)2×21年2月10日,反映出口商品销售并按交易发生日的即期汇率折算为记账本位币,作会计分录:

借:应收账款——美元户($10 000×6.40) 64 000

贷:主营业务收入 64 000

(2)2×21年2月25日,反映收到外汇货款并结售给银行的情况,作会计分录:

借:银行存款——人民币户($10 000×6.30) 63 000

贷:财务费用——汇兑损益 1 000

应收账款——美元户($10 000×6.20) 62 000

(3)以上“应收账款——美元户”账户的借贷方人民币差额需在会计期末予以调整：

借：财务费用——汇兑损益　　2 000

　贷：应收账款——美元户　　2 000

【例4-7】 外币结算的购入业务的会计处理

资料：华鑫股份有限公司2×21年8月10日由韩国某株式会社进口商品一批，货款15 000美元尚未支付，交易当天的即期汇率为￥6.40＝＄1.00；8月28日该公司为偿还货款向银行购入外汇，当天的即期汇率为￥6.30＝＄1.00，银行美元卖出汇率为￥6.50＝＄1.00，实付人民币97 500元；该公司以交易发生日的即期汇率作为折算汇率。

问题：如何根据这笔业务理解外币结算的购入业务的会计处理？

【分析】

(1)2×21年8月10日，按交易发生日汇率将进口的商品折合为记账本位币入账，作会计分录：

借：库存商品　　96 000

　贷：应付账款——美元户(＄15 000×6.40)　　96 000

(2)2×21年8月28日，反映向银行买入外币结算货款情况，作会计分录：

借：应付账款——美元户(＄15 000×6.30)　　94 500

　　财务费用——汇兑损益　　3 000

　贷：银行存款——人民币户(＄15 000×6.50)　　97 500

(3)以上“应付账款——美元户”账户的借贷方人民币差额需在会计期末予以调整：

借：应付账款——美元户　　1 500

　贷：财务费用——汇兑损益　　1 500

3. 外币计价的借款业务

企业外币借款是企业外币筹资的重要方式。企业应将借入的外币按当日即期汇率折算为记账本位币入账。

【例4-8】 外币计价的借款业务的会计处理

资料：华鑫股份有限公司2×20年7月1日从银行借入一年期贷款10 000美元，年利率为5%，借款当天的即期汇率为￥6.40＝＄1.00；2×21年7月1日偿还贷款本金，还款当天的即期汇率为￥6.50＝＄1.00。

问题：如何根据这笔业务理解外币计价的借款业务的会计处理。

【分析】

(1)2×20年7月1日，将借入的外币按当天的即期汇率折算为人民币入账，作会计分录：

借：银行存款——美元户(＄10 000×6.40)　　64 000

　贷：短期借款——美元户(＄10 000×6.40)　　64 000

(2)2×20年12月31日，计提2×20年下半年应付利息如下：

应付利息＝＄10 000×5%×6/12×6.30＝￥1 575

根据以上计算结果，作会计分录：

借：财务费用——利息支出　　1 575

　贷：应付利息——美元户　　1 575

(3)2×20 年 12 月 31 日，计算由于汇率变化所形成的汇兑损益，作会计分录：

借：短期借款——美元户［\$10 000×(6.40－6.30)］ 1 000

贷：财务费用——汇兑损益 1 000

(4)2×21 年 7 月 1 日计算利息如下：

借款利息总额＝\$10 000×5%×6.50＝¥3 250，其中：

2×21 年上半年的应付利息＝\$10 000×5%×6/12×6.50＝¥1 625

2×20 年下半年应付利息中由于汇率变化所形成的汇兑损益＝\$10 000×5%×6/12×(6.5－6.3)＝¥50

根据以上计算结果，作会计分录：

借：应付利息——美元户 1 575

财务费用——利息支出 1 625

——汇兑损益 50

贷：银行存款——美元户 3 250

(5)2×21 年 7 月 1 日归还外币贷款本金，作会计分录：

借：短期借款——美元户(\$10 000×¥6.50) 65 000

贷：银行存款——美元户(\$10 000×¥6.50) 65 000

(6)以上"短期借款——美元户"账户的借贷方人民币差额需在期末予以调整：

借：财务费用——汇兑损益 2 000

贷：短期借款——美元户 2 000

4. 投入外币资本业务

根据我国企业会计准则的规定，企业收到投资者以外币投入的资本，应当采用交易发生日即期汇率折算。不得采用合同约定汇率和即期汇率的近似汇率折算，外币投入资本与相应的货币性项目的记账本位币金额之间不产生外币资本折算差额。

【例 4-9】 投入外币资本业务的会计处理

资料：华鑫股份有限公司收到某外商的外币投入资本 20 000 美元，收到资本当天的即期汇率为¥6.40＝\$1.00。

问题：如何根据这笔业务理解投入外币资本业务的会计处理？

【分析】 根据资料，作会计分录：

借：银行存款——美元户(\$20 000×6.40) 128 000

贷：实收资本——美元户(\$20 000×6.40) 128 000

5. 会计期末外币项目余额的调整

(1)外币货币性项目的调整

外币货币性项目，是指企业持有的货币资金和将以固定金额或可确定的金额收取的资产或者偿付的负债。货币性项目分为货币性资产和货币性负债。货币性资产包括库存现金、银行存款、应收账款、其他应收款和长期应收款等；货币性负债包括短期借款、应付账款、其他应付款、长期借款、应付债券和长期应付款等。

对于外币货币性项目，因采用资产负债表日的即期汇率折算而产生的汇兑差额，计入当期损益，同时调增或调减外币货币性项目的记账本位币金额。

在资产负债表日，企业应对各种外币货币性账户的期末余额，按照期末即期汇率折算为记账本位币金额。将按期末即期汇率折算的记账本位币金额与原账面记账本位币金额之间的差额，作为汇兑损益，记入“财务费用”或有关账户。在资产负债表日，外币货币性账户余额的调整程序如下：

①根据各外币货币性账户的期末外币余额，按照期末即期汇率计算出人民币余额；

②将期末所折算的人民币余额与调整前原账面人民币余额进行比较，计算出人民币余额的差额；

③根据应调整的人民币差额，确定所产生的汇兑损益的数额；

④进行调整各外币货币性账户账面余额的账务处理，并将汇兑损益记入“财务费用”账户。

【例 4-10】 会计期末外币货币性项目余额的调整

资料：华鑫股份有限公司根据有关外币货币性账户的余额和资产负债表日的即期汇率等数据资料，编制的期末外币货币性账户余额调整计算表，见表 4-1。

表 4-1　期末外币货币性账户余额调整计算表

外币货币性账户名称	美元余额（美元）	期末即期汇率	调整后人民币余额（元）	调整前人民币余额（元）	差额（元）
银行存款	1 000	6.50	6 500	7 500	1 000
应收账款	0	6.50	0	300	300
应付账款	300	6.50	1 950	1 750	200
短期借款	2 000	6.50	13 000	15 000	2 000
合计					500

问题：如何根据这笔业务理解会计期末外币货币性项目余额的调整？

【分析】 根据上述计算结果，作调整外币货币性账户余额的会计分录如下：

借：短期借款——美元户　　2 000

　贷：银行存款——美元户　　1 000

　　应收账款——美元户　　300

　　应付账款——美元户　　200

　　财务费用——汇兑损益　　500

(2)外币非货币性项目的调整

外币非货币性项目是指货币性项目以外的项目，如存货、长期股权投资、交易性金融资产、固定资产、无形资产等。

①以历史成本计量的外币非货币性项目

对于以历史成本计量的外币非货币性项目，已在交易发生日按当日即期汇率折算，资产负债表日不应改变其原记账本位币金额，不产生汇兑损益。因为这些项目在取得时已按即期汇率折算，从而构成这些项目的历史成本，如果再按资产负债表日的即期汇率折算，就会导致这些项目的价值不断变动，从而使这些项目的折旧、推销和减值亦不断地随之变动，将与这些项目的实际情况不符。

【例 4-11】 会计期末以历史成本计量的外币非货币性项目的调整

资料：某公司的记账本位币是人民币，2×21 年 12 月 16 日进口设备一台，该设备价款为 500 万美元，设备价款尚未支付，当天的即期汇率为￥6.40＝＄1.00。2×21 年 12 月 31 日的即期汇率为￥6.50＝＄1.00，该台设备属于企业的固定资产，在购入时已按交易发生日的即期汇率折算为人民币 3 200 万元。

问题：如何根据这笔业务理解会计期末以历史成本计量的外币非货币性项目的调整？

【分析】 由于固定资产属于非货币性项目，在 2×21 年年末无须对其进行调整。

在外币非货币性项目中的存货项目具有一定的特殊性，该项目在资产负债表日是按成本与可变现净值孰低原则计量的，因此，在以外币购入存货并且在资产负债表日该存货的可变现净值也以外币反映的情况下，在计提存货跌价准备时应考虑汇率变动因素的影响。

【例 4-12】 会计期末外币非货币性项目中的存货项目的调整

资料：华鑫股份有限公司以人民币为记账本位币，2×21 年 12 月 5 日进口 A 商品 10 件，每件 1 000 美元，货款以美元支付，当日即期汇率为￥6.40＝＄1.00；2×21 年 12 月 31 日尚有 A 商品 5 件，当天即期汇率为￥6.50＝＄1.00，国内市场仍无 A 商品供货，但在国际市场上该种商品价格已降至每件 900 美元。

问题：如何根据这笔业务理解会计期末外币非货币性项目中的存货项目的调整？

【分析】

(1)2×21 年 12 月 5 日，进口 A 商品时，作会计分录：

借：库存商品——A(＄10 000×6.40)　　64 000

　　贷：银行存款——美元户　　64 000

(2)2×21 年 12 月 31 日，计提存货跌价准备时，作会计分录：

借：资产减值损失(＄1 000×5×6.40－＄900×5×6.50)　2 750

　　贷：存货跌价准备　　2 750

由以上分录可见，在期末计算 A 商品的可变现净值时，在国内无法取得该商品的价格信息，而只能依据国际市场价格来确定其可变现净值，但需要考虑汇率变动的影响。以国际市场价格为基础确定的可变现净值应按期末汇率折算，再将其低于记账本位币成本的差额确定为跌价损失。

②以公允价值计量的外币非货币性项目

以公允价值计量的外币非货币性项目是指交易性金融资产，如股票、基金等，应采用公允价值确定日的即期汇率折算，折算后的记账本位币金额与原记账本位币金额的差额作为公允价值变动(含汇率变动)处理，计入当期损益。

【例 4-13】 以公允价值计量的外币非货币性项目的调整

资料：华鑫股份有限公司以人民币作为记账本位币，2×21 年 12 月 3 日以每股 1.5 美元的价格购入 A 公司 B 股股票 1 000 股作为交易性金融资产，当日即期汇率为￥6.40＝＄1.00，款项已付清；2×21 年 12 月 31 日，由于股市价格变动，当月 3 日购入 A 公司 B 股股票的市价为每股 2 美元，当日即期汇率为￥6.50＝＄1.00；2×22 年 2 月 8 日，该公司将所购 B 股股票以每股 2.3 美元全部售出，当日即期汇率为￥6.20＝＄1.00。

问题：如何根据这笔业务理解以公允价值计量的外币非货币性项目的调整。

【分析】

(1)2×21 年 12 月 3 日，购入 A 公司 B 股股票 1 000 股作为交易性金融资产时，作会计分录：

借：交易性金融资产(＄1 000×1.5×6.40)　　　9 600
　贷：银行存款——美元户　　　9 600

(2)2×21 年 12 月 31 日，将公允价值变动(含汇率变动)计入当期损益时，作会计分录：

借：交易性金融资产[＄1 000×(2×6.50－1.5×6.40)]　　　3 400
　贷：公允价值变动损益　　　3 400

这笔会计分录中的公允价值变动损益，既包含了公允价值变动损益，又包含了汇率变动损益。

(3)2×22 年 2 月 8 日，将所购 B 股股票全部售出时，作会计分录：

借：银行存款——美元户(＄1 000×2.3×6.20)　　　14 260
　贷：交易性金融资产　　　13 000
　　　投资收益　　　1 260

同时：

借：公允价值变动损益　　　3 400
　贷：投资收益　　　3 400

第三节　外币财务报表折算

一、外币财务报表折算的基本原理

(一)外币财务报表折算概述

1. 外币财务报表折算的含义

外币财务报表折算是指将以外币表示的财务报表折算为以某一特定货币表示的财务报表。

需要注意的是，外币财务报表折算不同于外币兑换，外币兑换是将企业持有一种货币兑换成另一种货币。它会发生实际货币的等值交换；而外币财务报表折算并不涉及不同货币的实际兑换，只是将财务报表的表述从一种货币单位转化为另一种货币单位。

2. 外币财务报表折算的作用

(1)在母公司拥有境外经营子公司的情况下，在编制合并报表之前，需对纳入合并范围的境外经营子公司以外币表示的财务报表折算为以母公司记账本位币表示的财务报表。

(2)为了向国外股东和其他报表使用者提供适合他们使用的报表，就需要将以本国货币表示的财务报表折算为以某一外国货币表示的财务报表。

(3)为了在国外证券市场上发行股票和债券，就需要将以本国货币表示的财务报表折算为以某种外国货币表示的财务报表。

本教材所阐述的外币报表折算主要针对第一个目的。

3. 外币财务报表折算的主要会计问题

(1)折算汇率的选择

折算汇率的选择,即外币报表中的各个项目按什么汇率进行折算,是选择现行汇率、历史汇率,还是与即期汇率相近似的平均汇率进行折算。

(2)折算差额的处理

折算差额的处理,即外币报表折算产生的折算差额是应当直接计入当期损益,还是作递延处理。

(二)外币财务报表折算的四种方法

目前,世界各国对外币财务报表折算的方法主要有以下四种。

1. 流动与非流动项目法

流动与非流动项目法是借鉴传统的资产负债表项目分类方法,将资产负债表项目按其流动性划分为流动项目和非流动项目两类。

流动项目包括流动资产和流动负债,流动资产主要有库存现金、银行存款、应收账款和存货等;流动负债主要有应付账款、应付票据等。

非流动项目是指除流动项目以外的资产、负债项目,主要有长期投资、固定资产、无形资产、递延资产、长期负债和所有者权益等。

具体折算方法是:对于流动资产和流动负债项目按报表编制日的现行汇率折算;对于非流动项目按资产取得或负债发生时的历史汇率折算;对于利润表项目,除了折旧费和摊销费用按其相关资产取得时的历史汇率折算,其他收入和费用项目均按会计报告期内的平均汇率折算。

流动与非流动项目法的理论依据是,非流动资产一般不会在短期内转变为现金,非流动负债一般也不会在短期内进行偿还,因而它们不应该受到现行汇率的影响。这种方法的缺点是它所依据的理论并不充分,即不能说明流动项目和非流动项目要采用不同汇率的原因。例如,按现行汇率折算流动资产,表明货币性资产和存货均要承受同样的汇率波动风险,但这对按历史成本计价的存货项目来说就不合理了。同时,如果两个会计期间汇率变化较大,会使合并利润表上所折算的经营成果失真。

2. 货币性与非货币性项目法

货币性与非货币性项目法是将资产负债表项目划分为货币性项目和非货币性项目两类。

货币性项目,是指货币性资产和负债,货币性资产主要有库存现金、银行存款、应收账款、应收票据等;货币性负债主要有应付账款、应付票据和长期负债等。

非货币性项目,是指除货币性项目以外的资产、负债和所有者权益项目。

具体折算方法是:对于货币性项目,按现行汇率折算;对于非货币性项目,按其取得或发生时的历史汇率折算;对于利润表项目,除了折旧费用和摊销费用按其相关资产取得时的历史汇率折算，其他收入和费用项目均按会计报告期内的平均汇率折算。

这种方法和流动与非流动项目法的主要区别在于存货的折算，在流动与非流动项目法下，存货是按现行汇率折算的，而采用这种方法对存货则按历史汇率折算。

采用这种方法的主要理由是，外币货币性项目代表着在以后期间将要收回或付出的一笔固定的外币债权和外币债务，这些外币债权和外币债务的币值，随着汇率的变动会有所增减，因而这些外币项目按编表日的现行汇率进行折算是合理的，即这种方法是依据汇率波动对企业资产负债的影响程度来选择折算汇率的，货币性项目要承受汇率变动的风险，要按现行汇率折算，而非货币性项目不受汇率变动的影响，则按历史汇率折算是比较合理的。不赞成这种方法的理由是，外币的折算涉及的是计量而不是分类，因此，合理的折算方法不一定与资产、负债的分类有关，非货币性项目并不一定都按历史汇率折算才合理，当某项非货币性项目是以历史成本计价的若按历史汇率折算是合理的，但当某项非货币性项目是以现行成本计价的若按历史汇率折算就不合理了。

3. 时态法

时态法，亦称为“时间量度法”，是针对资产负债表项目的计量方法和时间的不同，而选择不同汇率进行折算的一种方法。这种方法的基本思路是，既然外币折算是一个计量过程，那么就不能改变被计量项目的属性，而只能改变计量单位。这样，无论在历史成本计量模式下还是在现行成本计量模式下，由于现金总是按照资产负债表日实际持有的金额计量的，应收账款和应付账款也是按资产负债表日可望在未来收回或偿付的货币金额计量的，它们的外币计量日期都是资产负债表日，因而都要按资产负债表日的现行汇率进行折算，其他资产、负债项目则按其计价日期的历史汇率折算。

具体折算方法是：对于货币资金、应收和应付项目，不论是按原始成本，还是按现行成本计价，均按现行汇率折算；对于其他资产、负债项目，如果在子公司财务报表上以历史成本计价，则按历史汇率折算，如果在子公司财务报表上以现行成本计价，则按现行汇率折算；对于所有者权益项目，按发生时的历史汇率折算；对于利润表项目，除了折旧费用和摊销费用按历史汇率折算，其他项目均按平均汇率折算。外币资产负债表和利润表项目在折算过程中形成的折算损益均应确认为当期损益。

主张这种方法的理由是：外币报表的折算是一个计量变换过程，它不能改变被计量项目的属性和计量基础，而只能改变计量单位，如对存货项目的折算，是为了重新表述存货的计量单位的货币名称，而不是改变其实际价值。采用时态法进行折算时，在采用历史成本计量属性的情况下，它和货币性与非货币性项目法的折算程序实质是相同的。但如果采用其他计量基础，如重置成本、市场价值或收益现值时，其折算程序就不同了。目前，国际上通行的是历史成本计量模式，但它已不再是纯粹的历史成本计量模式，而是有条件地吸收了一些现行成本计量模式的优点，如对部分资产按重置成本计价，对投资和存货采用成本与市价孰低原则等，因而时态法和货币性与非货币性项目法是不同的。如存货项目，在时态法下，以市价计量的存货按现行汇率折算，而在货币性与非货币性项目法下，则按历史汇率折算。

时态法的优点是使折算的资产负债保持与交易发生时的计价基础相一致，具有一定的灵活性，克服了上述流动与非流动项目法的缺陷。时态法目前是国际上被广泛采用的一种方法。如美国财务会计准则委员会在第 6 号财务会计准则公告中，将时态法确立为外币报表折算的唯一公认原则。

4. 现行汇率法

现行汇率法，是对外币资产负债表中的所有资产、负债项目均按现行汇率折算。这种方法的具体折算方法是：对于所有的资产、负债项目均按现行汇率折算；对于收入和费用项目均按平均汇率折算；对于实收资本项目按发生时的历史汇率折算。

现行汇率法采用单一汇率对各项资产负债进行折算，相当于对各项目乘上一个常数，因而计算简便，而且折算后报表中各项目之间的比例关系能够与原外币报表中各项目之间的比例关系保持一致。这种方法的缺点是：将外币报表中按历史成本表示的资产项目按折算日现行汇率折算，其折算结果既不是资产的历史成本，也不是资产的现行市价，而是外币资产的历史成本与资产负债表日现行汇率两个不同时点数字的乘积。此外，现行汇率法假设所有的外币资产都将受汇率变动的影响，这显然与实际情况不符。

尽管现行汇率法存在种种不足，但在会计实务中是应用得较为广泛的一种方法。美国财务会计准则委员会在《财务会计准则公告第 52 号——外币折算》中也肯定了这一方法。

对于上述四种方法，按照国际会计准则委员会的要求，各国可从后两种方法中选择一种应用。各种外币财务报表的折算方法的比较见表 4-2。

表 4-2　外币财务报表折算方法比较表

资产负债表项目	流动与非流动项目法	货币性与非货币性项目法	时态法	现行汇率法
库存现金	CR	CR	CR	CR
应收账款	CR	CR	CR	CR
存货				
按成本	CR	HR	HR	CR
按市价	CR	HR	CR	CR
投资				
按成本	HR	HR	HR	CR
按市价	HR	HR	CR	CR
固定资产	HR	HR	HR	CR
其他资产	HR	HR	HR	CR
应付账款	CR	CR	CR	CR
非流动负债	HR	CR	CR	CR
股本	HR	HR	HR	HR
留存利润	※	※	※	※

注：CR——现行汇率；

HR——历史汇率；

※——轧算的平衡数字，其中在现行汇率法下，该数字为利润分配表折算的结果，再通过轧算平衡计算出的折算调整数。

（三）外币财务报表折算差额的处理

外币财务报表折算差额，是指在外币报表折算时，由于不同项目所采用的汇率不同而产生的差额。企业无论采用哪种折算方法都会产生折算差额，即折算损益。折算损益只是在编制合并报表过程中形成的一种未实现汇兑损益。外币财务报表折算所产生的损益，主要取决于两个因素：一是汇率变动所引起的有关资产和负债项目相比的差额；二是汇率变动的方向，即外汇汇率变动是升值还是贬值。当汇率升值或贬值时，如果有关资产项目和有关负债项目金额相等，发生的损益就会相互抵销；如果资产项目金额大于负债项目金额，当外币升值时，就会产生折算收益，贬值时将会产生折算损失。

外币折算损益的大小，除取决于以上两个因素外，还取决于所选用的折算方法。在不同的折算方法下，对不同的项目使用不同的汇率折算，由此产生的折算损益的金额也不一样。

目前，国际上主要有以下两种基本账务处理方法。

1. 作当期损益处理

这种方法是将外币报表折算差额作当期损益处理，以“折算损益”项目列示在利润表中，采用时态法时，应将折算差额作当期损益处理。

主张这种方法的人认为，汇率变动是不容掩盖的客观事实。这是因为，汇率变动会引起资产和负债折算后价值的改变，而资产净额的变动必然会使企业收益受到影响。只有将折算损益计入当期损益，才能给报表使用者以真实的信息。

但是，在通货膨胀情况下，将大幅度的汇率变动所造成的外币折算损益计入当期损益，利润表中企业的收益反映不出企业的正常经营成果。另外，把未实现的折算损益计入当期损益，合并财务报表提供的信息也容易使人产生误解。

2. 作递延处理

这种方法是将外币报表折算差额在资产负债表的股东权益中以“报表折算差额”项目单独列示，不予摊销，作递延处理。采用现行汇率法可作递延处理，主张这种方法的人认为，折算损益只是外币报表重新表达过程的产物，它们与母公司的境外经营子公司中的长期投资相联系，在境外子公司结束经营活动并把全部净资产分配给母公司之前，这种折算损益都不可能实现。而且在这之前，汇率的变动可能逆转，也就是说，这种折算损益有可能永远不能实现。它不会影响境外经营子公司所创造的当地货币的现金流量，把它作为当期损益计入利润表，可能会使人产生误解，因此，应作为合并业主权益的一部分单独积累，即将折算损益以单独项目列示于资产负债表的股东权益内，作为累计递延处理。

然而，有些人认为这种会计处理方法不符合全面收益观的概念，因为这种观念要求在利润表内包括一切非正常和非营业性损益项目。

二、一般情况下外币报表的折算方法

本部分着重介绍根据我国会计准则的规定对一般情况下外币报表进行折算采用的方法。

(一)基本原理

我国外币财务报表的折算采用的是前述四种方法中的现行汇率法，根据我国《企业会计准则第19号——外币折算》等现行会计规范的规定，企业将境外经营子公司的财务报表并入本企业财务报表时，具体折算规定如下。

(1)资产负债表中的资产、负债项目，采用资产负债表日的即期汇率折算，所有者权益项目除"未分配利润"项目外，其他项目采用发生时的即期汇率折算。也就是说，将资产和负债项目全部按照资产负债表日的现行汇率折算，对于所有者权益项目，除"未分配利润"项目外，均按照权益发生时的即期汇率折算。

(2)利润表中的收入、费用、利得和损失项目，采用交易发生日的即期汇率折算；也可以采用按照系统、合理的方法确定的与交易日即期汇率近似的汇率折算。

(3)按照上述两步折算所产生的外币财务报表折算差额应当在合并资产负债表中"其他综合收益"项目单独列示，其中属于少数股东权益的部分，应列入"少数股东权益"项目。

比较财务报表的折算比照上述规定处理。

(二)举例

【例4-14】 一般情况下外币报表的折算方法

资料：由中国华鑫股份有限公司100%拥有的境外子公司A公司以美元表示的2×20年12月31日和2×21年12月31日比较资产负债表及2×21年度(至12月31日止)的利润表和所有者权益变动表部分项目见表4-3和表4-4。

假设股本发行时的汇率为￥6.60＝＄1.00。2×21年购货、销货、其他费用以及股利等在年内都是均匀发生的。2×21年度内的汇率资料如下：

2×21年1月1日　　￥6.65＝＄1.00

2×21年12月31日　　￥6.70＝＄1.00

2×21年平均汇率　　￥6.64＝＄1.00

表4-3　A公司资产负债表　　单位：美元

项目	2×20年12月31日	2×21年12月31日
资产		
货币资金	12 000	20 000
应收账款	52 000	40 000
存货	48 000	60 000
固定资产	360 000	320 000
资产总计	472 000	440 000
负债和所有者权益		
应付账款	88 000	96 000
非流动负债	176 000	120 000
股本	80 000	80 000
留存收益	128 000	144 000
负债和所有者权益总计	472 000	440 000

表 4-4　A 公司利润表及留存收益情况

单位：美元

项目	金额
营业收入	400 000
营业成本	238 000
折旧费	40 000
其他费用	59 720
营业利润	62 280
所得税	18 680
净利润	43 600
留存收益(2×20 年 12 月 31 日)	128 000
股利分配前留存收益	171 600
股利	27 600
留存收益(2×21 年 12 月 31 日)	144 000

要求：根据我国企业会计准则的规定采用现行汇率法进行折算。

【分析】　下面根据我国企业会计准则的规定采用现行汇率法进行折算，其折算程序如下：

利润表和留存收益情况的折算见表 4-5。

表 4-5　A 公司已折算利润表及留存收益情况

2×21 年度

单位：美元

项目	外币(美元)	平均汇率	折合本位币(元)
营业收入	400 000	6.64	2 656 000
营业成本	238 000	6.64	1 580 320
折旧费	40 000	6.64	265 600
其他费用	59 720	6.64	396 541
费用合计	337 720		2 242 461
营业利润	62 280		413 539
所得税	18 680	6.64	124 035
净利润	43 600		289 504
年初留存收益	128 000		851 200
股利分配前留存收益	171 600		1 140 704
股利	27 600	6.64	183 264
年末留存收益	144 000		957 440

资产负债表的折算见表 4-6。

表 4-6 A 公司已折算资产负债表

2×21 年 12 月 31 日

单位:美元

项目	外币(美元)	平均汇率	折合本位币(元)
资产			
货币资金	20 000	6.70	134 000
应收账款	40 000	6.70	268 000
存货	60 000	6.70	402 000
固定资产	320 000	6.70	2 144 000
资产总计	440 000		2 948 000
负债和所有者权益			
应付账款	96 000	6.70	643 200
非流动负债	120 000	6.70	804 000
股本	80 000	6.60	528 000
留存收益	144 000		957 440
其他综合收益			15 360
负债和所有者权益总计	440 000		2 948 000

三、我国外币报表折算的其他规定

(一)恶性通货膨胀下合并境外经营问题

上述外币财务报表折算方法在境外经营所处的经济环境比较正常、没有严重恶性通货膨胀的情况下是适用的,当企业合并处于恶性通货膨胀情况下的境外经营的财务报表进行折算时,应当按照下列规定:

先对资产负债表项目运用一般物价指数予以重述,对利润表项目运用一般物价指数变动予以重述,再按照资产负债表日的即期汇率进行折算,即采取先消除恶性通货膨胀的影响,再进行折算的办法。

在境外经营不再处于恶性通货膨胀经济中时,应当停止重述,对按照停止之日的价格水平重述的财务报表进行折算。

恶性通货膨胀经济通常按照以下特征进行判断:

(1)最近 3 年累计通货膨胀率接近或超过 100%;

(2)利率、工资和物价与物价指数挂钩;

(3)公众不是以当地货币,而是以相对稳定的外币为单位作为衡量货币金额的基础;

(4)公众倾向于以非货币性资产或相对稳定的外币来保存自己的财富,持有的当地货币立即用于投资以保持购买力;

(5)即使信用期限很短,赊销、赊购交易仍按补偿信用期预计购买力损失的价格成交。

（二）处置境外经营问题

企业在处置境外经营时，应当将资产负债表中所有者权益项目下列示的、与境外经营相关的外币财务报表折算差额，自所有者权益项目转入处置当期损益；部分处置境外经营的，应当按处置的比例计算处置部分的外币财务报表折算差额，转入处置当期损益。例如，中国境内某企业集团在境外有一家经营机构A公司，在过去的会计期间内，A公司并入企业集团资产负债表中所有者权益项目下的外币财务报表折算差额累计20 000元人民币，2×21年年末集团公司决定处置A公司的全部经营，则应将所有者权益项目下的外币财务报表折算差额20 000元全部计入2×21年度的损益。如果集团公司决定处置A公司50%的经营，则应将所有者权益项目下外币财务报表折算差额20 000元的50%，即10 000元转入2×21年度的损益。

（三）外币折算信息的披露

与国际会计准则相比，我国企业会计准则要求披露的信息比较简单，只要求在附注中披露与外币折算有关的如下信息：

（1）企业及其境外经营选定的记账本位币及选定的原因，记账本位币发生变更的，说明变更的理由；

（2）采用近似汇率的，说明近似汇率的确定方法；

（3）计入当期损益的汇兑差额；

（4）处置境外经营对外币财务报表折算差额的影响。

课堂思政

商务部财务司曾表示，人民币汇率双向波动日益常态化，外经贸企业面临的汇率风险加大，理性看待汇率波动、做好汇率风险管理，已经成为外经贸企业稳健经营的必修课。我国外汇市场已包括即期、远期、掉期、货币掉期和期权等主要外汇交易产品类型，可满足企业汇率避险管理的需求。同时，企业也可使用人民币进行跨境结算交易。

据悉，2021年1—4月，上海市商业银行跨境人民币业务市场分布出现新格局：在跨境人民币结算总量、“经常和直接投资”项下跨境人民币结算量及其占本外币结算比重这三项指标的前十名中，外资银行在数量和市场份额上均超过中资银行。上海市外资银行跨境人民币业务异军突起，其原因包括：一是，跨境人民币业务政策给予中外资银行同等待遇，外资银行能够在公平、公正、公开的政策环境下开展跨境人民币业务；二是，上海良好的营商环境吸引越来越多的外资企业来沪展业，众多国际知名大宗商品进出口商和制造业企业集团成为外资银行的重点客户，出于规避汇率风险等因素考虑，这些客户群在涉外经济活动中使用人民币结算的习惯正在形成。

讨论问题：

1. 跨境交易使用人民币结算对会计处理带来哪些影响？

（思政引领：会计实际业务复杂多变，不断提升专业素质）

2. 良好的营商环境应具备哪些基本要素？

（思政引领：诚信、法治、人文）

课后思考题

1. 何为记账本位币？何为列报货币？企业在选定记账本位币时应考虑哪些因素？
2. 记账本位币变动时应根据哪些规定进行处理？
3. 什么是外币业务？外币业务有哪几种类型？
4. 外汇汇率的基本标价方法有几种？其特点是什么？
5. 什么是汇兑损益？它有几种类型？对其如何进行确认？
6. 我国企业会计准则对汇兑损益的处理有哪些规定？
7. 外币交易的基本会计处理方法有哪些？各自有哪些特点？
8. 会计期末对外币货币性项目应如何折算？
9. 会计期末对外币非货币性项目应如何折算？
10. 外币财务报表折算的基本方法有哪些？各种方法的适用范围和优缺点是什么？
11. 对外币财务报表折算差额应如何处理？
12. 我国企业会计准则对外币财务报表的折算有哪些规定？
13. 如何对恶性通货膨胀下合并境外经营进行处理？
14. 在处置境外经营时如何进行会计处理？
15. 在财务报表附注中，怎样披露折算信息？

课后习题

一、单项选择题

1. 将一种货币兑换为另一种货币的业务是（　　）。

A. 外币交易　　B. 外币兑换　　C. 外币信贷　　D. 外币折算

2. 资产负债表日本国货币与外币之间的比率是（　　）。

A. 现行汇率　　B. 历史汇率　　C. 即期汇率　　D. 远期汇率

3. 属于已实现汇兑损益的是（　　）。

A. 交易损益　　B. 调整损益　　C. 换算损益　　D. 折算损益

4. 企业在资产负债表日将所有外币货币性账户按期末即期汇率进行调整时而产生的汇兑损益是（　　）。

A. 交易损益　　B. 折算损益　　C. 调整损益　　D. 兑换损益

5. 按照两项交易观点，确认的购货成本或销售收入取决于（　　）的汇率。

A. 交易日　　B. 结算日　　C. 决算日　　D. 成交日

6. 对于投入外币资本业务，应当采用交易发生日即期汇率折算。不得采用合同约定汇率和即期汇率的近似汇率折算，外币投入资本与相应的货币性项目的记账本位币金额之间不产生（　　）。

A. 盈余公积　　B. 资本折算差额　　C. 汇兑损益　　D. 财务费用

7. 企业应将借入的外币按交易发生（　　）的即期汇率折合为记账本位币记账。

A. 当日　　B. 当年　　C. 年末　　D. 月末

8. 在编制合并报表前，需要对(　　)的外币报表进行折算。

A. 母公司　B. 子公司　C. 关联方　D. 债权方

9. 在采用流动与非流动项目法时，对于非流动资产应按(　　)进行折算。

A. 现行汇率　B. 历史汇率　C. 即期汇率　D. 远期汇率

10. 美国财务会计准则委员会在第 6 号财务会计准则公告中，将(　　)确立为外币报表折算的唯一公认原则。

A. 流动与非流动项目法　B. 货币与非货币项目法

C. 现行汇率法　D. 时态法

二、多项选择题

1. 按照我国外汇管理暂行条例规定，下列项目中属于外汇的项目有(　　)。

A. 外国货币　B. 外币有价证券　C. 外汇收支凭证

D. 外国纸币　E. 外国铸币

2. 下列项目中属于外币业务类型的有(　　)。

A. 外币兑换　B. 外币信贷　C. 外币标价　D. 外币交易　E. 外币折算

3. 对于外汇汇率的标价方法有(　　)。

A. 直接标价法　B. 现行汇率法　C. 历史汇率法　D. 间接标价法　E. 时态法

4. 下列项目中属于经常性汇兑损益的有(　　)。

A. 交易损益　B. 兑换损益　C. 调整损益　D. 折算损益　E. 核算损益

5. 企业的外币货币性项目有(　　)。

A. 外币现金　B. 外币银行存款　C. 外币债权　D. 外币债务　E. 存货

6. 对外币报表进行折算所采用的汇率有(　　)。

A. 现行汇率　B. 平均汇率　C. 历史汇率　D. 远期汇率　E. 浮动汇率

7. 目前，世界各国对外币报表进行折算的方法通常有(　　)。

A. 平均汇率法　B. 现行汇率法　C. 历史汇率法

D. 时态法　E. 货币与非货币项目法

8. 在流动与非流动项目法下，下列项目中属于流动项目的有(　　)。

A. 库存现金　B. 银行存款　C. 应收账款　D. 存货　E. 短期借款

9. 在流动与非流动项目法下，下列项目中属于非流动项目的有(　　)。

A. 长期股权投资　B. 长期借款　C. 实收资本

D. 存货　E. 固定资产

10. 在货币与非货币项目法下，下列项目中属于货币性项目的有(　　)。

A. 银行存款　B. 应收票据　C. 长期借款　D. 应付账款　E. 存货

三、判断题

1. 根据我国《企业会计准则第 19 号——外币折算》的有关规定，企业必须以人民币作为记账本位币。(　　)

2. 汇率是将一国货币换算成另一国货币的比率。(　　)

3.外币交易应当在初始确认时，采用交易发生日的即期汇率将外币金额折算为记账本位币，也可以采用按照系统合理的方法确定的，与交易日即期汇率近似汇率折算。（　　）

4.一般来说，交易损益属于未实现损益。（　　）

5.单一交易观点在理论上虽然符合在取得时确认资产价值，但在实务中却不可行。（　　）

6.在两项交易观点下，购货成本与销售收入的确定，与交易日的汇率无关。（　　）

7.在外币报表折算中，只需处理好对外币报表中的各个项目选择什么汇率进行折算的问题。（　　）

8.现行汇率法假设所有的外币资产都将受汇率变动的影响，这与实际情况是不符的。（　　）

9.采用时态法，对于存货项目，如果在子公司报表上以历史成本计价，则按历史汇率折算；如果在子公司报表上以现行成本计价，则按现行汇率折算。对于所有者权益项目也是这样。（　　）

10.外币报表折算差额，是指在外币报表折算时，由于不同项目所采用的汇率不同而产生的差额，它是一种未实现汇兑损益。（　　）

四、计算分析题和业务题

1.资料：华鑫股份有限公司记账本位币为人民币，在银行已开设美元存款户，外币业务采用交易发生日的即期汇率折算并按月计算汇兑损益。2×23 年 2 月末“银行存款——美元户”余额为 60 000美元折合为 384 000 元人民币，其他外币账户余额均为 0。2×23 年 3 月，甲公司发生下列业务：

(1)5 日，华鑫股份有限公司收到某外商的外币投入资本 100 000 美元，收到资本当天的即期汇率为＄1＝￥6.5，款项已经存入银行。

(2)10 日，华鑫股份有限公司向 B 公司进口一台机器设备，设备价款 50 000 美元，款项已用银行存款支付，当天的即期汇率为＄1＝￥6.6，该机器设备正处在安装调试过程中。

(3)15 日，华鑫股份有限公司向 C 公司购买材料一批，价款 20 000 美元，款项尚未支付，购货当天的汇率为＄1＝￥6.7。

(4)31 日，以美元存款偿还 C 公司应付账款 15 000 美元，当日市场汇率为＄1＝￥6.8。

要求甲公司完成下列任务：

(1)编制 2×23 年 3 月份发生的外币业务的会计分录。

(2)编制 2×23 年 3 月末外币项目余额调整的会计分录。

2.资料：

(1)华鑫股份有限公司 2×17 年 12 月 15 日以赊销方式向美国某公司出口商品一批，共计 10 000美元，当天的汇率为￥6.37＝＄1；12 月 31 日的汇率为￥6.30＝＄1；结算日为 2×18 年 1 月 30 日，当天的即期汇率为￥6.32＝＄1。买卖双方约定货款以美元结算，该公司所选择的记账本位币为人民币。

(2)华鑫股份有限公司于 2×17 年 12 月 15 日从美国某公司进口商品一批，计 10 000 美元，当天的汇率为￥6.37＝＄1；12 月 31 日的汇率为￥6.30＝＄1；结算日为 2×18 年 1 月 30 日，当天的即期汇率为￥6.32＝＄1。买卖双方约定货款以美元结算，该公司所选择的记账本位币为人民币。

要求：

根据(1)和(2)，采用两项交易观点进行会计处理。

3.资料：

华鑫股份有限公司记账本位币为人民币，在银行已开设美元存款户，外币业务采用交易发生日的即期汇率折算并按月计算汇兑损益。2×22 年 2 月，甲公司发生下列业务：

(1)10 日，甲公司向 B 公司出口商品一批，售价 20 000 美元；销货当天的汇率为＄1＝￥6.5，款项尚未收回。

(2)15 日，甲公司向 C 公司赊购材料一批，价款 25 000 美元；购货当天的汇率为＄1＝￥6.6。

(3)25 日，收回应收账款 15 000 美元存入银行，当日市场汇率为＄1＝￥6.7。

(4)28 日，以美元存款偿还应付账款 12 000 美元，当日市场汇率为＄1＝￥6.8。

要求：甲公司编制 2×22 年 2 月份发生外币业务的会计分录。

4.甲企业以人民币作为记账本位币，在银行已开设美元存款户，外币业务采用交易发生日的即期汇率折算并且期末调整。2×22 年 10 月末"银行存款——美元户"余额为 100 000 美元，折合为 660 000 元人民币，其他外币账户余额均为 0。2×22 年 11 月，甲公司发生下列外币有关业务：

(1)10 日，甲公司向 B 公司销售商品一批，售价 20 000 美元，款项尚未收回，当天的汇率为＄1.00＝￥6.50。

(2)15 日，甲公司向 C 公司赊购材料一批，价款 30 000 美元，当天的汇率为＄1.00＝￥6.70。

(3)25 日，收回 B 公司应收账款 20 000 美元存入银行，当天的汇率为＄1.00＝￥6.40。

(4)30 日，以美元存款偿还 C 公司应付账款 20 000 美元，当天的汇率为＄1.00＝￥6.80。

要求：

(1)甲公司编制 2×22 年 11 月份发生的外币业务的会计分录；

(2)甲公司编制 2×22 年 11 月末外币项目余额调整的会计分录。

5.资料：

华鑫股份有限公司的境外子公司 M 公司的外币报表需要进行折算，资产负债表日的即期汇率为￥6.00＝＄1，期初汇率为￥6.20＝＄1，本年平均汇率为￥6.10＝＄1。母公司对 M 公司进行资本投资时的即期汇率为￥6.80＝＄1。该子公司外币会计报表的有关数据见表 4-7 和表 4-8。

表 4-7　资产负债表　　　　单位：万美元

项目	金额
速动资产	400
存货	450
固定资产	1 100
折旧	210
流动负债	150
非流动负债	161
实收资本	400
公积金	154
未分配利润	875

表 4-8　利润表及所有者权益变动表　　单位:万美元

项目	金额
销售收入	3 138
销售成本	1 584
销售利润	1 554
期间费用	430
营业利润	1 124
营业外净损益	65
税前利润	1 189
所得税费用	392
净利润	797
年初未分配利润	557
提取公积金	80
应付股利	399
年末未分配利润	875

要求:采用现行汇率法,编制 M 公司折算后的财务报表。

第五章 租赁会计

本章知识结构

- 租赁会计
  - 租赁会计概述
    - 租赁的含义及识别
    - 租赁会计涉及的主要概念
    - 租赁会计涉及的主要会计科目
  - 承租人的会计处理
    - 一般租赁的会计处理
    - 短期租赁和低价值资产租赁的会计处理
  - 出租人的会计处理
    - 出租人的租赁分类及判断标准
    - 出租人对融资租赁的会计处理
    - 出租人对经营租赁的会计处理
  - 特殊租赁的会计处理
    - 生产商或经销商出租人的融资租赁会计处理
    - 售后租回的会计处理
    - 转租赁的会计处理

学习目标

通过本章学习，理解租赁的含义、租赁识别以及租赁会计相关的概念；掌握承租人对一般租赁业务的会计处理方法；了解承租人对短期租赁和低价值资产租赁的会计处理方法；掌握出租人对租赁的分类以及对融资租赁和经营租赁的会计处理方法；了解生产商或经销商出租人的融资租赁、转租赁和售后租回业务的会计处理原则。

案例导入

南方航空 2020 年租赁情况

中国南方航空股份有限公司(以下简称"南方航空")是中国运输飞机最多、航线网络最发达、年客运量最大的航空公司。2020 年,本公司已连续保障了 21 年的飞行安全和 26 年的空防安全,保持着中国航空公司最好的安全记录。表 5-1 是南方航空在 2020 年年报中所披露的公司机队详细情况。

表 5-1　南方航空在 2020 年公司机队详细情况

机型	融资租赁架数	经营租赁架数	自有架数	小计
客机	254	310	287	851
货机	7	0	9	16
合计	261	310	296	867

从南方航空所披露的信息中可以看出,2020 年南方航空租赁的飞机(包括融资租赁和经营租赁)占比高达 65.86%。在租赁占比如此之高的业务环境中,融资租赁和经营租赁产生的各项应收和应付款项将对公司的流动资产、流动负债和非流动负债等项目产生重要影响。而按照 2018 年 12 月修订、2019 年 1 月开始实施的《企业会计准则第 21 号——租赁》(以下简称"新租赁准则")的相关规定,承租人对租赁业务的处理不再区分融资租赁和经营租赁,那么按照修订后的租赁准则,承租人应如何进行账务处理?出租人又该如何进行会计处理?转租赁及售后租回业务的会计处理存在着哪些值得关注之处呢?接下来我们将结合新租赁准则的相关内容对租赁业务的会计处理过程进行介绍。

第一节　租赁会计概述

一、租赁的含义及识别

(一)租赁的含义

为了规范租赁的会计处理,提高会计信息质量,我国财政部根据《中国企业会计准则与国际财务报告准则持续趋同路线图》(2010)的规定,启动了修改我国 CAS21(2006)的工作,并于 2018 年 12 月 7 日发布了新的《企业会计准则第 21 号——租赁》,取代了原租赁准则 CAS21(2006)。

CAS21(2018)将租赁定义为:在一定期间内,出租人将资产的使用权让与承租人以获取对价的合同。通过 CAS21 应用指南(2019)对租赁定义的进一步解释可以看出,新租赁准则强调对租赁合同的判断。一项合同被分类为租赁,必须满足三要素:一是存在一定期间;二是存在已识别资产;三是资产供应方向客户转移对已识别资产使用权的控制。

在合同中,"一定期间"不仅可以是合同直接明确的一段时间,也可以表述为已识别资产的使用量(如某项设备的产出量)。如果客户有权在部分合同期内控制已识别资产的使用,则合同包含一项在该部分合同期内的租赁。

综上所述，根据新租赁准则的规定，在合同开始日，企业应当首先评估合同是否为租赁或者包含租赁。同时符合下列条件的，使用已识别资产的权利构成一项单独租赁：第一，承租人可单独使用该资产或将其易于获得的其他资源一起使用中获利；第二，该资产与合同中的其他资产不存在高度依赖或高度关联关系。只有经判断属于租赁合同或包含租赁的合同才能按照 CAS21(2018)的规定进行会计处理。

（二）租赁合同的识别

从本质上看，租赁合同是一项资产使用合同，该类合同有三个核心要素：标的资产、资产的供应方（出租企业/出租人）和资产的使用方（客户/承租人）。识别租赁合同主要分为以下两个步骤。

1. 判断标的资产是否是已识别资产

识别租赁合同的第一步，是判断标的资产是否为已识别资产。已识别资产需要从合同指定、物理可区分和实质性替换权三个方面判定，三者缺一不可。

(1)对资产的指定。

按照租赁准则第六条，已识别资产通常由合同明确指定，也可以在资产可供客户使用时隐形指定。

【例 5-1】　华鑫股份有限公司（客户）与乙铁路运输公司（供应方）签订了使用乙公司一节火车车厢的合同，期限 5 年。乙公司为此专门设计了一节车厢，用于华鑫股份有限公司运输特殊材料，未经重大改造不适合其他客户使用。

要求：请分析该火车车厢是否属于已识别资产。

【分析】　本例中，具体哪节火车车厢虽未在合同中明确指定，但是被隐含指定，因为乙公司仅有这一节适合客户华鑫股份有限公司使用的火车车厢，必须使用其来履行合同，乙公司无法自由替换该车厢。因此，火车车厢是一项已识别资产。

(2)物理可区分。

可识别资产必须是可以明确识别出来的、不同于其他同类的资产。如果资产的部分产能在物理上可区分（例如，某建筑物的某一层楼、某商场的某一个固定柜台、某船运公司的某条船只等），则该部分产能属于已识别资产。如果资产的某部分产能与其他部分在物理上不可区分（如光缆额部分容量），则该部分不属于已识别资产，除非其实质上代表该资产的全部产能，从而使客户获得因使用该资产所产生的几乎全部经济利益的权利。

【例 5-2】　情形 1：华鑫股份有限公司（客户）与乙公司（公用设施公司）签订了一份为期 10 年的合同，以取得连接 A、B 城市光缆中 3 条指定的物理上可区分的光纤使用权。若光纤损坏，乙公司应负责修理与维护。乙公司拥有额外的光纤，但仅可因修理、维护或故障等原因替换指定给华鑫股份有限公司使用的光纤。

情形 2：华鑫股份有限公司与乙公司签订了一份为期 10 年的合同，以取得连接 A、B 城市光缆中约定宽带的光纤使用权。华鑫股份有限公司约定的宽带相当于使用光缆中 3 条光纤的全部传输容量（乙公司光缆包含着 15 条传输容量相近的光纤）。

要求：请分析两种情形下是否存在已识别资产。

【分析】　在情形 1 下，合同明确指定了 3 条光纤，并且这些光纤与光缆中的其他光纤在物理上可区分、乙公司不可因修理、维护或故障以外的原因替换光纤，因此情形1中存在3条已识别光纤。

在情形2下，华鑫股份有限公司仅使用光缆的部分传输容量，提供给华鑫股份有限公司使用的光纤与其余光纤在物理上不可区分，且并不代表光缆中的几乎全部传输容量，因此情形2中不存在已识别资产。

(3)实质性替换权。

按照新租赁准则第六条，即使合同已对资产进行指定，如果资产供应方在整个使用期间拥有对该资产的实质性替换权，则该资产不属于已识别资产。其原因在于，如果资产供应方在整个使用期间均能自由替换合同资产，那么实际上，合同只规定了满足客户需求的一类资产，而不是被唯一识别出的一项或几项资产。也就是说，在这种情况下，合同资产并未和资产供应方的同类其他资产明确区分开来，并未被识别出来。

同时符合下列条件时，表明资产供应方拥有资产的实质性替换权：第一，资产供应方拥有在整个使用期间替换资产的实际能力，比如客户无法阻止供应方替换资产，且用于替换的资产对于资产供应方而言易于获得或者可以在合理期间内取得，第二，资产供应方通过行使替换资产的权利将获得经济利益，即替换资产的预期经济利益将超过替换资产所需成本。

企业难以确定供应方是否拥有对该资产的实质性替换权的，应当视为供应方没有对该资产的实质性替换权。

【例5-3】 华鑫股份有限公司(客户)与乙铁路运输公司(供应方)签订合同，合同要求乙公司在3年内按照约定的时间表使用指定型号的火车车厢为华鑫股份有限公司运输约定数量的货物。合同中约定的时间表和货物数量相当于华鑫股份有限公司在3年内有权使用10节指定型号火车车厢。合同规定了所运输货物的性质。乙公司有大量类似的车厢可以满足合同要求。车厢不用于运输货物时存放在乙公司处。

要求：请判断合同中用于运输华鑫股份有限公司货物的车厢是否属于已识别资产。

【分析】 本例中，第一，乙公司在整个使用期间有替换每节车厢的实际能力。用于替换的车厢是乙公司易于获得的，且无须华鑫股份有限公司批准即可替换。第二，乙公司可通过替换车厢获得经济利益。车厢存放在乙公司处，乙公司拥有大量类似的车厢，替换每节车厢的成本极小，乙公司可以通过替换车厢获益，例如，使用已位于任务所在地的车厢执行任务，或利用某客户未使用而闲置的车厢。因此，乙公司拥有车厢的实质性替换权，合同中用于运输华鑫股份有限公司货物的车厢不属于已识别资产。

【例5-4】 华鑫股份有限公司(客户)与乙公司(供应方)签订了使用一架指定飞机的5年期合同，合同详细规定了飞机的内、外部规格。合同规定，乙公司在5年合同期内可以随时替换飞机，在飞机出现故障时则必须替换飞机；无论在哪种情况下，所替换的飞机必须符合合同中规定的内、外部规格。在乙公司的机队中配备符合华鑫股份有限公司所要求规格的飞机所需成本高昂。

要求：请判断该飞机是否属于已识别资产。

【分析】 本例中，合同明确指定了飞机，尽管合同允许乙公司替换飞机，但配备另一架符合合同要求规格的飞机会发生高昂的成本，乙公司不会因替换飞机而获益，因此乙公司的替换权不具有实质性。因此，本例中存在已识别资产。

2. 判断使用期内控制标的资产使用的权利是否转移

识别租赁合同的第二步，是判断在使用期内控制标的资产使用的权利是否转移。如果在使用期内，控制资产使用的权利由资产的供应方转移给了客户，意味着在这期间内与资产的几乎全部经济利益将归属客户，根据新租赁准则的规定，在这种情况下，相关合同属于租赁合同或者合同包含着租赁。进行判断时需要同时具备以下两个条件。

(1)客户是否有权获得因使用资产所产生的几乎全部经济利益。

在评估客户在使用期内能否获得资产几乎全部经济利益，应注意以下两点。

第一，应当在合同约定的客户权利范围内考虑资产所产生的经济利益。比如，如果合同规定客户在使用期内仅能在特定里程范围内驾驶汽车，则企业应当仅考虑在允许的里程范围内使用汽车所产生的经济利益，而不包括超出该里程范围内使用汽车所产生的经济利益；如果合同规定汽车在使用期内仅限在某一特定区域使用，则企业应当仅考虑在该区域内使用汽车所产生的经济利益，而不包括在该区域外使用汽车所产生的经济利益。

第二，应当考虑在整个使用期间客户通过多种方式使用资产所产生的经济利益，包括使用、持有或转租资产。使用资产所产生的经济利益包括资产的主要产出和副产品以及通过与第三方之间的商业交易实现的其他经济利益。

(2)客户是否有主导资产使用的权利。

按照新租赁准则第八条的规定，存在下列情形之一的，可视为客户有权主导对已识别资产在整个使用期间的使用。

①客户有权在整个使用期间主导已识别资产的使用目的和使用方式。对于此种情况，如果客户有权在整个使用期间在合同界定的使用权范围内改变资产的使用目的和使用方式，则视为客户有权在该使用期间主导资产的使用目的和使用方式。在判断客户是否有权在整个使用期间主导已识别资产的使用目的和使用方式时，企业应当考虑在该使用期间与改变资产的使用目的和使用方式最为相关的决策权。相关决策权是指对使用资产所产生的经济利益产生影响的决策权。最为相关的决策权可能因资产性质、合同条款和条件的不同而不同。此类例子包括：第一，变更资产产出类型的权利；例如，决定将集装箱用于运输商品还是储存商品，或者决定在零售区域销售的产品组合；第二，变更资产的产出时间的权利，例如，决定机器或发电厂的运行时间；第三，变更资产的产出地点的权利，例如，决定卡车或船舶的目的地，或者决定设备的使用地点；第四，变更资产是否产出以及产出数量的权利。例如，决定是否使用发电厂发电以及发电量的多少。

②已识别资产的使用目的和使用方式在使用期开始前已预先确定，并且客户有权在整个使用期间自行或主导他人按照其确定的方式运营该资产，或者客户设计了已识别资产，并在设计时已预先确定了该资产在整个使用期间的使用目的和使用方式。

【例 5-5】　华鑫股份有限公司(客户)与乙公司(供应方)签订了购买某一新太阳能电厂 20 年生产的全部电力的合同。合同明确指定了太阳能电厂，且乙公司只能通过该电厂向华鑫股份有限公司供电，即乙公司没有替换权。太阳能电厂的产权归乙公司所有，乙公司不能通过其他电厂向华鑫股份有限公司供电。太阳能电厂在建造之前由华鑫股份有限公司设计，华鑫股份有限公司聘请了太阳能专家协助其确定太阳能电厂的选址和设备工程。乙公司负责按照华鑫股份有限公司的设计建造太阳能电厂，并负责太阳能电厂的运行和维护。关于是否发电、发电时间和发电量无需再进行决策，该项资产在设计时已经预先确定了这些决策。

要求：请分析华鑫股份有限公司在20年使用期是否有权主导该电厂的使用。

【分析】 本例中，合同明确指定了太阳能电厂，且乙公司无权替换，因此合同存在已识别资产。太阳能电厂的使用目的、使用方式等相关决策在太阳能电厂设计时已预先确定，尽管太阳能电厂的运营由乙公司负责，但是该电厂由华鑫股份有限公司设计这一事实赋予了华鑫股份有限公司主导电厂使用的权利，华鑫股份有限公司在整个20年使用期有权主导太阳能电厂的使用。

【例5-6】 沿用【例5-5】的资料，假设该电厂由乙公司在合同签订前自行设计。

要求：请分析华鑫股份有限公司在20年使用期是否有权主导该电厂的使用。

【分析】 本例中，合同明确指定了太阳能电厂，且乙公司无权替换，因此合同存在已识别资产。太阳能电厂的使用目的和使用方式，即是否发电、发电时间和发电量，在合同中已预先确定。华鑫股份有限公司在使用期内无权改变电厂的使用目的与使用方式，没有关于电厂使用的其他决策权，也未参与电厂的设计，因此，华鑫股份有限公司在使用期间无权主导电厂的使用。

【例5-7】 华鑫股份有限公司（客户）与乙公司（信息技术公司）签订了使用一台指定服务器的5年期合同。乙公司根据华鑫股份有限公司的指示在华鑫股份有限公司处交付和安装服务器，并在整个使用期间根据需要提供服务器的维修和保养服务。乙公司仅在服务器发生故障时替换服务器。华鑫股份有限公司决定在服务器中存储哪些数据以及如何将服务器与其运营整合，并在整个使用期间有权改变这些决定。

要求：请分析该合同是否属于租赁合同。

【分析】 本例中，合同明确指定了服务器，乙公司仅在服务器发生故障时方可替换，合同存在已识别资产。华鑫股份有限公司在整个5年使用期控制服务器的使用，原因如下：第一，华鑫股份有限公司有权获得在5年使用期使用服务器所产生的几乎全部利益，因此，华鑫股份有限公司在整个使用期内拥有服务器的独家使用权；第二，华鑫股份有限公司有权决定使用该服务器支持其运营的哪些方面以及存储哪些数据，华鑫股份有限公司可就服务器的使用目的和使用方式作出相关决定，且华鑫股份有限公司是使用期间唯一可对服务器的使用作出决定的一方，华鑫股份有限公司有权主导服务器的使用。因此，该合同包含服务器的租赁，华鑫股份有限公司拥有该服务器5年的使用权。

企业评估合同是否为租赁或者是否包括租赁的评估流程可参考图5-1。

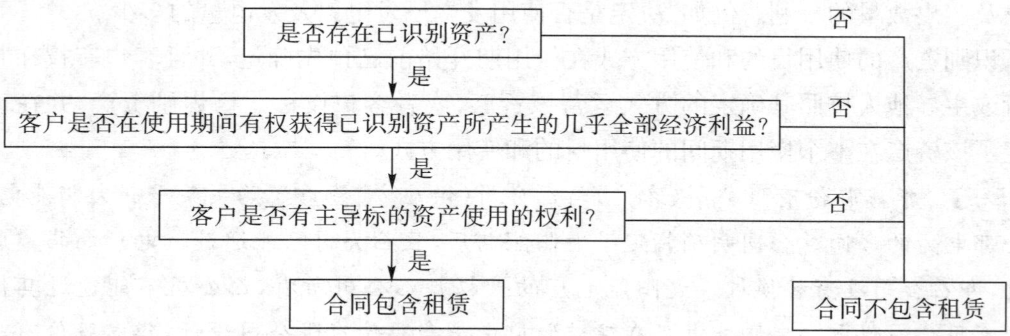

图5-1 租赁的评估流程

二、租赁会计涉及的主要概念

租赁会计涉及很多专业术语，为了便于学习，这里将集中解释以下常见概念。

1. 租赁开始日

租赁开始日是指租赁合同签署日与租赁合同双方就主要条款作出承诺日的较早者。在租赁开始日，承租人通常应识别租赁合同以确认其为一般租赁合同还是短期租赁合同或低价值资产租赁合同；出租人通常应判断租赁同属于融资租赁还是经营租赁。

2. 租赁期开始日

租赁期开始日是指租赁合同载明的租赁期的起始日。租赁期开始日是出租人提供租赁资产供应承租人的起始日期，也是承租人依据合同控制租赁资产使用权的日期。在租赁期开始日，承租人应对租赁付款额、租赁负债、使用权资产及未确认融资费用等进行初始确认与计量（短期租赁或低价值资产租赁除外）；出租人应对租赁收款额、租赁投资净额和未实现融资收益等进行初始确认和计量。

3. 租赁期

租赁期是指承租人有权使用租赁资产且不可撤销的期间。承租人在确定租赁期时，应在不可撤销租赁期的基础上，同时考虑以下因素的影响。

（1）续租选择权。承租人有续租选择权，即有权选择续租该资产，且合理确定将行使该选择权的，租赁期还应当包含续租选择权涵盖的期间。

例如，华鑫股份有限公司作为承租人签订了一项建筑租赁合同，包括 5 年不可撤销期限和 3 年按照市价行使的续租选择权。在搬入该建筑之前，华鑫股份有限公司花费了大量资金对租赁建筑进行了装修和改良，华鑫股份有限公司预计 5 年结束后租赁资产改良仍具有重大价值，且该价值仅可通过继续使用租赁资产实现。在此情况下，华鑫股份有限公司合理确定将行使续租选择权，在租赁期开始日确定的租赁期应为 8 年。

（2）终止租赁选择权。承租人有终止租赁选择权，即有权选择终止租赁该资产，但合理确定将不会行使该选择权的，则在确定租赁期时，无须考虑其对租赁期的影响。

例如，华鑫股份有限公司作为承租人签订了一项写字楼一楼的租赁合同，租赁期 10 年，租金每年 200 000 元；华鑫股份有限公司可以在第 5 年年末提前终止该租赁合同，罚金是 1 年的租金。华鑫股份有限公司对各方面情况进行综合分析后，认为公司有理由确定不会在第 5 年提前终止合同，因此，在租赁期开始日，华鑫股份有限公司确定的租赁期应为 10 年。

4. 租赁付款额

租赁付款额是指承租人向出租人支付的与在租赁期内使用租赁资产的权利相关的款项。租赁付款额包括以下五项内容。

（1）固定付款额及实质固定付款额，存在租赁激励的，扣除租赁激励相关金额。

实质固定付款额是指在形式上可能包含变量但实质上无法避免的付款额。

①付款额设定为可变租赁付款额，但该变条款几乎不可能发生，没有真正的经济实质。例如，付款额仅需在租赁资产经证实能够在租赁期间正常运行时支付，或者仅需在不可能不发生的事件

发生时支付。又如，付款额初始设定为与租赁资产使用情况相关的可变付款额，但其潜在可变性将于租赁期开始日之后的某个时点消除，在可变性消除时，该类付款额成为实质固定付款额。

②承租人有多套付款额方案，但其中仅有一套是可行的。在此情况下，承租人应采用该可行的付款额方案作为租赁付款额。

③承租人有多套可行的付款额方案，但必须选择其中一套。在此情况下、承租人应采用总折现金额最低的一套作为租赁付款额。

租赁激励是指出租人为达成租赁向承租人提供的优惠。它包括出租人向承租人支付与租赁有关的款项、出租人为承租人偿付或承担的成本等。存在租赁激励的，承租人在确定租赁付款额时，应扣除租赁激励相关金额。

(2)取决于指数或比率的可变租赁付款额。

可变租赁付款额是指承租人为取得在租赁期内使用租赁资产的权利，而向出租人支付的因租赁期开始日后的事实或者情况发生变化(而非时间推移)而变动的款项。可变租赁付款额可能与下列各项指标或情况挂钩。

①市场比率或指数数值变动导致的价格变动。例如，基准利率或消费者价格指数变动可能导致租赁付款额调整。

②承租人源自租赁资产的绩效。例如，零售业不动产租赁可能会要求基于使用该不动产取得的销售收入的一定比例确定租赁付款额。

③租赁资产的使用。例如，车辆租赁可能要求承租人在超过特定里程数时支付额外的租赁付款额。

根据新租赁准则的规定，只有基于指数或比率的可变租赁付款额才能计入租赁付款额，包括与消费者价格指数挂钩的款项、与基准利率挂钩的款项和为反映市场租金费率变化而变动的款项等。

(3)购买选择权的行权价格，前提是承租人合理确定将行使该选择权。

在租赁期开始日，承租人应评估是否合理确定将行使购买标的资产的选择权。在评估时，承租人应考虑对其行使或不行使购买选择权产生经济激励的所有相关事实和情况。如果承租人合理确定将行使购买标的资产的选择权，则租赁付款额中应包含购买选择权的行权价格。

(4)行使终止租赁选择权需支付的款项，前提是租赁期反映出承租人将行使终止租赁选择权。

在租赁期开始日，承租人应评估是否合理确定将行使终止租赁选择权。在评估时，承租人应考虑对其行使或者不行使终止租赁选择权产生经济激励的所有相关事实和情况。如果承租人合理确定将行使终止租赁选择权，则租赁付款额中应包含行使终止租赁选择权需支付的款项，并且租赁期不应包含终止租赁选择权涵盖的期间。

(5)根据承租人担保余值中预计应赔付的款项。

担保余值，是指与出租人无关的一方向出租人提供担保，保证在租赁结束时租赁资产的价值至少为某指定的金额。如果承租人提供了对余值的担保，则租赁付款额应包含该担保下预计应支付的款项，它反映了承租人预计将支付的金额，而不是承租人担保余值下的最大敞口。

5. 租赁收款额

租赁收款额是指出租人因让渡在租赁期内使用租赁资产的权利而应向承租人收取的款项，主要包括如下。

(1)承租人需支付的固定付款额或实质固定付款额。存在租赁激励的,扣除租赁激励相关金额。

(2)取决于指数或比率的可变租赁付款额。该款项在初始计量时根据租赁期开始日的指数或比率确定。

(3)购买选择权的行权价格,前提是合理确定承租人将行使该选择权。

(4)承租人行使终止租赁选择权需支付的款项,前提是租赁期反映出承租人将行使终止租赁选择权。

(5)由承租人或者与其有关的一方以及有经济能力履行担保义务的独立第三方向出租人提供的担保余值。

6. 初始直接费用

初始直接费用是指为达成租赁所发生的增量成本。增量成本是指若企业不取得该租赁,则不会发生的成本,如佣金、印花税等。无论是否实际取得租赁都会发生的支出,不属于初始直接费用,例如为评估是否签订租赁而发生的差旅费、法律费用等,此类费用应当在发生时计入当期损益。

7. 资产余值

资产余值是指租赁双方在租赁开始日合理预计的租赁资产在租赁期满时的公允价值。资产余值是合理确定担保余值和未担保余值的基础。

8. 担保余值

担保余值是指与出租人无关的一方向出租人提供担保,保证在租赁结束时租赁资产的价值至少为某指定的金额。资产余值的担保人通常是承租人、承租人的关联方或独立的第三方。对承租人而言的担保余值是指由承租人或其关联方提供的担保余值;对出租人而言的担保余值是指就承租人而言的担保余值加上独立于承租人和出租人的第三方担保的资产余值。

9. 未担保余值

未担保余值是指资产余值中,出租人无法保证能够实现的部分或仅由与出租人有关的一方予以担保的部分。未担保余值对于出租人来讲是一项资产,金额上等于资产余值与对于出租人而言的担保余值的差额。例如,某租赁资产的资产余值预计为 15 万元,其中,由承租人担保的余值为 6 万元,由独立的担保公司担保的余值为 4 万元,则未担保余值应该为 5 万元。

10. 租赁投资总额

租赁投资总额是指出租人的租赁收款额和未担保余值之和。该金额代表租赁业务未来能够给出租人带来的经济利益的总流入,其中租赁收款额代表在租赁期内和租赁期结束时能从承租人处陆续收回的经济利益;未担保余值代表租赁期届满时没有任何担保的租赁资产的残余价值。

11. 租赁投资净额

租赁投资净额是指未担保余值和租赁期开始日尚未收到的租赁收款额按照租赁内含利率折现的现值之和。

12. 租赁内含利率

租赁内含利率是指使出租人的租赁收款额的现值与未担保余值的现值之和等于租赁资产公允价值与出租人的初始直接费用之和的利率。计算公式如下:

租赁收款额的现值+未担保余值的现值=租赁资产公允价值+初始直接费用

13. 承租人增量借款利率

承租人增量借款利率是指承租人在类似经济环境下为获得与使用权资产价值接近的资产，在类似期间以类似抵押条件借入资金须支付的利率。该利率与下列事项相关：第一，承租人自身情况，即承租人的偿债能力和信用情况；第二，“借款”的期限，即租赁期；第三，“借入”资金的金额，即租赁负债的金额；第四，“抵押条件”，即租赁资产的性质和质量；第五，经济环境，包括承租人所处的司法管辖区、计价货币、合同签订时间等。

实务中，承租人增量借款利率的参考基础包括承租人同期银行贷款利率、相关租赁合同利率、承租人最近一期类似资产抵押贷款利率、与承租人信用状况相似企业发行的同期债券利率等，但承租人还需要根据上述事项在参考基础上相应进行调整。

14. 短期租赁

短期租赁是指在租赁期开始日，租赁期不超过 12 个月的租赁。

15. 低价值资产租赁

低价值资产租赁是指单项租赁资产为全新资产时价值较低的租赁。

16. 融资租赁

融资租赁是针对出租人而言的租赁业务，指实质上转移了与租赁资产所有权有关的几乎全部风险和报酬的租赁。

17. 经营租赁

经营租赁是针对出租人而言的租赁业务，是与融资租赁相对应的租赁，指出租人除融资租赁以外的其他租赁业务。

三、租赁会计涉及的主要会计科目

（一）承租人使用的主要会计科目

1. “使用权资产”科目

“使用权资产”科目核算承租人持有的使用权资产的原价，期末借方余额反映承租人使用权资产的原价。承租人可按租赁资产的类别和项目进行明细核算，应当在资产负债表中单独列示“使用权资产”项目。在租赁期开始日，承租人应将以下项目计入使用权资产的成本：租赁付款额（扣除租金激励）的现值，即租赁负债的初始入账价值；在租赁期开始日或者之前已支付的租赁付款额；初始直接费用；预计移除租赁资产、复原租赁资产所在场地、将租赁资产恢复至租赁合同规定状态将发生成本（以下简称“移除恢复成本”）。

在租赁期开始日，承租人应按成本借记“使用权资产”科目，按尚未支付的租赁付款额的现值贷记“租赁负债”科目；按租赁期开始日前支付的租赁付款额，借记“使用权资产”科目，贷记“预付账款”科目；按发生的初始直接费用，借记“使用权资产”科目，贷记“银行存款”科目；按预计移除恢复成本的现值，借记“使用权资产”科目，贷记“预计负债”科目。

2. “使用权资产累计折旧”科目

“使用权资产累计折旧”科目核算使用权资产的累计折旧。期末贷方余额反映使用权资产的累计折旧额。承租人通常应当自租赁开始日起按规定计提使用权资产折旧费,借记“制造费用”“销售费用”“管理费用”“研发支出”等科目,贷记“使用权资产累计折旧”科目;因租赁范围缩小、租赁期缩短或转租等原因减记或终止确认使用权资产时,应同时结转相应的使用权资产累计折旧。

3.“使用权资产减值准备”科目

“使用权资产减值准备”科目核算使用权资产的减值准备。期末贷方余额反映使用权资产的累计减值准备金额。使用权资产发生减值的,应按减记的金额,借记“资产减值损失”科目,贷记“使用权资产减值准备”科目;因租赁范围缩小、租赁期缩短或转租等原因减记或终止确认使用权资产时,应同时结转相应的使用权资产减值准备。使用权资产减值准备一旦计提,不得转回。

4.“租赁负债”科目

“租赁负债”科目用于核算承租人尚未支付的租赁付款额的现值,期末贷方余额反映承租人尚未支付的租赁付款额的现值。在该科目下,承租人应设置“租赁付款额”和“未确认融资费用”两个二级科目。该科目的核算要点包括如下。

(1)在租赁期开始日,承租人应按尚未支付的租赁付款额的现值,借记“使用权资产”科目;按尚未支付的租赁付款额,贷记“租赁负债——租赁付款额”科目;按尚未支付的租赁付款额与其现值的差额,借记“租赁负债——未确认融资费用”科目。

(2)在租赁期内,确认各期间的融资费用时,应借记“财务费用”“在建工程”等科目,贷记“租赁负债——未确认融资费用”科目;支付租赁付款额时,应借记“租赁负债——租赁付款额”科目,贷记“银行存款”等科目。

(3)在租赁期内,如果租赁付款额(租赁变更因素除外)有变动,则承租人应按变动后的租赁付款额的现值重新计算租赁负债。

①当租赁负债增加时,应按租赁付款额现值的增加额,借记“使用权资产”科目,按租赁付款额的增加额,贷记“租赁负债——租赁付款额”科目,按其差额,借记“租赁负债——未确认融资费用”科目。

②当租赁负债减少时,应按租赁付款额的减少额,借记“租赁负债——租赁付款额”科目,按租赁付款额现值的减少额,贷记“使用权资产”科目,按其差额,贷记“租赁负债——未确认融资费用”科目。若使用权资产的账面价值调整为零,应当按需进一步调减的租赁付款额借记“租赁负债——租赁付款额”科目,按需进一步调减的租赁付款额现值贷记“制造费用”“销售费用”“管理费用”“研发支出”等科目,并按其差额,贷记“租赁负债——未确认融资费用”科目。

(4)在租赁期内,因租赁变更导致租赁范围缩小或租赁期缩短时,承租人应按缩小或缩短的比例,分别调减“租赁负债——租赁付款额”“租赁负债——未确认融资费用”“使用权资产”科目,并将差额计入“资产处置损益”科目。

(二)出租人使用的主要会计科目

1.“应收融资租赁款”科目

“应收融资租赁款”科目核算出租人融资租赁产生的租赁投资净额,期末借方余额反映未担保余值和尚未收到的租赁收款额的现值之和,在“长期应收款”项目中填列,其中,自资产负债表日起1年内(含1年)到期的,在“一年内到期的非流动资产”中填列。出租业务较多的出租人,也可在

“长期应收款”项目下单独列示为“其中:应收融资租赁款”。

出租人可分别设置“租赁收款额”“未实现融资收益”“未担保余值”等明细科目进行明细分类核算。租赁业务较多的,出租人还可以在“租赁收款额”明细科目下进一步设置明细科目核算,主要账务处理如下。

(1)在租赁期开始日,出租人应当按尚未收到的租赁收款额,借记“应收融资租赁款——租赁收款额”科目,按预计租赁期结束时的未担保余值,借记“应收融资租赁款——未担保余值”科目,按已经收取的租赁款,借记“银行存款”等科目,按融资租赁方式租出资产的账面价值,贷记“融资租赁资产”等科目,按融资租赁方式租出资产的公允价值与其账面价值的差额,借记或贷记“资产处置损益”科目,按发生的初始直接费用,贷记“银行存款”等科目,差额贷记“应收融资租赁款——未实现融资收益”科目。

企业认为有必要对发生的初始直接费用进行单独核算的,也可以先按照发生的初始直接费用的金额,借记“应收融资租赁款——初始直接费用”科目,贷记“银行存款”等科目;然后借记“应收融资租赁款——未实现融资收益”科目,贷记“应收融资租赁款——初始直接费用”科目。

(2)出租人在确认租赁期内各个期间的利息收入时,应当借记“应收融资租赁款——未实现融资收益”科目,贷记“租赁收入——利息收入”“其他业务收入”等科目。

(3)出租人收到租赁收款额时,应当借记“银行存款”科目,贷记“应收融资租赁款——租赁收款额”科目。

2.“融资租赁资产”科目

“融资租赁资产”科目核算租赁企业作为出租人为开展融资租赁业务取得资产的成本,期末借方余额反映企业融资租赁资产的成本。出租人可按租赁资产类别和项目进行明细核算。租赁业务不多的企业,也可通过“固定资产”等科目核算。租赁企业和其他企业对于融资租赁资产在未融资租赁期间的会计处理遵循固定资产准则或其他适用的会计准则,主要账务处理如下。

(1)出租人购入和以其他方式取得融资租赁资产的,借记“融资租赁资产”科目,贷记“银行存款”等科目。

(2)在租赁期开始日,出租人应当按尚未收到的租赁收款额,借记“应收融资租赁款——租赁收款额”科目,按预计租赁期结束时的未担保余值,借记“应收融资租赁款——未担保余值”科目,按已经收取的租赁款,借记“银行存款”等科目,按融资租赁方式租出资产的账面价值,贷记“融资租赁资产”科目;融资租赁方式租出资产的公允价值与账面价值的差额,借记或贷记“资产处置损益”科目;按发生的初始直接费用,贷记“银行存款”等科目;差额贷记“应收融资租赁款——未实现融资收益”科目。

3.“应收融资租赁款减值准备”科目

“应收融资租赁款减值准备”科目核算应收融资租赁款的减值准备,期末贷方余额反映应收融资租赁款的累计减值准备金额。主要账务处理如下:应收融资租赁款的预期信用损失,按应减记的金额,借记“信用减值损失”科目,贷记“应收融资租赁款减值准备”科目;转回已计提的减值准备时,编制相反的会计分录。

4.“租赁收入”科目

“租赁收入”科目核算租赁企业作为出租人确认的融资租赁和经营租赁的租赁收入。期末,企业应将“租赁收入”科目余额转入“本年利润”科目；结转后，“租赁收入”科目无余额。一般企业根据自身业务特点确定租赁收入的核算科目，如“其他业务收入”等科目。对于日常经营活动为租赁的企业，其利息收入和租赁收入可以作为营业收入列报。出租人可按租赁资产类别和项目进行明细核算，主要账务处理如下。

（1）出租人在经营租赁下，将租赁收款额采用直线法或其他系统合理的方法在租赁期内进行分摊确认时，应当借记“银行存款”“应收账款”等科目，贷记“租赁收入——经营租赁收入”科目。

出租人在融资租赁下，在确认租赁期内各个期间的利息收入时，应当借记“应收融资租赁款——未实现融资收益”科目，贷记“租赁收入——利息收入”“其他业务收入”等科目。出租人为金融企业的，在融资租赁下，在确认租赁期内各个期间的利息收入时，应当借记“应收融资租赁款——未实现融资收益”科目，贷记“利息收入”等科目。

（2）出租人确认未计入租赁收款额的可变租赁付款额时，应当借记“银行存款”“应收账款”等科目，贷记“租赁收入——可变租赁付款额”科目。

第二节　承租人的会计处理

根据新租赁准则，承租人不再将租赁划分为融资租赁和经营租赁，而是采用统一的会计处理模型，在租赁期开始日，承租人对除短期租赁和低价值资产租赁以外的其他一般租赁业务均确认使用权资产和租赁负债，并分别计提折旧和利息费用。

一、一般租赁业务的会计处理

（一）租赁期开始日的会计处理

对于一般租赁而言，在租赁期开始日，承租人应当按照成本对使用权资产进行初始计量，租赁负债应当按照租赁期开始日尚未支付的租赁付款额的现值进行初始计量。相关会计分录框架如下：

借：使用权资产　　　　　　　　　　［取得使用权资产的成本］

　　租赁负债——未确认融资费用 ｝

　贷：租赁负债——租赁付款额 ｝　　［租赁负债初始入账金额］

在上述会计分录中，租赁负债和使用权资产的计量是最关键的因素，下面将重点阐述租赁负债和使用权资产的计量问题。

1. 租赁负债的初始确认与计量

租赁期开始日，承租人对租赁负债的计量是重点和难点。承租人应根据合同条款，确定租赁付款额及其折现率，据以计算租赁付款额的现值（即租赁负债），并将租赁付款额计入“租赁负债——租赁付款额”科目的贷方；将租赁付款额与其现值之间的差额计入“租赁负债——未确认融资费用”科目的借方。

在租赁期开始日识别应纳入租赁负债的相关付款项目、选定折现率是计量租赁负债的两大关键因素，下面将一一阐述。

(1)租赁付款额的确定。

租赁付款额是指承租人向出租人支付的与在租赁期内使用租赁资产的权利相关的款项。租赁付款额包括以下五项内容。

①固定付款额及实质固定付款额的确定。固定付款额及实质固定付款额，存在租赁激励的，扣除租赁激励相关金额。这里应注意对实质固定付款额的认定。实质固定付款额是指在形式上可能包含变量但实质上无法避免的付款额。如果租赁合同的支付条款存在某些变量，导致租赁付款额表面上看是不固定的，但仔细分析会发现，这些变量实质上不会影响承租人的租赁付款额，比如没有经济实质的可变租赁条款、仅有一套方案可行的多方案支付条款等。有些合同可能要求承租人必须从多套支付方案中选择一套方案，那么，承租人不可避免的支付金额实质上就是固定付款额。

【例5-8】 承租人华鑫股份有限公司签订了一份为期6年的货车租赁合同。合同中关于租赁付款额的条款为：如果该货车在某月份的行驶里程不超过2万千米，则该月应付的租金为20 000元；如果该货车在某月份的行驶里程超过2万千米但不超过3万千米，则该月份的租金为30 000元；该货车1个月内的行驶里程最高不能超过3万千米，否则承租人需支付巨额罚款。

要求：分析本例中实质固定付款额的金额。

【分析】 本例中，租赁付款额中包含基于使用情况的可变性，且在某些月份确实可避免支付较高租金。然而，月付款额20 000元是不可避免的，因此，月付款额20 000元属于实质固定付款额，应被放入租赁负债的初始计量中。

②取决于指数或比率的可变租赁付款额的确定。只有基于指数或比率的可变租赁付款额才能计入租赁付款额，包括与消费者价格指数挂钩的款项、与基准利率挂钩的款项和为反映市场租金费率变化而变动的款项等。除了取决于指数或比率的可变租赁付款额，其他可变租赁付款额均不纳入租赁负债的初始计量中。

【例5-9】 承租人华鑫股份有限公司签订了一份为期10年的不动产租赁合同。每年的租赁付款额为100 000元，于每年年初支付。合同规定，租赁付款额在租赁期开始日后每2年基于过去24个月消费者价格指数的上涨进行上调。租赁期开始日的消费者价格指数为125。

要求：分析本例中的可变租赁付款额。

【分析】 本例中，华鑫股份有限公司租赁不动产的租金是基于消费者价格指数确定的，属于应计入租赁付款额的可变租赁付款额。在租赁期开始日，消费者价格指数为125，由此确定的可变租赁付款额为100 000元/年，租赁负债应根据该租赁付款额计算确定。

在租赁期内，每隔2年，华鑫股份有限公司应基于租赁期开始日消费者价格指数并根据最新消费者价格指数的变动重新确定租赁付款额。假如在第3年年初，消费者价格指数为145，由此确定的租赁付款额应为116 000元/年(100 000×145/125)，租赁负债应基于新的租赁付款额调整。

③购买选择权的行权价格的确定。在租赁期开始日，承租人应评估是否合理确定将行使购买标的资产的选择权。在评估时，承租人应考虑对其行使或不行使购买选择权产生经济激励的所有相关事实和情况。如果承租人合理确定将行使购买标的资产的选择权，则租赁付款额中应包含购买选择权的行权价格。

【例5-10】 承租人华鑫股份有限公司签订了一份为期8年的设备租赁合同。合同规定，华鑫股份有限公司可以选择在租赁期结束时以8 000元购买该设备。已知该设备应用于不断更新、迅速变化的科技领域，租赁期结束时其公允价值可能出现大幅波动，估计在7 000～120 000元，在8年租赁期内可能会有更好的替代产品出现。

要求：分析购买选择权的行权价格8 000元是否计入租赁付款额。

【分析】 在租赁期开始日，华鑫股份有限公司租赁的设备用于高科技领域，更新换代较快，租赁期届满时租赁资产的公允价值具有较大的不确定性，且在租赁期间或租赁期届满时，很可能会出现更好的替代产品，因此，在租赁期开始日，华鑫股份有限公司无法合理确定未来将行使这项购买权，8 000元的行权价格不能计入租赁付款额。

④终止租赁选择权需支付的款项的确定。如果租赁合同中包含承租人终止租赁的选择权，则在租赁期开始日，承租人应评估未来是否能够行使该终止租赁选择权。在评估时，承租人应考虑对其行使或不行使终止租赁选择权经济后果有影响的所有相关事实和情况。经综合评估后，如果承租人合理确定将行使终止租赁选择权，则租赁付款额中应包含行使终止租赁选择权需支付的款项，否则，承租人不应该考虑这项选择权对租赁付款额的影响。

【例5-11】 承租人华鑫股份有限公司租入某办公楼的一层楼，为期8年。华鑫股份有限公司有权选择在第4年后提前终止租赁，但是需要支付一年的租金作为罚金。合同规定，该楼层每年租金为15万元。该办公楼是全新的，并且在周边商业园区的办公楼中处于技术领先水平。

要求：分析华鑫股份有限公司提前终止租赁的罚金是否计入租赁付款额中。

【分析】 在租赁期开始日，华鑫股份有限公司评估后认为，一年租金对于本公司而言金额重大，在同等条件下，也难以按更优惠的价格租入其他办公楼，可以合理确定不会选择提前终止租赁，因此华鑫股份有限公司不能将提前终止租赁需支付的罚金计入租赁付款额，租赁期应为8年。

⑤根据承租人提供的担保余值预计应支付的款项。如果承租人在租赁合同中对租赁资产余值提供了担保，则应考虑该担保余值对租赁付款额的影响。这里应注意的是，根据新租赁准则的规定，租赁付款额只包括预计未来可能赔付给出租人的担保余值，它反映了承租人预计将支付的金额，而不是承租人担保余值下的最大敞口。

【例5-12】 承租人华鑫股份有限公司与甲公司签订了一份租赁期为6年的汽车租赁合同。合同中就担保余值的规定为：如果标的汽车在租赁期结束时的公允价值低于80 000元，则华鑫股份有限公司需要向甲公司支付80 000元与汽车公允价值之间的差额，因此，华鑫股份有限公司在该担保余值下的最大敞口为80 000元。

要求：分析华鑫股份有限公司与担保余值相关的租赁付款额。

【分析】 在租赁期开始日，若华鑫股份有限公司预计标的汽车在租赁期结束时的公允价值为80 000元，即华鑫股份有限公司预计因提供担保余值下将支付的金额为零。则华鑫股份有限公司在计算租赁付款额时，与担保余值相关的付款额为零。

(2)折现率的确定。

租赁负债应当按照租赁期开始日尚未支付的租赁付款额的现值进行初始计量。在计算租赁付款额的现值时，承租人应当采用出租人的租赁内含利率作为折现率；无法知悉租赁内含利率的，应采用承租人增量借款利率作为折现率。

(3)租赁负债的确定。

租赁负债为租赁期开始日尚未支付的租赁付款额的现值。承租人在确定了租赁付款额和折现率后，应按照下面的公式确定租赁负债的金额：

租赁负债＝年租赁付款额×年金现值系数＋租赁期届满时支付的金额×复利现值系数

租赁负债的金额确定后，未确认融资费用的金额也相应确定：

未确认融资费用＝租赁付款额－租赁付款额现值

2. 使用权资产的初始确认与计量

使用权资产是指承租人可在租赁期内使用租赁资产的权利。在租赁期开始日，承租人应当按照成本对使用权资产进行初始计量。该成本包括下列四项。

(1)租赁负债的初始入账金额。

借：使用权资产

　租赁负债——未确认融资费用

　贷：租赁负债——租赁付款额

(2)在租赁期开始日或之前已支付的租赁付款额；存在租赁激励的，扣除已享受的租赁激励相关金额。

借：使用权资产

　贷：银行存款、预付账款　　[租赁期开始日或之前已支付的租赁付款额(扣除已享受的租赁激励)]

(3)承租人发生的初始直接费用。

借：使用权资产

　贷：银行存款　　[发生的初始直接费用]

(4)承租人为拆卸及移除租赁资产、复原租赁资产所在场地、将租赁资产恢复至租赁合同规定状态将发生成本(以下简称“移除恢复成本”)。前述成本属于为生产存货而发生的，适用《企业会计准则第 1 号——存货》。

借：使用权资产

　贷：预计负债　　[按移除恢复成本的现值]

关于上述第(4)项成本，承租人有可能在租赁期开始日就承担了上述成本的支付义务，也可能在特定期间内因使用标的资产而承担了相关义务。承租人应在其有义务成本时，将这些成本确认为使用权资产成本的一部分。但是，承租人由于在特定期间内将使用权资产用于生产存货而发生的上述成本，应按照《企业会计准则第 1 号——存货》进行会计处理。承租人应当按照《企业会计准则第 13 号——或有事项》对上述成本的支付义务进行确认和计量。

在某些情况下，承租人可能在租赁期开始前就发生了与标的资产相关的经济业务或事项。例如，租赁合同双方经协商在租赁合同中约定，标的资产需经建造或重新设计后方可供承租人使用；根据合同条款与条件，承租人需支付与资产建造或设计相关的成本。承租人如发生与标的资产建造或设计相关的成本，应适用于其他相关准则(如《企业会计准则第 4 号——固定资产》)进行会计处理。同时，需要注意的是，与标的资产建造或者设计相关的成本不包括承租人为获取标的资产使用权而支付的款项，此类款项无论在何时支付，均属于租赁付款额。

【例 5-13】 承租人初始确认与计量综合举例(一般租赁业务)

资料:承租人华鑫股份有限公司就某栋建筑物的某一层楼与出租人乙公司签订了一份为期 11 年的租赁协议,并拥有 5 年的续租选择权。有关资料如下:

(1)初始租赁期内的不含税税金为每年 80 000 元,续租期间为每年 85 000 元,所有款项应于每年年初支付。

(2)为获得该项租赁,承租人发生初始直接费用 30 000 元,其中,24 000 元是向该楼层前任租户支付的款项,6 000 元为向房地产中介支付的佣金。

(3)作为对华鑫股份有限公司的激励,乙公司同意补偿华鑫股份有限公司 6 000 元的佣金。

(4)在租赁期开始日,华鑫股份有限公司评估后认为,不能合理确定将行使续租选择权,因此,将租赁期确定为从 2×22 年 1 月 1 日起至 2×32 年 12 月 31 日,共 11 年。

(5)华鑫股份有限公司无法确定租赁内含利率,其增量借款利率为每年 6%,该利率反映的是华鑫股份有限公司以类似抵押条件借入期限为 11 年、与使用权资产等值的相同币种的借款而必须支付的利率,假设不考虑相关税费影响。

要求:编制承租人华鑫股份有限公司在租赁期开始日相关的会计分录。[为便于计算,本案例中,年金现值系数取两位小数,即(P/A,6%,10)=7.36)]

【分析】 承租人华鑫股份有限公司的会计处理如下:

第一步,计算租赁期开始日租赁付款额的现值,并确定租赁负债和使用权资产。

在租赁期开始日,华鑫股份有限公司支付第 1 年的租金 80 000 元,并以剩余 10 年租金(每年 80 000 元)按 6%的年利率折现后的现值计量租赁负债。计算租赁付款额现值的过程如下:

剩余 10 年租赁付款额=80 000×10=800 000(元)

租赁负债剩余 10 年租赁付款额的现值=80 000×(P/A,6%,10)

=80 000×7.36=588 800(元)

未确认融资费用=剩余 10 年租赁付款额-剩余 10 年租赁付款额的现值

=800 000-588 800=211 200(元)

借:使用权资产	668 800	
租赁负债——未确认融资费用	211 200	
贷:租赁负债——租赁付款额		800 000
银行存款(第 1 年的租赁付款额)		80 000

第二步,将初始直接费用计入使用权资产的初始成本。

借:使用权资产	30 000	
贷:银行存款		30 000

第三步,将已收的租赁激励相关金额从使用权资产的入账价值中扣除。

借:银行存款	6 000	
贷:使用权资产		6 000

综上,华鑫股份有限公司使用权资产的初始成本为:668 800+30 000-6 000=692 800(元)

(二)租赁期内的后续处理

租赁期内的会计处理主要包括对租赁负债和使用权资产的后续处理,具体包括支付租赁付款额、摊销未确认融资费用、计提使用权资产折旧和减值准备等。另外,因租赁期内影响租赁负债和使用权资产相关因素的变化,租赁负债和使用权资产的金额可能会受到影响,因此,在租赁期内的后续处理中,除了租赁负债和使用权资产的常规后续处理,还可能涉及因相关因素变动而对租赁负债和使用权资产的调整。

1. 租赁负债的后续确认与计量

(1)计量基础。

在租赁期开始日后,承租人应按照以下原则对租赁负债进行后续计量:

第一,确认租赁负债的利息时,增加租赁负债的账面金额;

第二,支付租赁付款额时,减少租赁负债的账面金额;

第三,因重估或者租赁变更等原因导致租赁付款额发生变动时,重新计量租赁负债的账面价值。

承租人应当按照固定的周期性利率计算租赁负债在租赁期内各期间的利息费用,并计入当期损益,但按照《企业会计准则第 17 号——借款费用》等其他准则规定应当计入相关资产成本的,从其规定。此处的周期性利率,是指承租人对租赁负债进行初始计量时所采用的折现率,或者因租赁付款额发生变动或因租赁变更而需按照修订后的折现率对租赁负债进行重新计量时,承租人所采用的修订后的折现率。

支付租赁付款额、确认利息费用是租赁负债的常规后续处理。承租人在支付租赁付款额时,借记"租赁负债——租赁付款额"科目,贷记"银行存款"科目;摊销未确认融资费用时,借记"财务费用"科目,贷记"租赁负债——未确认融资费用"科目。

【例 5-14】 租赁负债的常规后续处理

资料:沿用【例 5-13】的资料。

要求:编制华鑫股份有限公司 2×23 年 1 月 1 日和 2×24 年 1 月 1 日支付租赁付款额和摊销未确认融资费用的会计分录(计算结果保留整数)。

【分析】 在租赁期开始日,华鑫股份有限公司按照租赁付款额的现值所确定的租赁负债为 588 800 元。2×23 年 1 月 1 日华鑫股份有限公司向出租人乙公司支付租赁付款额 80 000 元,其中,35 328 元(588 800×6%=35 328)是当年的利息,44 672 元(80 000-35 328=44 672)是当年归还的本金,即租赁负债的账面价值减少 44 672 元。华鑫股份有限公司的会计分录如下:

借:租赁负债——租赁付款额　　80 000
　贷:银行存款　　80 000
借:财务费用　　35 328
　贷:租赁负债——未确认融资费用　　35 328

2×24 年 1 月 1 日华鑫股份有限公司向出租人乙公司支付租赁付款额 80 000 元,其中,32 648 元[(588 800-44 672)×6%=32 648]是当年的利息,47 352 元(80 000-32 648=47 352)是当年归还的本金,即租赁负债的账面价值减少 47 352 元。华鑫股份有限公司的会计分录如下:

借：租赁负债——租赁付款额　　80 000

　贷：银行存款　　80 000

借：财务费用　　32 648

　贷：租赁负债——未确认融资费用　　32 648

未纳入租赁负债计量的可变租赁付款额，即，并非取决于指数或比率的可变租赁付款额，应当在实际发生时计入当期损益，但按照《企业会计准则第1号——存货》其他准则规定应当计入相关资产成本的，从其规定。

【例5-15】 沿用【例5-13】，假如除了固定付款额，合同还规定租赁期间华鑫股份有限公司当年销售额超过1 000 000元的，当年应再支付按销售额的1%计算的租金，于当年年末支付。

要求：编制华鑫股份有限公司与其相关的会计分录。

【分析】 由于该可变租赁付款额与未来的销售额挂钩，而并非取决于指数或比率，不应被纳入租赁负债的初始计量中。假设在租赁的第3年，该商铺的销售额为1 500 000元。华鑫股份有限公司第3年年末应支付的可变租赁付款额为15 000元(1 500 000×1%)，在实际发生时计入当期损益。华鑫股份有限公司的会计分录如下：

借：销售费用　　15 000

　贷：银行存款　　15 000

(2)租赁负债的重新计量。

在租赁期开始日后，当发生下列四种情形时，承租人应当按照变动后的租赁付的现值重新计量租赁负债，并相应调整使用权资产的账面价值。使用权资产的账面价值已调减至零，但租赁负债仍需进一步调减的，承租人应当将剩余金额计入当期损益。

第一，实质固定付款额发生变动。如果租赁付款额最初是可变的，但在租赁期开始日后的某一时点转为固定，那么，在潜在可变性消除时，该付款额成为实质固定付款额，应纳入租赁负债的计量中。承租人应当按照变动后租赁付款额的现值重新计量租赁负债。在该情形下，承租人采用的折现率不变，即采用租赁期开始日确定的折现率。

第二，担保余值预计的应付金额发生变动。在租赁期开始日后、承租人应对其在担保余值下预计支付的金额进行估计。该金额发生变动的，承租人应当按照变动后租赁付款额的现值重新计量租赁负债。在该情形下，承租人采用的折现率不变。

第三，用于确定租赁付款额的指数或比率发生变动。在租赁期开始日后、因浮动利率的变动而导致未来租赁付款额发生变动的，承租人应当按照变动后租赁付款额的现值重新计量租赁负债。在该情形下，承租人应采用反映利率变动的修订后的折现率进行折现。

在租赁期开始日后，因用于确定租赁付款额的指数或比率(浮动利率除外)的变动而导致未来租赁付款额发生变动的，承租人应当按照变动后租赁付款额的现值重新计量租赁负债。在该情形下，承租人采用的折现率不变。

需要注意的是，仅当现金流量发生变动时，即租赁付款额的变动生效时，承租人才应重新计量租赁负债，以反映变动后的租赁付款额。承租人应基于变动后的合同付款额，确定剩余租赁期内的租赁付款额。

第四，购买选择权、续租选择权或终止租赁选择权的评估结果或实际行使情况发生变化。租赁期开始日后，发生下列情形的，承租人应采用修订后的折现率对变动后的租付款额进行折现，以重新计量租赁负债。

情形1：发生承租人可控范围内的重大事件或变化，且影响承租人是否合理确定将行使续租选择权或终止租赁选择权的，承租人应当对其是否合理确定将行使相应选择进行重新评估。上述选择权的评估结果发生变化的，承租人应当根据新的评估结果重新确定租赁期和租赁付款额。前述选择权的实际行使情况与原评估结果不一致等导致租赁期变化的，也应当根据新的租赁期重新确定租赁付款额。

情形2：发生承租人可控范围内的重大事件或变化，且影响承租人是否合理确定将行使购买选择权的，承租人应当对其是否合理确定将行使购买选择权进行重新评估。评估结果发生变化的，承租人应根据新的评估结果重新确定租赁付款额。

上述两种情形下，承租人在计算变动后租赁付款额的现值时，应当采用剩余租赁项的租赁内含利率作为折现率；无法确定剩余租赁期间的租赁内含利率的，应当采用重估日的承租人增量借款利率作为折现率。

如果承租人因为不可控事项导致购买选择权、续租选择权的评估结果发生变化，则不需要重新计量租赁负债。

【例5-16】 承租人华鑫股份有限公司与出租人乙公司签订了一份办公楼（供管理部门使用）租赁合同，每年的租赁付款额为60 000元，于每年年末支付。华鑫股份有限公司无法确定租赁内含利率，其增量借款利率为6%，不可撤销租赁期为5年，并且合同约定在第5年年末，华鑫股份有限公司有权选择以每年60 000元续租5年，也有权选择以1 200 000元购买该房产。华鑫股份有限公司在租赁期开始时评估认为，可以合理确定将行使续租选择权，而不会行使购买选择权，因此将租赁期确定为10年。[为便于计算，本案例中，年金现值系数取两位小数，即(P/A,6%,10)=7.36]

要求：编制华鑫股份有限公司相关的会计分录。

【分析】 在租赁期开始日，华鑫股份有限公司确认的租赁负债和使用权资产为441 600元[60 000×(P/A,6%,10)]。租赁负债将按表5-2所述方法进行后续计量。

表5-2 租赁负债的计量

单位：元

年度	租赁负债年初金额 ①	利息 ②=①×6%	租赁付款额 ③	租赁负债年末金额 ④=①-(③-②)
1	441 600	26 496	60 000	408 096
2	408 096	24 486	60 000	372 582
3	372 582	22 355	60 000	334 937
4	334 937	20 096	60 000	295 033
5	295 033	17 702	60 000	252 735
6	252 735	15 164	60 000	207 899
7	207 899	12 474	60 000	160 373
8	160 373	9 622	60 000	109 995
9	109 995	6 600	60 000	56 595
10	56 595	3 405	60 000	—

在租赁期开始日，华鑫股份有限公司的会计分录如下：

借：使用权资产 441 600

租赁负债——未确认融资费用(600 000—441 600) 158 400

贷：租赁负债——租赁付款额 600 000

第1年末，支付租赁付款额时：

借：租赁负债——租赁付款额 60 000

贷：银行存款 60 000

摊销未确认融资费用时：

借：财务费用 26 496

贷：租赁负债——未确认融资费用 26 496

假如按年计提折旧，计提折旧年限按10年，每年计提折旧额为44 160(441 600÷10)元，计提折旧的分录：

借：管理费用 44 160

贷：使用权资产累计折旧 44 160

第2年末，支付租赁付款额时：

借：租赁负债——租赁付款额 60 000

贷：银行存款 60 000

摊销未确认融资费用时：

借：财务费用 24 486

贷：租赁负债——未确认融资费用 24 486

计提折旧时：

借：管理费用 44 160

贷：使用权资产累计折旧 44 160

第3年末、第4年末的会计处理比照上述处理，此处略。

在第4年，该房产所在地房价显著上涨，华鑫股份有限公司预计租赁期结束时该房产的市价为2 600 000元，华鑫股份有限公司在第4年年末重新评估后认为，能够合理确定将行使上述购买选择权，而不会行使上述续租选择权。该房产所在地区的房价上涨属于市场情况发生的变化，不在华鑫股份有限公司的可控范围内。因此，虽然该事项导致购买选择权及续租选择权的评估结果发生变化，但华鑫股份有限公司不需重新计量租赁负债。

在第5年年末，华鑫股份有限公司实际行使了购买选择权。截至该时点，使用权资产的原值为441 600元，累计折旧为220 800元(441600×5÷10)；支付了第5年租赁付款额之后，租赁负债的账面价值为252 735元。其中，租赁付款额为300 000元，未确认融资费用为47 265元(300 000—252 735)。华鑫股份有限公司行使购买选择权的会计分录如下：

借：固定资产——办公楼 1 168 065

使用权资产累计折旧 220 800

租赁负债——租赁付款额 300 000

贷：使用权资产 441 600

租赁负债——未确认融资费用 47 265

银行存款 1 200 000

【例 5-17】 承租人华鑫股份有限公司与出租人乙公司签订了一份为期 5 年的设备租赁合同。华鑫股份有限公司计划开发自有设备以替代租赁资产，自有设备计划在 5 年内投入使用。华鑫股份有限公司拥有在租赁期结束时以 5 000 元购买该设备的选择权。每年的租赁付款额固定为 10 000元，于每年年末支付。华鑫股份有限公司无法确定租赁内含利率，其增量借款利率为 5%，在租赁期开始日，华鑫股份有限公司对行使购买选择权的可能性进行评估后认为，不能合理确定将行使购买选择权。这是因为华鑫股份有限公司计划开发自有设备，继而在租赁期结束时替代租赁资产。[(P/A,5%,5)取两位小数 4.33]

要求：分析华鑫股份有限公司每期租赁负债的摊销。

【分析】 在租赁期开始日，华鑫股份有限公司确认的租赁负债为 43 300 元[10 000×(P/A,5%,5)]。租赁负债将按以下方法摊销，如表 5-3 所示：

表 5-3 租赁负债的摊销

单位：元

年度	租赁负债年初金额 ①	利息 ②=①×5%	租赁付款额 ③	租赁负债年末金额 ④=①-(③-②)
1	43 300	2 165	10 000	35 465
2	35 465	1 773	10 000	27 238
3	27 238	1 362	10 000	18 600
4	18 600	930	10 000	9 530
5	9 530	470	10 000	—

注：第 5 年的利息费用=10 000−9 530=470(元)

假设在第 3 年年末。华鑫股份有限公司做出削减开发项目的战略决定，包括上述替代设备的开发。该决定在华鑫股份有限公司的可控范围内，并影响其是否合理确定将行使购买选择权。此外，华鑫股份有限公司预计该设备在租赁期结束时的公允价值为 20 000 元。华鑫股份有限公司重新评估其行使购买选择权的可能性后认为，其合理确定将行使该购买选择权。原因是：在租赁期结束时不大可能有可用的替代设备，并且该设备在租赁期结束时的预期市场价值 20 000 元，远高于行权价格 5 000 元。因此，华鑫股份有限公司应在第 3 年年末将购买选择权的行权价格纳入租赁付款额中。假设华鑫股份有限公司无法确定剩余租赁期间的租赁内含利率，其第 3 年末的增量借款利率为 5.5%。在第 3 年年末，华鑫股份有限公司重新计量租赁负债以涵盖购买选择权的行权价格，并采用修订后的折现率 5.5%进行折现。重新计量后的租赁负债(支付前 3 年的付款额后)为 22 960 元[10 000×(P/F,5.5%,1)+(10 000+5 000)×(P/F,5.5%,2)]。此后，租赁负债将按表 5-4 所述方法进行后续计量。

表 5-4 租赁负债的计量

单位：元

年度	租赁负债年初金额 ①	利息 ②=①×5.5%	租赁付款额 ③	租赁负债年末金额 ④=①-(③-②)
4	22 960	1 263	10 000	14 223
5	14 223	777	15 000	—

注：第 5 年的利息费用=10 000+5 000−14 223=777(元)

2. 使用权资产的后续计量

(1)计量基础。

在租赁期开始日,承租人应当采用成本模式对使用权资产进行后续计量。即,以成本减累计折旧及累计减值损失计量使用权资产。

承租人按照租赁准则有关规定重新计量租赁负债的,应当相应调整使用权资产的账面价值。

(2)使用权资产的折旧。

承租人应当参照《企业会计准则第 4 号——固定资产》有关折旧规定,自租赁期开始日起对使用权资产计提折旧。使用权资产通常应自租赁期开始的当月计提折旧,当月计提确有困难的,为便于实务操作,企业也可以选择自租赁期开始的下月计提折旧,但应对同类使用权资产采取相同的折旧政策。计提的折旧金额应根据使用权资产的用途,计入相关资产的成本或者当期损益。

承租人在确定使用权资产的折旧方法时,应当根据与使用权资产有关的经济利益的预期实现方式作出决定。通常,承租人按直线法对使用权资产计提折旧,其他折旧方法更能反映使用权资产有关经济利益预期实现方式的,应采用其他折旧方法。

承租人在确定使用权资产的折旧年限时,应遵循以下原则:承租人能够合理确定租赁期届满时取得租赁资产所有权的,应当在租赁资产剩余使用寿命内计提折旧;承租人无法合理确定租赁期届满时能够取得租赁资产所有权的,应当在租赁期与租赁资产剩余使用寿命两者孰短的期间内计提折旧。如果使用权资产的剩余使用寿命短于前两者,则应在使用权资产的剩余使用寿命内计提折旧。

(3)使用权资产的减值。

在租赁期开始日后,承租人应当按照《企业会计准则第 8 号——资产减值》的规定,确定使用权资产是否发生减值,并对已识别的减值损失进行会计处理。使用权资产发生减值的,按应减记的金额,借记"资产减值损失"科目,贷记"使用权资产减值准备"科目。使用权资产减值准备一旦计提,不得转回。承租人应当按照扣除减值损失之后的使用权资产的账面价值,进行后续折旧。

【例 5-18】 承租人华鑫股份有限公司签订了一份为期 10 年的机器租赁合同,用于公司生产经营。相关使用权资产的初始账面价值为 100 000 元,按直线法在 10 年内计提折旧,年折旧费为 10 000 元。在第 5 年年末,确认该使用权资产发生的减值损失 20 000 元,计入当期损益。

要求:分析该使用权资产的折旧和减值损失。

【分析】 该使用权资产在减值前的账面价值为 50 000(100 000×5÷10)元。计提减值损失之后,该使用权资产的账面价值减至 30 000(50 000—20 000)元,之后年的折旧费也相应减至 6 000(30 000÷5)元。

(三)租赁变更的会计处理

租赁变更,是指原合同条款之外的租赁范围、租赁对价、租赁期限的变更,包括增加或终止一项或多项租赁资产的使用权,延长或缩短合同规定的租赁期等。租赁变更生效日,是指双方就租赁变更达成一致的日期。

1. 租赁变更作为一项单独租赁处理

租赁发生变更且同时符合下列条件的,承租人应当将该租赁变更作为一项单独租赁进行会计处理:

(1)该租赁变更通过增加一项或多项租赁资产的使用权而扩大了租赁范围或延长了租赁期限;

(2)增加的对价与租赁范围扩大部分或租赁期限延长部分的单独价格按该合同情况调整后的金额相当。

2. 租赁变更未作为一项单独租赁处理

租赁变更未作为一项单独租赁进行会计处理的,在租赁变更生效日,承租人应当按照新租赁准则有关租赁分拆的规定对变更后合同的对价进行分摊;按照新租赁准则有关租赁期的规定确定变更后的租赁期;并采用变更后的折现率对变更后的租赁付款额进行折现,以重新计量租赁负债。在计算变更后租赁付款额的现值时,承租人应当采用剩余租赁期间的租赁内含利率作为折现率;无法确定剩余租赁期间的租赁内含利率的,应当采用租赁变更生效日的承租人增量借款利率作为折现率。

对于上述租赁负债调整的影响,承租人应区分以下情形进行会计处理:

(1)租赁变更导致租赁范围缩小或租赁期缩短的,承租人应当调减使用权资产的账面价值,以反映租赁的部分终止或完全终止,承租人应将部分终止或完全终止租赁的相关利得或损失计入当期损益;

(2)其他租赁变更,承租人应当相应调整使用权资产的账面价值。

二、短期租赁和低价值资产租赁的会计处理

对于短期租赁和低价值资产租赁,承租人可以选择不确认使用权资产和租赁负债。作出该选择的,承租人应当将短期租赁和低价值资产租赁的租赁付款额,在租赁期内各个期间按照直线法或其他系统合理的方法计入相关资产成本或当期损益。其他系统合理的方法能够更好地反映承租人的受益模式的,承租人应当采用该方法。

(一)短期租赁

短期租赁,是指在租赁期开始日,租赁期不超过 12 个月的租赁。包含购买选择权的租赁不属于短期租赁。

对于短期租赁,承租人可以按照租赁资产的类别作出采用简化会计处理的选择。如果承租人对某类租赁资产作出了简化会计处理的选择,未来该类资产下所有的短期租赁都应采用简化会计处理。某类租赁资产是指企业运营中具有类似性质和用途的一组租赁资产。

按照简化会计处理的短期租赁发生租赁变更或者其他原因导致租赁期发生变化的,承租人应当将其视为一项新租赁,重新按照上述原则判断该项新租赁是否可以选择简化会计处理。

(二)低价值资产租赁

低价值资产租赁,是指单项租赁资产为全新资产时价值较低的租赁。承租人在判断是否是低价值资产租赁时,应基于租赁资产的全新状态下的价值进行评估,不应考虑资产已被使用的年限。

对于低价值资产租赁,承租人可根据每项租赁的具体情况作出简化会计处理选择。低价值资

产同时还应满足以下条件，即，只有承租人能够从单独使用该低价值资产或将其与承租人易于获得的其他资源一起使用中获利，且该项资产与其他租赁资产没有高度依赖或高度关联关系时，才能对该资产租赁选择进行简化会计处理。

低价值资产租赁的标准应该是一个绝对金额，即仅与资产全新状态下的绝对价值有关，不受承租人规模、性质等影响，也不考虑该资产对于承租人或相关租赁交易的重要性。常见的低价值资产的例子包括平板电脑、普通办公家具、电话等小型资产。但是，如果承租人已经或者预期要把相关资产进行转租赁，则不能将原租赁按照低价值资产租赁进行简化会计处理。值得注意的是，符合低价值资产租赁的，也并不代表承租人若采取购入方式取得该资产时该资产不符合固定资产确认条件。

第三节　出租人的会计处理

一、出租人的租赁分类及判断标准

（一）融资租赁和经营租赁

出租人应当在租赁开始日将租赁分为融资租赁和经营租赁。

租赁开始日是指租赁合同签署日与租赁各方就主要租赁条款作出承诺日中的较早者。租赁开始日可能早于租赁期开始日，也可能与租赁期开始日重合。

一项租赁属于融资租赁还是经营租赁取决于交易的实质，而不是合同的形式。如果一项租赁实质上转移了与租赁资产所有权有关的几乎全部风险和报酬，出租人应当将该项租赁分类为融资租赁。出租人应当将除融资租赁以外的其他租赁分类为经营租赁。

出租人的租赁分类是以租赁转移与租赁资产所有权相关的风险和报酬的程度为依据的。风险包括由于生产能力的闲置或技术陈旧可能造成的损失，以及由于经济状况的改变可能造成的回报变动。报酬可以表现为在租赁资产的预期经济寿命期间经营的盈利以及因增值或残值变现可能产生的利得。

租赁开始日后，除非发生租赁变更，出租人无须对租赁的分类进行重新评估。租赁资产预计使用寿命、预计余值等会计估计变更或发生承租人违约等情况变化的，出租人不对租赁进行重分类。

（二）融资租赁的分类标准

一项租赁存在下列一种或多种情形的，通常分类为融资租赁。

（1）在租赁期届满时，租赁资产的所有权转移给承租人。即，如果在租赁协议中已经约定，或者根据其他条件在租赁开始日就可以合理地判断、租赁期届满时出租人会将资产的所有权转移给承租人，那么该项租赁通常分类为融资租赁。

（2）承租人有购买租赁资产的选择权，所订立的购买价款预计将远低于行使选择权时租赁资产的公允价值，因而在租赁开始日就可以合理确定承租人将行使该选择权。

(3)资产的所有权虽然不转移,但租赁期占租赁资产使用寿命的大部分。实务中,这里的"大部分"一般指租赁期占租赁开始日租赁资产使用寿命的75%以上(含75%)。需要说明的是,这里的量化标准只是指导性标准。企业在具体运用时,必须以准则规定的相关条件进行综合判断。这条标准强调的是租赁期占租赁资产使用寿命的比例,而非租赁期占该项资产全部可使用年限的比例。如果租赁资产是旧资产,在租赁前已使用年限超过资产自全新时起算可使用年限的75%时,则这条判断标准不适用,不能使用这条标准确定租赁的分类。

(4)在租赁开始日,租赁收款额的现值几乎相当于租赁资产的公允价值。实务中,这里的"几乎相当于",通常掌握在90%以上。需要说明的是,这里的量化标准只是指导性标准,企业在具体运用时,必须以准则规定的相关条件进行综合判断。

(5)租赁资产性质特殊,如果不作较大改造,只有承租人才能使用。租赁资产由出租人根据承租人对资产型号、规格等方面的特殊要求专门购买或建造的,具有专购、专用性质。这些租赁资产如果不作较大的重新改制,其他企业通常难以使用。这种情况下,通常也分类为融资租赁。

一项租赁存在下列一项或多项迹象的,也可能分类为融资租赁:

①若承租人撤销租赁,撤销租赁对出租人造成的损失由承租人承担;

②资产余值的公允价值波动所产生的利得或损失归属于承租人,例如,租赁结束时,出租人以相当于资产销售收益的绝大部分金额作为对租金的退还,说明承租人担了租赁资产余值的几乎所有风险和报酬;

③承租人有能力以远低于市场水平的租金继续租赁至下一期间。此经济激励与购买选择权类似,如果续租选择权行权价远低于市场水平,可以合理确定承租人继续租赁至下一期间。

值得注意的是,出租人判断租赁类型时,上述情形和迹象并非总是决定性的,而是应综合考虑经济激励的有利方面和不利方面。若有其他特征充分表明,租赁实质上没有转移与租赁资产所有权相关的几乎全部风险和报酬,则该租赁应分类为经营租赁。例如,若租赁资产的所有权在租赁期结束时是以相当于届时其公允价值的可变付款额转让至承租人,或者因存在可变租赁付款额导致出租人实质上没有转移几乎全部风险和报酬,就可能出现这种情况。

二、出租人对融资租赁的会计处理

(一)初始计量

在租赁期开始日,出租人应当对融资租赁确认应收融资租赁款,并终止确认融资租赁资产。出租人对应收融资租赁款进行初始计量时,应当以租赁投资净额作为应收融资租赁款的入账价值。

租赁投资净额为未担保余值和租赁期开始日尚未收到的租赁收款额按照租赁内含利率折现的现值之和。租赁内含利率是指使出租人的租赁收款额的现值与未担保余值的现值之和(即租赁投资净额)等于租赁资产公允价值与出租人的初始直接费用之和的利率。因此,出租人发生的初始直接费用包括在租赁投资净额中,也即包括在应收融资租赁款的初始入账价值中。

租赁期开始日的会计分录框架为：

借：应收融资租赁款——租赁收款额　［按尚未收到的租赁收款额］
　　　　　　　　——未担保余值　［按预计租赁期结束时的未担保余值］
　　银行存款　［按已经收取的租赁款］
　贷：融资租赁资产　［按融资租赁方式租出资产的账面价值］
　　　银行存款　［按发生的初始直接费用］
　　　资产处置损益　［租出资产的公允价值与账面价值的差额，也可能在借方］
　　　应收融资租赁款——未实现融资收益　［差额］

若某融资租赁合同必须以收到租赁保证金为生效条件，出租人收到承租人交来的租赁保证金，借记“银行存款”科目，贷记“其他应收款——租赁保证金”科目。承租人到期不交租金，以保证金抵作租金时，借记“其他应收款——租赁保证金”科目，贷记“应收融资租赁款”科目。承租人违约，按租赁合同或协议规定没收保证金时，借记“其他应收款——租赁保证金”科目，贷记“营业外收入”等科目。

（二）融资租赁的后续计量

出租人在融资租赁期间的主要业务包括：按期收取租金、按期摊销未实现融资收益、确认租赁收入等。出租人应当按照固定的周期性利率计算并确认租赁期内各个期间的利息收入，借记“应收融资租赁款——未实现融资收益”科目，贷记“租赁收入”科目。出租人收到租赁收款额时，借记“银行存款”科目，贷记“应收融资租赁款——租赁收款额”科目。

【例 5-19】 2×22 年 12 月 1 日，承租人甲公司与出租人华鑫股份有限公司签订了一份租赁合同，从华鑫股份有限公司租入塑钢机一台，租赁合同主要条款如下。

(1)租赁资产：全新塑钢机。

(2)租赁期开始日：2×23 年 1 月 1 日。

(3)租赁期：2×23 年 1 月 1 日—2×26 年 12 月 31 日，共 48 个月。

(4)固定租金支付：自 2×23 年 1 月 1 日，每年年末支付租金 2 100 000 元。如果甲公司能够在每年年末的最后一天及时付款，则给予减少租金 100 000 元的奖励。

(5)租赁开始日租赁资产的公允价值：该设备在 2×23 年 1 月 1 日的公允价值为 6 900 000 元，账面价值为 5 200 000 元。

(6)初始直接费用：签订租赁合同过程中华鑫股份有限公司发生可归属于租赁项目的佣金 30 211元。

(7)担保余值和未担保余值均为 0。

(8)全新塑钢机的使用寿命为 5 年。

假如甲公司均在每年年末付款，不考虑其他因素。要求：

(1)判断华鑫股份有限公司的租赁类型，并说明理由。

(2)计算租赁收款额。

(3)计算租赁投资净额和未实现融资收益。

(4)编制租赁期开始日华鑫股份有限公司的会计分录。

(5)计算租赁期内华鑫股份有限公司每年租赁利息收入与租赁投资净额余额，并编制华鑫股份有限公司2×23年12月31日收到第一期租金时的会计分录。

【分析】 (1)由于租赁期为4年，占租赁开始日租赁资产使用寿命5年的80%(占租赁资产使用寿命的大部分)，该租赁实质上转移了与该项设备所有权有关的几乎全部风险和报酬，应将这项租赁认定为融资租赁。

(2)承租人的固定付款额为考虑扣除租赁激励后的金额。

承租人的固定付款额=(2 100 000−100 000)×4=8 000 000(元)

取决于指数或比率的可变租赁付款额。该款项在初始计量时根据租赁期开始日的指数或比率确定，本案例在租赁期开始日不作考虑。

购买选择权的行权价格，前提是合理确定承租人将行使该选择权。本案例不作考虑。

承租人行使终止租赁选择权需支付的款项，前提是租赁期反映出承租人将行使终止租赁选择权。本案例不作考虑。

承租人或者与其有关的一方以及有经济能力履行担保义务的独立第三方向出租人提供的担保余值。本案例中担保余值为0。

综上所述，租赁收款额=(2 100 000−100 000)×4=8 000 000(元)。

(3)租赁投资净额=租赁资产在租赁期开始日公允价值+出租人发生的租赁初始直接费用
=6 900 000+30 211=6 930 211(元)。

未实现融资收益=租赁投资总额−租赁投资净额=8 000 000−6 930 211=1 069 789(元)

(4)2×23年1月1日：

借：应收融资租赁款——租赁收款额　　8 000 000
　贷：银行存款　　30 211
　　融资租赁资产　　5 200 000
　　资产处置损益　　1 700 000
　　应收融资租赁款——未实现融资收益　　1 069 789

(5)计算租赁内含利率。租赁内含利率是指使出租人的租赁收款额的现值与未担保余值的现值之和(即租赁投资净额)等于租赁资产公允价值与出租人的初始直接费用之和的利率。本案例中列出公式2 000 000×(P/A,r,4)=6 900 000+30 211，计算得到租赁内含利率为6%。

租赁期内各期的利息收入如表5-5所示：

表5-5　租赁期内各期的利息收入　　单位：元

日期 ①	租金 ②	确认的利息收入 ③=期初④×6%	租赁投资净额余额 期末④=期初④−②−③
2×23年1月1日			6 930 211
2×23年12月31日	2 000 000	415 812.66	5 346 023.66
2×24年12月31日	2 000 000	320 761.42	3 666 785.08
2×25年12月31日	2 000 000	220 007.10	1 886 792.18
2×26年12月31日	2 000 000	113 207.82 *	0

注：* 做尾数调整113 207.82=1 069 789−415 812.66−320 761.42−220 007.10

2×23 年 12 月 31 日收到第一期租金时：

借：银行存款　　2 000 000

　贷：应收融资租赁款——租赁收款额　　2 000 000

借：应收融资租赁款——未实现融资收益　　415 812.66

　贷：租赁收入　　15 812.66

新租赁准则规定，纳入出租人租赁投资净额的可变租赁付款额只包含取决于指数或比率的可变租赁付款额。在初始计量时，出租人应当采用租赁期开始日的指数或比率进行初始计量。出租人应定期复核计算租赁投资总额时所使用的未担保余值。若预计未担保余值降低，出租人应修改租赁期内的收益分配，并立即确认预计的减少额。

出租人取得的未纳入租赁投资净额计量的可变租赁付款额，如与资产的未来绩效或使用情况挂钩的可变租赁付款额，应当在实际发生时计入当期损益。

【例 5-20】 华鑫股份有限公司是一家设备生产商，与乙公司（生产型企业）签订了一份租赁合同，向乙公司出租所生产的设备，合同主要条款如下。

(1)租赁资产：设备 A；

(2)租赁期：2×22 年 1 月 1 日至 2×28 年 12 月 31 日，共 7 年；

(3)租金支付：自 2×22 年起每年末支付年租金 4 750 000 元，此外，乙公司还应根据每年使用该设备所生产产品的销售收入的 1%向华鑫股份有限公司支付可变租金；

(4)租赁合同规定的利率：6%（年利率），与市场利率相同；

(5)该设备于 2×22 年 1 月 1 日交付乙公司，预计使用寿命为 7 年；

(6)租赁期内该设备的保险、维修等费用均由乙公司自行承担。该设备于 2×22 年 1 月 1 日的公允价值为 27 000 000 元，账面价值为 20 000 000 元，华鑫股份有限公司认为租赁到期时该设备余值为 728 000 元，乙公司及其关联方未对余值提供担保；华鑫股份有限公司取得该租赁发生的相关成本为 50 000 元；2×22 年 12 月 31 日，华鑫股份有限公司预计对乙公司的租赁应收款自初始确认后信用风险显著增加，华鑫股份有限公司按整个存续期计量损失准备的金额为 500 000 元；2×22 年度，乙公司使用 A 设备生产的产品销售收入为 20 000 000 元，于 2×22 年 12 月 31 日向华鑫股份有限公司支付可变租金。

已知(P/A,6%,7)=5.582 4,(P/F,6%,7)=0.665 1。假设不考虑其他因素和各项税费影响。

要求：

(1)判断华鑫股份有限公司租赁类型，并说明理由。

(2)计算租赁期开始日租赁收款额按市场利率折现的现值和确认收入金额。

(3)计算未担保余值的现值和销售成本金额。

(4)编制华鑫股份有限公司租赁期开始日的会计分录。

(5)编制华鑫股份有限公司 2×22 年 12 月 31 日与该租赁相关的会计分录。

【分析】 (1)属于融资租赁。

理由：租赁期与租赁资产预计使用寿命一致，表明与该项资产所有权有关的几乎所有风险和报酬已实质转移给乙公司，所以将该租赁认定为融资租赁。

(2)租赁收款额=租金×期数=4 750 000×7=33 250 000(元)，租赁收款额按市场利率折现的现值＝4 750 000×5.582 4＝26 516 400(元)。

按照该租赁资产的公允价值 27 000 000 元与租赁收款额按市场利率折现的现值 26 516 400 元两者孰低的原则，确认收入为 26 516 400 元。

(3)未担保余值的现值＝728 000×0.665 1＝484 200(元)

销售成本＝账面价值－未担保余值的现值＝20 000 000－484 200＝19 515 800(元)

(4)2×22 年 1 月 1 日(租赁期开始日)的会计分录为：

借：应收融资租赁款——租赁收款额　　33 250 000
　贷：主营业务收入　　26 516 400
　　应收融资租赁款——未实现融资收益　　6 733 600
借：主营业务成本　　19 515 800
　应收融资租赁款——未担保余值　　728 000
　贷：库存商品　　20 000 000
　　应收融资租赁款——未实现融资收益　　243 800(728 000－484 200)
借：销售费用　　50 000
　贷：银行存款　　50 000

(5)2×22 年 12 月 31 日与该租赁相关的会计分录为：

借：银行存款　　4 750 000
　贷：应收融资租赁款——租赁收款额　　4 750 000
借：应收融资租赁款——未实现融资收益　　1 620 036
　贷：租赁收入　　1 620 036*

注：* 该金额由(26 516 400×6%＋484 200×6%)计算得出。

借：银行存款　　200 000
　贷：租赁收入　　200 000(20 000 000×1%)
借：信用减值损失　　500 000
　贷：应收融资租赁款减值准备　　500 000

三、出租人对经营租赁的会计处理

(一)租金的处理

在租赁期内各个期间，出租人应采用直线法或者其他系统、合理的方法将经营租赁收款额确认为租金收入。如果其他系统、合理的方法能够更好地反映因使用租赁资产产生经济利益的消耗模式，则出租人应采用该方法。

(二)出租人对经营租赁提供激励措施

出租人提供免租期的，出租人应将租金总额在不扣除免租期的整个租赁期内，按直线法或其他合理的方法进行分配，免租期内应当确认租金收入。出租人承担了承租人某些费用的，出租人应将该费用自租金收入总额中扣除，按扣除后的租金收入余额在租赁期内分配。

（三）初始直接费用

出租人发生的与经营租赁有关的初始直接费用应当资本化至租赁标的资产的成本，在租赁期内按照与租金收入相同的确认基础分期计入当期损益。

（四）折旧和减值

对于经营租赁资产中的固定资产，出租人应当采用类似资产的折旧政策计提折旧；对于其他经营租赁资产，应当根据该资产适用的企业会计准则，采用系统合理的方法进行摊销。

出租人应当按照《企业会计准则第 8 号——资产减值》的规定，确定经营租赁资产是否发生减值，并对已识别的减值损失进行会计处理。

（五）可变租赁付款额

出租人取得的与经营租赁有关的可变租赁付款额，如果是与指数或比率挂钩的，应在租赁期开始日计入租赁收款额；除此之外的，应当在实际发生时计入当期损益。

（六）经营租赁的变更

经营租赁发生变更的，出租人应自变更生效日开始，将其作为一项新的租赁进行会计处理，与变更前租赁有关的预收或应收租赁收款额视为新租赁的收款额。

第四节　特殊租赁的会计处理

一、生产商或经销商出租人的融资租赁会计处理

生产商或经销商通常为客户提供购买或租赁其产品或商品的选择。如果生产商或经销商出租其产品或商品构成融资租赁，则该交易产生的损益应相当于按照考虑适用的交易量或商业折扣后的正常售价直接销售标的资产所产生的损益。构成融资租赁的，生产商或经销商出租人在租赁期开始日应当按照租赁资产公允价值与租赁收款额按市场利率折现的现值两者孰低确认收入，并按照租赁资产账面价值扣除未担保余值的现值后的余额结转销售成本，收入和销售成本的差额作为销售损益。

由于取得融资租赁所发生的成本主要与生产商或经销商赚取的销售利得相关，生产商或经销商出租人应当在租赁期开始日将其计入损益。即，与其他融资租赁出租人不同，生产商或经销商出租人取得融资租赁所发生的成本不属于初始直接费用，不计入租赁投资净额。

【例 5-21】 华鑫股份有限公司是一家设备生产商，与乙公司（生产型企业）签订了一份租赁合同，向乙公司出租所生产的设备，合同主要条款如下。

（1）租赁资产：设备 A。

（2）租赁期：2×21 年 1 月 1 日至 2×23 年 12 月 31 日，共 3 年。

（3）租金支付：自 2×21 年起每年年末支付年租金 1 000 000 元。

(4)租赁合同规定的利率:5%(年利率),与市场利率相同。

(5)该设备于2×21年1月1日的公允价值为2 700 000元,账面价值为2 000 000元。

(6)华鑫股份有限公司取得该租赁发生的相关成本为5 000元。

(7)该设备于2×21年1月1日交付乙公司,预计使用寿命为8年,无残值;租赁期届满时,乙公司可以100元购买该设备,预计租赁到期日该设备的公允价值不低于1 500 000元,乙公司对此金额提供担保;租赁期内该设备的保险、维修等费用均由乙公司自行承担。假设不考虑其他因素和各项税费影响。

(P/A,5%,3)=2.723 2;(P/F,5%,3)=0.863 8

要求:编制华鑫股份有限公司与此项租赁业务相关的会计分录。

【分析】 第一步,判断租赁类型。本例中租赁期满乙公司可以远低于租赁到期日租赁资产公允价值的金额购买租赁资产,华鑫股份有限公司认为其可以合理确定乙公司将行使购买选择权,综合考虑其他因素,与该项资产所有权有关的几乎所有风险和报酬已实质转移给乙公司,因此华鑫股份有限公司将该租赁认定为融资租赁。

第二步,计算租赁期开始日租赁收款额按市场利率折现的现值,确定收入金额。

租赁收款额=租金×期数+购买价格=1 000 000×3+100=3 000 100(元)

租赁收款额按市场利率折现的现值=1 000 000×(P/A,5%,3)+100×(P/F,5%,3)

=2 723 286(元)

按照租赁资产公允价值与租赁收款额按市场利率折现的现值两者孰低的原则,确认收入为27 00 000元。

第三步,计算租赁资产账面价值扣除未担保余值的现值后的余额,确定销售成本金额。

销售成本=账面价值-未担保余值的现值=2 000 000-0=2 000 000(元)

第四步,2×21年1月1日(租赁期开始日)的会计分录为:

借:应收融资租赁款——租赁收款额　　3 000 100
　贷:营业收入　　2 700 000
　　应收融资租赁款——未实现融资收益　　300 100
借:营业成本　　2 000 000
　贷:存货　　2 000 000
借:销售费用　　5 000
　贷:银行存款　　5 000

由于华鑫股份有限公司在确定营业收入和租赁投资净额(应收融资租赁款)时,是基于租赁资产的公允价值的,华鑫股份有限公司需要根据租赁收款额、未担保余值和租赁资产公允价值重新计算租赁内含利率。即:

1 000 000×(P/A,r,3)+100×(P/F,r,3)=2 700 000

计算得出:r=5.4606%≈5.46%。

计算租赁期内各期分摊的融资收益如表5-6所示。

表 5-6　租赁期内各期分摊的融资收益　　单位：元

日期	收取租赁款项①	确认的融资收入②=期初④×5.46%	应收租赁款减少额③=①-②	应收租赁款净额期末④=期初④-③
2×21 年 1 月 1 日				2 700 000
2×21 年 12 月 31 日	1 000 000	147 436	852 564	1 847 436
2×22 年 12 月 31 日	1 000 000	100 881	899 119	948 317
2×23 年 12 月 31 日	1 000 000	51 783 *	948 217 *	100
2×23 年 12 月 31 日	100		100	
合计	3 000 100	300 100	2 700 000	

注：* 作尾数调整：51 783=1 000 000-948 217；948 217=948 317-100

2×21 年 12 月 31 日的会计分录为：

借：应收融资租赁款——未实现融资收益　　147 436
　贷：租赁收入　　147 436
借：银行存款　　1 000 000
　贷：应收融资租赁款——租赁收款额　　1 000 000

2×22 年 12 月 31 日和 2×23 年 12 月 31 日会计分录略。

为吸引客户，生产商或经销商出租人有时以较低利率报价。使用该利率会导致出租人在租赁期开始日确认的收入偏高。在这种情况下，生产商或经销商出租人应当将销售利得限制为采用市场利率所能取得的销售利得。

二、售后租回的会计处理

若企业（卖方兼承租人）将资产转让给其他企业（买方兼出租人），并从买方兼出租人租回该项资产，则卖方兼承租人和买方兼出租人均应按照售后租回交易的规定进行会计处理。企业应当按照《企业会计准则第 14 号——收入》(2017) 的规定，评估确定售后租回交易中的资产转让是否属于销售，并区别进行会计处理。

在标的资产的法定所有权转移给出租人并将资产租赁给承租人之前，承租人可能会先获得标的资产的法定所有权。但是，是否具有标的资产的法定所有权本身并非会计处理的决定性因素。如果承租人在资产转移给出租人之前已经取得对标的资产的控制，则该交易属于售后租回交易。然而，如果承租人未能在资产转移给出租人之前取得对标的资产的控制，那么即便承租人在资产转移给出租人之前先获得标的资产的法定所有权，该交易也不属于售后租回交易。

(一) 售后租回交易中的资产转让属于销售

卖方兼承租人应当按原资产账面价值中与租回获得的使用权有关的部分，计量售后租回所形成的使用权资产，并仅就转让至买方兼出租人的权利确认相关利得或损失。买方兼出租人根据其他适用的企业会计准则对资产购买进行会计处理，并根据新租赁准则对资产出租进行会计处理。

如果销售对价的公允价值与资产的公允价值不同，或者出租人未按市场价格收取租金，企业应当进行以下调整：

第一，销售对价低于市场价格的款项作为预付租金进行会计处理；

第二，销售对价高于市场价格的款项作为买方兼出租人向卖方兼承租人提供的额外融资进行会计处理。

同时，承租人按照公允价值调整相关销售利得或损失，出租人按市场价格调整租金收入。

在进行上述调整时，企业应当按以下二者中较易确定者进行：

第一，销售对价的公允价值与资产的公允价值的差异；

第二，合同付款额的现值与按市场租金计算的付款额的现值的差异。

（二）售后租回交易中的资产转让不属于销售

卖方兼承租人不终止确认所转让的资产，而应当将收到的现金作为金融负债，并按照《企业会计准则第22号——金融工具确认和计量》(2017)进行会计处理。买方兼出租人不确认被转让资产，而应当将支付的现金作为金融资产，并按照《企业会计准则第22号——金融工具确认和计量》(2017)进行会计处理。

（三）售后租回交易示例

1. 售后租回交易中的资产转让不属于销售

【例5-22】 华鑫股份有限公司（卖方兼承租人）以48 000 000元的价格向乙公司（买方兼出租人）出售一栋建筑物，款项已收存银行。交易前该建筑物的账面原值是48 000 000元，累计折旧是8 000 000元。与此同时，华鑫股份有限公司与乙公司签订了合同，取得了该建筑物18年的使用权（全部剩余使用年限为40年），年租金为4 000 000元，于每年年末支付，租赁期满时，华鑫股份有限公司将以200元购买该建筑物。根据交易的条款和条件，华鑫股份有限公司转让建筑物不满足《企业会计准则第14号——收入》(2017)中关于销售成立的条件。假设不考虑受直接费用和各项税费的影响。该建筑物在销售当日的公允价值为72 000 000元。

要求：请完成租赁期开始日华鑫股份有限公司和乙公司的账务处理。

【分析】 在租赁期开始日，华鑫股份有限公司对该交易的会计处理如下：

借：银行存款　　48 000 000

　贷：长期应付款　　48 000 000

在租赁期开始日，乙公司对该交易的会计处理如下：

借：长期应收款　　48 000 000

　贷：银行存款　　48 000 000

2. 售后租回交易中的资产转让属于销售

【例5-23】 华鑫股份有限公司（卖方兼承租人）以80 000 000元的价格向乙公司（买方兼出租人）出售一栋建筑物，款项已收存银行。交易前该建筑物的账面原值48 000 000元，累计折旧是8 000 000元。与此同时，华鑫股份有限公司与乙公司签订了合同，取得了该建筑物18年的使用权（全部剩余使用年限为40年），年租金为4 800 000元，于每年年末支付。根据交易的条款和条件，华鑫股份有限公司转让建筑物符合《企业会计准则第14号——收入》(2017)中关于销售成立的条件。

假设不考虑初始直接费用和各项税费的影响。该建筑物在销售当日的公允价值为 72 000 000 元。

要求：请完成租赁双方的账务处理。

【分析】 由于该建筑物的销售对价并非公允价值，华鑫股份有限公司和乙公司分别进行了调整，以按照公允价值计量销售收益和租赁应收款。超额售价 8 000 000 元(80 000 000—72 000 000)作为乙公司向华鑫股份有限公司提供的额外融资进行确认。

华鑫股份有限公司、乙公司均确定租赁内含年利率为 4.5%。年付款额现值为 58 367 960 元(年付款额 4 800 000 元，共 18 期，按每年 4.5%进行折现)，其中 8 000 000 元与额外融资相关，50 367 960元与租赁相关(分别对应年付款额 657 896 元和 4 142 104 元)，具体计算过程如下：

年付款额现值＝4 800 000×(P/A,4.5%,18)＝58 367 960(元)

额外融资年付款额＝8 000 000÷58 367 960×4 800 000＝657 896(元)

租赁相关年付款额＝4 800 000—657 896＝4 142 104(元)

(1)在租赁期开始日，华鑫股份有限公司对该交易的会计处理如下。

第一步，按与租回获得的使用权部分占该建筑物的原账面金额的比例计算售后租回所形成的使用权资产。

使用权资产＝(48 000 000—8 000 000)×(50 367 960÷72 000 000)＝27 982 200(元)

其中，(48 000 000—8 000 000)为该建筑物的账面价值；50 367 960 为 18 年使用权资产的租赁付款额的现值；72 000 000 为该建筑物的公允价值。

第二步，计算与转让至乙公司的权利相关的利得。

出售该建筑物的全部利得＝72 000 000—40 000 000＝32 000 000(元)，其中：

与该建筑物使用权相关利得＝32 000 000×(50 367 960÷72 000 000)＝22 385 760(元)

与转让至乙公司的权利相关的利得＝32 000 000—22 385 760＝9 614 240(元)

第三步，编制华鑫股份有限公司相关会计分录。

形成额外融资时：

借：银行存款	8 000 000	
贷：长期应付款		8 000 000

完成租赁合同时：

借：银行存款	72 000 000	
使用权资产	27 982 200	
累计折旧——建筑物	8 000 000	
租赁负债——未确认融资费用	24 189 912	
贷：固定资产——建筑物(原值)		48 000 000
租赁负债——租赁付款额*		74 557 872
资产处置损益		9 614 240

注：*该金额由(4 800 000—657 896)×18 计算得出。

后续华鑫股份有限公司支付的年付款额 4 800 000 元中的 4 142 104 元作为租赁付款额处理；657 896 元作为结算金融负债 8 000 000 元而支付的款项和利息费用进行会计处理。以第 1 年年末为例：

借:租赁负债——租赁付款额　　4 142 104
　长期应付款　　297 896
　利息费用　　2 626 558
　贷:租赁负债——未确认融资费用　　2 266 558
　　银行存款　　4 800 000

其中,利息费用=50 367 960×4.5%+8 000 000×4.5%=2 266 558+360 000=2 626 558(元)

长期应付款减少额=657 896-360 000=297 896(元)

(2)综合考虑租期占该建筑物剩余使用年限的比例等因素,乙公司将该建筑物的租赁分类为经营租赁。在租赁期开始日,乙公司对该交易的会计处理如下:

借:固定资产——建筑物　　72 000 000
　长期应收款　　8 000 000
　贷:银行存款　　80 000 000

租赁期开始日之后,乙公司将从华鑫股份有限公司处年收款额4 800 000元中的4 142 104元作为租赁收款额进行会计处理。从华鑫股份有限公司处年收款额中的其余657 896元作为结算金融资和利息收入进行会计处理。以第1年末为例:

借:银行存款　　4 800 000
　贷:租赁收入　　4 142 104
　　利息收入　　360 000
　　长期应收款　　297 896

三、转租赁的会计处理

在转租情况下,原租赁合同和转租赁合同通常都是单独协商的,交易对手也是不同的企业,准则要求转租出租人对原租赁合同和转租赁合同分别根据承租人和出租人的会处理要求,进行会计处理。

承租人在对转租赁进行分类时,转租出租人应基于原租赁中产生的使用权资产,而不是租赁资产(如作为租赁对象的不动产或设备)进行分类。原租赁资产不归转租出租人所有,原租赁资产也未计入其资产负债表。因此,转租出租人应基于其控制的资产(即使用权资产)进行会计处理。

原租赁为短期租赁,且转租出租人作为承租人已按照准则采用简化会计处理方法的,应将转租赁分类为经营租赁。

【例5-24】 华鑫股份有限公司(原租赁承租人)与乙公司(原租赁出租人)就5 000平方米办公区签订了5年期租赁合同(原租赁)。在第3年年初,华鑫股份有限公司将该5 000平方米办公区转租给丙公司,假设不考虑初始直接费用。

要求:请问华鑫股份有限公司应如何划分该项转租赁?

【分析】 华鑫股份有限公司应基于原租赁形成的使用权资产对转租赁进行分类。本例中,转租赁的期限覆盖了原租赁的所有剩余期限,综合考虑其他因素,华鑫股份有限公司判断其实质上转移了与该项使用权资产有关的几乎全部风险和报酬,所以将该项转租赁分类为融资租赁。

华鑫股份有限公司的会计处理为:第一,终止确认与原租赁相关且转给丙公司(转租承租人)

的使用权资产，并确认转租赁投资净额；第二，将使用权资产与转租赁投资净额之间的差额确认为损益；第三，在资产负债表中保留原租赁的租赁负债，该负债代表应付原租赁出租人的租赁付款额。在转租期间，中间出租人既要确认转租赁的融资收益，也要确认原租赁的利息费用。

课后思考题

1. 可以被划分为租赁的合同，需要满足哪些条件？这些条件具体指什么？

2. 试述租赁收款额和租赁付款额的构成和差别。

3. 试述“使用权资产”和“租赁负债”账户核算的要点。

4. 对于承租人而言，如何确认租赁负债和使用权资产的初始价值？如何对其进行后续计量？如果遇到租赁变更，应该如何进行会计处理？

5. 对于出租人而言，租赁业务可以划分为哪几类？主要区别是什么？

6. 对于出租人而言，如何对融资租赁进行初始确认和后续计量？如何对经营租赁进行会计处理？

7. 试述租赁收款总额、租赁收款净额及未实现融资收益的关系。

8. 何为售后租回？试述销售方兼承租人售后租回的会计处理要点。

课堂思政

2016 年，根据不断变化的租赁市场环境，国际会计准则理事会（IASB）发布了《国际财务报告准则第 16 号——租赁》（IFRS16），取代了原租赁准则 IAS17。在国际租赁准则的修订过程中，我国财政部及时成立了项目组，跟进研究国际租赁准则的修订进程和变化，并结合我国实务积极反馈意见和建议。国际新租赁准则发布后，财政部启动了我国租赁准则的修订项目，并组织翻译了《国际财务报告准则第 16 号——租赁》；在充分听取国内部分承租人、出租人、会计师事务所以及学术界代表意见的基础上，结合我国实际起草了修订初稿，随后开展研讨，在汇总整理和深入分析各方面意见的基础上，形成征求意见稿，于 2018 年 1 月印发《企业会计准则第 21 号——租赁（征求意见稿）》，公开征求意见，对征求意见稿作了进一步修改完善，于 2018 年 12 月 7 日正式发布《企业会计准则第 21 号——租赁》（CAS21）。CAS21（2018）取消了承租人关于融资租赁与经营租赁的分类，承租人采用单一计量模式，对所有租赁确认使用权资产和租赁负债，并分别确认折旧和利息费用（短期租赁和低价值资产租赁除外）。

新租赁准则的发布，进一步完善了我国企业会计准则体系，是保持与国际财务报告准则全面趋同的重要成果。

讨论：

1. 租赁准则修订的背景和现实意义是什么？通过租赁准则的变迁，谈一下你对我国新租赁准则的认知。

（思政引导：提高职业素养，专注于对国际国内会计准则的研究，为企业或客户提供专业高效的会计技术支持；保持会计诚信是企业必须坚守的底线）

2. 分析我国企业会计准则国际化趋同的中国特色。

（维护国家利益）

3. 新租赁准则杜绝将实质上的融资租赁以经营租赁的形式进行处理，从而达到资产和负债都不上表的目的，降低企业资产负债率，来达到粉饰财务报表的目的。

（思政引导：会计专业知识是"术"，而思政元素是"道"，离开"道"的指引，"术"就容易迷失其价值的方向，没有诚信的会计人员不是没"术"，而是缺失了"道"。）

课后习题

一、单项选择题

1. 关于已识别资产和资产的实质性替换权，下列表述中错误的是（　　）。

A. 如果资产的供应方在整个使用期间拥有对该资产的实质性替换权，则该资产不属于已识别资产

B. 已识别资产必须由合同明确指定

C. 企业难以确定供应方是否拥有对资产的实质性替换权的，应当视为供应方没有对该资产的实质性替换权

D. 如果供应方仅在特定日期或者特定事件发生当日或之后拥有替换资产的权利或义务，则供应方的替换权不具有实质性

2. 融资租入固定资产的入账价值应该是（　　）。

A. 应付租赁款　　B. 评估确认款

C. 应付租赁款加运杂费　　D. 租赁负债加初始直接费用

3. 某公司融资租入 1 台设备，租赁期 5 年，入账价值为 90 万元，担保余值为 10 万元。该承租人在租赁开始日无法确定租期届满时能否取得该租赁资产的所有权。已知该公司对同类固定资产预计的折旧年限为 8 年，则该固定资产应计提的年折旧额为（　　）万元。

A. 10　　B. 11.25　　C. 16　　D. 18

4. A 企业融资租入 1 台设备，租金共 80 万元，分 4 年支付，于每年年底支付租金 20 万元。该租赁资产在租赁开始日的公允价值为 60 万元。假设该资产适用的年金现值系数为 3.312，则该融资租入固定资产的入账价值为（　　）元。

A. 600 000　　B. 730 000　　C. 700 000　　D. 662 400

5. 2×23 年 12 月 31 日，某企业融资租入一台设备，租赁开始日租赁资产公允价值为 300 万元，租赁付款额为 420 万元，按出租人的租赁内含利率折成的现值为 320 万元，则在租赁开始日，租赁资产的入账价值、未确认融资费用和租赁付款额分别是（　　）万元。

A. 320、100、420　　B. 300、120、420　　C. 420、0、420　　D. 320、0、320

6. 承租人甲公司于 2×24 年 1 月 1 日与出租人乙公司签订了汽车租赁合同，每年年末支付租金 10 万元，租赁期为 4 年，甲公司确定租赁内含利率为 5%。合同中就担保余值的规定为：如果标的汽车在租赁期结束时的公允价值低于 8 万元，则甲公司需向乙公司支付 8 万元与汽车公允价值之间的差额，在租赁期开始日，甲公司预计标的汽车在租赁期结束时的公允价值为 6 万元。已知(P/A，5%，4)＝3.546 0，(P/F，5%，4)＝0.822 7。2×24 年 1 月 1 日，甲公司应确认的租赁负债是（　　）万元。

A. 42.04　　B. 40.40　　C. 35.46　　D. 37.11

7. 某项资产租赁，甲公司租赁期开始日之前支付的租赁付款额为20万元，租赁期开始日尚未支付的租赁付款额的现值为100万元，甲公司发生的初始直接费用为2万元，甲公司为将租赁资产恢复至租赁条款约定状态预计将发生成本的现值为3万元，已享受的租赁激励为1万元。甲公司该项使用权资产的初始成本是(　　)万元。

A. 125　　B. 121　　C. 124　　D. 122

8. 转租赁中转租出租人将转租赁分类为融资租赁的，下列表述中错误的是(　　)。

A. 终止确认与原租赁相关的使用权资产，并确认转租赁投资净额

B. 将使用权资产与转租赁投资净额之间的差额确认为损益

C. 在资产负债表中保留原租赁的租赁负债，该负债代表应付原租赁出租人的租赁付款额现值

D. 在转租期间，要确认转租赁的融资收益，但不需确认利息费用

9. 2×23年7月1日，甲公司与乙公司签订了一项写字楼租赁合同，甲公司将该写字楼以经营租赁方式出租给乙公司。合同约定，租赁期为2×23年7月1日至2×24年6月30日，租赁期前2个月免收租金，后10个月每月收取租金30万元，此外，甲公司承担了本应由乙公司负担的电子灯牌制作安装费6万元。甲公司按直线法确认租金收入。不考虑其他因素，甲公司2×23年度应确认的租金收入是(　　)万元。

A. 120　　B. 98　　C. 147　　D. 150

10. 承租人甲公司签订了一项为期10年的不动产租赁合同，每年的租赁付款额为40万元，于每年年初支付。合同规定，租赁付款额在租赁期开始日后每两年基于过去24个月消费者价格指数的上涨进行上调。租赁期开始日的消费者价格指数为100，两年后的消费者价格指数为120，预计未来每两年的消费者价格指数为130和140。甲公司租赁期开始日应确认的年租赁付款额是(　　)万元。

A. 48　　B. 40　　C. 56　　D. 52

二、多项选择题

1. 一项合同要被分类为租赁，必须满足的要素包括(　　)。

A. 存在一定期间

B. 存在已识别资产

C. 资产供应方向客户转移对已识别资产使用权的控制

D. 资产供应方向客户转移对已识别资产的所有权

2. 关于租赁期，下列各项表述中正确的有(　　)。

A. 某项房屋出租，出租人于2×24年1月1日将房屋钥匙交付承租人，承租人在收到钥匙后就可以自主安排房屋装修，并安排搬迁。合同约定有3个月的免租期，起租日为2×24年4月1日，承租人自起租日开始支付租金，则租赁期开始日为2×24年1月1日

B. 承租人签订了一份设备租赁合同，包括5年不可撤销期限和2年期固定价格续租选择权。续租选择权期间的合同条款和条件与市价接近，没有终止罚款或其他因素表明承租人合理确定将行使续租选择权。此项租赁在租赁期开始日确定租赁期为5年

C. 承租人签订了一份建筑租赁合同，包括6年不可撤销期限和3年按照市价行使的续租选择权。在搬入该建筑之前，承租人花费了大量资金对租赁建筑进行了改良，预计在6年

结束时租赁资产改良仍将具有重大价值，且该价值仅可通过继续使用租赁资产实现，因此在租赁期开始日，确定租赁期为 9 年

D. 承租人与出租人签订了一份租赁合同，约定自租赁期开始日 3 年内不可撤销，如果撤销，双方将支付重大罚金，3 年期满后，经双方同意可再延长 1 年，如有一方不同意，将不再续期，且没有罚款。承租人对于租赁资产并不具有重大依赖。此项租赁不可撤销期间为 4 年

3. 关于租赁相关概念，下列表述中正确的有（　　）。

A. 初始直接费用，是指为达成租赁所发生的增量成本

B. 租赁负债应当按照租赁期开始日尚未支付的租赁付款额的现值进行初始计量

C. 担保余值，是指资产余值中承租人或与承租人有关的一方担保的部分

D. 未担保余值，是指租赁资产余值中，出租人无法保证能够实现的部分，不含与出租人有关的一方予以担保的部分

4. 下列各项中，构成租赁付款额的有（　　）。

A. 固定付款额及实质固定付款额，存在租赁激励的，扣除租赁激励相关金额

B. 各种可变租赁付款额

C. 行使终止租赁选择权需支付的款项，前提是租赁期反映出承租人将行使终止租赁选择权

D. 承租人担保余值下的最大敞口

5. 出租人在对租赁进行分类时，应考虑（　　）。

A. 承租人是否有租赁资产的优惠购买选择权

B. 租赁期占租赁资产使用寿命的比例

C. 租赁期届满时，租赁资产所有权是否转移给承租人

D. 租赁开始日租赁付款额或收款额与租赁资产公允值的比率

6. 融资租入固定资产的入账价值包括（　　）。

A. 租赁开始日租赁付款额　　B. 租赁开始日初始直接费用

C. 租赁开始日租赁收款额的现值　　D. 租赁开始日租赁付款额的现值

7. 构成租赁收款额的项目主要包括（　　）。

A. 可变租赁付款额　　B. 初始直接费用

C. 独立于承租人和出租人的第三方担保余值　　D. 固定租赁付款额

8. 关于出租人对经营租赁的会计处理，下列项目中正确的有（　　）。

A. 在租赁期内各个期间，出租人应当采用直线法或其他系统合理的方法，将经营租赁的租赁收款额确认为租金收入

B. 出租人发生的与经营租赁有关的初始直接费用应当资本化至租赁标的资产的成本，在租赁期内按照与租金收入确认相同的基础进行分摊，分期计入当期损益

C. 对于经营租赁资产中的固定资产，出租人应当采用类似资产的折旧政策计提折旧

D. 出租人取得的与经营租赁有关的可变租赁付款额，应当在实际发生时计入当期损益

9. 关于短期租赁和低价值资产租赁，下列项目中正确的有（　　）。

A. 按照简化会计处理的短期租赁发生租赁变更或者其他原因导致租赁期发生变化的，承租人应当将其视为一项新租赁，重新判断该项新租赁是否可以选择简化会计处理

B. 低价值资产租赁的判定受承租人规模、性质的影响

C. 对于短期租赁和低价值资产租赁，承租人可以选择不确认使用权资产和租赁负债

D. 承租人可以将短期租赁和低价值资产租赁的租赁付款额，在租赁期内各个期间按照直线法或其他系统合理的方法计入相关资产成本或当期损益

10. 关于售后租回交易的会计处理，下列项目中正确的有（　　）。

A. 售后租回交易中的资产转让属于销售的，承租人应当按原资产账面价值与售价的差额确认相关利得或损失

B. 如果销售对价的公允价值与资产的公允价值不同，或者出租人未按市场价格收取租金，则企业应当将销售对价低于市场价格的款项作为预付租金进行会计处理，将高于市场价格的款项作为出租人向承租人提供的额外融资进行会计处理；同时，承租人按照公允价值调整相关销售利得或损失，出租人按市场价格调整租金收入

C. 售后租回交易中的资产转让不属于销售的，承租人应当继续确认被转让资产，同时确认一项与转让收入等额的金融负债，并按照《企业会计准则第22号——金融工具确认和计量》对该金融负债进行会计处理

D. 售后租回交易中的资产转让不属于销售的，出租人应确认被转让资产

三、判断题

1. 从出租人的角度来看，融资租赁是指实质上转移了与资产所有权相关的主要风险和报酬的租赁。（　　）

2. 出租人用于经营租赁的固定资产，在会计上不作为自有资产核算。（　　）

3. 承租人租赁资产不需要区分租赁类型，出租人租出资产仍需要区分租赁类型核算。（　　）

4. 在经营租赁下，如果出租人向承租人提供了免租期，出租人应将租金总额在不扣除免租期的整个租赁期内，按直线法或其他合理的方法进行分配，免租期内应当确认租金收入。（　　）

5. 承租人在对转租赁进行分类时，转租出租人应基于原租赁中产生的使用权资产，而不是租赁资产进行分类。（　　）

6. 生产商或经销商出租人的融资租赁中，由于取得融资租赁所发生的成本主要与生产商或经销商赚取的销售利得相关，生产商或经销商出租人应当在租赁期开始日将其计入损益。（　　）

7. 使用权资产减值准备在持有期间可以转回。（　　）

8. 承租人采用成本模式对使用权资产进行后续计量。（　　）

9. 发生承租人可控范围内的重大事件或变化，导致承租人对于是否行使续租选择权的判断发生变化，从而引起租赁付款额变动，这种情形下需要采用修订后的折现率对变动后的租赁付款额进行折现。（　　）

10. 承租人应该自租赁期开始日起对使用权资产计提折旧。（　　）

四、计算及会计处理题

1. 资料：2×23年12月28日，甲公司与乙公司签订了一份租赁合同。合同主要条款如下：

（1）租赁标的物：冰箱生产线。

（2）租赁期开始日：租赁物运抵甲公司生产车间之日（即2×23年12月31日）。

（3）租赁期：从租赁期开始日算起36个月（即2×23年12月31日—2×26年12月31日）。

(4)租金支付方式:自2×24年起每年年末支付租金300 000元。

(5)乙公司租赁内含利率为8%(年利率)。

(6)该生产线为全新设备,估计使用年限为5年。

甲公司的相关资料有:

(1)采用年限平均法计提固定资产折旧。

(2)2×26年12月31日,将该生产线退还乙公司。

(3)甲公司在租赁谈判和签订租赁合同过程中发生可归属于租赁项目的佣金20 000元。

(P/A,8%,3)=2.577 1;(P/F,8%,3)=0.793 8

要求甲公司完成下列任务:

(1)计算租赁付款总额。

(2)计算租赁付款额的现值。

(3)计算使用权资产成本。

(4)计算各年的折旧额。

(5)租赁期开始日的会计分录。

2.资料:甲公司就某栋建筑物一层楼与乙公司签订了一份的租赁合同,有关主要条款如下:

(1)租赁期从2×23年1月1日起至2×26年12月31日,共4年;租金每年80 000元,租赁期开始日支付第一笔租金80 000元,其余租金于每年年初支付。

(2)甲公司初始直接费用为20 000元,其中,5 000元是向房地产中介支付的中介费。

(3)作为对甲公司的激励,乙公司将补偿甲公司支付的中介费。

(4)甲公司以增量借款利率6%作为租赁付款额的折现率。

假定不考虑税费等其他因素的影响。

要求:

(1)计算租赁付款额、租赁付款额的现值、未确认融资费用和使用权资产的成本;

(2)编制甲公司在租赁期开始日的会计分录;

(3)计算2×23年1月1日首次未确认融资费用的分摊额并编制首次摊销未确认融资费用的会计分录。

[注:(P/A,6%,3)=2.673;"租赁负债"应写出二级科目。]

3.2×20年12月28日,甲公司与乙公司签订了一份租赁合同,租赁合同的主要条款以及甲公司和乙公司对此项租赁业务的会计处理原则分别如下:

(1)租赁合同主要条款

①租赁标的物:程控生产线。

②租赁期开始日:租赁物运抵甲生产车间之日(即2×21年1月1日)。

③租赁期:从租赁期开始算起36个月(即2×21年1月1日—2×23年12月31日)。

④租金支付方式:自租赁期开始日起每年年末支付租金100万元。

⑤该生产线在2×21年1月1日乙公司的账面价值为250万元,公允价值为260万元。

⑥租赁合同规定的利率为8%(年利率)。

⑦该生产线为全新设备,不需要安装,预计使用寿命为4年。

⑧2×22 年和 2×23 年两年，甲公司每年按该生产线所生产的产品——微波炉的年销售收入的 1%向乙公司支付经营分享收入。

⑨2×23 年 12 月 31 日，甲公司将该生产线退还乙公司。

(2)甲公司会计处理原则

①采用实际利率法确认本期应分摊的未确认融资费用。

②采用年限平均法计提固定资产折旧。

③2×22 年、2×23 年根据微波炉销售收入向乙公司支付的经营分享收入作为可变租赁付款额处理。

(3)乙公司会计处理原则

①采用实际利率法确认本期应分配的未实现融资收益。

②2×22 年、2×23 年甲公司支付的经营分享收入作为租金收益处理。

已知 2×22 年、2×23 年甲公司实现的微波炉销售收入分别为 1 000 万元和 1 500 万元。

要求：

根据以上资料，判断租赁类型，为出租人(乙公司)编制租赁业务相关的会计分录。

第六章 股份支付会计

本章知识结构

- 股份支付会计
  - 股份支付概述
    - 股份支付的含义
    - 股份支付的环节
    - 股份支付工具的类型
    - 股份支付的可行权条件及作用
  - 股份支付的会计处理
    - 以权益结算的股份支付的确认与计量
    - 以现金结算的股份支付的确认与计量
    - 权益工具公允价值的确定
    - 股份支付的会计处理

学习目标

通过本章的学习，理解和区分不同类型的股份支付及其会计处理；掌握股份支付的确认、计量和报告原则；能够应用相关知识解析具体案例，理解股份支付的实际会计操作。

案例导入

在充满活力和竞争的医药大健康行业中，泰坦科技面临着一个关键决策：如何有效地激励并留住那些推动创新前沿的核心人才。在科创板上市的征途中，泰坦科技选择了通过股份支付方式奖励其创始团队。2016 年 1 月，外部投资机构如上海大创投、河北产业基金等，以每股 0.1 元的价格，向泰坦科技的创始团队成员转让了总计 1 406 000 股的公司股份。这一举措旨在奖励创始团队在公司早期发展中作出的贡献。尽管这种股份转让方式不符合常规股份支付的标准结构，但仍在会计上被认定为股份支付。这个案例引发了对股份支付定义、会计处理标准和激励机制的深入讨论。泰坦科技的这一举措不仅展示了股份支付在吸引和保留关键人才中的作用，还突显了在财务透明度和公司治理结构中保持平衡的重要性。这个案例为理解股份支付在复杂企业环境中的应用提供了宝贵的视角。

第一节 股份支付概述

一、股份支付的含义

股份支付是“以股份为基础的支付”的简称，它是指企业为获取职工或其他方提供服务而授予权益工具或者承担以权益工具为基础确定的负债的交易。

股份支付具有以下三个特征。

第一，股份支付是企业与职工或其他方之间发生的交易。以股份为基础的支付可能发生在企业与股东之间、合并交易中的合并方与被合并方之间或者企业与其职工之间，只有发生在企业与其职工或向企业提供服务的其他方之间的交易，才可能符合股份支付的定义。

第二，股份支付是以获取职工或其他方服务为目的的交易。企业在股份支付交易中旨在获取其职工或其他方提供的服务或取得这些服务的权利。企业获取这些服务或权利的目的是用于其正常生产经营，不是转手获利等。

提示说明

1. 以股份为基础的支付发生在企业和股东之间、合并方与被合并方之间，若不是以获取服务为目的，则不属于股份支付。

2. 以股票抵偿债务，不是以获取服务为目的的交易，不属于股份支付。

第三，股份支付交易的对价或其定价与企业自身权益工具未来的价值密切相关。在股份支付中，企业要么向职工支付其自身权益工具，要么向职工支付一笔货币资金，而其金额高低取决于结算时企业自身权益工具的公允价值。对价的特殊性可以说是股份支付定义中最突出的特征。企业自身权益工具包括会计主体本身、母公司和同一集团内的其他会计主体的权益工具。

二、股份支付的环节

以薪酬性股票期权为例，典型的股份支付通常涉及四个主要环节：授予环节、可行权环节、行权环节和出售环节。四个环节及其相关关系如图 6-1 所示：

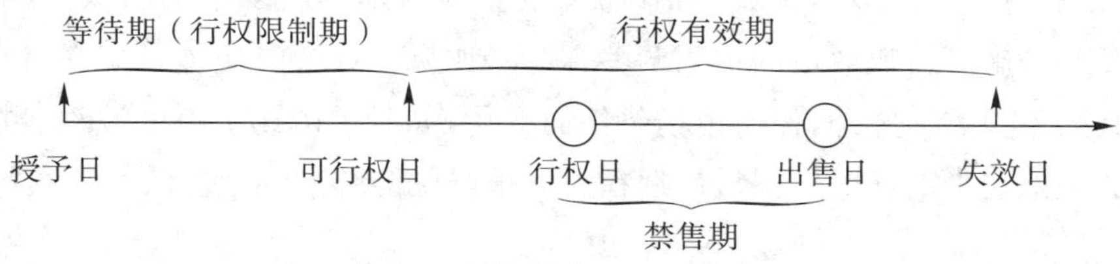

图 6-1 典型的股份支付交易环节示意图

（一）授予日

授予日是指股份支付协议获得批准的日期。其中，“获得批准”是指企业与职工或其他方就股份支付的协议条款和条件已达成一致,该协议获得了股东大会或类似机构的批准。这里的"达成一致"是指在双方对该计划或协议内容充分形成一致理解的基础上,均接受其条款和条件。如果按照相关法规的规定,在提交股东大会或类似机构之前存在必要程序或要求,则应履行该程序或满足该要求。

实务中,常见上市公司股东大会审议通过股权激励方案,并确定了授予价格,但未确定拟授予股份的激励对象及股份数量,股东大会授权董事会后续确定具体激励对象及股份数量。在此情况下,授予日为董事会后续确定具体激励对象及股份数量,并将经批准的股权激励方案的具体条款或条件与员工进行沟通并达成一致的日期。

【例 6-1】 上市公司华鑫股份有限公司通过二级市场回购股份的方式实施股权激励计划。2×23年 10 月 15 日,华鑫股份有限公司股东大会审议通过股权激励方案,并确定了授予价格,但未确定拟授予股份的激励对象及股份数量,股东大会授权董事会确定具体激励对象及股份数量。2×23年 12 月 1 日华鑫股份有限公司董事会确定了具体激励对象及股份数量,并将经批准的股权激励方案与员工进行了沟通并达成一致。

要求:指出华鑫股份有限公司股份支付交易的授予日。

【分析】 华鑫股份有限公司股权激励方案虽于 2×23 年 10 月 15 日获得股东大会批准,但该日并未确定拟授予股份的激励对象及授予股份数量,不满足授予日定义中"获得批准"的要求,即"企业与职工就股份支付的协议条款或条件已达成一致"。2×23 年 12 月 1 日,华鑫股份有限公司董事会确定了股权激励对象及授予股份数量,该日华鑫股份有限公司与职工就股份支付的协议条款或条件已达成一致。因此,该股份支付交易的授予日应为 2×23 年 12 月 1 日。

(二)可行权日

可行权日是指可行权条件得到满足,职工或其他方具有从企业取得权益工具或货币资金权利的日期。有的股份支付协议是一次性可行权,有的则是分批可行权。只有已经可行权的股票期权,才是职工真正拥有的"财产",才能择机行权。从授予日到可行权日的时段,是可行权条件得到满足的期间,因而称为"等待期"或"行权限制期"。

(三)等待期内的资产负债表日

在此阶段,根据每个资产负债表日的情况,需要重新评估其所授予的股权激励计划的公允价值。这可能涉及对未来可行权数量的预测调整,例如,如果预计会有更多员工在等待期内离职,就需要相应调整其财务报表。此外,任何市场条件的变化,如股票市场价格的波动,也会影响这一评估。这个环节的关键在于确保股份支付计划在财务报告中能够准确地反映其真实价值。

(四)行权日

行权日是指职工或其他方行使权利、获取货币资金或权益工具的日期。例如,持有股票期权的职工行使了以特定价格购买一定数量本公司股票的权利,该日期即为行权日。行权是按期权的约定价格实际购买股票,一般是在可行权日之后至期权到期日之前的可选择时段内行权。

（五）出售日

出售日是指股票的持有人将行使期权所取得的期权股票出售的日期。按照我国法规的规定，用于期权激励的股份支付协议，应在行权日与出售日之间设立禁售期，如国有控股上市公司的禁售期一般不得低于两年。

提示说明

一次授予、分期行权：应将其作为同时授予几个独立的股份支付计划进行会计处理。对于“一次授予、分期行权”，即在授予日一次授予员工若干权益工具，之后每年分批达到可行权条件。每个批次是否可行权的结果通常是相对独立的，即每一期是否达到可行权条件并不会直接影响其他几期是否能够达到可行权条件。在会计处理时应将其作为同时授予的几个独立的股份支付计划。例如，在一次授予、分三年行权的股份支付计划中应当将其视同为三个独立的股份支付计划，分别确定每个计划的等待期。企业应根据每个计划在授予日的公允价值估计股份支付费用，在其相应的等待期内，按照各计划在某会计期间内等待期长度占整个等待期长度的比例进行分摊。

【例 6-2】 华鑫股份有限公司为上市公司。2×21 年 1 月 1 日，华鑫股份有限公司进行了限制性股票激励计划的授予，一次性授予华鑫股份有限公司高级管理人员共计 3 600 万股限制性股票，2×21 年至 2×23 年在达到当年行权条件的前提下，每年年末解锁 1 200 万股。在解锁时职工应当在职，当年未满足条件不能解锁的股票作废。华鑫股份有限公司拟按照 3600 万股限制性股票计算的股权激励费用在 2×21 年至 2×23 年这三年平均分摊。

要求：华鑫股份有限公司将费用在三年中平均分摊的方法是否恰当？若不恰当，请写出正确的分摊方法。

【分析】 不恰当，因为本例中该股权激励计划属于一次授予、分期行权的股权激励计划，每期的结果相对独立，即第一期未达到可行权条件并不会直接导致第二期或第三期不能达到可行权条件，因此在会计处理时应将其作为三个独立的股份支付计划处理，即第一个计划的等待期是一年，第二个计划的等待期是两年，第三个计划的等待期是三年，各年应分摊的费用情况如表 6-1 所示（按股份数计算）：

表 6-1 华鑫股份有限公司各年应分摊的费用

项目	第一期	第二期	第三期	合计
计入 2×21 年	1 200	600	400	2 200
计入 2×22 年		600	400	1 000
计入 2×23 年			400	400
合计	1 200	1 200	1 200	3 600

这样处理的原因是，由于要求职工在解锁时仍然在职，则第一期的奖励 1 200 万股股票要求职工必须在公司服务一年；第二期的奖励 1 200 万股股票要求职工在第二年末仍在职，即要求职工必须在公司服务两年，因此相应的费用应当在两年内分摊；同理，第三期的奖励 1 200 万股股票相应的费用应当在三年内分摊。从表 6-1 中可以看到，公司确认的费用呈阶梯型下降，即前期比后期要

确认更多的费用。前期费用较高的原因是职工在前期为数个具有不同等待期的奖励计划而工作。在各个资产负债表日，公司应根据最新取得的可行权人数变动、业绩指标完成情况等后续信息，修正预计可行权的股票数量，并以此为依据确认各期应分摊的费用。

三、股份支付工具的类型

按照股份支付的方式和工具类型，主要可划分为以下两类。

（一）以权益结算的股份支付

以权益结算的股份支付，是指企业为获取服务而以股份或其他权益工具作为对价进行结算的交易。以权益结算的股份支付最常用的工具有两类：限制性股票和股票期权。

限制性股票是指职工或其他方按照股份支付协议规定的条款和条件，从股份支付的企业获得一定数量的本企业股票。企业授予职工一定数量的股票，在一个主要工具确定的等待期内或在满足特定业绩指标之前，职工出售股票要受到持续服务期限条款或业绩条件的限制。

股票期权是指企业授予职工或其他方在未来一定期限内以预先确定的价格和条件购买本企业一定数量股票的权利。

对于在授予日激励对象无须出资购买限制性股票，待满足可行权条件后，可以选择按原授予价格购买股票，也可以放弃取得相应股票，其实质也是一项股票期权。

（二）以现金结算的股份支付

以现金结算的股份支付，是指企业为获取服务而承诺的以股份或其他权益工具为基础计算的交付货币资金或其他资产的义务的交易。以现金结算的股份支付最常用的工具有两类：现金股票增值权和模拟股票。

现金股票增值权和模拟股票，是用现金支付模拟的股权激励机制，即与股票挂钩，但用货币资金支付。除不需要实际行权和持有股票之外，现金股票增值权的运作原理与股票期权是一样的，都是一种增值权形式的与股票价值挂钩的薪酬工具。除不需要实际授予股票和持有股票之外，模拟股票的运作原理与限制性股票是一样的。

提示说明

对于报告期内发行人向职工（含持股平台）、客户、供应商等新增股份，以及主要股东及其关联方向职工（含持股平台）客户、供应商等转让股份，均应考虑是否适用《股份支付》准则。若转让股份价格公允，则不需要确认股份支付费用。若转让股份价格低于公司股份的公允价值，则需要确认相应的股份支付费用。

【例 6-3】 甲公司在集团内实施了以下员工持股计划：

（1）甲公司将其持有的部分对子公司（华鑫股份有限公司）股份以 5 元/股的价格出给华鑫股份有限公司员工持股平台，出售日华鑫股份有限公司股份的市场价值为 20 元/股；

（2）华鑫股份有限公司授予本公司部分员工股票期权，行权价格为 6 元/股授予日每份股票期权的公允价值为 15 元；

(3)甲公司的另一子公司(丙公司)将其持有华鑫股份有限公司2%的股份无偿赠予华鑫股份有限公司员工持股平台,赠予日华鑫股份有限公司2%股份的公允价值为800万元;

(4)华鑫股份有限公司授予本公司部分研发人员限制性股票,授予价格为6元/股,授予日华鑫股份有限公司限制性股票的公允价值为12元/股。

要求:不考虑其他因素,指出上述交易或事项中,构成华鑫股份有限公司股份支付的有哪些?

【分析】 华鑫股份有限公司授予本公司员工股票期权;华鑫股份有限公司授予研发人员限制性股票;甲公司出售给华鑫股份有限公司员工持股平台股份;丙公司赠予华鑫股份有限公司员工持股平台股份。

第二节　股份支付的会计处理

一、以权益结算的股份支付的确认与计量

(一)换取职工服务的股份支付的确认和计量原则

对于换取职工服务的股份支付,企业应当以股份支付所授予的权益工具在授予日的公允价值计量,不确认其后续公允价值变动。企业应在等待期内的每个资产负债表日,以对可行权权益工具数量的最佳估计为基础,按照权益工具在授予日的公允价值,将当期取得的服务计入相关资产成本或当期费用,同时计入资本公积中的其他资本公积。

对于授予后立即可行权的换取职工提供服务的以权益结算的股份支付(例如授予限制性股票的股份支付),应在授予日按照权益工具的公允价值,将取得的服务计入相关资产成本或当期费用,同时计入股本、资本公积——股本溢价之中。

借:管理费用等

　贷:资本公积——股本溢价

(二)换取其他方服务的股份支付的确认和计量原则

对于换取其他方服务的股份支付,企业应当以股份支付所换取的服务的公允价值计量。企业应当按照其他方服务在取得日的公允价值,将取得的服务计入相关资产成本或费用。如果其他方服务的公允价值不能可靠计量,但权益工具的公允价值能够可靠计量时,企业应当按照权益工具在服务取得日的公允价值,将取得的服务计入相关资产成本或费用。

提示说明

为什么权益结算的股份支付按授予日权益工具的公允价值计量?因为权益结算的股份支付,最终是以公司股票结算的,计入成本费用的金额应是公司承担的授予日股票市场价与行权价的差额。如股票期权,假定授予日公司从市场上回购公司的股票价格为10元,出售给激励对象的行权价为6元,公司为此承担4元的支出(授予日权益工具的公允价值),应将其计入成本费用。后续若公司股票价格为20元,则权益工具的公允价值为14元(20－6),但公司承担的费用支出4元不会发生变化,因此,权益结算的股份支付按授予日权益工具的公允价值计量,不确认后续公允价值变动。

(三)权益工具公允价值无法可靠确定时的处理

如果授予权益工具的公允价值无法可靠计量，企业应在获取服务的时点、后续的每个资产负债表日和结算日，以内在价值计量该权益工具，内在价值的变动应计入当期损益。同时，企业应以最终可行权或实际行权的权益工具数量为基础，确认取得服务的金额。内在价值是指交易对方有权认购或取得的股份的公允价值，与其按照股份支付协议应当支付的价格间的差额。

企业对上述以内在价值计量的已授予权益工具进行结算，应当遵循以下要求：

(1)结算发生在等待期内的，企业应当将结算作为加速可行权处理，即立即确认本应于剩余等待期内确认的服务金额；

(2)结算时支付的款项应当作为回购该权益工具处理，即减少所有者权益，结算支付的款项高于该权益工具在回购日内在价值的部分，计入当期损益。

【例 6-4】 华鑫股份有限公司为一上市公司。2×21 年 1 月 1 日(授予日)，公司向其 200 名管理人员每人授予 100 股股票期权，这些职员从 2×21 年 1 月 1 日起在该公司连续服务 3 年(等待期)，即可以 5 元每股购买 100 股 A 公司股票，从而获益。公司估计该期权在授予日的公允价值为 18 元。

第一年有 20 名职员离开 A 公司，A 公司估计三年中离开的职员的比例将达到 20%；第二年又有 10 名职员离开公司，公司将估计的职员离开比例修正为 15%；第三年又有 15 名职员离开。剩余 155 名管理人员全部行权，华鑫股份有限公司股票面值为每股 1 元。

要求：(1)指出本案例中股份支付工具的类型；

(2)计算出 2×21 年至 2×23 年各年应计入管理费用的金额；

(3)写出相关会计分录。

【分析】

(1)此股份支付为附服务年限条件的权益结算股份支付。

(2)费用和资本公积计算过程如表 6-2 所示：

表 6-2 华鑫股份有限公司各年管理费用计算表 单位：元

年份	计算	当期费用	累计费用
2×21	200×(1－20%)×100×18×1/3	96 000	96 000
2×22	200×(1－15%)×100×18×2/3－96 000	108 000	204 000
2×23	155×100×18－204 000	75 000	279 000

(3)账务处理如下。

①2×21 年 1 月 1 日：

授予日不作账务处理。

②2×21 年 12 月 31 日：

借：管理费用　　96 000

　贷：资本公积——其他资本公积　　96 000

③2×22年12月31日：

借：管理费用　108 000

　贷：资本公积——其他资本公积　108 000

④2×23年12月31日：

借：管理费用　75 000

　贷：资本公积——其他资本公积　75 000

⑤假设全部155名职员都在2×24年12月31日行权，A公司股份面值为1元：

借：银行存款　77 500

　资本公积——其他资本公积　279 000

　贷：股本　15 500

　　资本公积——股本溢价　341 000

二、以现金结算的股份支付的确认与计量

（一）以现金结算的股份支付的确认和计量原则

企业应当在等待期内的每个资产负债表日，以对可行权情况的最佳估计为基础，按照企业承担负债的公允价值，将当期取得的服务计入相关资产成本或当期费用，同时计入负债；并在结算前的每个资产负债表日和结算日对负债的公允价值重新计量，将其变动计入损益。

提示说明

等待期内：

借：管理费用等

　贷：应付职工薪酬

等待期后（可行权日后）：

借：公允价值变动损益

　贷：应付职工薪酬

或作相反分录。

对于授予后立即可行权的以现金结算的股份支付（例如授予虚拟股票或现金结算的业绩股票的股份支付），企业应当在授予日按照企业承担负债的公允价值计入与计量股份支付确认相关资产成本或费用，同时计入负债，并在结算前的每个资产负债表日和结算日对负债的公允价值重新计量，将其变动计入损益。

提示说明

为什么现金结算的股份支付按后续每个资产负债表日的公允价值计量？因为现金结算的股份支付，最终是向激励对象支付现金，支付现金的金额与后续资产负债表日的公允价值有关。如现金股票增值权，假定授予日股票的公允价值为10元，后续第1个资产负债表日股票价格为15元，公司应支付激励对象5元（不考虑相关税费的影响），即现金股票增值权的公允价值为5元；第2个资产负债表日股票价格为25元，公司应支付激励对象15元（25－10），即现金股票增值权的公允价值为15元，所以现金结算的股份支付应按后续每个资产负债表日的公允价值重新计量。

【例 6-5】 2×19 年年初，华鑫股份有限公司为其 200 名中层以上职员每人授予 100 份现金股票增值权，这些职员从 2×19 年 1 月 1 日(授予日)起在该公司连续服务 3 年(等待期)，即可按照当时股价的增长幅度获得现金，该增值权应在 2×23 年 12 月 31 日(第五年末、失效日)之前行使。A 公司估计，该增值权在负债结算之前的每一资产负债表日以及结算日的公允价值和可行权后的每份增值权现金支出额如表 6-3 所示：

表 6-3 华鑫股份有限公司各年每份增值权公允价值和现金支出额 单位：元

年份	公允价值	支付现金	
2×19	14		
2×20	15		
2×21	18	16	
2×22	21	20	
2×23		25	

第一年有 20 名职员离开 A 公司，A 公司估计三年中还将有 15 名职员离开。第二年又有 10 名职员离开公司，公司估计还将有 10 名职员离开；第三年又有 15 名职员离开。第三年年末，有 70 人行使股份增值权取得了现金。第四年年末，有 50 人行使了股份增值权。第五年年末，剩余 35 人也行使了股份增值权。

要求：写出本公司相关会计分录。

【分析】

(1)费用和资本公积计算过程如表 6-4 所示：

表 6-4 华鑫股份有限公司各年费用和资本公积计算过程 单位：元

年份	负债计算 (1)	支付现金计算 (2)	负债 (3)	支付现金 (4)	当期费用 (5)
2×19	(200−35)×100×14×1/3		77 000		77 000
2×20	(200−40)×100×15×2/3		160 000		83 000
2×21	(200−45−70)×100×18	70×100×16	153 000	112 000	105 000
2×22	(200−45−70−50)×100×21	50×100×20	73 500	100 000	20 500
2×23	0	35×100×25	0	87 500	14 000
总额				299 500	299 500

(2)账务处理如下。

①2×19 年 12 月 31 日：

借：管理费用 77 000

贷：应付职工薪酬——股份支付 77 000

②2×20 年 12 月 31 日：

借：管理费用 83 000

贷：应付职工薪酬——股份支付 83 000

③2×21 年 12 月 31 日：

借：管理费用　105 000

　贷：应付职工薪酬——股份支付　105 000

借：应付职工薪酬——股份支付　112 000

　贷：银行存款　112 000

④由于该份股票增值权的授予日为 2×19 年 1 月 1 日，可行权日为 2×21 年 12 月 31 日，自 2×22年 1 月 1 日之日起就不再确认成本费用，负债(应付职工薪酬)公允价值变动应当直接计入当期损益(公允价值变动损益)。因此，2×22 年 12 月 31 日的会计处理为：

借：公允价值变动损益　20 500

　贷：应付职工薪酬——股份支付　20 500

借：应付职工薪酬——股份支付　100 000

　贷：银行存款　100 000

⑤2×23 年 12 月 31 日：

借：公允价值变动损益　14 000

　贷：应付职工薪酬——股份支付　14 000

借：应付职工薪酬——股份支付　87 500

　贷：银行存款　87 500

三、可行权条件的种类、处理和修改

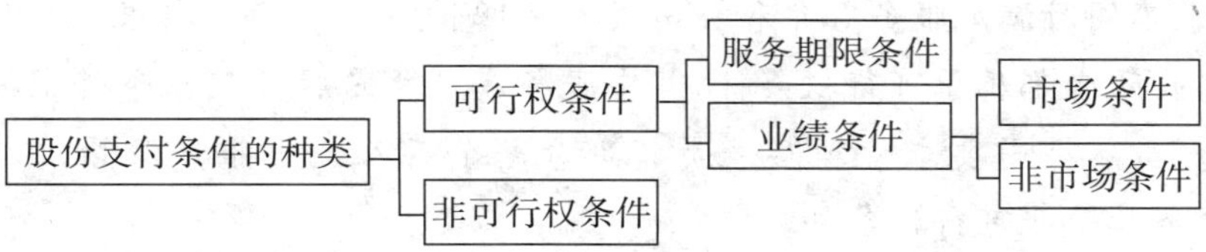

图 6-2　股份支付条件的种类

可行权条件是指能够确定企业是否得到职工或其他方提供的服务，且该服务使职工或其他方具有获取股份支付协议规定的权益工具或现金等权利的条件。反之，为非可行权条件。

(一)业绩条件及其处理

1. 业绩条件

业绩条件是指职工或其他方完成规定服务期限且企业已经达到特定业绩目标才可行权的条件，具体包括市场条件和非市场条件。

(1)市场条件是指行权价格、可行权条件以及行权可能性与权益工具的市场价格相关的业绩条件，如股份支付协议中关于股价上升至何种水平职工或其他方可相应取得多少股份的规定。

(2)非市场条件是指除市场条件之外的其他业绩条件，如股份支付协议中关于达到最低利润增长率或销售增长率才可行权的规定。

> **提示说明**
>
> 1. 对于可行权条件为业绩条件的股份支付，只要职工满足非市场条件，企业就应予以确认相关成本费用，无须考虑市场条件的影响，因市场条件在确认授予日权益工具的公允价值时已考虑。
>
> 2. 企业在确定权益工具在授予日的公允价值时，应考虑股份支付协议中规定的市场条件和非可行权条件的影响；市场条件和非可行权条件是否得到满足，不影响企业对预计可行权情况的估计。

【例 6-6】 2×24 年 1 月，为奖励并激励高管，华鑫股份有限公司与其管理层成员签署股份支付协议，规定如果管理层成员在其后 3 年中都在公司中任职服务，并且公司股价每年均提高 10%以上，管理层成员即可以低于市价的价格购买一定数量的本公司股票。

同时作为协议的补充，公司把全体管理层成员的年薪提高了 50 000 元，但公司将这部分年薪按月存入公司专门建立的内部基金，3 年后，管理层成员可用属于其个人的部分抵减未来行权时支付的购买股票款项。如果管理层成员决定退出这项基金，可随时全额提取。华鑫股份有限公司以期权定价模型估计授予的此项期权在授予日的公允价值为 6 000 000 元。

在授予日，华鑫股份有限公司估计 3 年内管理层离职的比例为每年 10%；第二年年末，华鑫股份有限公司调整其估计离职率为 5%；第三年年末，公司实际离职率为 6%。

在第一年中，公司股价提高了 10.5%，第二年提高了 11%，第三年提高了 6%。公司在第一年、第二年年末均预计下年能实现当年股价增长 10%以上的目标。

要求：华鑫股份有限公司应如何处理？

【分析】 如果不同时满足服务 3 年和公司股价年增长 10%以上的要求，管理层成员就无权行使其股票期权，因此两者都属于可行权条件，其中服务满 3 年是服务期限条件，10%的股价增长率要求是市场条件。虽然公司要求管理层成员将部分薪金存入统一账户保管，但不影响其可行权性，因此统一账户条款是非可行权条件。

按照股份支付准则的规定：

第一年年末确认的服务费用＝6 000 000×1/3×90%＝1 800 000(元)

第二年年末累计确认的服务费用＝6 000 000×2/3×95%＝3 800 000(元)

第三年年末累计确认的服务费用＝6 000 000×94%＝5 640 000(元)

由此，第二年应确认的费用＝3 800 000－1 800 000＝2 000 000(元)

第三年应确认的费用＝5 640 000－3 800 000＝1 840 000(元)

最后，94%的管理层成员满足了市场条件之外的全部可行权条件。尽管股价年增长 10%以上的市场条件未得到满足，华鑫股份有限公司在 3 年每年年末也均确认了收到的管理层提供的服务，并相应确认了费用。

【例 6-7】 2×21 年 1 月 1 日，华鑫股份有限公司为其 100 名管理人员每人授予 100 份股票期权：第一年年末的可行权条件为公司净利润增长率达到 20%；第二年年末的可行权条件为公司净利润两年平均增长 15%；第三年年末的可行权条件为公司净利润三年平均增长 10%；满三年后，若满足条件，可以 5 元每股购买 100 股华鑫股份有限公司股票。每份期权在 2×21 年 1 月 1 日的公允价值为 24 元。

2×21年12月31日，华鑫股份有限公司净利润增长了18%，同时有8名管理人员离开，公司预计2×22年将以同样速度增长，因此预计将于2×22年12月31日可行权。另外，公司预计2×22年12月31日又将有8名管理人员离开。2×22年12月31日，华鑫股份有限公司净利润仅增长了10%，因此无法达到可行权状态。另外，实际有10名管理人员离开，预计第三年将有12名管理人员离开。2×23年12月31日，华鑫股份有限公司净利润增长了8%，三年平均增长率为12%，因此达到可行权状态。当年有8名管理人员离开。

第一年年末，虽然没能实现净利润增长20%的要求，但公司预计下年将以同样速度增长，因此能实现两年平均年增长15%的要求。所以，公司将其预计等待期调整为2年。由于有8名管理人员离开，公司同时调整了期满(两年)后预计可行权期权的数量(100—8—8)。

第二年年末，虽然两年实现增长15%的目标再次落空，但公司仍然估计能够在第三年取得较理想的业绩，从而实现3年平均增长10%的目标。所以，公司将其预计等待期调整为3年。由于第二年有10名管理人员离开，高于预计数字，公司相应调增了第三年预计离开的人数12人。

第三年年末，目标实现，实际离开人数为8人。公司根据实际情况确定累计费用，并据此确认了第三年费用。

要求：(1)指出本例中股份支付工具的类型；

(2)计算出2×21年至2×23年各年应计入管理费用的金额；

(3)写出相关会计分录。

【分析】

(1)按照《企业会计准则第11号——股份支付》规定，本例中的可行权条件是一项非市场业绩条件。因此，此股份支付为附非市场业绩条件的权益结算股份支付。

(2)管理费用计算过程如表6-5所示：

表6-5　华鑫股份有限公司各年管理费用计算表　　单位：元

年份	计算	当期费用	累计费用
2×21年	(100—8—8)×100×24×1/2	100 800	100 800
2×22年	(100—8—10—12)×100×24×2/3—100 800	11 200	112 000
2×23年	(100—8—10—8)×100×24—112 000	65 600	177 600

(3)账务处理如下。

①2×21年1月1日：

授予日不作账务处理。

②2×21年12月31日：

借：管理费用　　100 800

　贷：资本公积——其他资本公积　　100 800

③2×22年12月31日：

借：管理费用　　11 200

　贷：资本公积——其他资本公积　　11 200

④2×23 年 12 月 31 日：

借：管理费用　　65 600

　贷：资本公积——其他资本公积　　65 600

⑤假设全部 74 名职员都在 2×24 年 12 月 31 日行权，华鑫股份有限公司股份面值为 1 元：

借：银行存款　　37 000

　资本公积——其他资本公积　　177 600

　贷：股本　　7 400

　　资本公积——股本溢价　　207 200

2. 权益结算股份支付每期成本费用的计算

资产负债表日累计确认成本费用总额＝预计可行权股票期权数量×授予日权益工具的公允价值×(授予日至资产负债表日期间/等待期)

提示说明

(1)预计可行权股票期权数量：考虑非市场条件和服务期限条件；

(2)确定授予日权益工具的公允价值：考虑市场条件和非可行权条件某一期间确认成本费用金额＝期末累计数－期初累计数

【例 6-8】 2×22 年 1 月 1 日，经股东大会批准，华鑫股份有限公司向 100 名高管人员每人授予 2 万份股票期权。根据股份支付协议规定，这些高管人员自 2×22 年 1 月 1 日起在华鑫股份有限公司连续服务 3 年，即可以每股 5 元的价格购买 2 万股华鑫股份有限公司普通股。2×22 年 1 月 1 日(授予日)每份股票期权的公允价值为 6 元。2×22 年没有高管人员离开公司，华鑫股份有限公司预计在未来两年将有 5 名高管人员离开公司。2×22 年 12 月 31 日，华鑫股份有限公司授予高管人员的股票期权每份公允价值为 6.5 元。2×23 年有 4 名高管人员离开公司，华鑫股份有限公司预计未来一年将有 3 名高管人员离开公司。2×23 年 12 月 31 日，华鑫股份有限公司授予高管人员的股票期权每份公允价值为 6.6 元。

要求：计算出华鑫股份有限公司因该股份支付协议在 2×23 年应计入管理费用的金额。

【分析】 2×22 年 12 月 31 日预计可行权股票期权数量＝(100－5)×2＝190(万份)，2×22 年应计入管理费用的金额＝190×6×1/3＝380(万元)；2×23 年 12 月 31 日预计可行权股票期权数量＝(100－4－3)×2＝186(万份)，至 2×23 年 12 月 31 日累计计入管理费用的金额＝186×6×2/3＝744(万元)，2×23 年应计入管理费用的金额＝744－380＝364(万元)。

3. 以首次公开募股成功为可行权条件的股份支付的会计处理

实务中，部分股权激励计划约定员工须服务至企业成功完成首次公开募股，否则其持有的股份将以原认购价回售给企业或其实际控制人。该约定表明员工须完成规定的服务期限方可从股权激励计划中获益，属于可行权条件中的服务期限条件，而企业成功完成首次公开募股属于可行权条件中业绩条件的非市场条件。企业应当合理估计未来成功完成首次公开募股的可能性及完成时点，将授予日至该时点的期间作为等待期，并在等待期内每个资产负债表日对预计可行权数量作出估计，确认相应的股权激励费用。等待期内企业估计其成功完成首次公开募股的时点发生变化的，应当根据重估时点确定等待期，截至当期累计应确认的股权激励费用扣减前期累计已确认金额,作为当期应确认的股权激励费用。

【例 6-9】 华鑫股份有限公司实际控制人设立员工持股平台(有限合伙企业)以实施一项股权激励计划。实际控制人作为该持股平台的普通合伙人将其持有的部分华鑫股份有限公司股份以名义价格转让给持股平台,华鑫股份有限公司员工作为该持股平台的有限合伙人以约定价格(认购价)认购持股平台份额,从而间接持有华鑫股份有限公司股份。该股权激励计划及合伙协议未对员工的具体服务期限作出专门约定,但明确约定如果自授予日至华鑫股份有限公司成功完成首次公开募股的期间员工主动离职,员工不得继续持有持股平台份额,实际控制人将以自有资金按照员工认购价回购员工持有的持股平台份额,回购股份是否再次授予其他员工由实际控制人自行决定。

要求:(1)本例中的股份支付交易是否属于企业集团内发生的股份支付交易;

(2)华鑫股份有限公司是否应当将该交易作为权益结算的股份支付处理;

(3)华鑫股份有限公司应如何确定等待期和等待期内各期应确认的股权激励费用。

【分析】 (1)本例中,华鑫股份有限公司实际控制人通过持股平台将其持有的部分华鑫股份有限公司股份授予华鑫股份有限公司员工,属于企业集团内发生的股份支付交易。

(2)接受服务企业(华鑫股份有限公司)没有结算义务,应当将该交易作为权益结算的股份支付处理。

(3)根据该股权激励计划的约定,华鑫股份有限公司员工需要服务至华鑫股份有限公司成功完成首次公开募股,否则其持有的股份将以原认购价回售给实际控制人。该约定表明,华鑫股份有限公司员工需要完成规定的服务期限方可从股权激励计划中获益,属于可行权条件中的服务期限条件,而华鑫股份有限公司成功完成首次公开募股属于可行权条件中业绩条件中的非市场条件。华鑫股份有限公司应当合理估计未来成功完成首次公开募股的可能性及完成时点,将授予日至该时点的期间作为等待期,并在等待期内每个资产负债表日对预计可行权数量作出估计,确认相应的股权激励费用。等待期内华鑫股份有限公司估计其成功完成首次公开募股的时点发生变化的,应当根据重估时点确定等待期,截至当期累计应确认的股权激励费用扣减前期累计已确认金额,作为当期应确认的股权激励费用。

(二)股份支付条件和条款的修改

通常情况下,股份支付协议生效后,不应对其条款和条件随意修改。但在某些情况下,可能需要修改授予权益工具的股份支付协议中的条款和条件。例如,由于股票除权、除息或其他原因需要调整行权价格或股票期权数量。此外,为取得更佳的激励效果,有关法规也允许企业依据股份支付协议的规定,调整行权价格或股票期权数量,但应当由董事会作出决议并经股东大会审议批准,或者由股东大会授权董事会决定。

在会计核算上,无论已授予的权益工具的条款和条件如何修改,甚至取消权益工具的授予或结算该权益工具,企业都应至少确认按照所授予的权益工具在授予日的公允价值来计量获取的相应服务,除非因不能满足权益工具的可行权条件(除市场条件外)而无法行权。

1. 条款和条件的有利修改

企业应当分别以下情况,确认导致股份支付公允价值总额升高以及其他对职工有利的修改的影响。

(1)如果修改增加了所授予的权益工具的公允价值,企业应按照权益工具公允价值的增加相应地确认取得服务的增加。权益工具公允价值的增加,是指条件和条款修改前后的权益工具在修改日的公允价值之间的差额。

有利修改或不利修改是对于激励对象而言的,如果股票价格每股 100 元,行权价每股 60 元,则权益工具的公允价值=100－60=40(元)。若行权价修改为每股 40 元(即行权价减少 20 元,对激励对象是有利修改),则权益工具的公允价值=100－40=60(元),即权益工具的公允价值增加 20 元。

(2)如果修改增加了所授予的权益工具的数量,企业应将增加的权益工具的公允价值相应地确认为取得服务的增加。

(3)如果企业按照有利于职工的方式修改可行权条件,如缩短等待期、变更或取消业绩条件(非市场条件),企业在处理可行权条件时,应当考虑修改后的可行权条件。

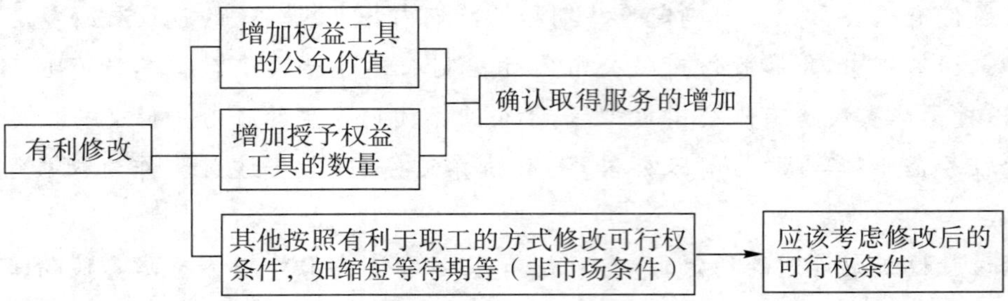

图 6-3　股份支付条款和条件的有利修改

【例 6-10】　华鑫股份有限公司于 2×22 年 1 月 1 日向其 60 名高级管理人员每人授予 10 万份股票期权行权价为每股 6 元。根据股份支付协议的规定,这些高级管理人员必须自权益工具授予日起在公司连续服务满三年,即自 2×25 年 1 月 1 日起满足可行权条件的员工可以行权。授予日每份期权的公允价值为 5 元。预计等待期内无高级管理人员离职。假定权益工具的公允价值的增加在新奖励的等待期内摊销。

要求:(1)计算 2×22 年计入管理费用的金额;

(2)若 2×23 年 1 月 1 日将行权价修改为每股 4 元,每份权益工具公允价值增加 2 元,计算 2×23年计入管理费用金额;

(3)若 2×23 年 1 月 1 日将每人授予股票期权数量增加至 12 万份,计算 2×23 年计入管理费用金额;

(4)若 2×23 年 1 月 1 日将等待期修改为连续服务满两年,计算 2×23 年计入管理费用金额。

【分析】

(1)2×22 年计入管理费用的金额=60×10×5×1/3=1 000(万元)。

(2)2×23 年 12 月 31 日累计计入管理费用的金额=60×10×5×2/3＋60×10×2×1/2=2 600(万元),2×23 年计入管理费用金额=2 600－1 000=1 600(万元)。

(3)2×23 年 12 月 31 日累计计入管理费用的金额=60×10×5×2/3＋60×(12－10)×5×1/2=2 300(万元),2×23 年计入管理费用金额=2 300－1 000=1 300(万元)。

(4)2×23 年 12 月 31 日累计计入管理费用的金额=60×10×5×2/2=3 000(万元),2×23 年计入管理费用金额=3 000－1 000=2 000(万元)。

2. 条款和条件的不利修改

如果企业以减少股份支付公允价值总额的方式或其他不利于职工的方式修改条款和条件，企业仍应继续对取得的服务进行会计处理，视同该变更从未发生，除非企业取消了部分或全部已授予的权益工具，具体如表 6-6 所示：

表 6-6　股份支付条款和条件的不利修改和处理原则

不利修改	处理原则
减少了授予的权益工具的公允价值	企业应当继续以权益工具在授予日的公允价值为基础，确认取得服务的金额，而不应考虑权益工具公允价值的减少
减少了授予的权益工具的数量	企业应当将减少部分作为已授予的权益工具的取消进行处理
以不利于职工的方式修改了可行权条件，如延长等待期、增加或变更业绩条件(非市场条件)	企业在处理可行权条件时，不应考虑修改后的可行权条件

提示说明

不利修改是惩罚性规定，所以视为从未发生，以防止企业降低费用，提高利润。

3. 取消或结算

如果企业在等待期内取消了所授予的权益工具或结算了所授予的权益工具(因未满足可行权条件而被取消的除外)，企业应当处理如下。

(1)将取消或结算作为加速可行权处理，立即确认原本应在剩余等待期内确认的金额。职工或其他方能够选择满足非可行权条件但在等待期内未满足的，例如职工在等待期内认为激励计划约定的行权价较高而自愿退出股权激励计划，企业应当将其作为授予权益工具的取消处理。

(2)在取消或结算时支付给职工的所有款项均应作为权益的回购处理，回购支付的金额高于该权益工具在回购日公允价值的部分，计入当期费用。

(3)如果向职工授予新的权益工具，并在新权益工具授予日认定所授予的新权益工具是用于替代被取消的权益工具的，企业应以与处理原权益工具条款和条件修改相同的方式，对所授予的替代权益工具进行处理。权益工具公允价值的增加，是指在替代权益工具的授予日，替代权益工具公允价值与被取消的权益工具净公允价值之间的差额。被取消的权益工具的净公允价值，是指其在取消前立即计量的公允价值减去因取消原权益工具而作为权益回购支付给职工的款项。如果企业未将新授予的权益工具认定为替代权益工具，则应将其作为一项新授予的股份支付进行处理。

企业如果回购其职工已可行权的权益工具，应当冲减所有者权益，回购支付的金额高于该权益工具在回购日公允价值的部分，计入当期费用。

四、权益工具公允价值的确定

股份支付中权益工具公允价值的确定，应当以市场价格为基础。一些股份和股票期权并没有活跃的交易市场，在这种情况下，应当考虑估值技术。在通常情况下，企业应当按照《企业会计准则第22号——金融工具确认和计量》的有关规定确定权益工具的公允价值，并根据股份支付协议的条款和条件进行调整。

（一）股份

对于授予职工的股份，企业应按照其股份的市场价格计量。如果其股份未公开交易，则应考虑其条款和条件，估计其市场价格。例如，如果股份支付协议规定了期权股票的禁售期，则会对可行权日后市场参与者愿意为该股票支付的价格产生影响，进而影响该股票期权的公允价值。

（二）股票期权

授予职工的股票期权，由于通常受到一些不同于交易期权的条款和条件的限制，在许多情况下难以获得其市场价格。如果不存在条款和条件相似的交易期权，就应通过期权定价模型来估计所授予的股票期权的公允价值。

在选择适用的期权定价模型时，企业应考虑熟悉情况和自愿的市场参与者将会考虑的因素。这些因素至少应包括以下内容：(1)期权的行权价格；(2)期权期限；(3)基础股份的现行价格；(4)股价的预计波动率；(5)股份的预计股利；(6)期权期限内的无风险利率。

1. 期权定价模型输入变量的估计

在估计基础股份的预计波动率和股利时，目标是尽可能地接近当前市场或协议交换价格所反映的价格预期。在通常情况下，对于未来波动率、股利和行权行为的预期存在一个合理的区间。这时应将区间内的每项可能数额乘以其发生概率，加权计算上述输入变量的期望值。

2. 预计提早行权

由于各种原因，职工经常在期权失效日之前提早行使股票期权。考虑预计提早行权对期权公允价值的影响的具体方法，取决于所采用的期权定价模型的类型。但无论采用何种方法，预计提早行权时都要考虑以下因素：

(1)等待期的长度；

(2)以往发行在外的类似期权的平均存续时间；

(3)基础股份的价格(有时根据历史经验，职工在股价超过行权价格达到特定水平时倾向于行使期权)；

(4)职工在企业中所处的层级(有时根据历史经验，高层职工倾向于较晚行权)；

(5)基础股份的预计波动率(一般而言，职工倾向于更早地行使高波动率的股份的期权)。

3. 预计波动率

预计波动率是对预期股份价格在一个期间内可能发生的波动金额的度量。期权定价模型中所用的波动率，是一段时间内股份的连续复利回报率的年度标准差。波动率通常以年度表示，而不管计算时使用的是何种时间跨度基础上的价格，如每日、每周或每月的价格。一个期间股份的回报率(可能是正值也可能是负值)衡量了股东从股份的股利和价格涨跌中受益的多少。股份的预计年波动率是指一个范围(置信区间)，连续复利年回报率预期处在这个范围内的概率大约为2/3(置信水平)。估计预计波动率要考虑以下几个因素。

(1)如果企业有股票期权或其他包含期权特征的交易工具(如可转换公司债券)的买卖,则应考虑这些交易工具所内含的企业股价波动率。

(2)在与期权的预计期限(考虑期权剩余期限和预计提早行权的影响)大体相当的最近一个期间内企业股价的历史波动率。

(3)企业股份公开交易的时间。与上市时间更久的类似企业相比,新上市企业的历史波动率可能更大。

(4)波动率向其均值(即其长期平均水平)回归的趋势,以及表明预计未来波动率可能不同于以往波动率的其他因素。有时,企业股价在某一特定期间因为特定原因剧烈波动,如收购要约或重大重组失败,则在计算历史平均年度波动率时,可剔除这个特殊期间。

(5)获取价格要有恰当且规则的间隔。价格的获取在各期应保持一贯性。例如,企业可用每周收盘价或每周最高价,但不应在某些周用收盘价、某些周用最高价。再如,获取价格时应使用与行权价格相同的货币来表示。

除了上述考虑因素,如果企业因新近上市而没有关于历史波动率的充分信息,应按可获得交易活动数据的最长期间计算其历史波动率,也可考虑类似企业在类似阶段可比期间的历史波动率。如果企业是非上市企业,那么在估计预计波动率时没有历史信息可循的,可考虑以下替代因素:

(1)在某些情况下,定期向其职工(或其他方)发行期权或股份的非上市企业,可能已为其股份设立了一个内部“市场”,估计预计波动率时可以考虑这些“股价”的波动率;

(2)如果上述方法不适用,而企业以类似上市企业股价为基础估计其自身股份的价值,则应考虑类似上市企业股价的历史或内含波动率。

(3)如果企业未以类似上市企业股价为基础估计其自身股份价值,而是采用了其他估价方法对自身股份进行估价,则企业可推导出一个与该估价方法基础一致的预计波动率估计数。

4. 预计股利

计量所授予的股份或期权的公允价值时是否应当考虑预计股利,取决于被授予方是否有权取得股利或股利等价物。

如果职工被授予期权,并有权在授予日和行权日之间取得基础股份的股利或股利等价物(可现金支付,也可抵减行权价格),所授予的期权就应当像不支付基础股份的股利那样进行估价,即预计股利的输入变量应为零;相反,如果职工对等待期内或行权前的股利或股利等价物没有要求权,对股份或期权在授予日公允价值的估计就应考虑预计股利因素。一般来说,预计股利应以公开可获得的信息为基础。不支付股利且没有支付股利计划的企业应假设预计股利收益率为零。如果无股利支付历史的新企业被预期在其职工股票期权期限内开始支付股利,可使用其历史股利收益率(零)与大致可比的同类企业的股利收益率均值的平均数。

5. 无风险利率

无风险利率一般是指期权行权价格以该货币表示的、剩余期限等于被估价期权的预计期限(基于期权的剩余合同期限,并考虑预计提早行权的影响)的零息国债当前可获得的内含收益率。如果没有此类国债,或环境表明零息国债的内含收益率不能代表无风险利率,应使用适当的替代利率。

6. 资本结构的影响

在通常情况下，交易期权是由第三方而不是企业签出的。当这些股票期权行权时，签出人将股份交付给期权持有者。这些股份是从现有股东手中取得的。因此，交易期权的行权不会有稀释效应。

如果股票期权是从企业签出的，则在行权时需要增加已发行在外的股份数量（要么正式增发，要么使用先前回购的库存股）。假定股份将按行权价格而不是行权日的市场价格发行，这种现实或潜在的稀释效应可能会降低股价，因此期权持有者在行权时，无法获得像行使其他方面类似但不稀释股价的交易期权一样多的利益。这一问题能否对企业授予股票期权的价值产生显著影响，取决于各种因素，包括行权时增加的股份数量（相对于已发行在外股份数量）。如果市场已预期企业将会授予期权，则可能已将潜在稀释效应体现在授予日的股价中。企业应考虑所授予的股票期权未来行权的潜在稀释效应，是否可能对股票期权在授予日的公允价值构成影响。企业可修改期权定价模型，以将潜在稀释效应纳入考虑范围。

五、股份支付的会计处理

股份支付的会计处理必须以完整、有效的股份支付协议为基础。

（一）授予日

除了立即可行权的股份支付，无论是以权益结算的股份支付还是以现金结算的股份支付，企业在授予日均不作会计处理。

（二）等待期内每个资产负债表日

企业应当在等待期内的每个资产负债表日，将取得职工或其他方提供的服务计入成本费用，同时确认所有者权益或负债。

对于附有市场条件的股份支付，只要职工满足了其他所有非市场条件，企业就应当确认已取得的服务（而不需要考虑未来对方是否真实行权）。

在等待期内，业绩条件为非市场条件的，如果后续信息表明需要调整对可行权情况的估计，应对前期估计进行修改。

在等待期内每个资产负债表日，企业应将取得的职工提供的服务计入成本费用，计入成本费用的金额应当按照权益工具的公允价值计量。

对于以权益结算的涉及职工的股份支付，应当按照授予日权益工具的公允价值计入成本费用和资本公积（其他资本公积），不确认其后续公允价值变动。对于以权益结算的涉及职工的股份支付，应当按照授予日权益工具的公允价值计入成本费用和资本公积（其他资本公积），不确认其后续公允价值变动。

借：管理费用等

　　贷：资本公积——其他资本公积

对于以现金结算的涉及职工的股份支付，应当按照每个资产负债表日权益工具的公允价值重新计量，确定成本费用和应付职工薪酬。

借：管理费用等

贷：应付职工薪酬

对于授予的存在活跃市场的期权等权益工具，应当按照活跃市场中的报价确定其公允价值。对于授予的不存在活跃市场的期权等权益工具，应当采用期权定价模型等估值技术确定其公允价值。

在等待期内每个资产负债表日，企业应当根据最新取得的可行权职工人数变动等后续信息作出最佳估计，修正预计可行权的权益工具数量。在可行权日，最终预计可行权权益工具的数量应当与实际可行权工具的数量一致。

根据上述权益工具的公允价值和预计可行权的权益工具数量，计算截至当期累计应确认的成本费用金额，再减去前期累计已确认金额，作为当期应确认的成本费用金额。

（三）可行权日之后

对于以权益结算的股份支付，在可行权日之后不再对已确认的成本费用和所有者权益总额进行调整。企业应在行权日根据行权情况，确认股本和股本溢价，同时结转等待期内的资本公积（其他资本公积）。

对于以现金结算的股份支付，企业在可行权日之后不再确认成本费用，但负债（应付职工薪酬）需要继续按公允价值计量，该公允价值的变动应当计入当期损益（即计入“公允价值变动损益”科目）。

借：公允价值变动损益

贷：应付职工薪酬

或作相反会计分录。

（四）回购股份进行职工期权激励

企业以回购股份的形式奖励本企业职工的，属于权益结算的股份支付。企业应当在等待期内每个资产负债表日按照权益工具在授予日的公允价值，将取得的职工服务计入成本费用，同时增加资本公积（其他资本公积）。企业回购股份时，应按回购股份的全部支出作为库存股处理，计入“库存股”科目，同时进行备查登记。在职工行权购买本企业股份时，企业应转销交付职工的库存股成本和等待期内确认的资本公积（其他资本公积）累计金额，同时，按照其差额调整资本公积（股本溢价），具体如表6-7所示。

表6-7 回购股份进行职工期权激励的会计处理

业务事项	会计处理
回购股份	按照回购股份的全部支出，借记“库存股”科目，贷记“银行存款”科目 【提示】“库存股”属于所有者权益，不是资产
确认成本费用	按照权益结算股份支付的规定，企业应当在等待期内每个资产负债表日按照授予日权益工具的公允价值计算确定的金额，借记成本费用，贷记“资本公积—其他资本公积”科目
职工行权	借：银行存款（企业收到的股票价款） 资本公积——其他资本公积（等待期内资本公积累计确认的金额） 贷：库存股（实际交付给职工的库存股成本） 资本公积——股本溢价（差额）

（五）授予限制性股票进行股权激励

实务中，上市公司实施限制性股票的股权激励安排中，常见做法是上市公司以非公开发行的方式向激励对象授予一定数量的公司股票，并规定锁定期和解锁期，在锁定期和解锁期内，不得上市流通及转让。达到解锁条件，可以解锁；如果全部或部分股票未被解锁而失效或作废通常由上市公司按照事先约定的价格立即进行回购。

1. 授予日的会计处理

（1）收到认股款：

借：银行存款（企业有关限制性股票按规定履行了增资手续）

贷：股本

资本公积——股本溢价

（2）就回购义务确认负债：

借：库存股（按照发行限制性股票的数量以及相应的回购价格计算确定的金额）

贷：其他应付款——限制性股票回购义务

2. 等待期内的会计处理

（1）与股份支付有关的会计处理按权益结算股份支付确认与计量原则处理：

借：管理费用等

贷：资本公积——其他资本公积

①授予日限制性股票的公允价值＝股票市价－授予价格；

②在等待期内的每个资产负债表日，后续信息表明可解锁限制性股票的数量与以前估计不同的，应当进行调整，并在解锁日调整至实际可解锁的限制性股票数量；

③限制性股票分批解锁的，实际上相当于授予了若干个子计划，应当分别根据各子计划的可解锁数量的最佳估计数在相应的等待期内确认与股份支付有关的成本费用。

（2）分配现金股利的会计处理。

现金股利可撤销与现金股利不可撤销的限制性股票在会计处理上有其共同点：一是都要求对未来解锁条件的满足情况进行合理估计，并且这一估计与上述进行股份支付会计处理时在等待期内每个资产负债表日对可行权权益工具数量进行的估计应当保持一致；二是对于预计未来可解锁限制性股票持有者应分配的现金股利，都视为对股东的利润分配。

现金股利可撤销与现金股利不可撤销的限制性股票的区别主要在于：不满足解锁条件的情况下，被回购限制性股票持有者是否有权享有其在等待期内应收或已收的现金股利，有权享有现金股利的，为现金股利不可撤销的限制性股票，否则为现金股利可撤销的限制性股票，具体会计处理如表 6-8 所示：

表 6-8　授予限制性股票进行股权激励等待期内分配现金股利的会计处理

项目	预计未来可解锁	预计未来不可解锁
现金股利可撤销	借：利润分配——应付现金股利或利润 　贷：应付股利——限制性股票股利 同时，按分配的现金股利金额 借：其他应付款——限制性股票回购义务 　贷：库存股 实际支付时 借：应付股利——限制性股票股利 　贷：银行存款	借：其他应付款——限制性股票回购义务 　贷：应付股利——限制性股票股利 实际支付时 借：应付股利——限制性股票股利 　贷：银行存款
现金股利不可撤销	借：利润分配——应付现金股利或利润 　贷：应付股利——限制性股票股利 实际支付时 借：应付股利——限制性股票股利 　贷：银行存款	借：管理费用等 　贷：应付股利——限制性股票股利 实际支付时 借：应付股利——限制性股票股利 　贷：银行存款

3. 解锁日的会计处理

(1)对未达到限制性股票解锁条件而需回购的股票：

借：其他应付款——限制性股票回购义务（应支付的金额）

　贷：银行存款

同时：

借：股本

　资本公积——股本溢价（差额）

　贷：库存股（按照注销的限制性股票数量相对应的库存股的账面价值）

(2)对达到限制性股票解锁条件而无须回购的股票：

借：其他应付款——限制性股票回购义务（按照解锁股票相对应的负债的账面价值）

　资本公积——股本溢价（差额）

　贷：库存股（按照解锁股票相对应的库存股的账面价值）

【例 6-11】 华鑫股份有限公司 2×23 年发生了下列交易事项：

2×23 年 1 月 5 日，华鑫股份有限公司股东大会通过向高管人员授予限制性股票的方案：50 名高管人员每人以每股 10 元的价格购买华鑫股份有限公司定向发行的 10 万股普通股，自方案通过之日起，高管人员在华鑫股份有限公司服务满 3 年且 3 年内公司净资产收益率平均达到 12%或以上，3 年期满即有权利拥有相关股票，服务期未满或未达到业绩条件的，3 年期满后，华鑫股份有限公司将以每股 10 元的价格回购有关高管人员持有的股票。3 年等待期内，高管人员不享有相关股份的股东权利。

2×23 年 1 月 5 日，华鑫股份有限公司的普通股的市场价格为每股 20 元。当日，被授予股份的高管人员向华鑫股份有限公司支付价款并登记为相关股票的持有人。2×23 年，该计划涉及的 50 名高管人员中有 2 人离开华鑫股份有限公司，预计未来期间还有 3 名高管人员离开，2×23 年华鑫股份有限公司净资产收益率为 13%，预计未来期间仍有上升空间，在 3 年期间内平均净资产收益率达到 12%的可能性较大。

不考虑其他因素。

要求：根据上述资料，说明华鑫股份有限公司2×23年进行的会计处理并编制会计分录。

【分析】 该限制性股票属于权益结算股份支付，授予日应当按照回购价格确认负债，资产负债表日应当按照授予日权益工具的公允价值确认成本费用及资本公积。

会计分录为：

借：银行存款　　5 000

　贷：股本　　500

　　资本公积——股本溢价　　4 500

同时，就回购义务确认负债：

借：库存股　　5 000

　贷：其他应付款——限制性股票回购义务　　5 000

2×23年确认成本费用＝(50－2－3)×10×(20－10)×1/3＝1 500(万元)。

借：管理费用　　1 500

　贷：资本公积——其他资本公积　　1 500

（六）企业将以现金结算的股份支付修改为以权益结算的股份支付的会计处理

企业修改以现金结算的股份支付协议中的条款和条件，使其成为以权益结算的股份支付的，在修改日，企业应当按照所授予权益工具当日的公允价值计量以权益结算的股份支付，将已取得的服务计入资本公积，同时终止确认以现金结算的股份支付在修改日已确认的负债，两者之间的差额计入当期损益。上述规定同样适用于修改发生在等待期结束后的情形。如果由于修改延长或缩短了等待期，企业应当按照修改后的等待期进行上述会计处理(无须考虑不利修改的有关会计处理规定)。如果企业取消一项以现金结算的股份支付，授予一项以权益结算的股份支付，并在授予权益工具日认定其是用来替代已取消的以现金结算的股份支付(因未满足可行权条件而被取消的除外)的，则按上述原则处理。主要会计分录如下：

借：管理费用(差额)

　　应付职工薪酬(修改日已确认的负债)

　贷：资本公积(按照所授予权益工具修改日的公允价值计量已取得的服务)

【例6-12】 2×21年初，华鑫股份有限公司向500名中层以上职工每人授予100份现金股票增值权，这些职工从2×21年1月1日起在该公司连续服务4年即可按照股价的增长幅度获得现金。华鑫股份有限公司估计，该增值权在2×21年末和2×22年末的公允价值分别为10元和12元。2×22年12月31日，华鑫股份有限公司将向职工授予100份现金股票增值权修改为授予100股股票期权，这些职工从2×23年1月1日起在该公司连续服务3年，即可以每股5元购买100股华鑫股份有限公司股票。每份期权在2×22年12月31日的公允价值为16元。华鑫股份有限公司预计所有的职工都将在服务期限内提供服务。假设华鑫股份有限公司500名职工都在2×25年12月31日行权，股份面值为1元。假定不考虑其他因素。

要求：分析华鑫股份有限公司应如何进行账务处理，并写出相关会计分录。

【分析】 本例中，企业将以现金结算的股份支付修改为以权益结算的股份支付，修改日为2×22年12月31日。

2×21年12月31日，华鑫股份有限公司按照承担负债的公允价值，将当期取得的服务计入相关费用和相应的负债，金额为100×500×10×1/4=125 000(元)。

借：管理费用　125 000

　贷：应付职工薪酬——股份支付　125 000

2×22年12月31日，华鑫股份有限公司将以现金结算的股份支付修改为以权益结算的股份支付，等待期由4年延长至5年。华鑫股份有限公司应当按照权益工具在修改日的公允价值，将当期取得的服务计入资本公积，金额为100×500×16×2/5=320 000(元)，同时终止确认已确认的负债，两者的差额计入当期损益，金额为320 000－125 000=195 000(元)。

借：管理费用　195 000

　应付职工薪酬——股份支付　125 000

　贷：资本公积——其他资本公积　320 000

2×23年12月31日，按照权益工具在修改日的公允价值将当期取得的服务计入相关费用和资本公积，金额为100×500×16×3/5－320 000=160 000(元)。

借：管理费用　160 000

　贷：资本公积——其他资本公积　160 000

2×24年12月31日，按照权益工具在修改日的公允价值将当期取得的服务计入相关费用和资本公积，金额为100×500×16×4/5－320 000－160 000=160 000(元)。

借：管理费用　160 000

　贷：资本公积——其他资本公积　160 000

2×25年12月31日，按照权益工具在修改日的公允价值将当期取得的服务计入相关费用和资本公积，金额为100×500×16－320 000－160 000－160 000=160 000(元)。

借：管理费用　160 000

　贷：资本公积——其他资本公积　160 000

当日，职工行权。

借：银行存款　250 000

　资本公积——其他资本公积　800 000

　贷：股本　50 000

　　资本公积——股本溢价　1 000 000

(七)集团股份支付的会计处理

企业集团(由母公司和其全部子公司构成)内发生的股份支付交易，应当按照以下规定进行会计处理。

1. 接受服务企业有结算业务

结算企业以其本身权益工具结算的，应当将该股份支付交易作为以权益结算的股份支付处理；除此之外，应当作为以现金结算的股份支付处理。结算企业是接受服务企业的投资者的，应当按照授予日权益工具的公允的处理集团股份支付价值或应承担负债的公允价值确认为对接受服务企业的长期股权投资，同时确认资本公积（其他资本公积）或负债。

2. 接受服务企业没有结算义务

接受服务企业没有结算义务或授予本企业职工的是其本身权益工具的，应当将该股份支付交易作为以权益结算的股份支付处理；接受服务企业具有结算义务但授予本企业职工的是企业集团内其他企业权益工具的，应当将该股份支付交易作为以现金结算的股份支付处理。

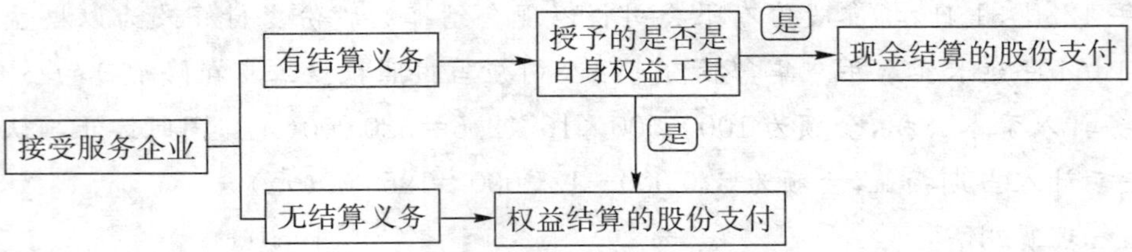

图 6-4　集团股份支付交易会计处理

等待期内具体账务处理如下。

(1)结算企业（母公司）以其本身权益工具结算，接受服务企业（子公司）没有结算义务。

①结算企业：

借：长期股权投资

贷：资本公积——其他资本公积（按权益结算股份支付计量原则确认资本公积）

②接受服务企业：

借：管理费用等

贷：资本公积——其他资本公积（按权益结算股份支付计量原则确认资本公积）

(2)结算企业（母公司）不是以其本身权益工具结算，接受服务企业（子公司）没有结算义务。

①结算企业：

借：长期股权投资

贷：应付职工薪酬（按现金结算股份支付计量原则确认应付职工薪酬）

②接受服务企业：

借：管理费用等

贷：资本公积——其他资本公积（按权益结算股份支付计量原则确认资本公积）

(3)结算企业和接受服务企业均为母公司，且授予本公司职工的是其本身权益工具。

借：管理费用等

贷：资本公积——其他资本公积（按权益结算股份支付计量原则确认资本公积）

(4)结算企业和接受服务企业均为母公司，且不是以其本身权益工具结算。

借：管理费用等

贷：应付职工薪酬（按现金结算股份支付计量原则确认应付职工薪酬）

3. 集团股份支付的特殊问题

(1)母公司向子公司高管授予股份支付时，合并财务报表中少数股东损益的计算。

母公司向子公司高管授予股份支付，在合并财务报表中计算子公司少数股东损益时，虽然子公司的股权激励全部是由母公司结算，子公司少数股东损益中应包含按照少数股东持股比例分享的子公司股权激励费用。

提示说明　少数股东损益反映的是合并财务报表中子公司的净利润中不归属于母公司股东的部分。因此，少数股东损益中应包含按照少数股东的持股比例分享的股权激励费用，即在合并财务报表中计算子公司少数股东损益时，直接按照子公司的净利润计算即可。

(2)受到激励的高管在集团内调动的会计处理。

如果受到激励的高管在集团内调动导致接受服务的企业变更，但高管人员应取得的股权激励并未发生实质性变化，则应根据受益情况，在等待期内按照合理的标准(例如按服务时间)在原接受服务的企业与新接受服务的企业间分摊该高管的股权激励费用。即谁受益、谁确认费用。

(3)非控股股东授予职工公司股份的会计处理。

集团内股份支付，包括集团内任何主体的任何股东，并未限定结算的主体为控股股东，非控股股东授予职工公司的权益工具满足股份支付条件时，也应当视同集团内股份支付进行处理。

【例 6-13】　A 公司持有联营企业华鑫股份有限公司股权比例为 45%，为华鑫股份有限公司第一大股东。B 公司和 C 公司分别持有华鑫股份有限公司股权比例为 20%和 15%，其他自然人合计持有华鑫股份有限公司股权比例为 20%。自然人 H 是华鑫股份有限公司的总经理。根据 A 公司、B 公司和 C 公司与 H 的协议约定，如华鑫股份有限公司在未来三年内完成业绩指标，则上述三方股东按各自持有华鑫股份有限公司股权的比例，授予 H 华鑫股份有限公司股份，授予股份合计占华鑫股份有限公司股权的 21%，分三年完成。

要求：非控股股东 A 公司授予总经理 H 华鑫股份有限公司股份的协议，对于华鑫股份有限公司而言是否适用股份支付准则？

【分析】　股份支付准则的适用范围并不局限于财务报告主体转让自身权益工具结算的交易，还包括以主体的母公司或同一集团下其他主体的权益工具结算的交易。另外，无论转让权益工具的交易是由主体自身作出，还是由股东作出，或由同处于一个企业集团内的其他企业作出均属于股份支付范畴，企业应当对其在相关交易中所取得的服务予以确认。无论是根据企业会计准则及其相关规定，还是根据国际财务报告准则关于集团内股份支付的规定，股份支付的授予方都可以是集团内任何主体及其股东，股东身份并未被局限于控股股东。因此，非控股股东授予集团内企业职工的权益工具，也应当作为集团内股份支付，适用股份支付准则。

在本例中，华鑫股份有限公司是接受服务企业，由于没有结算义务，应当将 A 公司、B 公司和 C 公司三方非控股股东授予高级管理人员权益工具的交易作为权益结算的股份支付进行会计处理，确认相应股权激励费用和资本公积。

【例 6-14】　2×23 年 1 月 10 日，华鑫股份有限公司股东大会批准了一项股权激励方案，向集团内的 60 名管理人员每人授予 10 万份股票期权，这些人员 2×23 年 1 月 1 日起为集团连续服务 3 年，每人即可以每股 2 元的价格购买华鑫股份有限公司普通股 10 万股。华鑫股份有限公司估计该期权在授予日的公允价值为每份 6 元。

2×23 年，授予期权的 60 名员工，有 40 名在华鑫股份有限公司任职，20 名在华鑫股份有限公司的子公司乙公司任职。假定3年内授予期权的员工没有离职。

要求:分析华鑫股份有限公司和乙公司应如何进行账务处理,并写出相关会计分录。

【分析】 该股份支付为华鑫股份有限公司以自身权益工具结算的集团内股份支付,华鑫股份有限公司个别财务报表应当作为权益结算的股份支付进行会计处理,乙公司作为接受服务企业没有结算义务应当作为权益结算的股份支付进行会计处理。华鑫股份有限公司和乙公司应根据受益情况,按照享有受益员工所提供的服务分别确认费用;结算企业(华鑫股份有限公司)作为接受服务企业(乙公司)的母公司,应按照授予乙公司员工的股票期权在授予日的公允价值确认对乙公司的长期股权投资,同时确认资本公积。

华鑫股份有限公司2×23年个别财务报表应确认的股份支付费用=40×10×6/3=800(万元)

乙公司2×23年个别财务报表应确认的股份支付费用=20×10×6/3=400(万元)

华鑫股份有限公司2×23年个别财务报表的相关账务处理如下:

借:管理费用　　8 000 000
　　长期股权投资——乙公司　　4 000 000
　贷:资本公积——其他资本公积　　12 000 000

乙公司2×23年个别财务报表的相关账务处理如下:

借:管理费用　　4 000 000
　贷:资本公积——其他资本公积　　4 000 000

华鑫股份有限公司在编制2×23年合并财务报表时,从合并财务报表的角度出发,由于华鑫股份有限公司的权益工具也属于自身权益工具,即授予集团内员工自身权益工具以换取员工服务,应当作为权益结算的股份支付进行会计处理,其抵销分录如下:

借:资本公积——其他资本公积　　4 000 000
　贷:长期股权投资——乙公司　　4 000 000

课堂思政

本章从企业管理和社会责任的视角出发,探讨股份支付如何体现社会主义核心价值观。股份支付不仅是一种激励机制,还体现了公平与正义的原则,使员工成为公司股东,增强了其主人翁意识和对企业的归属感。同时,这种做法还促进了社会财富的合理分配,体现了共享发展的理念。通过这种方式,可以帮助学生理解如何将专业知识与社会主义核心价值观相结合,培养负责任和具有创新精神的现代企业管理者。

课后思考题

1. 描述股份支付的基本概念,并解释权益结算和现金结算股份支付的区别。
2. 股份支付的会计处理过程包括哪些关键步骤?每个步骤的目的和重要性是什么?
3. 在股份支付中,什么是“等待期”或“行权限制期”?它在整个股份支付过程中起什么作用?
4. 如何确定股份支付的公允价值?在这个过程中哪些因素可能会影响价值的评估?
5. 股份支付对企业财务报告有哪些影响?对企业的员工激励又有何种作用?

课后习题

一、单项选择题

1. 2×23 年 4 月 1 日，甲公司与 200 名管理人员签订一项股份支付协议，约定甲公司向这些管理人员每人授予 1 万份股票期权，如果自 2×23 年 4 月 1 日起，这些管理人员能够连续服务 3 年，则可以在 2×26 年 3 月 31 日以每股 5 元的价格购买 1 万份甲公司股票。授予日至 2×23年末，共有 5 名管理人员离职，甲公司预计剩余等待期内还将有 8 名管理人员离职。2×24年共有 3 名管理人员离职，预计剩余等待期内还将有 3 名管理人员离职。该股票期权在 2×23 年 4 月 1 日的公允价值为每份 30 元，在 2×23 年 12 月 31 日的公允价值为每份 24 元，在 2×24 年 12 月 31 日的公允价值为每份 26 元。不考虑其他因素，甲公司在 2×24 年末应确认的资本公积金额为(　　)。

   A. 1 905 万元　　B. 1 402.5 万元　　C. 1 744.5 万元　　D. 1 910 万元

2. 下列关于集团股份支付的处理，说法错误的是(　　)。

   A. 结算企业以其本身权益工具结算的，应当将该股份支付交易作为权益结算的股份支付处理

   B. 接受服务企业没有结算义务或授予本企业职工的是其本身权益工具的，应当将该股份支付交易作为权益结算的股份支付处理

   C. 接受服务企业具有结算义务且授予本企业职工的是集团内其他企业权益工具的，应当将该股份支付交易作为现金结算的股份支付处理

   D. 结算企业是接受服务企业的非控股股东投资者的，结算企业应当按照授予日权益工具的公允价值或应承担负债的公允价值确认当期成本费用

3. 甲公司为乙公司的母公司，2×23 年企业集团内发生以下与股份支付相关的交易或事项：甲公司与乙公司高管签订协议，授予乙公司高管 500 万份股票期权，乙公司高管可以以每股 6 元的价款自甲公司购买乙公司股票。乙公司授予其研发人员 20 万份现金股票增值权，这些研发人员在乙公司连续服务 3 年，即可按照乙公司股价的增值幅度获得现金。乙公司自市场回购本公司股票 100 万股，并与销售人员签订协议，如果未来 3 年销售业绩达标，销售人员将无偿取得该部分股票。乙公司向丁公司发行 500 万股本公司股票，作为支付丁公司为乙公司提供咨询服务的价款。不考虑其他因素，下列各项中，乙公司应当作为以现金结算的股份支付的是(　　)。

   A. 乙公司高管与甲公司签订的股份支付协议

   B. 乙公司与本公司销售人员签订的股份支付协议

   C. 乙公司与本公司研发人员签订的股份支付协议

   D. 乙公司以定向发行本公司股票取得咨询服务的协议

4. 根据《企业会计准则第 11 号——股份支付》的规定，下列表述不正确的是(　　)。

   A. 一次授予、分期行权，应根据每个计划的公允价值估计股份支付费用，在其相应的等待期内，按照各计划在某会计期间内等待期长度占整个等待期长度的比例进行分摊

   B. 除了立即可行权的股份支付，无论权益结算的股份支付还是现金结算的股份支付，企业在授予日均不进行会计处理

C. 授予后立即可行权的换取职工服务的以权益结算的股份支付，应当在授予日按照权益工具的公允价值计入相关成本或费用，并增加应付职工薪酬

D. 对于权益结算的股份支付，在行权日，企业根据实际行权的权益工具数量，计算确定应转入股本的金额

5. 2×23 年 3 月 16 日，甲公司以 1 000 万元自市场回购本公司普通股股票，拟用于对高管人员进行股权激励。因甲公司的母公司乙公司于 2×23 年 7 月 1 日与甲公司签订了股权激励协议，甲公司暂未实施本公司的股权激励计划。根据乙公司与甲公司高管人员签订的股权激励协议，乙公司对甲公司的 20 名高管人员每人授予 100 万份乙公司的股票期权。授予日每份股票期权的公允价值为 3 元。行权条件为自授予日起高管人员在甲公司服务满 3 年，即可免费获得乙公司 100 万份普通股股票。至 2×23 年 12 月 31 日，甲公司没有高管人员离开，预计未来 3 年也不会有高管人员离开。不考虑其他因素，下列关于甲公司的会计处理中，正确的是(　　)。

A. 回购本公司股票时应按实际支付的金额冲减资本公积 1 000 万元

B. 乙公司授予甲公司高管的股票期权，甲公司没有结算义务，作为权益结算的股份支付处理

C. 2×23 年应确认管理费用 2 000 万元

D. 2×23 年应确认资本公积 2 000 万元

6. A 公司为一家上市公司，发生下列股份支付计划：A 公司 2×22 年 1 月 1 日经股东大会批准，实施股权激励计划，其主要内容为：该公司向其 200 名管理人员每人授予 10 万份股票期权，这些职员从 2×22 年 1 月 1 日起在该公司连续服务 5 年，即可以 2 元/股的价格购买 10 万股 A 公司股票，从而获益。A 公司以期权定价模型估计授予的此项期权在 2×22 年 1 月 1 日的公允价值为每份 16 元，该项期权在 2×22 年 12 月 31 日的公允价值为每份 19 元。第一年有 30 名职员离开 A 公司，A 公司估计 5 年中离开职员的比例将达到 35%；假设截止到第一年年末，A 公司对该股票期权重新定价，经股东大会批准将授予日每份股票期权的公允价值修改为 20 元。第二年又有 25 名职员离开公司，A 公司将估计的职员离开比例修正为 28%。不考虑其他因素，2×23 年年末，A 公司应确认的管理费用为(　　)。

A. 6 496 万元　　B. 3 400 万元　　C. 5 056 万元　　D. 7 360 万元

7. 甲公司于 2×23 年 1 月 1 日向公司高级管理人员授予 1 000 万股限制性股票，授予价格为 6 元/股，锁定期为 3 年。激励对象如果自授予日起为公司服务满 3 年，且公司年度净利润增长率不低于 10%，可申请一次性解锁限制性股票。激励对象在授予日按照授予价格出资购买限制性股票；待满足可行权条件后，解锁限制性股票；若未满足可行权条件，甲公司按照授予价格 6 元/股回购该限制性股票，2×23 年 1 月 1 日甲公司普通股股票的市场价格为 16 元/股。下列有关甲公司该项股份支付计划的表述不正确的是(　　)。

A. 甲公司为获取激励对象的服务而以其自身股票为对价进行结算，属于以权益结算的股份支付交易

B. 甲公司应当在授予日确定授予股份的公允价值

C. 在等待期内的每个资产负债表日，甲公司应当以对可行权的股权数量的最佳估计为基础，按照授予日授予股份的公允价值，将当期取得的服务计入管理费用和资本公积

D. 限制性股票在授予日的公允价值与限制性股票授予日股票的市场价格相等

8. 上市公司甲公司通过从二级市场回购股份的方式实施股权激励计划。2×23 年 5 月 15 日，甲公司股东大会审议通过股权激励方案，并确定了授予价格，但未确定拟授予股份的激励对象及股份数量，股东大会授权董事会确定具体激励对象及股份数量。2×23 年 7 月 1 日，甲公司董事会确定了具体激励对象及股份(限制性股票)数量，并将经批准的股权激励方案与员工进行了沟通并达成一致。甲公司有关该股份支付计划的表述正确的是(　　)。

A. 该股份支付计划的授予日应为 2×23 年 5 月 15 日

B. 该股份支付计划的授予日应为 2×23 年 7 月 1 日

C. 按照现金结算的股份支付进行会计处理

D. 以授予日期权定价模型确定授予日限制性股票的公允价值

9. 甲公司实际控制人 M 公司设立员工持股平台(有限合伙企业)以实施一项股权激励计划。实际控制人 M 公司作为该持股平台的普通合伙人将其持有的部分甲公司股份以名义价格转让给持股平台，甲公司员工作为该持股平台的有限合伙人以约定价格(认购价)认购持股平台份额，从而间接持有甲公司股份。该股权激励计划及合伙协议未对员工的具体服务期限作出专门约定，但明确约定如果自授予日至甲公司成功完成首次公开募股时员工主动离职，员工不得继续持有持股平台份额，实际控制人 M 公司将以自有资金按照员工认购价回购员工持有的持股平台份额，回购股份是否再次授予其他员工由实际控制人自行决定。甲公司以首次公开募股成功为可行权条件的下列会计处理表述不正确的是(　　)。

A. 甲公司实际控制人 M 公司通过持股平台将其持有的部分甲公司股份授予甲公司员工，属于企业集团内发生的股份支付交易

B. 接受服务企业(甲公司)没有结算义务，应当将该交易作为权益结算的股份支付处理

C. 甲公司员工须完成规定的服务期限方可从股权激励计划中获益，属于可行权条件中的服务期限条件，而甲公司成功完成首次公开募股属于可行权条件中业绩条件的市场条件

D. 等待期内甲公司估计其成功完成首次公开募股的时点发生变化的，应当根据重估时点确定等待期，截至当期累计应确认的股权激励费用扣减前期累计已确认金额，作为当期应确认的股权激励费用

10. 上市公司甲公司设立员工持股平台(有限合伙企业)用于实施股权激励计划，甲公司实际控制人 M 为持股平台的普通合伙人，该实际控制人 M 同时为甲公司核心高管，除实际控制人 M 以外的其他激励对象为有限合伙人。2×23 年 4 月，持股平台合伙人以 5 元/股的价格认购甲公司向该平台增发的股份，股份设有 3 年限售期。协议约定，自授予日起，持股平台合伙人为公司服务满 3 年后可一次性解锁股份；有限合伙人于限售期内离职的，应当以 6 元/股的价格将其持有股份转让给普通合伙人，普通合伙人受让有限合伙人股份后，不享有受让股份对应的投票权和股利分配等受益权，普通合伙人须在股权激励计划 3 年限售期内将受让股份以 6 元/股的价格再次分配给员工持股平台的其他有限合伙人。关于该计划下列表述正确的是(　　)。

A. 该股权激励计划属于集团内股份支付

B. 甲公司应按照现金结算的股份支付进行会计处理

C. 实际控制人 M 受让有限合伙人股份不属于代持行为

D. 实际控制人 M 受让有限合伙人股份不构成新的股份支付

二、多项选择题

1. 股份支付中，企业在确定授予员工的限制性股票在授予日的公允价值时，应考虑的因素有(　　)。

A. 市场条件　　B. 非市场业绩条件　　C. 服务期限条件　　D. 非可行权条件

2. 甲公司为一家上市公司，乙公司是甲公司的子公司。2×20 年 1 月 1 日，甲公司向 10 名乙公司高管员工授予其自身股票期权，3 年后未离职的每名员工可以优惠购买 1 万股甲公司股票。授予日，甲公司股票期权的公允价值为每份 6 元。2×20 年 7 月 1 日起，2 名员工转至甲公司任职高管人员，甲公司预计 3 年内没有员工离职。不考虑其他因素，下列有关股份支付会计处理的表述中正确的有(　　)。

A. 2×20 年度，甲公司个别财务报表确认与股份支付相关的费用为 0

B. 2×20 年度，乙公司个别财务报表确认与股份支付相关的费用为 18 万元

C. 甲公司个别财务报表作为权益结算的股份支付处理

D. 乙公司个别财务报表作为现金结算的股份支付处理

3. 下列关于股份支付的会计处理，正确的有(　　)。

A. 一次授予、分期行权的股份支付计划，股份支付相关的费用，应当在等待期内分摊计入损益

B. 以回购股份奖励本企业职工的，应作为以权益结算的股份支付进行处理

C. 权益结算的股份支付应在可行权日后对已确认的成本费用和所有者权益进行调整

D. 为换取职工提供服务所发生的以权益结算的股份支付，应以授予日权益工具的公允价值计量

4. 下列关于股份支付在可行权日之后的会计处理方法的表述中，正确的有(　　)。

A. 对于权益结算的股份支付，企业应在行权日根据行权情况，确认股本和股本溢价，同时结转等待期内确认的资本公积(其他资本公积)

B. 对于权益结算的股份支付，在可行权日之后不再对已确认的成本费用和所有者权益总额进行调整

C. 对于权益结算的股份支付，如果全部或部分权益工具未被行权而失效或作废，应在行权有效期截止日将资本公积(其他资本公积)冲减成本费用

D. 对于现金结算的股份支付，在可行权日之后负债(应付职工薪酬)公允价值的变动应当计入成本费用

5. 下列关于股份支付在等待期内成本费用的确认的表述中，正确的有(　　)。

A. 权益结算的股份支付，应按授予日权益工具的公允价值计量

B. 现金结算的股份支付，应按等待期内每个资产负债表日权益工具的公允价值重新计量

C. 如果受到激励的高管在集团内调动导致接受服务的企业变更，但相关股权激励未发生实质性变化的，应在等待期内按照合理的标准(例如按服务时间)在原接受服务的企业与新接受服务的企业间分摊该高管的股权激励费用

D. 母公司向子公司高管授予股份支付，子公司少数股东损益中应包含按照少数股东持股比例分享的子公司股权激励费用

6. 下列关于上市公司授予限制性股票的股权激励计划，在等待期内发放现金股利的会计处理，表述正确的有(　　)。

A. 在等待期内发放可撤销现金股利，对于预计未来不可解锁限制性股票持有者，应分配给限制性股票持有者的现金股利应当冲减相关的负债

B. 在等待期内发放不可撤销现金股利，对于预计未来不可解锁限制性股票持有者，应分配给限制性股票持有者的现金股利应当冲减相关的负债

C. 对于预计未来可解锁限制性股票持有者，上市公司应分配给限制性股票持有者的现金股利应当作为利润分配进行会计处理

D. 后续信息表明不可解锁限制性股票的数量与以前估计不同的，应当作为会计估计变更处理，直到解锁日预计不可解锁限制性股票的数量与实际未解锁限制性股票的数量一致

7. 上市公司实施的规定了锁定期和解锁期的限制性股票股权激励计划，如果向职工发行的限制性股票按规定履行了增资手续，下列关于企业的会计处理，表述正确的有（　　）。

A. 授予日上市公司应就回购义务确认负债（作收购库存股处理）

B. 授予日上市公司应根据收到职工缴纳的认股款确认库存股

C. 如果全部股票未被解锁而失效作废，上市公司应按照事先约定的价格回购

D. 在授予日，上市公司无须作会计处理

8. A 公司为 B 公司的母公司，2×23 年 7 月 1 日，A 公司和 B 公司股东大会批准了股份支付计划，A 公司实施一项向 B 公司 10 名高管人员每人授予 2 万份 B 公司股票期权的股权激励计划，每名高管人员自期权授予之日起在 B 公司连续服务 4 年，即可以从 A 公司购买 2 万股 B 公司股票，购买价格为每股 8 元。该股票期权在授予日的公允价值为 14 元/份，2×23 年 12 月 31 日的公允价值为 16 元/份。截至 2×23 年年末，没有高管人员离开 B 公司，估计未来 3.5 年内将有 2 名高管人员离开 B 公司。不考虑其他因素，下列关于 A 公司和 B 公司 2×23 年的会计处理中，正确的有（　　）。

A. A 公司应确认长期股权投资，同时作为现金结算的股份支付确认应付职工薪酬 32 万元

B. A 公司应确认长期股权投资，同时作为权益结算的股份支付确认应付职工薪酬 28 万元

C. B 公司应确认管理费用，同时作为权益结算的股份支付确认资本公积 32 万元

D. B 公司应确认管理费用，同时作为权益结算的股份支付确认资本公积 28 万元

9. 甲公司于 2×23 年 7 月 1 日向公司高级管理人员授予 2 000 万股限制性股票，授予价格为 8 元/股，锁定期为 3 年。激励对象如果自授予日起为公司服务满 3 年，且公司年度平均净利润增长率不低于 10%，可申请一次性解锁限制性股票。激励对象在授予日无须出资购买限制性股票；待满足可行权条件后，激励对象可以选择按授予价格 8 元/股购买公司增发的限制性股票，也可以选择不缴纳认股款，放弃取得相应股票的权利。下列甲公司有关股份支付会计处理表述正确的有（　　）。

A. 限制性股票的实质是公司赋予员工在满足可行权条件后以约定价格（授予价格）购买公司股票的权利，为一项股票期权，属于以权益结算的股份支付交易

B. 甲公司应当在授予日确定授予股份的公允价值

C. 在等待期内的每个资产负债表日，甲公司应当以对可行权的股票期权数量的最佳估计为基础，按照授予日股票期权的公允价值，计算当期需确认的股份支付费用，计入相关成本费用和资本公积

D. 采用期权定价模型确定授予日股票期权的公允价值的，该公允价值包括期权的内在价值和时间价值

10. M公司为甲公司的母公司，甲公司拟实施一项股权激励计划，甲公司按照公允价值从二级市场回购本公司股票并授予自愿参与该计划的员工，授予价格为授予日股票的公允价值，激励对象在甲公司服务满3年后可以一次性解锁所授予的股份。

该股权激励计划同时约定，甲公司控股股东M公司对员工因解锁日前股票价格变动产生的损失进行兜底，即甲公司股票价格上涨的收益归员工所有，甲公司股票价格下跌的损失由甲公司控股股东M公司承担且以现金支付损失。对于“大股东兜底式”股权激励计划，下列甲公司及其控股股东M公司相关会计处理正确的有（　　）。

A. 甲公司该交易符合股份支付的定义，适用股份支付准则

B. 该交易在控股股东M公司个别财务报表中属于现金结算的股份支付

C. 该交易在控股股东M公司合并财务报表中属于现金结算的股份支付

D. 甲公司作为现金结算的股份支付处理

三、判断题

1. 股份支付是指企业为获取职工和其他方提供服务而授予权益工具或者承担以权益工具为基础确定的负债的交易。（　　）

2. 股份支付的对价或其定价与企业自身权益工具未来的价值无关。（　　）

3. 限制性股票是一种以权益结算的股份支付工具。（　　）

4. 如果高管人员在规定期限内离职，则他们签订的股份支付协议规定的限制性股票将不会解锁。（　　）

5. 股票期权是一种以现金结算的股份支付工具。（　　）

6. 以现金结算的股份支付涉及企业承担的以股份或其他权益工具为基础计算的交付现金或其他资产的义务。（　　）

7. 权益结算的股份支付的会计处理不包括资本公积的余额推算。（　　）

8. 在股份支付的会计处理中，等待期内的每个资产负债表日不需要对权益工具的公允价值进行重新计量。（　　）

9. 按照《企业会计准则第11号——股份支付》的规定，企业在等待期内每个资产负债表日应按照权益工具在授予日的公允价值计量职工服务并增加资本公积。（　　）

10. 在集团股份支付中，如果子公司的员工以母公司的股票进行行权，那么这种交易应当被视为现金结算的股份支付。（　　）

四、计算分析题

1. A公司为上市公司，适用的所得税税率为25%。根据税法有关规定，对股权激励计划实行后，需等待一定服务年限或者达到规定业绩条件（以下简称“等待期”）方可行权的，上市公司等待期内会计上计算确认的相关成本费用，不得在对应年度计算缴纳企业所得税时扣除，在股权激励计划可行权后，上市公司方可根据该股票实际行权时的公允价格与当年激励对象实际行权支付价格的差额及数量，计算确定作为上市公司当年工资薪金支出，依照税法规定进行税前扣除。A公司有关股份支付资料如下。

（1）2×23年12月31日经股东大会批准，A公司实施股权激励计划，其主要内容如下：A公司向其100名管理人员每人授予10万份股票期权，这些管理人员从2×24年1月1日起必须在公司

连续服务 3 年，服务期满时即可以每股 3 元的价格购买 10 万股 A 公司股票。2×23 年 12 月 31 日估计该期权的公允价值为每份 18 元。

(2)截至 2×24 年 12 月 31 日有 10 名管理人员离职，A 公司估计三年中管理人员离职率将达到 15%。2×24 年 12 月 31 日估计 A 公司股票的公允价值为每股 24 元。

(3)截至 2×25 年 12 月 31 日累计有 15 名管理人员离开公司，公司将管理人员离职率修正为 18%。

(4)截至 2×26 年 12 月 31 日累计有 21 名管理人员离职。

(5)2×27 年 12 月 31 日，79 名管理人员全部行权，A 公司股票面值为每股 1 元。

不考虑其他因素。

要求：(1)计算 A 公司在等待期内的每个资产负债表日应确认的费用和资本公积，并计算 2×24年应确认的递延所得税金额，编制各年有关的会计分录(行权时不考虑所得税影响)。

(2)由于 A 公司股价变动，假定 2×25 年 1 月 1 日公司对股票期权重新定价，经股东大会批准，A 公司修改股权激励计划，将该期权的授予日公允价值由每份 18 元调整为每份 20 元，其他条件不变，编制 A 公司 2×25 年 12 月 31 日、2×26 年 12 月 31 日和 2×27 年 12 月 31 日的会计分录。(不考虑所得税影响)

(3)由于 A 公司股价已经下降，假定 2×25 年 1 月 1 日公司对股票期权重新确定其授予数量，经股东大会批准，A 公司修改股权激励计划，将授予每名管理人员的期权数量由 10 万份修改为 15 万份。其他条件不变，编制 A 公司 2×25 年 12 月 31 日、2×26 年 12 月 31 日和 2×27 年 12 月 31 日的会计分录。(不考虑所得税影响)

2. 甲公司为上市公司，乙公司为其子公司，有关权益结算的股份支付的资料如下。

(1)经股东大会批准，甲公司 2×23 年 10 月 1 日实施股权激励计划，其主要内容为：甲公司向乙公司 10 名管理人员每人授予 10 万份股票期权，这些人员从 2×23 年 10 月 1 日起必须在该公司连续服务 2 年，服务期满时才能以每股 5 元的价格购买 10 万股甲公司股票。甲公司估计该期权在授予日的公允价值为每份 24 元。2×23 年 12 月 31 日止，有 1 名管理人员离开乙公司，甲公司估计剩余等待期内乙公司还将有 2 名管理人员离开。

(2)2×24 年 12 月 31 日止，又有 1 名管理人员离开乙公司，甲公司估计乙公司未来没有管理人员离开。

(3)2×25 年 9 月 30 日止，又有 1 名管理人员离开乙公司。

(4)2×25 年 12 月 31 日，7 名管理人员全部行权，行权价格为每股 5 元，股票面值为每股 1 元。

不考虑其他因素。

要求：编制各年甲公司和乙公司个别财务报表中相关的会计分录，以及甲公司编制合并财务报表时应作的抵销分录。

3. 甲公司有关现金结算的股份支付的资料如下。

(1)2×23 年 1 月 1 日经股东大会批准，甲公司对其 50 名中层以上管理人员每人授予 10 万份现金股票增值权，这些管理人员从 2×23 年 1 月 1 日起在甲公司连续服务满 2 年，即可自 2×24 年 12 月 31 日起根据股价的增长幅度获得现金，该增值权应在 2×25 年 12 月 31 日之前行使完毕。

(2)2×23 年年末，甲公司估计该增值权公允价值为每份 15 元。2×23 年有 7 名管理人员离开甲公司,甲公司估计未来1年内还将有3名管理人员离开。

(3)2×24年年末,甲公司估计该增值权公允价值为每份18元。2×24年又有3名管理人员离开公司,甲公司估计未来没有管理人员离开。

2×24年12月31日经股东大会批准,甲公司修改股权激励计划,原授予管理人员每人10万份现金股票增值权修改为每人5万份,连续服务2年修改为连续服务3年,并以现金补偿原授予现金股票增值权且尚未离职的管理人员3 800万元。同时修改为2×25年12月31日起根据股价的增长幅度获得现金,该增值权应在2×26年12月31日之前行使完毕。

(4)2×25年年末甲公司估计该增值权每份公允价值为20元。2×25年没有管理人员离开甲公司,2×25年年末,假定有10人行使股票增值权取得了现金。每份现金股票增值权支付现金19元。

(5)2×26年12月31日剩余30人全部行使了股票增值权。甲公司对每份现金股票增值权支付现金23元。

(6)假定2×24年12月31日经股东大会批准,甲公司将向管理人员授予10万份现金股票增值权修改为授予10万股股票期权,这些管理人员从2×25年1月1日起在该公司连续服务2年(等待期变更为4年),即可以每股5元购买10万股甲公司股票。每份期权在2×24年12月31日的公允价值为18元。2×24年有3名管理人员离开公司。甲公司在2×24年年末和2×25年年末均估计剩余等待期内没有管理人员离开。2×27年初,40名管理人员全部行权,股票面值为每股1元。

不考虑其他因素。

要求:编制甲公司的相关会计分录。

4. A公司为B公司的母公司,2×23年至2×25年,A公司及其子公司发生的有关交易或事项如下。

(1)经股东大会批准,A公司2×23年1月1日实施股权激励计划,其主要内容为:A公司向其子公司B公司100名管理人员每人授予1万份现金股票增值权,行权条件为B公司2×23年度实现的净利润较前1年增长7%,截至2×24年12月31日2个会计年度平均净利润增长率为8%,截至2×25年12月31日3个会计年度平均净利润增长率为9%;从达到上述业绩条件的当年年末起,每持有1份现金股票增值权可以从A公司获得相当于行权当日A公司股票每股市场价格的现金,行权期为3年。2×23年1月1日每份现金股票增值权的公允价值为9元。

(2)B公司2×23年度实现的净利润较前1年增长6%,当年有2名管理人员离职。该年年末,A公司预计B公司截至2×24年12月31日2个会计年度平均净利润增长率将达到8%,预计未来将有2名管理人员离职。2×23年12月31日每份现金股票增值权的公允价值为10元。

(3)2×24年度,B公司有5名管理人员离职,实现的净利润较前1年增长8%,该年年末A公司预计B公司截至2×25年12月31日3个会计年度平均净利润增长率将达到10%,预计未来将有9名管理人员离职。2×24年12月31日每份现金股票增值权的公允价值为12元。

(4)2×25年10月20日,A公司经股东大会批准取消原授予B公司管理人员的股权激励计划,同时以现金补偿原授予现金股票增值权且尚未离职的B公司管理人员1 100万元。2×25年年初至取消股权激励计划前,B公司有1名管理人员离职。2×25年10月20日每份现金股票增值权的公允价值为11元。

(5)假定不考虑相关税费和其他因素。

要求:(1)分别判断A公司和B公司对该股权激励计划的会计处理方法;编制2×23年年末A公司和B公司有关股权激励计划实施的相关会计分录,并编制A公司合并财务报表中与该业务相关的抵销分录;说明该业务在合并财务报表中的会计处理。

(2)编制2×24年年末A公司和B公司有关股权激励计划实施的相关会计分录,并编制A公司合并财务报表中与该业务相关的抵销分录;说明该业务在合并财务报表中的会计处理。

(3)编制2×25年10月20日A公司和B公司有关取消股权激励计划的相关会计分录,并编制A公司合并财务报表中与该业务相关的抵销分录;说明该业务在合并财务报表中的会计处理。

第七章
衍生金融工具会计

本章知识结构

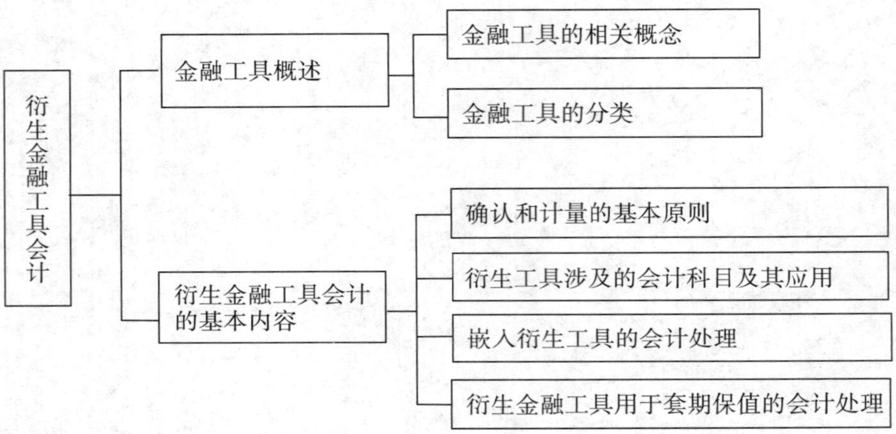

学习目标

通过本章的学习，了解衍生金融工具会计的含义；掌握衍生金融工具的会计处理原理；理解套期保值活动中衍生金融工具的会计处理方法。

案例导入

2007 年 2 月 13 日，作为美国第二大次级抵押贷款公司的美国新世纪金融公司发出 2006 年第四季度盈利预警，美国次级抵押贷款风险开始浮出水面。随后，次贷危机的影响逐渐蔓延，5 月到 6 月，一些西方对冲基金破产；7 月，次贷问题导致私人股本运转失灵；8 月，次贷危机扩散至股市，全球主要股市每个交易日股价下跌 2%以上的事件经常发生；8 月至 9 月，出现全球性信贷紧缩，多国中央银行多次向金融市场注入巨额资金，也无法阻止次贷危机的爆发。2008 年 9 月，美国次贷危机再度激化，引发金融危机肆虐全球，金融危机的诱因是衍生金融产品及其过度杠杆化，而制造和炒作这些衍生金融产品的证券公司则被认为是罪魁祸首。金融风暴很快从美国的抵押贷款机构、投资银行蔓延到保险公司、储蓄机构和商业银行。9 月 7 日，美国政府宣布接管美国房利美公司和房地美公司；9 月 14 日，美国银行收购美国第三大投资银行美林公司；9 月 15 日，美国第四大投资银行雷曼兄弟公司不得不申请破产保护；9月16日，美国联邦储备系统宣布向美国国际集团(AIG)提供850亿美元紧急贷款；9月25日，美国联邦监管机构接管华盛顿互惠银行，并将其部分业务出售给摩根大通公司。越来越多的参与衍生金融工具交易的大型金融机构倒闭或被政府接管，次贷危机演变成金融危机，而且越来越失控。更为严重的是，这场危机很快扩展到全球，使得世界经济增长明显放缓，部分主要发达国家或地区经济陷入衰退，主要金融市场急剧恶化，全球股市遭受重创，多国政府财政赤字增加，全球通货膨胀压力增大，世界贸易环境恶化，多国就业形势严峻，失业人数不断攀升。时至今日，虽然说全球经济整体呈现复苏态势，但一些国家仍然深受其累。这场席卷全球的金融海啸使国际金融体系遭受严重的冲击与考验，同时也逆转了世界经济增长的强劲势头。衍生金融工具如何导致了这场全球性金融危机？留给世人不尽的反思。

第一节　金融工具概述

一、金融工具的相关概念

(一)金融工具

金融工具，是指形成一个企业的金融资产，并形成其他单位的金融负债或权益工具的合同。金融工具包括金融资产、金融负债和权益工具。其中，合同的形式多种多样，可以是书面的，也可以不采用书面形式，实务中的金融工具合同通常采用书面形式。非合同的资产和负债不属于金融工具。例如，应交所得税是企业按照税收法规规定承担的义务，不是以合同为基础的义务，因此不符合金融工具定义。

1. 金融资产

(1)金融资产的概念

金融资产，是指企业持有的现金、其他方的权益工具以及符合下列条件之一的资产：

①从其他方收取现金或其他金融资产的合同权利。

②在潜在有利条件下，与其他方交换金融资产或金融负债的合同权利。

【例7-1】　2×22年3月31日，乙公司的股票价格为100元/股。华鑫股份有限公司与乙公司签订一份3个月后结算的期权合同，该合同规定：华鑫股份有限公司以每股5元的期权费购入3个月后执行价格为110元/股乙公司股票的看涨期权。

2×22年3月31日，如果乙公司股票的价格高于110元/股，表明“在潜在有利条件下与其他方交换金融资产或金融负债的合约权利”，则行权对华鑫股份有限公司有利，华鑫股份有限公司将选择行权。因此，2×22年3月31日，华鑫股份有限公司应确认一项衍生金融资产。

③将来须用或可用企业自身权益工具进行结算的非衍生工具合同，且企业根据该合同将收到可变数量的自身权益工具。

【例7-2】　2×22年1月1日，华鑫股份有限公司为了回购其发行在外的普通股股份，与乙公司签订合同，并向乙公司支付200万现金。合同规定，乙公司将于2×22年5月31日向华鑫股份有限公司交付200万元等值的华鑫股份有限公司普通股；华鑫股份有限公司可获取的普通股的具体数量以2×22年5月31日华鑫股份有限公司的股价而定。

根据合同，这是一个华鑫股份有限公司将来须用自身权益工具进行结算的非衍生工具合同，且华鑫股份有限公司根据该合同将收到可变数量的自身权益工具。因此，2×22年1月1日，华鑫股份有限公司应确认一项金融资产。

④将来须用或可用企业自身权益工具进行结算的衍生工具合同，但以固定数量的自身权益工具交换固定金额的现金或其他金融资产的衍生工具合同除外。其中，企业自身权益工具不包括应当按照《企业会计准则第37号——金融工具列报》分类为权益工具的可回售工具或发行方仅在清算时才有义务向另一方按比例交付其净资产的金融工具，也不包括本身就要求在未来收取或交付企业自身权益工具的合同。

【例7-3】 华鑫股份有限公司于2×22年2月1日向乙企业支付5 000元购入以自身普通股为标的的看涨期权。根据该期权合同，华鑫股份有限公司有权以每股100元的价格从乙企业购入甲企业普通股1 000股，行权日为2×23年6月30日。在行权日期权将以华鑫股份有限公司普通股净额结算。假设行权日华鑫股份有限公司普通股的每股市价为125元，则期权的公允价值为25 000元[1 000×(125－100)]，则华鑫股份有限公司会收到200股(25 000/125)自身普通股对看涨期权进行净额结算。

华鑫股份有限公司应当将该看涨期权确认为一项衍生金融资产。

(2)对金融资产概念的进一步阐释

第一，企业持有的现金属于金融资产。这里的现金是广义的现金，包括库存现金、银行存款、其他货币资金等。之所以说现金属于金融资产，是因为它代表交换的媒介，并因此成为在财务报表中对所有交易进行计量和报告的基础；在银行或类似金融机构中的存款是金融资产，因为它代表了一种合同权利，即存款人有权从该机构中取得现金，或者根据其存款余额签发支票或类似工具付给债权人，以偿付金融负债。

第二，企业持有的应收账款、应收票据、应收贷款等属于金融资产。持有此类资产的目的是收取合同现金流量，而流量的特征是本金和以未偿付的本金计算的利息，所以都是以摊余成本计量的金融资产。

第三，债务工具的持有人拥有的债务工具投资、权益工具的持有人拥有的权益工具投资也属于金融资产。但不是所有对被投资方的权益工具投资都按金融资产相关会计准则进行核算，其中只有对被投资方在重大影响以下的权益工具投资才执行金融工具准则；对被投资方施加重大影响、实施共同控制、实施控制是执行长期股权投资准则。

(3)金融资产的分类

①关于企业管理金融资产的业务模式

A. 业务模式评估

企业管理金融资产的业务模式，是指企业如何管理其金融资产以产生现金流量。业务模式决定企业所管理金融资产现金流量的来源是收取合同现金流量、出售金融资产还是两者兼有。

企业应当在金融资产组合的层次上确定管理金融资产的业务模式，而不必按照单个金融资产逐项确定业务模式。

企业管理金融资产的业务模式，应当以企业关键管理人员决定对金融资产进行管理的特定业务目标为基础确定，应当以客观事实为依据，不得按照合理预期不会发生的情形为基础确定。

集团及各子公司应当根据各自的实际情况确定其管理金融资产的业务模式。对于同一金融资产组合，集团和子公司对其管理该组合的业务模式的判断通常一致。

B. 以收取合同现金流量为目标的业务模式

在以收取合同现金流量为目标的业务模式下，企业管理金融资产旨在通过在金融资产存续期内收取合同付款来实现现金流量，而不是通过持有并出售金融资产产生整体回报。

即使企业在金融资产的信用风险增加时为减少信用损失而将其出售，金融资产的业务模式仍然可能是以收取合同现金流量为目标的业务模式。

如果企业能够解释出售的原因并且证明出售并不反映业务模式的改变，出售频率或者出售价值在特定时期内增加不一定与以收取合同现金流量为目标的业务模式相矛盾。

C. 以收取合同现金流量和出售金融资产为目标的业务模式

在以收取合同现金流量和出售金融资产为目标的业务模式下，企业的关键管理人员认为收取合同现金流量和出售金融资产对于实现其管理目标而言都是不可或缺的。例如，企业的目标是管理日常流动性需求同时维持特定的收益率，或将金融资产的存续期与相关负债的存续期进行匹配。

D. 其他业务模式

如果企业管理金融资产的业务模式，不是以收取合同现金流量为目标，也不是既以收取合同现金流量又以出售金融资产来实现其目标，则该企业管理金融资产的业务模式是其他业务模式。

②关于金融资产的合同现金流量特征

金融资产的合同现金流量特征，是指金融工具合同约定的、反映相关金融资产经济特征的现金流量属性，企业分类为以摊余成本计量的金融资产和以公允价值计量且其变动计入其他综合收益的金融资产，其合同现金流量特征应当与基本借贷安排相一致。即相关金融资产在特定日期产生的合同现金流量仅为对本金和以未偿付本金金额为基础的利息的支付(本金加利息的合同现金流量的特征)。

本金是指金融资产在初始确认时的公允价值，本金金额可能因提前还款等原因在金融资产的存续期内发生变动；利息包括对货币时间价值、与特定时期未偿付本金金额相关的信用风险，以及其他基本借贷风险、成本和利润的对价。

将“贷款基准利率”调整为“贷款市场报价利率”本身不会导致相关金融资产不符合本金加利息的合同现金流量特征。

利率为“贷款市场报价利率＋100 基点”的贷款符合本金加利息的合同现金流量特征。

利率为“贷款市场报价利率向上浮动 10％”的贷款不符合本金加利息的合同现金流量特征。

③金融资产的具体分类

根据《企业会计准则第 22 号——金融工具确认和计量》的要求，企业应当根据其管理金融资产的业务模式和金融资产的合同现金流量特征，将金融资产划分为以下三类：以摊余成本计量的金融资产；以公允价值计量且其变动计入其他综合收益的金融资产；以公允价值计量且其变动计入当期损益的金融资产。金融资产具体分类如表 7-1 所示：

表 7-1　金融资产具体分类表

具体分类	条件	科目设置	示例
1. 以摊余成本计量的金融资产	同时符合： ①企业管理该金融资产的业务模式是以收取合同现金流量为目标； ②该金融资产的合同条款规定，在特定日期产生的现金流量，仅为对本金和以未偿付本金金额为基础的利息的支付。	银行存款 贷款 应收账款 债权投资等	①银行向企业客户发放的固定利率的贷款，在没有其他特殊安排的情况下，贷款的合同现金流量一般情况下可能符合仅为对本金和以未偿付本金金额为基础的利息支付的要求。如果银行管理该贷款的业务模式是以收取合同现金流量为目标，则该贷款可以分类为以摊余成本计量的金融资产。 ②普通债券的合同现金流量是到期收回本金及按约定利率在合同期间按时收取固定或浮动利息的权利。在没有其他特殊安排的情况下，普通债券通常可能符合本金加利息的合同现金流量特征。如果企业管理该债券的业务模式是以收取合同现金流量为目标，则该债券可以分类为以摊余成本计量的金融资产。 ③企业正常商业往来形成的具有一定信用期限的应收账款，如果企业拟根据应收账款的合同现金流量收取现金且不打算提前处置应收账款，则该应收账款可以分类为以摊余成本计量的金融资产。
2. 以公允价值计量且其变动计入其他综合收益的金融资产	同时符合： ①企业管理该金融资产的业务模式既以收取合同现金流量为目标又以出售该金融资产为目标； ②该金融资产的合同条款规定在特定日期产生的现金流量，仅为对本金和以未偿付本金金额为基础的利息的支付。	其他债权投资等	华鑫股份有限公司在销售中通常会给予客户一定期间的信用期。为了盘活存量资产提高资金使用效率，华鑫股份有限公司与银行签订应收账款无追索权保理总协议，银行向华鑫股份有限公司一次性授信 10 亿元人民币，华鑫股份有限公司可以在需要时随时向银行出售应收账款。历史上华鑫股份有限公司频繁向银行出售应收账款，且出售金额重达上述出售满足终止确认的规定。 本例中，应收账款的业务模式符合"既以收取合同现金流量为目标又以出售该金融资产为目标"，且该应收账款符合本金加利息的合同现金流量特征因此应当分类为以公允价值计量且其变动计入其他综合收益的金融资产。
3. 以公允价值计量且其变动计入当期损益的金融资产	上述 1 和 2 分类之外的金融资产。	交易性金融资产	企业常见的下列投资产品通常分类为以公允价值计量且其变动计入当期损益的金融资产：股票、基金、可转换债券。

(4)金融资产分类的特殊规定

①非交易性权益工具投资

权益工具投资一般不符合本金加利息的合同现金流量特征，因此应当分类为以公允价值计量且其变动计入当期损益的金融资产。然而在初始确认时，企业可以将非交易性权益工具投资指定为以公允价值计量且其变动计入其他综合收益的金融资产，并按照规定确认股利收入。该指定一经作出，不得撤销。企业投资其他上市公司股票或者非上市公司股权的，都可能属于这种情形。

A. 关于"非交易性"和"权益工具投资"的界定。金融资产或金融负债满足下列条件之一的，表明企业持有该金融资产或承担该金融负债的目的是交易性的：

(A)取得相关金融资产的目的主要是为了近期出售，承担相关金融负债的目的主要是近期回购。

(B)相关金融资产或金融负债在初始确认时属于集中管理的可辨认金融工具组合的一部分，且有客观证据表明近期实际存在短期获利模式。在这种情况下，即使组合中有某个组成项目持有的期限稍长也不受影响。

(C)相关金融资产或金融负债属于衍生工具，但符合财务担保合同定义的衍生工具以及被指定为有效套期工具的衍生工具除外。例如，未作为套期工具的利率互换或外汇期权。

只有不符合上述条件的非交易性权益工具投资才可以进行该指定。

此处权益工具投资中的"权益工具"，是指对于工具发行方来说，满足本章中权益工具定义的工具。

B. 符合金融负债定义但是被分类为权益工具的特殊金融工具(包括可回售工具和发行方仅在清算时才有义务向另一方按比例交付其净资产的金融工具)本身并不符合本章第三节权益工具的定义，从投资方的角度也就不符合指定为以公允价值计量且其变动计入其他综合收益的金融资产的条件。

C. 企业持有的符合"银保监办发〔2019〕204 号"定义的结构性存款，通常应当分类为以公允价值计量且其变动计入当期损益的金融资产。

②基本会计处理原则

初始确认时，企业可基于单项非交易性权益工具投资，将其指定为以公允价值计量且其变动计入其他综合收益的金融资产，其公允价值的后续变动计入其他综合收益，不需计提减值准备。除了获得的股利(明确代表投资成本部分收回的股利收入除外)计入当期损益，其他相关的利得和损失(包括汇兑损益)均应当计入其他综合收益，且后续不得转入损益。

当金融资产终止确认时，之前计入其他综合收益的累计利得或损失应当从其他综合收益中转出，计入留存收益。

需要注意的是，企业在非同一控制下的企业合并中确认的或有对价构成金融资产的，该金融资产应当分类为以公允价值计量且其变动计入当期损益的金融资产，不得指定为以公允价值计量且其变动计入其他综合收益的金融资产。

2. 金融负债

(1)金融负债的概念

金融负债，是指企业符合下列条件之一的负债：

①向其他方交付现金或其他金融资产的合同义务。

②在潜在不利条件下，与其他方交换金融资产或金融负债的合同义务。

③将来须用或可用企业自身权益工具进行结算的非衍生工具合同，且企业根据该合同将交付可变数量的自身权益工具。

④将来须用或可用企业自身权益工具进行结算的衍生工具合同，但以固定数量的自身权益工具交换固定金额的现金或其他金融资产的衍生工具合同除外。企业对全部现有同类别非衍生自身权益工具的持有方同比例发行配股权、期权或认股权证，使之有权按比例以固定金额的任何货币换取固定数量的该企业自身权益工具的，该类配股权、期权或认股权证应当分类为权益工具。其中，企业自身权益工具不包括应当按照《企业会计准则第 37 号——金融工具列报》分类为权益工具的可回售工具或发行方仅在清算时才有义务向另一方按比例交付其净资产的金融工具，也不包括本身就要求在未来收取或交付企业自身权益工具的合同。

(2)金融负债的分类

①除下列各项外,企业应当将金融负债分类为以摊余成本计量的金融负债:

A. 以公允价值计量且其变动计入当期损益的金融负债,包括交易性金融负债(含属于金融负债的衍生工具)和指定为以公允价值计量且其变动计入当期损益的金融负债。

B. 不符合终止确认条件或继续涉入被转移金融资产所形成的金融负债。对此类金融负债,企业应当按照本章第五节相关规定进行计量。

C. 部分财务担保合同,以及不属于以公允价值计量且其变动计入当期损益的金融负债、以低于市场利率贷款的贷款承诺。

②公允价值选择权

在初始确认时,为了提供更相关的会计信息,企业可以将一项金融资产、一项金融负债或者一组金融工具(金融资产、金融负债或者金融资产及负债)指定为以公允价值计量且其变动计入当期损益,但该指定应当满足下列条件之一:

A. 该指定能够消除或显著减少会计错配。根据准则规定,有些金融资产被分类为以公允价值计量且其变动计入当期损益但与之直接相关的金融负债却分类为以摊余成本计量,从而导致会计错配。如果将以上金融负债直接指定为以公允价值计量且其变动计入当期损益,那么这种会计错配就能够消除。

B. 根据正式书面文件载明的企业风险管理或投资策略,以公允价值为基础对金融负债组合或金融资产和金融负债组合进行管理和业绩评价,并在企业内部以此为基础向关键管理人员报告。

3. 权益工具

权益工具是指能证明拥有某个企业在扣除所有负债后的资产中剩余权益的合同。同时满足下列条件的,发行方应当将发行的金融工具分类为权益工具(这里的权益工具不等于所有者权益,只是其中一部分):

(1)该金融工具不包括交付现金或其他金融资产给其他方,或在潜在不利条件下与其他方交换金融资产或金融负债的合同义务;

(2)将来须用或可用企业自身权益工具结算该金融工具的,如该金融工具为非衍生工具,不包括交付可变数量的自身权益工具进行结算的合同义务;如为衍生工具,企业只能通过以固定数量的自身权益工具交换固定金额的现金或其他金融资产结算该金融工具。

企业自身权益工具不包括应按照《企业会计准则第 22 号——金融工具确认和计量》分类为权益工具的金融工具,也不包括本身就要求在未来收取或交付企业自身权益工具的合同。

二、金融工具的分类

(一)金融工具根据对象的不同,分为金融资产、金融负债和权益工具

(二)金融工具根据标的物的不同,分为基础金融工具和衍生金融工具

1. 基础金融工具

基础金融工具包括企业持有的现金、存放于金融机构的款项、权益性证券(股票)、债券性证券

(债券)、股票价格指数以及代表在未来期间收取或支付金融资产的合同权利或义务等,如应收款项、应付账款、其他应收款、其他应付款、存出保证金、存入保证金、客户贷款、客户存款、债券投资、应付债券等。

2. 衍生金融工具

衍生金融工具是指同时具备下列特征,并形成一个单位的金融资产及其他单位的金融负债或权益工具的合同:

(1)其价值随特定利率、金融工具价格、商品价格、汇率、价格指数、费率指数、信用等级、信用指数或其他类似变量的变动而变动;变量为非金融变量的,该变量与合同的任一方不存在特定关系;

(2)不要求初始净投资,或与对市场情况变化有类似反应的其他类型合同相比,要求很少的初始净投资;

(3)在未来某一日期结算。

衍生金融工具包括金融远期合同、金融期货合同、金融互换和期权,以及具有金融远期合同、金融期货合同、金融互换和期权中一种或一种以上特征的工具。

金融工具的分类如图 7-1 所示:

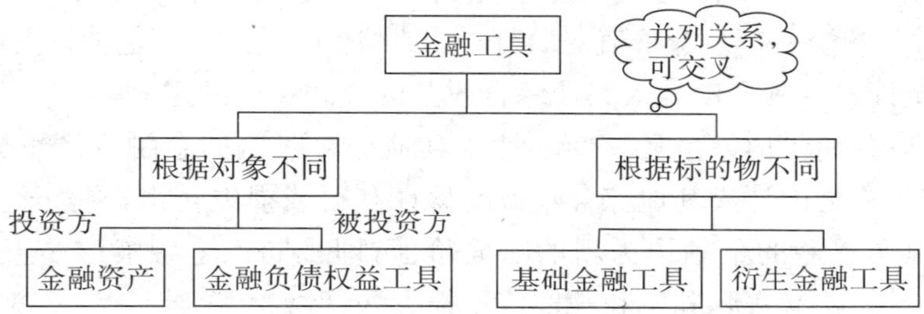

图 7-1　金融工具分类

(三)金融工具的重分类

1. 金融工具重分类的原则

企业改变其管理金融资产的业务模式时,应当按照准则规定对所有受影响的相关金融资产进行重分类。企业对所有金融负债均不得进行重分类。

企业对金融资产进行重分类,应当自重分类日起采用未来适用法进行相关会计处理,不得对以前已经确认的利得、损失(包括减值损失或利得)或利息进行追溯调整。重分类日,是指导致企业对金融资产进行重分类的业务模式发生变更后的首个报告期间的第一天。

只有当企业开始或终止某项对其经营影响重大的活动时(例如当企业收购、处置或终止某一业务线时),其管理金融资产的业务模式才会发生变更。

以下情形不属于业务模式变更:

(1)企业持有特定金融资产的意图改变,企业即使在市场状况发生重大变化的情况下改变对特定资产的持有意图,也不属于业务模式变更;

(2)金融资产特定市场暂时性消失从而暂时影响金融资产出售;

(3)金融资产在企业具有不同业务模式的各部门之间转移。

需要注意的是,如果企业管理金融资产的业务模式没有发生变更,而金融资产的条款发生变更但未导致终止确认的,不允许重分类。如果金融资产条款发生变更导致金融资产终止确认的,不涉及重分类问题,企业应当终止确认原金融资产,同时按照变更后的条款确认一项新金融资产。

2. 金融资产重分类的计量

(1)以摊余成本计量的金融资产的重分类

①企业将一项以摊余成本计量的金融资产重分类为以公允价值计量且其变动计入当期损益的金融资产,应当按照该资产在重分类日的公允价值进行计量。原账面价值与公允价值之间的差额计入当期损益。

②企业将一项以摊余成本计量的金融资产重分类为以公允价值计量且其变动计入其他综合收益的金融资产,应当按照该金融资产在重分类日的公允价值进行计量,原账面价值与公允价值之间的差额计入其他综合收益。该金融资产重分类不影响其实际利率和预期信用损失的计量。

(2)债权投资重分类为其他债权投资的会计处理

①“债权投资——成本”与“其他债权投资——成本”相互转换。

②“债权投资——利息调整”与“其他债权投资——利息调整”相互转换。

③“债权投资减值准备”与“其他综合收益——信用减值准备”相互转换。

④调整“其他债权投资——公允价值变动”和“其他综合收益——其他债权投资公允价值变动”。

(3)以公允价值计量且其变动计入其他综合收益的金融资产的重分类

①企业将一项以公允价值计量且其变动计入其他综合收益的金融资产重分类为以摊余成本计量的金融资产应当将之前计入其他综合收益的累计利得或损失转出,调整该金融资产在重分类日的公允价值,并以调整后的金额作为新的账面价值,即视同该金融资产一直以摊余成本计量。该金融资产重分类不影响其实际利率和预期信用损失的计量。

②企业将一项以公允价值计量且其变动计入其他综合收益的金融资产重分类为以公允价值计量且其变动计入当期损益的金融资产应当继续以公允价值计量该金融资产。同时,企业应当将之前计入其他综合收益的累计利得或损失从其他综合收益转入当期损益。

(4)以公允价值计量且其变动计入当期损益的金融资产的重分类

①企业将一项以公允价值计量且其变动计入当期损益的金融资产重分类为以摊余成本计量的金融资产应当以其在重分类日的公允价值作为新的账面余额。

②企业将一项以公允价值计量且其变动计入当期损益的金融资产重分类为以公允价值计量且其变动计入其他综合收益的金融资产应当继续以公允价值计量该金融资产。

第二节　衍生金融工具会计的基本内容

一、确认和计量的基本原则

(一)初始确认与计量

衍生金融工具形成的金融资产或金融负债的初始确认与计量,主要需要解决三个问题:何时确认，确认为什么项目，如何计量。

1. 确认的时点

会计主体成为金融工具合同条款的一方时，就应当在其资产负债表中将衍生工具产生的所有合同权利和义务分别确认为资产和负债。例如，企业与某金融机构签订一项远期合约，企业应在承诺日而不是结算日将该合同确认为一项资产或负债。

2. 确认所涉及的报表项目

具体确认为什么报表项目，这就涉及具体会计科目乃至报表项目的问题。根据现行会计准则，企业可以根据实际情况，在相关的金融资产、金融负债科目中核算包括衍生工具在内的金融工具，也可设置“衍生工具”会计科目，用来核算企业衍生工具的公允价值及其变动形成的衍生资产或衍生负债，从而在资产负债表中的资产或负债部分，以“衍生工具”项目列示衍生金融工具形成的资产或负债。

3. 初始计量

对于衍生金融工具，应按公允价值进行初始计量。

（二）后续计量

衍生金融工具形成的资产或负债通常以公允价值进行后续计量。公允价值的优点在于，可以提供比传统的历史成本更相关、更易理解的信息。公允价值的具体估价方法是衍生金融工具计量优劣的关键，国际金融市场上千种的衍生金融工具中，只有小部分在市场上广泛流通，大部分都是为少数客户专门设计的，适用于特定目的，不具广泛流通性。对这部分衍生金融工具来说，未来现金流量的现值是公允价值的最佳途径，而对于有发达市场的衍生金融工具来说，市价为公允价值提供了最好的参考。

后续计量时，从理论上应区分以下几种情况。其一，存在活跃市场的衍生金融工具公允价值的确定：衍生金融工具存在活跃市场的，活跃市场中的报价可以用于确定其公允价值。活跃在市场中的报价是指易于定期从交易所、定价服务机构等获得的价格，且代表了在公平交易中定期实际发生的市场交易的价格。其二，不存在活跃市场的衍生金融工具公允价值的确定；在不活跃的市场上如果市场缺乏活性、不存在可观察的市价时，需要根据市场环境运用现值技术、期权定价模型等技术方法估计衍生金融工具的公允价值。在运用现值技术对衍生金融工具进行计量时，要将未来现金流量按一定的折现率算成现在的现金价值，可按如下步骤进行：估计未来现金流量；测定未来现金流量风险；测定货币的时间价值。期权定价模型由布莱克与斯科尔斯在 20 世纪 70 年代提出，该模型认为，只有股价的当前值与未来的预测有关；变量过去的历史与演变方式与未来的预测不相关。模型表明，期权价格的决定非常复杂，合约期限、股票现价、无风险资产的利率水平以及交割价格等都会影响期权价格。BS 模型公式的期权定价模型是一种比较有效的期权定价模型。BS 模型公式数学表达式如下：

$C_0 = S_0[N(\mathrm{d}_1)] - Xer_c\mathrm{t}[N(\mathrm{d}_2)]$

或$= S_0[N(\mathrm{d}_1)] - PV(X)[N(\mathrm{d}_2)]$

其中：$\mathrm{d}_1 = \{\ln(S_0/X) + [r_c + (\sigma^2/2)t]\}/\sigma\sqrt{t}$

或$= \ln[S_0/PV(X)]/\sigma\sqrt{t} + (\sigma\sqrt{t}/2)$

$d_2 = d_1 - \sigma\sqrt{t}$

式中，C_0 为看涨期权的当前价值；S_0 为标的股票的当前价格；$N(d)$为标准正态分布中离差小于 d 的概率；X 为期权的执行价格；e 为自然对数的底数；r_c 为连续复利的年度的无风险报酬率；t 为期权到期日前的时间(年)；σ^2 为连续复利的以年计的股票回报率的方差。

运用公允价值对衍生金融工具进行计量，要求有一个成熟的信息系统，有较完善的机构定期相关信息，有很多公允市价和相应的行业参考价格、模型、指数和参数；当前我国资本市场和金融市场不断完善，市场价格不断成熟，信息数据逐渐可以在一个公开的网络或者相应全国性行业价格平台披露，能给公允价值提供一个统一的标准或者评价，在我国运用公允价值对衍生金融工具进行计量，条件已基本具备。

(三)终止确认

衍生金融工具形成的资产或负债的终止确认，应满足金融资产、金融负债终止确认的条件。

1. 金融资产的终止确认条件

金融资产满足下列条件之一的，应当终止确认：

(1)收取该金融资产现金流量的合同权利终止；

(2)该金融资产已经转移，且符合《企业会计准则第 23 号——金融资产转移》规定的金融资产终止确认条件。

显而易见，终止确认金融资产的第一个条件比较好理解。企业收回应收账款，企业在到期日收回以摊余成本计量的金融资产的本息等事项，就属于“收取该金融资产现金流量的合同权利终止”的情形。

终止确认金融资产的第二个条件与金融资产转移有关。金融资产转移，是指企业(转出方)将金融资产让与或交付给该金融资产的发行方以外的另一方(转入方)。如果企业转让了金融资产所有权上几乎所有的风险与报酬，则企业应对该被转移的金融资产进行终止确认；如果企业保留了金融资产所有权上几乎所有的风险与报酬，则企业不能终止确认该金融资产。比如，甲企业将一笔对乙企业的应收账款出售给丙企业，且不附任何追索权，则甲企业应终止确认该笔应收账款；再比如，甲企业将附追索权的票据进行贴现，由于票据到期日贴现银行若无法收到付款单位支付的票款则将向甲企业追回已贴现票款，甲企业贴现时不能贷记该应收票据，只能将收到的贴现款确认为借款。

2. 金融负债的终止确认条件

终止确认金融负债的条件是：金融负债(或金融负债的一部分)消除时，即合同中规定的义务解除、取消或到期时。比如到期偿还借款本金与利息时，就要终止确认该借款。

二、衍生工具涉及的会计科目及其应用

企业可设置“衍生工具”会计科目，用来核算企业衍生工具的公允价值及其变动形成的衍生资产或衍生负债。作为套期工具的衍生工具不在本科目核算。

“衍生工具”科目属于共同类科目，也就是说，本科目既用来核算企业取得的衍生资产，也用来核算企业形成的衍生负债。企业取得的衍生工具，按其公允价值借记本科目，发生的交易费用借记“投资收益”科目，两者之和贷记“银行存款”等科目资产负债表日，衍生工具的公允价值与账面价值的差额，记入“公允价值变动损益”科目；终止确认的衍生工具，比照“交易性金融资产”“交易性金融负债”等科目的规定进行处理。本科目的期末余额，反映企业衍生工具形成的资产的公允价值（借方余额）或衍生工具形成的负债的公允价值（贷方余额）。

下面举例说明“衍生工具”会计科目的应用。

例如，2×22 年 2 月 1 日，华鑫股份有限公司与乙公司签订一项《远期合同》，华鑫股份有限公司向乙公司购买其自身的股票，即以购买华鑫股份有限公司自身股票为标的的远期合同。有关资料如下。

(1)合同签订日：2×22 年 2 月 1 日。

(2)到期日：2×23 年 1 月 31 日。

(3)远期合同涉及的股票数量：1 000 股。

(4)2×22 年 2 月 1 日每股市价：100 元。

(5)2×22 年 12 月 31 日每股市价：110 元。

(6)2×23 年 1 月 31 日每股市价：106 元。

(7)2×23 年 1 月 31 日的固定远期价格：104 元。

(8)2×22 年 2 月 1 日远期价格的现值：100 元。

假定基础股票不发放股利，当远期合同的公允价值为零时，远期价格的现值与现货价格相等。另外，远期合同的公允价值是按照市场股票价格与固定远期价格的现值之间的差额计算的。

1. 以现金净额结算（现金换现金）

基于华鑫股份有限公司购买自身股票的远期合同将以现金净额进行结算。即在 2×23 年 1 月 31 日对远期合同进行结算时，华鑫股份有限公司不会向乙公司收取其自身的股票，而是根据结算当日华鑫股份有限公司自身股票的市场价格与合同约定数量计算出应收乙公司的现金金额，与合同约定的应付乙公司的现金金额（根据合同结算价格与合同约定数量计算，即 104 000 元）进行比较，差额以收取/支付现金的方式对远期合同进行结算。

(1)华鑫股份有限公司的会计处理

2×22 年 2 月 1 日，签订合同时华鑫股份有限公司每股价格为 100 元，固定远期价格现值为 100 元，即 2×22 年 2 月 1 日“远期合同”的公允价值为零（合同权利价值 100 000－合同义务价值 100 000）。[远期合同的公允价值按照市场股票价格与固定远期价格的现值之间的差额计算]

因为衍生金融工具（远期合同）的公允价值为零，且没有支付或收取现金，华鑫股份有限公司不需要进行会计处理。（尽管无须会计处理，但应明确该项衍生金融工具产生的合同权利/合同义务符合金融资产/金融负债的定义）。

2×22 年 12 月 31 日，华鑫股份有限公司股票每股市场价格增加到 110 元，对华鑫股份有限公司而言远期合同的公允价值增加 6 300 元（合同权利价值 110 000－合同义务价值 103 700）（合同权利价值 110×1 000＝110 000）（合同义务价值 100 000＋4 000÷12×11≈103 700）。

华鑫股份有限公司记录远期合同公允价值的增加：

借：衍生工具——远期合同　　　　6 300

　贷：公允价值变动损益　　　　　6 300

2×23 年 1 月 31 日，华鑫股份有限公司股票每股市价减少至 106 元，对华鑫股份有限公司而言远期合同的公允价值为 2 000 元（106×1 000－104×1 000）。

华鑫股份有限公司记录远期合同公允价值的减少（2 000－6 300）：

借：公允价值变动损益　　　　4 300

　贷：衍生工具——远期合同　　　　4 300

同一天，该项远期合同以现金净额结算，华鑫股份有限公司有权向乙公司收取现金 106 000 元，同时有义务向乙公司支付现金 104 000 元，因此华鑫股份有限公司将收取乙公司现金 2 000 元。

华鑫股份有限公司记录远期合同的结算：

借：银行存款　　　　2 000

　贷：衍生工具——远期合同　　　　2 000

(2)乙公司的会计处理

2×22 年 2 月 1 日，因为衍生金融工具（远期合同）的公允价值为零，且没有支付或收取现金，所以乙公司不需要进行会计处理。

2×22 年 12 月 31 日，与华鑫股份有限公司相反，对乙公司而言，2×22 年 12 月 31 日远期合同的公允价值减少 6 300 元。乙公司记录远期合同公允价值的减少：

借：公允价值变动损益　　　　6 300

　贷：衍生工具——远期合同　　　　6 300

2×23 年 1 月 31 日，乙公司记录远期合同公允价值的增加：

借：衍生工具——远期合同　　　　4 300

　贷：公允价值变动损益　　　　4 300

乙公司记录远期合同的结算：

借：衍生工具——远期合同　　　　2 000

　贷：银行存款　　　　2 000

远期合同中约定以现金净额结算，对于双方来说，该项衍生金融工具在 2×22 年 2 月 1 日赋予某一合同方在潜在有利的情况下与另一合同方交换金融资产（现金）的合同权利，或者在潜在不利的条件下与另一合同方交换金融资产（现金）的合同义务。

根据金融工具确认与计量准则规定，在潜在有利条件下，与其他方交换金融资产或金融负债的合同权利应当分类为金融资产。在潜在不利条件下，与其他方交换金融资产或金融负债的合同义务应当分类为金融负债。

金融工具准则适用范围内的远期合同应在承诺日（交易日）而不是结算日确认为一项资产或一项负债。当主体成为远期合同的一方时，权利和义务的公允价值通常相等，因此该远期合同的公允价值净额为零。针对【例 7-2】中的金融工具，对合同双方来说，在 2×22 年 2 月 1 日均产生一项合同权利和合同义务，因为权利和义务的价值相等，因此在承诺日（交易日）双方均无须进行会计处理。但无论如何，该项衍生金融工具在 2×22 年 2 月 1 日均应分类为金融资产/金融负债，仅因为记账金额为零，所以未进行会计处理。如果权利和义务的公允价值净额不为零，则该合同在交易日即应被确认为一项资产/负债。

根据金融工具确认和计量准则规定，衍生金融工具应当以公允价值进行后续计量且其变动计入当期损益，因此在后续的资产负债表日，双方应对远期合同按公允价值进行后续计量，公允价值变动计入当期损益，并相应调整金融资产/金融负债账面价值。

2. 以股票净额结算（股票换股票）

假设除了将以股票净额结算代替现金净额结算，其他条件均相同。

以股票净额结算，即在2×23年1月31日对远期合同进行结算时，华鑫股份有限公司有义务向乙公司交付按合同总额104 000元与市场价格计算的其自身的股票数量，有权利向乙公司收取合同约定的华鑫股份有限公司自身的股票1 000股，数量差额以收取/交付股票的方式对远期合同进行结算。

(1)华鑫股份有限公司的会计处理

除了记录远期结算的分录，华鑫股份有限公司其他的会计处理与上述以现金净额结算所列示的相同。

2×23年1月31日，合同以股票净额结算。华鑫股份有限公司有义务交付的股票数量为981.1股(104 000÷106≈981.1股)，有权利收取的股票数量为1 000股(合同数量)。因此，华鑫股份有限公司需要向乙公司收取自身股票18.9股。因为股票只能以整数交付，所以收取自身股票18股(18×106＝1 908元)，以银行存款收取差额92元。

华鑫股份有限公司记录远期合同的结算：

借：库存股　　1 908

　　银行存款　　92

　　贷：衍生工具——远期合同　　2 000

或收取自身股票19股，以银行存款支付差额14元(19×106－2 000)：

借：库存股　　2 014

　　贷：衍生工具——远期合同　　2 000

　　　　银行存款　　14

(2)乙公司的会计处理

除了记录远期结算的分录，乙公司其他的会计处理与上述以现金净额结算所列示的相同。

2×23年1月31日，合同以股票净额结算。乙公司有义务向华鑫股份有限公司交付的股票数量为1 000股(合同数量)，有权利收取的股票数量为981.1股(104 000÷106≈981.1股)。因此，乙公司应当向华鑫股份有限公司交付股票18.9股。因为股票只能以整数交付，所以交付股票18股(18×106＝1 908元)，差额92元以银行存款支付。

乙公司记录远期合同的结算：

借：衍生工具——远期合同　　2 000

　　贷：金融资产　　1 908

　　　　银行存款　　92

或交付华鑫股份有限公司股票 19 股(19×106),差额 14 元以银行存款收回:

借:衍生工具——远期合同　　2 000

　银行存款　　14

　贷:金融资产　　2 014

将来须用或可用企业自身权益工具进行结算的衍生工具的合同权利(购入自身股票),除了以固定金额的现金或其他金融资产换取固定数量的自身权益工具的衍生工具合同权利分类为权益工具以外,其他情形均应分类为金融资产。(固定换固定分类为权益工具)(固定换变动/变动换固定分类为金融资产/金融负债)。

将来须用或可用企业自身权益工具进行结算的衍生工具的合同义务(出售/发行自身股票),除以固定数量的自身权益工具交换固定金额的现金或其他金融资产的衍生工具合同义务分类为权益工具以外,其他情形均应分类为金融负债。(固定换固定分类为权益工具)(固定换变动/变动换固定分类为金融资产/金融负债)。

对于华鑫股份有限公司,本例题中华鑫股份有限公司有权利收取的自身股票数量是固定的,有义务交付的自身股票数量是变动的,不符合固定换固定的条件。该项远期合同在 2×22 年 2 月 1 日的合同权利价值与合同义务价值的差额应分类为金融资产/金融负债,仅因为合同权利价值和合同义务价值金额相等,所以未进行会计处理。如果权利和义务的公允价值净额不为零,则该合同在交易日即应被确认为一项资产/负债。

对于乙公司,本例题并非以其自身的股票作为交易标的,因此在 2×22 年 2 月 1 日,乙公司享有一项(潜在有利条件下与华鑫股份有限公司交换金融资产的)合同权利,同时承担一项(潜在不利条件下与华鑫股份有限公司交换金融资产的)合同义务,应当分类为金融资产/金融负债。仅因为合同权利价值和合同义务价值金额相等,所以未进行会计处理。如果权利和义务的公允价值净额不为零,则该合同在交易日即应被确认为一项资产/负债。

3. 以股票总额结算(现金换股票)

假设除了将以股票总额结算代替现金净额结算,其他条件均相同。

股票总额结算,即在 2×23 年 1 月 31 日对远期合同进行结算时,华鑫股份有限公司有义务向乙公司支付现金 104 000 元,有权利向乙公司收取自身的股票 1 000 股(合同签订日价值 100 000 元)。

(1)华鑫股份有限公司的会计处理

2×22 年 2 月 1 日:

借:库存股　　100 000

　贷:其他应付款　　100 000(远期合同结算金额为 104 000 元,现值为 100 000 元)

2×22 年 12 月 31 日,华鑫股份有限公司财务报表中无须确认库存股的公允价值变动,但是对于负债应当按照金融工具准则的规定进行后续计量:

借:利息费用　　3 660[(104 000−100 000)/12×11≈3 660]

　贷:其他应付款　　3 660

2×23 年 1 月 31 日:

借:利息费用　　340

　贷:其他应付款　　340

同时，华鑫股份有限公司向乙公司支付银行存款104 000元，乙公司向华鑫股份有限公司交付持有的华鑫股份有限公司的股票1 000股。

借：其他应付款 104 000

　贷：银行存款 104 000

(2)乙公司的会计处理

2×22年2月1日，乙公司不需要进行会计处理，因为该远期合同的公允价值为零，且此项远期合同没有约定支付/收取现金(如保证金)。[对乙公司来说，尽管无须会计处理，但应明确该项金融工具产生的合同权利/合同义务符合金融资产/金融负债的定义]

2×22年12月31日，乙公司记录远期合同公允价值的减少：

借：公允价值变动损益 6 300

　贷：衍生工具——远期合同 6 300

2×23年1月31日，乙公司记录远期合同公允价值的增加：

借：衍生工具——远期合同 4 300

　贷：公允价值变动损益 4 300

当日，乙公司还要记录远期合同的结算：

借：金融资产 2 000

　贷：衍生工具——远期合同 2 000

借：金融资产 104 000

　贷：银行存款 104 000

华鑫股份有限公司针对此项远期合同，华鑫股份有限公司享有一项收取固定数量自身股票的合同权利和支付固定金额现金的合同义务。(符合固定换固定的条件)。一项衍生金融工具，以固定金额的现金或其他金融资产换取固定数量的自身权益工具，该项衍生金融工具应当分类为权益工具。尽管该远期合同符合权益工具的定义，但因为该权益工具的公允价值为零且未收付现金，所以未进行会计处理，同时在后续资产负债表日，华鑫股份有限公司不确认该项权益工具的公允价值变动。

虽然该金融工具是权益工具，但准则规定：如果一项合同使发行方承担了以现金或其他金融资产回购自身权益工具的义务(即使发行方的回购义务取决于合同对手方是否行使回售权)，发行方应当在初始确认时将该义务确认为一项金融负债，其金额等于回购所需支付金额的现值(如远期回购价格的现值、期权行权价格的现值或其他回售金额的现值)。

因此，对于华鑫股份有限公司来说，该项远期合同的合同义务符合金融负债的定义，华鑫股份有限公司应就该项合同义务确认一项金融负债，同时按权益性交易进行处理(回购库存股)。

乙公司根据准则规定，在潜在有利条件下，与其他方交换金融资产或金融负债的合同权利应当分类为金融资产。在潜在不利条件下，与其他方交换金融资产或金融负债的合同义务应当分类为金融负债。同时，衍生金融工具应当以公允价值进行后续计量且其变动计入当期损益，因此在后续的资产负债表日，乙公司应对远期合同按公允价值进行后续计量，公允价值变动计入当期损益，并相应调整金融资产/金融负债账面价值。

需要说明的是，本例题中仅考虑了合同签订日及后续资产负债表日，乙公司对远期合同初始确认(公允价值为零)及其后续变动(远期合同公允价值的后续变动)的会计处理,未考虑在此交易过程中,如果乙公司一直持有华鑫股份有限公司的股票,则在各时点乙公司还要根据准则规定核算持有的金融资产的后续公允价值变动,直至结算日处置为止。

三、嵌入衍生工具的会计处理

(一)嵌入衍生工具的相关概念

嵌入衍生工具,是指嵌入到非衍生工具(即主合同)中,使混合工具的全部或部分现金流量随特定利率、金融工具价格、商品价格、汇率、价格指数、费率指数、信用等级、信用指数或其他类似变量的变动而变动的衍生工具。对嵌入衍生工具概念的理解,应该注意以下三个方面。

1. 关于主合同

主合同通常包括租赁合同、保险合同、服务合同、特许权合同债务工具合同、合营合同等。嵌入衍生工具与主合同构成混合工具,如企业持有的可转换公司债券等。

2. 关于嵌入衍生工具的表现方式

在混合工具中,嵌入衍生工具通常以具体合同条款体现。例如,甲公司签订了按通胀率调整租金的3年期租赁合同。根据该合同第1年的租金事先约定,从第2年开始,租金按前一年的一般物价指数调整。在此例中主合同是租赁合同,嵌入衍生工具体现为一般物价指数调整条款。除一般物价指数调整条款外,以下条款也可能体现嵌入衍生工具:在可转换公司债券中嵌入的股份转换选择权条款(对应可转换公司债券)、与权益工具挂钩的本金或利息支付条款、与商品或其他非金融项目挂钩的本金或利息支付条款、看涨期权条款、看跌期权条款、提前还款权条款、信用违约支付条款等。

3. 附在主合同上的衍生工具

附在主合同上的衍生工具,如果可以与主合同分开并且能够单独转让,或者具有与该金融工具不同的交易对手方,则不能作为嵌入衍生工具,而应作为一项独立存在的衍生工具处理。例如,某贷款合同可能附有一项相关的利率互换条款如该互换能够单独转让,那么该互换是一项独立存在的衍生工具,而不是嵌入衍生工具,即使该互换与主合同(贷款合同)的交易对手(借款人)是同一方也是如此。

(二)嵌入衍生工具的会计处理原则

1. 包含金融资产主合同的混合工具

如果混合工具包含的主合同属于第22号准则规范的金融资产的,企业不应将嵌入衍生工具从该混合工具中分拆出来,而应当将该混合工具作为一个整体使用该准则关于金融资产分类的相关规定进行相应的会计处理。

2. 其他混合工具——嵌入衍生工具应当分拆的

如果混合工具包含的主合同不属于第22号准则规范的资产,且同时符合下列规定条件的,企业应当将嵌入衍生工具从混合工具中予以分拆,作为单独存在的衍生工具进行会计处理。这些条件是：

(1)嵌入衍生工具的经济特征和风险与主合同的经济特征和风险不紧密相关；

(2)与嵌入衍生工具具有相同条款的单独工具符合衍生工具的定义；

(3)该混合工具不是以公允价值计量且其变动计入当期损益进行会计处理。

嵌入衍生工具从混合工具中分拆的，一方面，企业应当按照适用的会计准则对混合工具的主合同进行会计处理；另一方面，企业对分拆出来的嵌入衍生工具要以公允价值进行初始计量，后续计量时将公允价值变动计入当期损益。在确定嵌入衍生工具的公允价值时，如果企业无法根据嵌入衍生工具的条款和条件可靠计量嵌入衍生工具的公允价值，应当根据混合工具公允价值和主合同公允价值两者之间的差额确定该嵌入衍生工具的公允价值；如果使用了上述方法后仍然无法单独计量该嵌入衍生工具在取得日或后续计量日的公允价值的，企业应当将该混合工具整体指定为以公允价值计量且其变动计入当期损益的金融工具。

3. 其他混合工具——嵌入衍生工具不需要分拆的

如果混合工具包含一项或多项嵌入衍生工具，且主合同不属于第 22 号准则规范的资产的，企业可以将其整体指定为以公允价值计量且其变动计入当期损益的金融工具，但下列情形除外：

(1)嵌入衍生工具不会对混合工具的现金流量产生重大改变；

(2)在初次确定类似的混合工具是否需要分拆时，几乎不需分析就能明确其包含的嵌入衍生工具不应分拆。例如，嵌入贷款的提前还款权，允许持有人以接近摊余成本的金额提前偿还贷款，该提前还款权不需要分拆。

【例 7-4】 华鑫股份有限公司为上市公司，其相关交易或事项如下。

(1)经相关部门批准，华鑫股份有限公司于 2×22 年 1 月 1 日按面值发行分期付息、到期一次还本的可转换公司债券 10 000 万元，发行费用为 200 万元，募集资金已存入银行专户。根据可转换公司债券募集说明书的约定，可转换公司债券的期限为 3 年，票面年利率分别为 2%；该债券的利息自发行之日起每年支付一次，起息日为可转换公司债券发行之日即 2×22 年 1 月 1 日，付息日为该债券发行之日起每满一年的当日，即每年的 1 月 1 日；可转换公司债券在发行 1 年后可转换为华鑫股份有限公司普通股股票，初始转股价格为每股 10 元；发行可转换公司债券募集的资金专项用于生产用厂房的建设。

(2)华鑫股份有限公司将募集资金于 2×22 年 1 月 1 日全部投入生产用厂房建设，厂房于 2×22 年 12 月 31 日达到预定可使用状态。2×23 年 1 月 1 日，华鑫股份有限公司支付 2×22 年度可转换公司债券利息 200 万元。

(3)2×23 年 1 月 2 日，债权人全体转为股票。

(4)其他资料如下：①华鑫股份有限公司将发行的可转换公司债券的负债成分划分为以摊余成本计量的金融负债；②华鑫股份有限公司发行可转换公司债券时无赎回和回售条款，发行时二级市场上与之类似的没有附带转换权的债券市场利率为 6%；③债券持有人若在当期付息后转换股票的，应按债券面值除以转股价，计算转换的股份数；股票面值为 1 元/股。

【分析】 根据上述资料，华鑫股份有限公司的会计处理如下。

(1)首先，主合同不属于第 22 号准则规范的金融资产，另假定符合分拆的其他条件。其次，分拆的过程如下：

①负债成分的公允价值＝10 000×2%×(P/A,6%,3)＋10 000×(P/F,6%,3)＝8 930.6 万元。权益成分的公允价值＝10 000－8 930.6＝1 069.4(万元)。

②负债成分应分摊的发行费用＝200×8 930.6/10 000＝178.61(万元)。权益成分应分摊的发行费用＝200－178.61＝21.39(万元)。

(2)华鑫股份有限公司发行可转换公司债券

借:银行存款　9 800
　应付债券——可转换债券(利息调整)　1 248.01(1 069.4＋178.61)
　贷:应付债券——可转换债券(面值)　10 000
　　其他权益工具　1 048.01

(3)根据 8 751.99＝10 000×2%×(P/A,r,3)＋10 000×(P/F,r,3);利用插值法,求出该可转换公司债券负债成分的实际利率 r＝6.74%。

(4)华鑫股份有限公司计提并支付 2×22 年利息:

借:在建工程　589.88
　贷:应付利息　200
　　应付债券——可转换债券(利息调整)　389.88

借:应付利息　200
　贷:银行存款　200

(5)2×23 年 1 月 2 日,华鑫股份有限公司债权人全体转为股票:

借:应付债券——可转换债券(面值)　10 000
　其他权益工具　1 048.01
　贷:应付债券——可转换债券(利息调整)　858.13
　　股本　1 000
　　资本公积——股本溢价　9 189.88

四、衍生金融工具用于套期保值的会计处理

(一)相关概念

1. 套期

套期保值原意是建立“防护墙”,有规避风险之意。根据《企业会计准则第 24 号——套期会计》,套期是指企业为管理外汇风险、利率风险价格风险、信用风险等特定风险引起的风险敞口,指定金融工具为套期工具,以使套期工具的公允价值或现金流量变动,预期抵销被套期项目的全部或部分公允价值或现金流量变动的风险管理活动。

2. 套期工具及其指定

套期工具是相对于被套期项目而言的,是指企业为进行套期而指定的、其公允价值或现金流量变动预期可抵销被套期项目的公允价值或现金流量变动的金融工具。

作为套期工具的基本条件是:其公允价值应当能够可靠地计量。指定套期工具的基本原则包

括四个方面。第一，衍生工具通常可以作为套期工具，例外情况是：无法有效地对冲被套期项目风险的衍生工具不能作为套期工具，如企业的签出期权就不能作为套期工具，只有在对购入期权（包括嵌入在混合合同中的购入期权）进行套期时，签出期权才可以作为套期工具。第二，以公允价值计量且其变动计入当期损益的非衍生金融资产或非衍生金融负债可以作为套期工具，但指定为以公允价值计量且其变动计入当期损益且其自身信用风险变动引起的公允价值变动计入其他综合收益的金融负债除外。第三，企业自身权益工具不属于企业的金融资产或金融负债，不能作为套期工具。第四，对于外汇风险套期，企业可以将非衍生金融资产（选择以公允价值计量且其变动计入其他综合收益的非交易性权益工具投资除外）或非衍生金融负债的外汇风险成分指定为套期工具。

3. 被套期项目及其指定

被套期项目，是指使企业面临公允价值或现金流量变动风险，且被指定为被套期对象的、能够可靠计量的项目。

可作为被套期项目的项目有：已确认资产或负债；尚未确认的确定承诺；极可能发生的预期交易；境外经营净投资等。这里的确定承诺，是指在未来某特定日期或期间，以约定价格交换特定数量资源、具有法律约束力的协议；这里的预期交易，是指尚未承诺但预期会发生的交易。

4. 合并财务报表层面套期工具与被套期项目的指定

运用套期会计时，在合并财务报表层面，只有与企业集团之外的对手方之间交易形成的资产、负债、尚未确认的确定承诺或极可能发生的预期交易才能被指定为被套期项目；在合并财务报表层面，只有与企业集团之外的对手方签订的合同才能被指定为套期工具。对于同一企业集团内的主体之间的交易，在企业个别财务报表层面可以运用套期会计，在企业集团合并财务报表层面不得运用套期会计，但下列情形除外：

（1）在合并财务报表层面，符合《企业会计准则第 33 号——合并财务报表》规定的投资性主体与其以公允价值计量且其变动计入当期损益的子公司之间的交易，可以运用套期会计；

（2）企业集团内部交易形成的货币性项目的汇兑收益或损失，不能在合并财务报表中全额抵销的，企业可以在合并财务报表层面将该货币性项目的外汇风险指定为被套期项目；

（3）企业集团内部极可能发生的预期交易，按照进行此项交易的主体的记账本位币以外的货币标价，且相关的外汇风险将影响合并损益的，企业可以在合并财务报表层面将该外汇风险指定为被套期项目。

（二）套期关系的种类

套期工具与被套期项目，是一项套期关系的两个组成要素。只有当企业特定的风险管理策略将这两个要素有机地连接起来，才构成一项套期关系。套期关系分为以下三类。

1. 公允价值套期

公允价值套期，是指对已确认资产或负债、尚未确认的确定承诺，或上述项目组成部分的公允价值变动风险敞口进行的套期。但对确定承诺的外汇风险进行的套期，企业可以将其作为公允价值套期或现金流量套期处理。

2. 现金流量套期

现金流量套期，是指对现金流量变动风险敞口进行的套期该现金流量变动源于与已确认资产或负债、极可能发生的预期交易，或与上述项目组成部分有关的特定风险，且将影响企业的损益。

已确认的资产或负债承受的现金流量变动风险与已确认的资产或负债承受的公允价值变动风险显然不同。前者如浮动利率债权或债务的未来利息收入或利息支付，后者如已入账存货未来的跌价损失。

预期交易可能承受的风险与已确认的资产或负债承受的风险也不相同。前者承受的是未来现金流量风险，后者承受的则多是未来公允价值变动的风险(除类似于浮动利率债券以外，已确认资产或负债承受的是未来现金流量风险)。例如，企业在未来 6 个月里预计需要消耗 200 单位的原料，现已有库存 80 单位，预期采购 120 单位。库存 80 单位原料将承受的是公允价值变动风险，而采购 120 单位原料这一预期交易所承受的则是现金流量风险。

3. 境外经营净投资套期

境外经营净投资套期，是指对企业在境外经营净资产中享有的份额所面临的外汇风险进行的套期。

以上三类套期关系中，公允价值套期中的外币公允价值套期、现金流量套期中的外币现金流量套期和对境外经营净投资的外币风险的套期，还可统称为“外币套期”。

（三）套期会计方法及其应用条件

套期会计方法，是指企业将套期工具和被套期项目产生的利得或损失在相同会计期间计入当期损益(或其他综合收益)以反映风险管理活动影响的方法。公允价值套期、现金流量套期或境外经营净投资套期同时满足下列条件的，才能运用套期会计准则规定的套期会计方法进行处理。

(1)套期关系仅由符合条件的套期工具和被套期项目组成。

(2)在套期开始时，企业正式指定了套期工具和被套期项目，并准备了关于套期关系和企业从事套期的风险管理策略和风险管理目标的书面文件。该文件至少载明了套期工具、被套期项目、被套期风险的性质以及套期有效性评估方法(包括套期无效部分产生的原因分析以及套期比率确定方法)等内容。

(3)套期关系符合套期有效性要求。套期有效性，是指套期工具的公允价值或现金流量变动能够抵销被套期风险引起的被套期项目公允价值或现金流量变动的程度套期工具的公允价值或现金流量变动大于或小于被套期项目的公允价值或现金流量变动的部分为套期无效部分。

（四）确认与计量的原则

1. 公允价值套期的确认与计量

(1)套期工具产生的利得或损失应当计入当期损益。如果套期工具是对选择以公允价值计量且其变动计入其他综合收益的非交易性权益工具投资(或其组成部分)进行套期的，则套期工具产生的利得或损失应当计入其他综合收益。

(2)被套期项目因被套期风险敞口形成的利得或损失应当计入当期损益，同时调整未以公允价值计量的已确认被套期项目的账面价值。被套期项目利得或损失的具体处理要求如下。

第一,被套期项目为按照《企业会计准则第 22 号金融工具确认和计量》第十八条分类为以公允价值计量且其变动计入其他综合收益的金融资产(或其组成部分)的,其因被套期风险敞口形成的利得或损失应当计入当期损益,其账面价值已经按公允价值计量,不需要调整;被套期项目为企业选择以公允价值计量且其变动计入其他综合收益的非交易性权益工具投资(或其组成部分)的,其因被套期风险敞口形成的利得或损失应当计入其他综合收益,其账面价值已经按公允价值计量,不需要调整。

第二,被套期项目为尚未确认的确定承诺(或其组成部分)的,其在套期关系指定后因被套期风险引起的公允价值累计变动额应当确认为一项资产或负债,相关的利得或损失应当计入各相关期间损益。当履行确定承诺而取得资产或承担负债时,应当调整该资产或负债的初始确认金额,以包括已确认的被套期项目的公允价值累计变动额。

第三,被套期项目为以摊余成本计量的金融工具(或其组成部分)的,企业对被套期项目账面价值所做的调整应当按照开始摊销日重新计算的实际利率进行摊销,并计入当期损益。该摊销可以自调整日开始,但不应当晚于对被套期项目终止进行套期利得和损失调整的时点。被套期项目为按照《企业会计准则第 22 号——金融工具确认和计量》第十八条分类为以公允价值计量且其变动计入其他综合收益的金融资产(或其组成部分)的,企业应当按照相同的方式对累计已确认的套期利得或损失进行摊销,并计入当期损益,但不调整金融资产(或其组成部分)的账面价值。

2. 现金流量套期的确认与计量

(1)套期工具产生的利得或损失中属于套期有效的部分,作为现金流量套期储备的金额,计入其他综合收益。该金额应当按照下列两项的绝对额中较低者确定:一是套期工具自套期开始的累计利得或损失;二是被套期项目自套期开始的预计未来现金流量现值的累计变动额。

(2)套期工具产生的利得或损失中属于套期无效的部分(即扣除计入其他综合收益后的其他利得或损失),应当计入当期损益。

(3)计入其他综合收益的现金流量套期储备的金额的后续处理方法是:①被套期项目为预期交易,且该预期交易使企业随后确认一项非金融资产或一项非金融负债的或者非金融资产或非金融负债的预期交易形成一项适用于公允价值套期会计的确定承诺时,企业应将原计入其他综合收益中的现金流量套期储备金额转出,计入该资产或负债的初始确认金额;②对于不属于①涉及的现金流量套期,企业应当在被套期的预期现金流量影响损益的相同期间,将原在其他综合收益中确认的现金流量套期储备金额转出,计入当期损益;③如果在其他综合收益中确认的现金流量套期储备金额是一项损失,且该损失全部或部分预计在未来会计期间不能弥补的,企业应当在预计不能弥补时,将预计不能弥补的部分从其他综合收益中转出,计入当期损益。

(4)对现金流量套期终止运用套期会计时,在其他综合收益中确认的累计现金流量套期储备金额,应当按照下列规定进行处理:①被套期的未来现金流量预期仍然会发生的,累计现金流量套期储备的金额应当予以保留,并按照前述后续计量的规定进行会计处理;②被套期的未来现金流量预期不再发生的,累计现金流量套期储备的金额应当从其他综合收益中转出,计入当期损益。被套期的未来现金流量预期不再极可能发生但可能预期仍然会发生,在预期仍然会发生的情况下,累计现金流量套期储备的金额应当予以保留,并按照前述后续计量的规定进行会计处理。

3. 境外经营净投资套期的确认与计量

对境外经营净投资的套期，与现金流量套期的会计处理原则相类似：

(1)套期工具形成的利得或损失中属于套期有效的部分，应当计入其他综合收益全部或部分处置境外经营时，上述计入其他综合收益的套期工具利得或损失应当相应转出，计入当期损益；

(2)套期工具形成的利得或损失中属于套期无效的部分，应当计入当期损益。

4. 终止运用套期会计的情形

企业发生下列情形之一的，应当终止运用套期会计：

(1)因风险管理目标发生变化，导致套期关系不再满足风险管理目标；

(2)套期工具已到期、被出售、合同终止或已行使；

(3)被套期项目与套期工具之间不再存在经济关系，或者被套期项目和套期工具经济关系产生的价值变动中，信用风险的影响开始占主导地位；

(4)套期关系不再满足准则规定的运用套期会计方法的其他条件。在适用套期关系再平衡的情况下，企业应当首先考虑套期关系再平衡，然后评估套期关系是否满足准则规定的运用套期会计方法的条件。

(五)设置的会计科目及其应用

1. “套期工具”科目

企业应设置“套期工具”科目，用来核算指定为套期工具的衍生工具和其他套期工具。

当已确认的衍生工具、以公允价值计量且其变动计入当期损益的非衍生金融资产或非衍生金融负债等金融资产或金融负债被指定为套期工具时，应将其账面价值从“衍生工具”“交易性金融资产”等科目转入“套期工具”科目。

资产负债表日，对于公允价值套期，应当按照套期工具产生的利得，借记本科目，贷记“套期损益”“其他综合收益——套期损益”科目，套期工具产生的损失作相反会计分录。对于现金流量套期，应按套期工具产生的利得，借记本科目，按照套期有效部分的变动额，贷记“其他综合收益——套期储备”科目，按照套期工具产生的利得减去套期有效部分的变动额之后的差额，贷记“套期损益”科目。套期工具产生的损失，作相反的会计分录。

金融资产或金融负债不再作为套期工具核算的，应当按照套期工具形成的资产或负债，借记或贷记有关资产或负债，贷记或借记本科目。

本科目期末借方余额，反映企业套期工具形成的资产的公允价值；本科目期末贷方余额，反映套期工具形成的负债的公允价值。

2. “被套期项目”科目

与“套期工具”科目相对应，企业还应根据套期会计需要，设置“被套期项目”科目。本科目核算开展套期保值业务被套期项目公允价值变动形成的资产或负债。企业将已确认的资产或负债指定为被套期项目时，应按其账面价值，借记或贷记本科目，贷记或借记“库存商品”“长期借款”等科目，已计提跌价准备或减值准备的，还应同时结转跌价准备或减值准备。资产负债表日，对于公允价值套期，应按照被套期项目因被套期风险敞口形成的利得，借记本科目，贷记“套期损益”“其他综合收益——套期损益”等科目，被套期项目因被套期风险敞口产生的损失作相反的会计分录。资产或负债不再作为被套期项目的，应按被套期项目形成的资产或负债，借记或贷记有关科目，贷记或借记本科目。本科目期末借方余额，反映企业被套期项目形成的资产；本科目期末贷方余额则反映企业被套期项目形成的负债。可见，“套期工具”“被套期项目”两者都属于共同类科目。

3. “套期损益”科目

企业可以设置“套期损益”科目，用来核算套期工具和被套期项目价值变动形成的利得或损失。

资产负债表日，对于公允价值套期，按照套期工具产生的利得，借记“套期工具”科目，贷记本科目；套期工具产生的损失作相反的会计分录。对于现金流量套期，套期工具的利得中属于套期无效的部分，借“套期工具”科目，贷记本科目；套期工具的损失中属于套期无效的部分，作相反的会计分录。

资产负债表日，对于公允价值套期，应按照被套期项目因被套期风险敞口形成的利得，借记“被套期项目”科目，贷记本科目；被套期项目因被套期风险敞口形成的损失，作相反的会计分录。

期末，应将本科目的余额转入“本年利润”科目，经结转后本科目应无余额。

4. “净敞口套期损益”科目

企业应设置“净敞口套期损益”科目，用来核算净敞口套期下被套期项目累计公允价值变动转入当期损益的金额或现金流量套期储备转入当期损益的金额。

对于净敞口公允价值套期，企业应在被套期项目影响损益时，将被套期项目因被套期风险敞口形成的累计利得或损失转出，贷记或借记“被套期项目”科目，借记或贷记本科目。

对于净敞口现金流量套期，企业应在将相关现金流量套期储备转入当期损益时，借记或贷记“其他综合收益——套期储备”科目，贷记或借记本科目；将相关现金流量套期储备转入资产或负债的，当资产或负债影响损益时，借记或贷记资产（或其备抵）、负债科目，贷记或借记本科目。

期末，应将本科目的余额转入“本年利润”科目，经结转后本科目应无余额。

5. “其他综合收益”下的相关明细科目

一方面，企业应在“其他综合收益”目下设置“套期损益”明细科目，核算公允价值套期下对被指定为以公允价值计量且其变动计入其他综合收益的非交易性权益工具投资或其组成部分进行套期时，套期工具和被套期项目公允价值变动形成的利得或损失。

另一方面，企业应在“其他综合收益”科目下设置“套期储备”明细科目，核算现金流量套期下累计公允价值变动中的有效套期部分。

【例 7-5】 华鑫股份有限公司为一家上市公司。2×20 年至 2×22 年发生与金融工具有关交易资料如下。

(1)2×20 年 1 月 1 日，华鑫股份有限公司以每股 6 元的价格购入乙公司股票 1 000 万股(占乙公司有表决权股份的 0.1%)，并将其指定为以公允价值计量且其变动计入其他综合收益的金融资产。华鑫股份有限公司购入的上述 1 000 万股乙公司股票自 2×19 年 12 月 31 日起算，限售期为 3 年。

(2)为规避该股票价格下跌风险，华鑫股份有限公司于 2×20 年 12 月 31 日签订一份股票远期合同，约定将于 2×22 年 12 月 31 日以每股 8 元的价格出售其所持的 1 000 万股乙公司股票，2×20 年 12 月 31 日该股票远期合同的公允价值为 0。

(3)2×22 年 12 月 31 日，华鑫股份有限公司履行远期合同，出售乙公司股票。假设不考虑远期合同的远期要素。

(4)华鑫股份有限公司购入的乙公司股票和股票远期合同的公允价值如表7-2所示：

表7-2　华鑫股份有限公司购入的乙公司股票和股票远期合同的公允价值

项目	2×20年12月31日	2×21年12月31日	2×22年12月31日
每股价格	8元	7.6元	7.3元
股票公允价值	8 000万元	7 600万元	7 300万元
远期合同公允价值	—	400万元	700万元

(5)华鑫股份有限公司通过分析发现，乙公司股票与远期合同存在经济关系，且价值变动中信用风险不占主导地位，套期比率也反映了套期的实际数量，符合套期有效性要求。

其他资料：华鑫股份有限公司按实现净利润的10%计提法定盈余公积，不计提任意盈余公积；不考虑税费及其他因素。

【分析】 根据上述资料，华鑫股份有限公司2×20年1月1日至2×22年12月31日的会计处理如下。

(1)2×20年1月1日，确认购入乙公司股票：

借：其他权益工具投资——成本　　6 000

　贷：银行存款　　6 000

(2)2×20年12月31日。

①确认乙公司股票的公允价值变动：

借：其他权益工具投资——公允价值变动　　2 000[(8−6)×1 000]

　贷：其他综合收益　　2 000

②将非交易性权益工具投资指定为被套期项目：

借：被套期项目——其他权益工具投资　　8 000

　贷：其他权益工具投资——成本　　6 000

　　　　　　　　　——公允价值变动　　2 000

③远期合同的公允价值为0，无须进行会计处理。

(3)2×21年12月31日。

①确认套期工具公允价值变动：

借：套期工具——远期合同　　400(400−0)

　贷：其他综合收益　　400

②确认被套期项目公允价值变动：

借：其他综合收益　　400

　贷：被套期项目——其他权益工具投资　　400

(4)2×22年12月31日。

①确认套期工具公允价值变动：

借：套期工具一远期合同　　300(700−400)

　贷：其他综合收益　　300

②确认被套期项目公允价值变动：

借：其他综合收益　　300

　贷：被套期项目——其他权益工具投资　　300

③履行远期合同，出售乙公司股票：

借：银行存款　　8 000(8×1 000)

　贷：被套期项目——其他权益工具投资　　7 300

　　套期工具——远期合同　　700

④将计入其他综合收益的公允价值变动转出，计入留存收益：

借：其他综合收益　　2 000

　贷：盈余公积——法定盈余公积　　200

　　利润分配——未分配利润　　1 800

课堂思政

巴林银行倒闭事件

巴林银行创立于1763年，最初从事贸易，后涉足证券业，19世纪初成为英国政府证券的首席发行商，是英国老牌商人银行之一。近百年来，该银行在证券、基金、投资、商业银行等业务取得了长足的发展，成为伦敦中心位居前列的集团化证券商。至1994年底，该行管理着300亿英镑的基金资产、15亿英镑的非银行存款和10亿英镑的银行存款。而这样一个历史悠久、声名显赫的银行，却因一个年轻的交易员期货投机失败毁于一旦，这就是国际金融市场上关于衍生金融工具交易失败的“巴林银行倒闭事件”。

尼克李森：国际金融界“天才交易员”，曾任巴林银行驻新加坡巴林期货公司总经理、首席交易员。在日经225期货合约市场上，他被誉为“不可战胜的李森”。

1994年下半年，尼克李森认为，日本经济已开始走出衰退，股市将会大涨。于是，他大量买进日经225指数期货合约和看涨期权。然而“人算不如天算”，1995年1月，日本关西大地震，股市暴跌，尼克李森所持多头头寸遭受重创，损失高达2.1亿英镑。

这时的情况虽然糟糕，但还不至于撼动巴林银行。尼克李森为了反败为胜，再次大量补仓日经225期货合约和利率期货合约，头寸总量已达十多万手。

要知道这是以“杠杆效应”放大了几十倍的期货合约。当日经225指数跌至18 500点以下时，每跌一点，尼克李森先生的头寸就要损失两百多万美元。

2月24日，当日经指数再次加速暴跌后，尼克李森所在的巴林期货公司的头寸损失，已接近其整个巴林银行集团资本和储备之和。融资已无渠道，亏损已无法挽回，尼克李森畏罪潜逃。

巴林银行面临覆灭之灾，银行董事长不得不求助于英格兰银行，然而这时巴林银行的损失已达14亿美元，并且随着日经225指数的继续下挫，损失还将进一步扩大。因此，各方金融机构无人敢伸手救助巴林这位昔日的贵宾，1995年2月26日巴林银行宣布倒闭。

请思考：

结合案例和衍生金融工具相关知识，谈谈你对金融市场衍生金融工具杠杆风险和应具有廉洁自律的职业操守、社会责任的理解？

课后思考题

1. 如何理解基础金融工具和衍生金融工具的概念？
2. 衍生金融工具会计面临的问题主要是什么？
3. 什么是嵌入衍生工具？嵌入衍生工具是否一定要从混合工具中分拆？
4. 什么是套期会计？
5. 公允价值套期和现金流量套期的概念是什么？
6. 公允价值套期和现金流量套期的会计处理有何主要区别？

知识拓展

课后习题

一、单项选择题

1. 2×22 年 1 月 10 日，华鑫股份有限公司与乙公司签订附回售条款的股权投资合同，华鑫股份有限公司除拥有与普通股股东一致的投票权及分红权等权利之外，还拥有一项回售权。华鑫股份有限公司与乙公司约定若乙公司未能满足特定目标，华鑫股份有限公司有权要求按投资成本加年化 8%收益（假设代表被投资方在市场上的借款利率水平）的对价将该股权回售给乙公司。华鑫股份有限公司持有乙公司股权比例为 1%，对乙公司没有重大影响。假定不考虑其他因素，乙公司接受华鑫股份有限公司投资在初始确认时应当分类为（　　）。

   A. 权益工具　　B. 金融负债　　C. 金融资产　　D. 复合金融工具

2. 华鑫股份有限公司在销售中通常会给予客户一定期间的信用期。为了盘活存量资产，提高资金使用效率，华鑫股份有限公司与银行签订应收账款无追索权保理总协议，银行向华鑫股份有限公司一次性授信 10 亿元人民币，华鑫股份有限公司可以在需要时随时向银行出售应收账款。以往华鑫股份有限公司频繁向银行出售应收账款，且出售金额重大，上述出售满足金融资产终止确认的规定，对于未出售的应收账款华鑫股份有限公司以收取合同现金流量为目标。华鑫股份有限公司应将该应收账款分类为（　　）。

   A. 以摊余成本计量的金融资产
   B. 以公允价值计量且其变动计入当期损益的金融资产
   C. 以公允价值计量且其变动计入其他综合收益的金融资产
   D. 衍生金融资产

3. 下列项目中，属于现金流量套期的是（　　）。

   A. 用利率互换去对固定利率债券套期
   B. 用利率互换去对浮动利率债券套期
   C. 某电力公司因签订了一项 6 个月后以约定价格购买煤炭的合同，对该确定承诺的价格变动风险进行套期
   D. 对现有存货价格变动风险进行套期

4. 关于套期工具，下列项目表述中错误的是（　　）。

   A. 企业的签出期权（未指定用于抵销购入期权）能够作为套期工具
   B. 企业的购入期权能够作为套期工具

C. 对于指定为以公允价值计量且其变动计入当期损益且其自身信用风险变动引起的公允价值变动计入其他综合收益的金融负债，由于没有将整体公允价值变动计入损益不能被指定为套期工具

D. 套期工具，是指企业为进行套期而指定的、其公允价值或现金流量变动预期可抵销被套期项目的公允价值或现金流量变动的金融工具

5. 关于现金流量套期，下列会计处理表述中，错误的是(　　)。

A. 套期工具产生的利得或损失中属于有效套期的部分，作为现金流量套期储备，应当计入其他综合收益

B. 每期计入其他综合收益的现金流量套期储备的金额应当为当期现金流量套期储备的变动额

C. 套期工具产生的利得或损失中属于无效套期的部分(即扣除计入其他综合收益后的其他利得或损失)，应当计入当期损益

D. 套期工具和被套期项目的期末公允价值变动均计入当期损益

6. 下列各项关于金融资产分类的表述中正确的是(　　)。

A. 应收账款只能分类为以摊余成本计量的金融资产

B. 买入拟在到期前平仓的大豆期货合约分类为以摊余成本计量的金融资产

C. 基金投资类的理财产品应分类为以公允价值计量且其变动计入当期损益的金融资产

D. 买入沪深 300 指数基金应分类为以摊余成本计量的金融资产

7. 下列各项关于金融负债分类和重分类的表述中，正确的是(　　)。

A. 非同一控制下企业合并中，企业作为购买方确认的或有对价形成金融负债的，该金融负债应该通过“交易性金融负债”核算

B. 若指定能够显著减少会计错配，则可将金融负债指定为以公允价值计量且其变动计入其他综合收益的金融负债

C. 将金融负债重分类为权益工具，权益工具按重分类日公允价值计量，权益工具的公允价值与金融负债的账面价值差额确认为权益

D. 将权益工具重分类为金融负债，金融负债按重分类日公允价值计量，无差额

8. 下列各项金融资产中，一般不能以摊余成本计量的是(　　)。

A. 现金　　B. 与黄金价格挂钩的结构性存款

C. 保本固定收益的银行理财产品　　D. 随时可以支取的银行定期存款

9. 2×21 年 11 月 30 日，经董事会批准，华鑫股份有限公司改变了管理债券投资组合的业务模式，将原分类为以摊余成本计量的债券投资，变更为以公允价值计量且其变动计入其他综合收益的金融资产，该变更符合重分类的要求。不考虑其他因素，下列各项关于华鑫股份有限公司对上述金融资产分类变更会计处理的表述中，正确的是(　　)。

A. 重分类日重新计量预期信用损失并对该债券投资的账面价值进行调整

B. 重分类日该债券投资的公允价值与其账面价值的差额计入当期损益

C. 以 2×22 年 1 月 1 日作为重分类日

D. 重分类日重新计算该债券的实际利率并以此为基础确认以后期间的利息收入

10. 2×22 年 1 月 1 日，华鑫股份有限公司购入乙公司同日发行的 5 年期公司债券，该债券面值为 3 000 万元，票面年利率为 5%，每年 1 月 5 日支付上年度利息，到期归还本金。华鑫股份有限公司支付购买价款 2 950 万元，另支付相关税费 20 万元。华鑫股份有限公司根据管理金融资产的业务模式和该债券的合同现金流量特征，将其分类为以摊余成本计量的金融资产。同类债券的市场实际年利率为 5.23%。不考虑其他因素，2×23 年 12 月 31 日，该债券的摊余成本是(　　)。

A. 3 000 万元　　B. 2 975.33 万元　　C. 2 980.94 万元　　D. 2 958.79 万元

二、多项选择题

1. 下列各项中不属于金融负债的有(　　)。
   A. 企业收到的合同价款中，分摊至奖励积分的部分
   B. 预提产品质量保证费用形成的预计负债
   C. 以公允价值计量且其变动计入当期损益的金融负债
   D. 应交所得税
2. 下列各项关于企业金融工具重分类及相关会计处理的表述中，正确的有(　　)。
   A. 金融负债之间不得进行重分类
   B. 企业改变其管理金融资产的业务模式时，应当按照规定对所有受影响的相关金融资产进行重分类
   C. 金融资产特定市场暂时性消失从而暂时影响金融资产出售，属于业务模式变更
   D. 企业对金融资产进行重分类，应当自重分类日起采用未来适用法进行相关会计处理，不得对以前已经确认的利得、损失或利息进行追溯调整
3. 下列各项中，能够作为现金流量套期被套期项目的有(　　)。
   A. 已确认的资产　　B. 尚未确认的确定承诺(非外币合同)
   C. 已确认的负债　　D. 极可能发生的预期交易
4. 关于套期会计，下列项目中正确的有(　　)。
   A. 套期分为公允价值套期、现金流量套期和境外经营净投资套期
   B. 公允价值套期，被套期项目和套期工具期末的公允价值变动一般均计入当期损益
   C. 现金流量套期，是指对公允价值变动风险敞口进行的套期
   D. 现金流量套期的有效套期部分计入其他综合收益，无效套期部分计入当期损益
5. 关于境外经营净投资套期，包括对作为净投资的一部分进行会计处理的货币性项目的套期，下列会计处理的表述中，正确的有(　　)。
   A. 应当按照类似于现金流量套期会计的规定处理
   B. 套期工具形成的利得或损失中属于无效套期的部分，应当计入当期损益
   C. 套期工具形成的利得或损失，应当计入当期损益
   D. 全部或部分处置境外经营时，计入其他综合收益的套期工具利得或损失应当相应转出计入当期损益
6. 下列各项中，属于取得金融资产交易费用的有(　　)。
   A. 取得金融资产时发生的差旅费　　B. 支付代理机构佣金
   C. 支付咨询公司咨询费　　D. 支付证券公司手续费

7. 下列各项中，能够作为公允价值套期的被套期项目有(　　)。

A. 已确认的负债　　B. 尚未确认的确定承诺

C. 已确认资产的组成部分　　D. 极可能发生的预期交易

8. 下列关于金融负债和权益工具确认的说法中，正确的有(　　)。

A. 如果企业能够无条件地避免交付现金或其他金融资产，则此类交付现金或其他金融资产的结算条款不构成金融负债

B. 相关金融工具如果没有发放股利对发行方普通股的价格可能产生的负面影响，不会影响金融负债和权益工具的划分

C. 企业以自身权益工具结算的金融工具，交付的自身权益工具的数量是固定的，应分类为权益工具

D. 某些金融工具虽然没有明确包含交付现金或其他金融资产义务的条款和条件，但形成间接合同义务的，应将其分类为金融负债

9. 下列各项中，能够作为华鑫股份有限公司套期交易中被套期项目的有(　　)。

A. 华鑫股份有限公司在境外子公司净资产中的权益份额

B. 华鑫股份有限公司一笔期限为10年，年利率为5.4%，按年付息的长期借款产生的5年应支付的利息

C. 华鑫股份有限公司签订的一份法律上具有约束力的采购协议，约定6个月后以固定的价格采购固定数量的原油

D. 华鑫股份有限公司出口销售收到的2 000万美元外币存款

10. 下列各项关于套期会计的处理中，符合企业会计准则规定的有(　　)。

A. 公允价值套期要求被套期项目因被套期风险敞口形成的利得或损失应当计入当期损益，同时调整未以公允价值计量的已确认被套期项目的账面价值

B. 对公允价值进行套期的，套期工具产生的利得或损失应当一律计入当期损益

C. 现金流量套期中，套期工具产生的利得或损失中属于套期有效部分的，作为现金流量套期储备，应当计入其他综合收益

D. 现金流量套期中，套期工具产生的利得或损失中属于套期无效部分的，应当计入当期损益

三、判断题

1. 嵌入式衍生工具使主合同的部分或全部现金流量按特定利率、金融工具价格、汇率、价格或利率指数、信用等级或信用指数或类似变量的变动而发生调整。　　(　　)

2. 衍生工具在特定条件下可能酝酿出巨大的金融灾难，因此强化对衍生金融产品的政府监管、信息披露以及市场参与者的自律是必要之举。　　(　　)

3. 作为衍生金融工具基础的变量可以是利率、信用等级甚至人类行为。　　(　　)

4. 可转换公司债券是嵌入式衍生工具与主合同构成的一种混合工具。　　(　　)

5. 衍生金融工具产生的直接原因是投资者为了规避风险、进行套期保值，所以应该杜绝市场上投机者的行为。　　(　　)

6. 期权合约、期货合约或者互换交易合约属于信用衍生工具。　　(　　)

7. 杠杆效应使期货交易者收益可能成倍放大的同时，所承担的风险与损失也成倍放大。 （　）

8. 衍生金融工具的跨期性交易特点意味着投资者对未来利率、汇率、估价等因素的预测准确与否决定了交易的盈亏。 （　）

9. 衍生工具交易通过杠杆作用能够放大风险，故我国不应发展衍生金融工具市场。 （　）

10. 在衍生金融工具交易中，因交易或管理人员的人为错误或系统故障、控制失灵而造成的风险是市场风险。 （　）

四、计算分析题

1. 2×22 年 10 月 1 日，华鑫股份有限公司向特定的合格机构投资者按面值发行永续债 3 000 万元。根据募集说明书的约定，本次发行的永续债无期限，票面年利率为 4.8%. 按年支付利息；5 年后华鑫股份有限公司可以赎回，如果不赎回，票面年利率将根据当时的基准利率上浮 1%，除非利息支付日前 12 个月发生华鑫股份有限公司向普通股股东支付股利等强制付息事件，华鑫股份有限公司有权取消支付永续债当期的利息，且不构成违约，在支付约定的永续债当期利息前，华鑫股份有限公司不得向普通股股东分配股利。

华鑫股份有限公司有权按照永续债票面金额加上当期已决议支付但尚未支付的永续债利息之和赎回本次发行的永续债，本次发行的永续债不设置投资者回售条款，也不设置强制转换为普通股的条款；华鑫股份有限公司清算时，永续债持有者的清偿顺序劣后于普通债务的债权人，但在普通股股东之前。华鑫股份有限公司根据相应的议事机制，能够自主决定普通股股利的支付。

要求：根据上述资料，判断华鑫股份有限公司发行的永续债在初始确认时应当如何分类，说明理由并编制相关会计分录。

2. 华鑫股份有限公司为一家上市公司，相关年度发生与金融工具有关的交易或事项如下。

(1)2×21 年 7 月 1 日，华鑫股份有限公司购入了乙公司同日按面值发行的债券 50 万张，该债券每张面值为 100 元，面值总额 5 000 万元，款项已以银行存款支付。根据乙公司债券的募集说明书，该债券的年利率为 6%(与实际利率相同)，自发行之日起开始计息，债券利息每年支付一次，于每年 6 月 30 日支付，期限为 5 年，本金在债券到期时一次性偿还。华鑫股份有限公司管理乙公司债券的目标是保证日常流动性需求的同时，维持固定的收益率。2×21 年 12 月 31 日，华鑫股份有限公司所持上述乙公司债券的公允价值为 5 200 万元(不含利息)。2×22 年 1 月 1 日，华鑫股份有限公司基于流动性需求将所持乙公司债券全部出售，取得价款 5 202 万元。

(2)2×22 年 7 月 1 日，华鑫股份有限公司从二级市场购入了丙公司发行的 5 年期可转换债券 10 万张，以银行存款支付价款 1 050 万元，另支付交易费用 15 万元。根据丙公司可转换债券的募集说明书，该可转换债券每张面值为 100 元；票面年利率为 1.5%，利息每年支付一次，于可转换债券发行之日起每满 1 年的当日支付；可转换债券持有人可于可转换债券发行之日满 3 年后第一个交易日起至到期日止，按照 20 元/股的转股价格将持有的可转换债券转换为丙公司的普通股。

2×22 年 12 月 31 日，华鑫股份有限公司所持上述丙公司可转换债券的公允价值为 1 090 万元。

(3)2×22 年 9 月 1 日，华鑫股份有限公司向特定的合格投资者按面值发行优先股 1 000 万股，每股面值 100 元，扣除发行费用 3 000 万元后的发行收入净额已存入银行。根据华鑫股份有限公司发行优先股的募集说明书，本次发行优先股的票面股息率为5%；华鑫股份有限公司在有可分配利润的情况下，可以向优先股股东派发股息；在派发约定的优先股当期股息前，华鑫股份有限公司不得向普通股股东分配股利；除非股息支付日前12个月发生华鑫股份有限公司向普通股股东支付股利等强制付息事件，华鑫股份有限公司有权取消支付优先股当期股息，且不构成违约；优先股股息不累积；优先股股东按照约定的票面股息率分配股息后，不再同普通股股东一起参加剩余利润分配；华鑫股份有限公司有权按照优先股票面金额加上当期已决议支付但尚未支付的优先股股息之和赎回并注销本次发行的优先股；本次发行的优先股不设置投资者回售条款，也不设置强制转换为普通股的条款；华鑫股份有限公司清算时，优先股股东的清偿顺序劣后于普通债务的债权人，但在普通股股东之前。华鑫股份有限公司根据相应的议事机制，能够自主决定普通股股利的支付。

本题不考虑相关税费及其他因素。

要求：

(1)根据资料(1)，判断华鑫股份有限公司所持乙公司债券应予确认的金融资产类别，从业务模式和合同现金流量特征两个方面说明理由，并编制与购入、持有及出售乙公司债券相关的会计分录。

(2)根据资料(2)，判断华鑫股份有限公司所持丙公司可转换债券应予确认的金融资产类别，说明理由，并编制与购入、持有丙公司可转换债券相关的会计分录。

(3)根据资料(3)，判断华鑫股份有限公司发行的优先股是负债还是权益工具，说明理由，并编制发行优先股的会计分录。

3. 华鑫股份有限公司2×20年度至2×23年度对乙公司股票投资业务的相关资料如下：

(1)2×20年1月1日，华鑫股份有限公司从公开市场以每股22元的价格购入乙公司发行的股票200万股，占乙公司有表决权股份的5%，对乙公司无重大影响，华鑫股份有限公司将其指定为以公允价值计量且其变动计入其他综合收益的金融资产，华鑫股份有限公司另支付相关交易费用40万元。

(2)2×20年5月10日，乙公司宣告发放现金股利1 200万元。

(3)2×20年5月15日，华鑫股份有限公司收到现金股利。

(4)2×20年12月31日，该股票的市场价格为每股19.5元。

(5)2×21年，乙公司因违反相关证券法规，受到证券监管部门查处。受此影响乙公司股票的价格发生严重下跌。至2×21年12月31日该股票的市场价格下跌至每股9元。

(6)2×22年，乙公司整改完成，加之市场宏观环境好转股票价格有所回升，至12月31日该股票的市场价格上升至每股15元。

(7)2×23年1月31日，华鑫股份有限公司将该股票全部出售，每股售价为12元，款项已存入银行。

其他资料：华鑫股份有限公司按净利润的10%计提法定盈余公积，不计提任意盈余公积。不考虑其他因素。

要求：

(1)根据上述业务，编制相关会计分录。

(2)计算华鑫股份有限公司 2×23 年 1 月 31 日处置股票应确认投资收益(答案中的金额单位用万元表示)。

4. 华鑫股份有限公司为一家上市公司，相关年度发生与金融工具有关的交易或事项如下：

(1)2×22 年 7 月 1 日，华鑫股份有限公司购入了乙公司同日按面值发行的债券 50 万张，该债券每张面值为 100 元，面值总额 5 000 万元，款项已以银行存款支付。根据乙公司债券的募集说明书，该债券的年利率为 6%(与实际利率相同)，自发行之日起开始计息，债券利息每年支付一次，于每年 6 月 30 日支付，期限为 5 年，本金在债券到期时一次性偿还。华鑫股份有限公司管理乙公司债券的目标是保证日常流动性需求的同时，维持固定的收益率。

2×22 年 12 月 31 日，华鑫股份有限公司所持上述乙公司债券的公允价值为 5 200 万元(不含利息)2×23 年 1 月 1 日，华鑫股份有限公司基于流动性需求将所持乙公司债券全部出售，取得价款 5 202 万元。

(2)2×23 年 7 月 1 日，华鑫股份有限公司从二级市场购入了丙公司发行的 5 年期可转换债券 10 万张，以银行存款支付价款 1 050 万元，另支付交易费用 15 万元。根据丙公司可转换债券的募集说明书，该可转换债券每张面值为 100 元；票面年利率为 1.5%，利息每年支付一次，于可转换债券发行之日起每满 1 年的当日支付；可转换债券持有人可于可转换债券发行之日满 3 年后第一个交易日起至到期日止，按照 20 元/股的转股价格将持有的可转换债券转换为丙公司的普通股。

2×23 年 12 月 31 日，华鑫股份有限公司所持上述丙公司可转换债券的公允价值为 1 090 万元。

(3)2×23 年 9 月 1 日，华鑫股份有限公司向特定的合格投资者按面值发行优先股 1 000 万股，每股面值 100 元，扣除发行费用 3 000 万元后的发行收入净额已存入银行。根据华鑫股份有限公司发行优先股的募集说明书，本次发行优先股的票面股息率为 5%；华鑫股份有限公司在有可分配利润的情况下，可以向优先股股东派发股息；在派发约定的优先股当期股息前，华鑫股份有限公司不得向普通股股东分派股利；除非股息支付日前 12 个月发生华鑫股份有限公司向普通股股东支付股利等强制付息事件，华鑫股份有限公司有权取消支付优先股当期股息，且不构成违约；优先股股息不累积，优先股股东按照约定的票面股息率分配股息后，不再同普通股股东一起参加剩余利润分配；华鑫股份有限公司有权按照优先股票面金额加上当期已决议支付但尚未支付的优先股股息之和赎回并注销本次发行的优先股；本次发行的优先股不设置投资者回售条款，也不设置强制转换为普通股的条款；华鑫股份有限公司清算时，优先股股东的清偿顺序劣后于普通债务的债权人，但在普通股股东之前。华鑫股份有限公司根据相应的议事机制，能够自主决定普通股股利的支付。

本题不考虑相关税费及其他因素。

要求：

(1)根据资料(1)，判断华鑫股份有限公司所持乙公司债券应予确认的金融资产类别，从业务模式和合同现金流量特征两个方面说明理由，并编制与购入、持有及出售乙公司债券相关的会计分录。

(2)根据资料(2)，判断华鑫股份有限公司所持丙公司可转换债券应予确认的金融资产类别，说明理由，并编制与购入、持有丙公司可转换债券相关的会计分录。

(3)根据资料(3)，判断华鑫股份有限公司发行的优先股是负债还是权益工具，说明理由，并编制发行优先股的会计分录(答案中的金额单位用万元表示)。

第八章
中期财务报告

本章知识结构

- 中期财务报告
  - 中期财务报告基本概述
    - 中期财务报告的概念及构成
    - 中期财务报告的编制要求
  - 中期财务报告会计确认与计量原则
    - 会计确认与计量的基本原则
    - 会计年度中不均匀发生收入、费用的确认与计量
    - 中期会计政策变更的处理
  - 比较中期财务报告的编制要求及披露
    - 比较中期财务报告的编制要求
    - 中期财务报告附注的编制要求及披露

学习目标

通过本章的学习，了解中期财务报告概述及其信息披露；掌握比较中期财务报告的编制；理解中期财务报告的会计确认与计量原则。

案例导入

中期合并财务报表和母公司财务报表的编制案例

大唐实业股份有限公司于2017年初成立，公司成立之初没有子公司，因此，公司在2017年第一季度财务报告中只需要提供公司本身财务报表。在2017年第二季度，公司购并了华润股份有限公司，获得了该公司80%的股份，所以该公司成为大唐实业股份公司的控股子公司。这样，在2017年第二季度财务报告中，大唐实业股份有限公司就需要同时提供合并财务报表和母公司财务报表。第三季度财务报告和2017年年度财务报告也是如此。假定在2018年第一季度，大唐实业股份有限公司又将子公司华润股份有限公司对外出售，大唐实业股份有限公司在2018年又没有了子公司，这样，尽管公司在上年度财务报告中编制了合并财务报表，但是在2018年第一季度财

务报告中，公司无须编制合并财务报表。而且由于在上年度第一季度财务报告中公司也没有编制合并财务报表，在提供上年度比较财务报表时，除了上年度末的资产负债表仍然应当包括合并财务报表和母公司财务报表，其他比较财务报表(包括利润表和现金流量表)都不必提供合并财务报表。在2018年第二季度，公司仍然没有需要纳入合并财务报表合并范围的子公司，因而仍然不必编制合并财务报表，但是，在提供上年度比较财务报表时，应当同时提供合并财务报表和母公司财务报表。

第一节　中期财务报告基本概述

企业编制和披露中期财务报告，主要出于两方面的原因：其一，企业经营活动在持续不断地进行，会计信息也随之产生并不断更新，年报信息在时间上相对滞后，其价值就有可能大打折扣，而中期财务报告可以弥补年报时间间隔过长的缺陷；其二，出资者、债权人等可以据以评价企业的经营业绩和管理效率，对企业管理者是否尽职尽责，是否存在损害投资者、债权人利益进行监控。编制中期财务报告可以使这种监控更加及时有效，更有助于揭示问题，寻求应对措施，从而规范企业经营者的行为，谋求投资者利益的最大化。编制中期财务报告已成为企业特别是上市公司信息披露工作中重要的、常规性的内容。本章以《企业会计准则第32号——中期财务报告》为基础，重点讲述中期财务报告的基本原理、编制要求及其披露内容。

一、中期财务报告的概念

中期财务报告是以中期为基础编制的财务报告。中期，是指短于一个完整的会计年度(自公历1月1日起至12月31日止)的报告期间，它可以是一个月、一个季度或者半年，也可以是短于一个会计年度的其他期间，如1月1日至9月30日的期间等。根据编制的期间不同，中期财务报告可分为月度财务报告、季度财务报告、半年度财务报告和期初至本中期末的财务报告。

在市场经济条件下，投资者、债权人等对公开披露的财务报告信息的及时性和相关性提出了更高的要求，而中期财务报告可以使投资者对企业业绩评价和监督管理更加及时，更有助于及时发现企业存在的问题，寻求相应的应对措施，从而规范企业经营者行为，以满足投资者决策的需求，因此，中期财务报告目前已经成为年报之外非常重要的财务报告。我国《企业会计准则第32号——中期财务报告》要求我国上市公司必须公开披露半年报，但很多上市公司已经开始自愿披露季报。

二、中期财务报告的构成

中期财务报告的构成与年度财务报告大同小异。我国中期财务报告准则对中期财务报告进行了详尽的规范。根据中期财务报告准则的规定，中期财务报告至少应当包括以下几部分：资产负债表；利润表；现金流量表；附注。这四部分是中期财务报告最基本的构成。与年度财务报告相比，中期财务报告准则不要求编制所有者权益变动表。

企业在编制中期财务报告时，应当注意以下几点。

(1)在中期财务报告中，企业至少要提供资产负债表、利润表、现金流量表和附注四个部分内容。对其他财务报表或相关信息，如所有者权益（或股东权益）变动表等，企业可以根据需要自行决定提供与否。但如果企业自愿提供其他财务报表或相关信息，则必须遵循中期财务报告准则的相关规定，比如，企业若提供中期所有者权益（或者股东权益）变动表，则其内容和格式也应当与上年度报表保持一致。

（2）中期财务报告的格式和内容应当与上年度财务报告相一致。如果当年新施行的会计准则对财务报表格式和内容作了修改，中期财务报告应当按照修改后的报表格式和内容编制，与此同时，在中期财务报告中提供的上年度比较财务报表的格式和内容也应当作相应的调整。假设最新中期财务报告准则规定，基本每股收益和稀释每股收益在中期利润表中应单独列示，而上年度利润表中并没有单独列示，则企业在提供比较中期财务报告时，对于上年度利润表应作相应调整，将基本每股收益和稀释每股收益单独列示。

（3）中期财务报告中的附注可适当简化。中期财务报告附注必须充分披露中期财务报告准则规定披露的信息，对于其他信息的披露，可遵循重要性原则，适当简化。

在我国，上市公司的半年报比较规范，企业除了按照会计准则的规定提供半年期资产负债表、半年期利润表和半年期现金流量表，还普遍提供半年期所有者权益变动表。从我国上市公司半年报的结构与披露的内容来看，与年度报告不存在本质性的区别。我国的上市公司一般都主动提供季报，但季报一般不提供所有者权益变动表，所披露的内容比较简单。我国的中期报告不要求经过审计，所以，目前我国上市公司所提供的中期财务报告一般都不经过审计。

三、中期财务报告的编制要求

（一）中期财务报告编制应遵循的原则

1. 与年度财务报告相一致的会计政策

企业在编制中期财务报告时，应当将中期视同为一个独立的会计期间，所采用的会计政策应当与年度财务报表所采用的会计政策相一致，包括会计要素确认和计量原则相一致，企业在编制中期财务报告时不得随意变更会计政策。

2. 重要性原则

重要性原则是企业编制中期财务报告的一项十分重要的原则。重要性原则是指企业对于某项重要的会计信息，必须在中期财务报告中予以报告，否则就会影响或误导投资者等会计信息使用者对这段时间企业财务状况、经营成果和现金流量情况的正确判断。企业在遵循重要性原则时应注意以下几点。

（1）重要性程度的判断应当以中期财务数据为基础，而不得以预计的年度财务数据为基础。这里所指的“中期财务数据”，既包括本中期的财务数据，也包括年初至本中期末的财务数据。

（2）重要性原则要求企业在中期财务报告中应当提供与理解企业本中期末财务状况中期经营成果和中期现金流量相关的所有信息。企业在运用重要性原则时，应当避免在中期财务报告中由于不确认、不披露或者忽略某些信息而对信息使用者决策产生误导。

（3）重要性程度的判断需要根据具体情况作具体分析和职业判断。通常，在判断某一项目的重要性程度时，应当将项目的金额和性质结合在一起予以考虑，而且在判断项目金额的重要性时，应当以资产、负债、净资产、营业收入、净利润等直接相关项目数字作为比较基础，并综合考虑其他相关因素。在一些特殊情况下，单独依据项目的金额或者性质就可以判断其重要性。例如，企业发生会计政策变更，该变更事项对当期期末财务状况或者当期损益的影响可能比较小，但对以后期财务状况或者损益的影响却比较大，因此会计政策变更从性质上属于重要事项，应当在财务报告中予以披露。

3. 及时性原则

为了体现企业编制中期财务报告的及时性原则，中期财务报告计量相对于年度财务数据的计量而言，在很大程度上依赖于估计。例如，企业通常在会计年度末对存货进行全面、详细的实地盘点，因此，对年末存货可以达到较为精确的计价。但是在中期末，由于时间上的限制和成本方面的考虑，有时不大可能对存货进行全面、详细的实地盘点，在这种情况下，对于中期末存货的计价就可在更大程度上依赖于会计估计。但是，企业应当确保所提供的中期财务报告包括了相关的重要信息。

（二）中期合并财务报表和母公司财务报表编报要求

企业上年度编制合并财务报表的，中期期末应当编制合并财务报表。上年度财务报告除了合并财务报表，还包括母公司财务报表的，中期财务报告也应当包括母公司财务报表。具体如下所述。

(1)上年度编报合并财务报表的企业，其中期财务报告也应当编制合并财务报表，而且合并财务报表的合并范围、合并原则、编制方法和合并财务报表的格式与内容等也应当与上年度合并财务报表相一致。但当年新企业会计准则有新规定的除外。

(2)上年度财务报告包括了合并财务报表，但报告中期内处置了所有应纳入合并范围的子公司的，中期财务报告应包括当年子公司处置前的相关财务信息。

(3)企业在报告中期内新增子公司的，在中期末就应当将该子公司财务报表纳入合并财务报表的合并范围。

(4)应当编制合并财务报表的企业，如果在上年度财务报告中除了提供合并财务报表，还提供母公司财务报表，那么在其中期财务报告中除了应当提供合并财务报表，也应当提供母公司财务报表。

（三）比较财务报表编制要求

这部分内容在本章第三节进行详细说明，在此不再重复。

第二节　中期财务报告会计确认与计量的原则

会计确认和计量主要涉及确认什么、怎样确认和确认多少等会计问题，涉及的原则应该包括会计准则对会计确认和计量的全部要求，包括会计确认的一般标准(符合会计要素定义等)、会计确认的基础(权责发生制)、会计计量属性的要求(历史成本、公允价值等)以及会计信息的质量特征等。在编制年度财务报告时，企业应当根据基本准则和具体准则的要求对财务报表要素进行正确的确认和计量。与年度财务报告一样，企业在编制中期财务报告时，也要涉及会计要素的会计确认与计量问题。中期财务报告的会计确认与计量是指中期财务报表中相关会计要素的确认和计量，主要涉及以下几个方面。

一、中期财务报告会计确认与计量的基本原则

1. 中期会计要素的确认和计量原则应当与年度财务报告相一致

中期财务报告中各会计要素的确认和计量原则应当与年度财务报告所采用的原则相一致。即企业在中期根据所发生交易或者事项，对资产、负债、所有者权益（股东权益）、收入、费用和利润等会计要素进行确认和计量时，应当符合相应会计要素定义和确认、计量标准，不能因财务报告期间的缩短（相对于会计年度而言）而改变。例如，不能根据会计年度内以后中期将要发生的交易或者事项来判断当前中期的有关项目是否符合会计要素的定义，也不能人为均衡会计年度内各中期的收益。再如，企业在中期资产负债表日对于待处理财产损益项目，也应当像会计年度末一样，将其计入当期损益，不能递延到以后中期，因为它已经不符合资产的定义和确认标准。另外，企业在中期资产负债表日不能把潜在义务（即使该义务很可能在会计年度的以后中期变为现时义务）确认为负债，也不能把当时已经符合负债确认条件的现时义务（即使履行该义务的时间和金额还须等到会计年度以后中期才能够完全确定）递延到以后中期进行确认。对于这种情况，可以通过以下例题加以说明。

【例 8-1】 中期财务报告资产减值损失的确认与计量

资料：华鑫股份有限公司（以下简称“华鑫公司”）为一家化工生产企业，需要编制季度财务报告。2×23 年 6 月 30 日，华鑫公司在盘点库存时，发现一批账面价值为 100 万元的存货已经毁损。

问题：对于这批存货减值损失，华鑫公司在中期财务报告中应该如何确认与计量？

【分析】 本例中，对华鑫公司而言，该批存货已无任何价值，不会再给企业带来经济利益，不再符合资产的定义。因此，在编制华鑫公司第二季度财务报告时，该批存货就不能再作为资产列报，而应当确认一项损失。

【例 8-2】 中期财务报告中重大事项金额的确认与计量

资料：华鑫公司是一家软件开发商，需要编制季度财务报告。2×23 年 4 月 1 日，华鑫公司将其 2×23 年新版 MNX 管理信息系统软件投放市场，市场前景看好。4 月 10 日，华鑫公司收到 B 公司（B 公司为一家财务软件开发商）来函，声明 MNX 管理信息系统软件中的财务管理软件包与该公司开发的并已于 2×22 年申请专利的财务管理系统相同，要求华鑫公司停止侵权，并赔偿损失 100 万元。A 公司不服，继续销售其新产品。B 公司遂于 4 月 15 日将 A 公司告上法庭，要求 A 公司停止侵权行为，公开道歉，并赔偿该公司损失 100 万元。法院受理了此案，随后作了数次调查取证后，初步认定华鑫公司的确侵犯了 B 公司的专利权，根据有关规定，将要赔偿 B 公司大约 80 万～100 万元的损失。为此，华鑫公司在 6 月 30 日提出，希望能够庭外和解，B 公司初步表示同意。8 月 2 日，双方经过数次调解，没有达成和解协议，只能再次通过法律诉讼程序。9 月 20 日，法院判决，华鑫公司应立即停止对 B 公司的侵权行为，赔偿 B 公司损失 95 万元，并在媒体上公开道歉。华鑫公司不服，继续上诉。12 月 1 日，二审判决，维持原判。2×24 年 1 月 20 日，根据最终判决，华鑫公司被强制执行，向 B 公司支付侵权赔偿款 95 万元。

问题:对于这种情况,华鑫公司应如何在中期财务报告中确认与计量?

【分析】 本例中,尽管从2×23年度财务报表的角度,该事项已经属于确定事项,95万元的赔偿款应当在华鑫公司2×23年年度资产负债表中确认为一项负债。但是,由于华鑫公司需要编制季度财务报告,这样在2×23年第二季度,该事项属于或有事项,且在2×23年第二季度末,华鑫公司已经可以合理预计在诉讼案中公司将很可能会败诉,需要向B公司赔偿由于侵权导致的损失,公司在当时已经承担了一项现时义务,而且赔偿金额可以可靠估计,因此应当在2×23年第二季度末就确认一项负债(即预计负债),金额为90万元[(80+100)/2],而不是等到以后季度或者年末时再予以确认。在2×23年第三季度财务报告中,由于法院一审已经判决,要求华鑫公司赔偿95万元,华鑫公司在第三季度财务报告中还应当再确认5万元负债,以反映华鑫公司在第三季度末的现时义务。与此同时,作为预计负债和会计估计变更事项,华鑫公司还应当根据中期财务报告准则的规定在附注中作相应披露。

2. 中期会计计量应以年初至本中期末为基础

中期财务报告准则规定,中期会计计量应当以年初至本中期末为基础,财务报告的频率不应当影响年度结果的计量。也就是说,无论企业中期财务报告的频率是月度、季度,还是半年度,企业中期会计计量的结果最终应当与年度财务报告中的会计计量结果相一致。为此,企业中期财务报告的计量应当以年初至本中期末为基础,即企业在中期应当以年初至本中期末作为中期会计计量的期间基础,而不应当仅仅以本中期作为会计计量的期间基础。如企业编制第三季度财务报表,应当以1月1日至9月30日为计量期间考虑会计计量问题,而不应该仅仅以第三季度的状况为基础考虑会计计量问题。

【例8-3】 中期财务报告借款费用的确认方法

资料:华鑫公司于2×23年11月利用专门借款资金开工建设一项固定资产。2×24年2月1日,该项固定资产建造工程由于资金周转发生困难而停工,公司预计在两个半月内即可获得补充专门借款,事实上,华鑫公司直到6月1日才解决资金周转问题,工程才得以重新开工。

问题:对于此项业务,华鑫公司应如何在中期财务报告中计量与专门借款相关的利息费用?

【分析】 华鑫公司于2×23年11月利用专门借款资金开工建设一项固定资产。2×24年2月1日,固定资产建造工程由于资金周转发生困难而停工。公司预计在两个半月内即可获得补充专门借款,解决资金周转问题,工程可以重新施工。

根据《企业会计准则第17号——借款费用》的规定,固定资产的购建活动发生非正常中断并且中断时间连续超过3个月的,应当暂停借款费用的资本化,将在中断期间发生的借款费用确认为当期费用,直至资产的购建活动重新开始。据此,在第一季度末,公司考虑到所购建固定资产的非正常中断时间将短于3个月,所以,在编制2×24年第一季度财务报告时,没有中断借款费用的资本化,将2月1日至3月31日非正常中断发生的符合资本化条件的借款费用继续资本化,计入在建工程成本。后来的事实发展表明,公司直至2×24年6月1日才获得补充专门借款,工程才重新开工。这样,公司在编制2×24年第二季度财务报告时,如果仅仅以第二季度发生的交易或者事项作为会计计量的基础,那么,公司在第二季度发生工程非正常中断的时间也只有2个月,短于借款费用准则规定的借款费用应当暂停资本化的3个月的期限,从而在第二季度内将4月1日至6月1日之间所发生的与购建固定资产有关的借款费用将继续资本化,计入在建工程成本。显然,上述借款费用的处理是错误的。因为，如果企业只需编制年度财务报告，不必编制季度财务报告，那么，从全年来看，企业建造固定资产工程发生非正常中断的时间为 4 个月，企业应当暂停这 4 个月内所发生借款费用资本化。也就是说，如果以整个会计年度作为会计计量的基础，上述 2 月 1 日至 6 月 1 日之间发生的借款费用都应当予以费用化，计入当期损益。而如果仅仅以每一报告季度作为会计计量的基础，则上述 2 月 1 日至 6 月 1 日之间发生的相关借款费用都将继续资本化，计入在建工程成本。季度计量的结果与年度计量的结果将发生不一致，而这种不一致的产生就是由于财务报告的频率由按年编报变为按季编报所致。毫无疑问，单纯以季度为基础对上述固定资产建造中断期间所发生的借款费用进行计量是不正确的。为了避免企业中期会计计量与年度会计计量的不一致，防止企业因财务报告的频率而影响其年度财务结果的计量，企业应当以年初至本中期末为期间基础进行中期会计计量。

在本例中，当企业编制第二季度财务报告时，对于所购建固定资产中断期间所发生的借款费用的会计处理，应当以 2×24 年 1 月 1 日至 6 月 30 日的期间为基础。显然，在 1 月 1 日至 6 月 30 日的期间基础之上，所购建固定资产的中断期间超过了 3 个月，应当将中断期间所发生的所有借款费用全部费用化，所以在编制第二季度财务报告时，不但第二季度 4 月 1 日至 6 月 15 日之间发生的借款费用应当费用化，计入第二季度的损益，而且上一季度已经资本化了的 2 月 1 日至 3 月 31 日的借款费用也应当费用化，调减在建工程成本，调增财务费用，这样计量的结果将能够保证中期会计计量结果与年度会计计量结果相一致，实现财务报告的频率不影响年度结果计量的目标。

需要说明的是，本例还涉及会计估计变更事项，因此，企业还应当根据中期财务报告准则的规定，在其第二季度财务报告附注中作相应披露。

3. 中期采用的会计政策应当与年度财务报告相一致，会计政策、会计估计变更应当符合规定

为了保持企业前后各期会计政策的一贯性，以提高会计信息的可比性和有用性，企业在中期不得随意变更会计政策，应当采用与年度财务报告相一致的会计政策。如果上年度资产负债表日之后按规定变更了会计政策，且该变更后的会计政策将在本年度财务报告中采用，中期财务报告应当采用该变更后的会计政策。对于中期会计政策的变更需要注意以下两点。

(1)企业变更会计政策应当符合《企业会计准则第 28 号——会计政策、会计估计变更和差错更正》规定的条件，即企业只有在满足下列条件之一时，才能在中期进行会计政策变更：

①法律、行政法规或者国家统一的会计制度等要求变更；

②会计政策变更能够提供更可靠、更相关的会计信息。

(2)企业在中期进行会计政策变更时，通常应当确保该项会计政策亦将在年度财务报告中采用，即中期财务报告准则不允许企业在同一会计年度的各个中期之间随意变更会计政策，但符合国家法律、行政法规以及相关会计准则规定的除外。

对于会计估计变更，本准则规定，在同一会计年度内，以前中期财务报表项目在以后中期发生了会计估计变更的，以后中期财务报表应当反映该会计估计变更后的金额，但对以前中期财务报表项目金额不作调整。也就是说，企业在一个会计年度内，前一个或者几个中期(如季度)的会计估计在以后一个中期或者几个中期(如季度)里发生了变更，应当按照中期财务报告准则及《企业会计准则第 28 号——会计政策、会计估计变更和差错更正》的规定，不对以前中期已经报告过的会计估计金额作追溯调整，也不重编以前中期的财务报表，企业只需在变更当期或者以后期间按照变更后的会计估计进行会计处理。

会计估计变更的影响数计入变更当期，如果还影响到以后期间的话，应当将会计估计变更的影响数计入以后期间，同时在附注中作相应披露。

二、会计年度中不均匀发生的收入的确认与计量

一般情况下，企业的收入在一个会计年度内是均匀发生的，各中期的收入差异不大，但也有例外现象，如果会计年度中不均匀发生的收入如何确认呢？中期财务报告准则规定，企业取得季节性、周期性或者偶然性收入，应当在发生时予以确认和计量，不应当在中期财务报表中预计或者递延，但会计年度末允许预计或者递延的除外。

企业经营的季节性特征是指企业营业收入的取得或者营业成本的发生主要集中在全年度的某一季节或者某段期间内。例如，供暖企业的营业收入主要来自冬季；冷饮企业的营业收入主要来自夏季。

企业经营的周期性特征，是指企业每隔一个周期就会稳定地取得一定的收入或者发生一定的成本的情况。例如，某房地产开发企业开发房地产通常需要一个周期，如需要 2 至 3 年才能完成开发，而该企业又不同时开发多个项目，这样在房地产开发完成并出售之前，企业不能确认收入，所发生的相关成本费用则作为房地产的开发成本，企业通常只有在将所开发完成的房地产对外出售之后才能确认收入。

通常情况下，企业各项收入一般是在一个会计年度的各个中期内均匀发生的，各中期之间实现的收入差异不会很大。但是，因季节性、周期性或者偶然性取得的收入，往往集中在会计年度的个别中期内。对于这些收入，中期财务报告准则规定企业应当在发生时予以确认和计量，不应当在中期财务报告中予以预计或者递延，也就是说，企业应当在这些收入取得并实现时及时予以确认和计量，不应当为了平衡各中期的收益而将这些收入在会计年度的各个中期之间进行分摊。同时，中期财务报告准则还规定，季节性、周期性或者偶然性取得的收入在会计年度末允许预计或者递延的，则在中期财务报表中也允许预计或者递延。这些收入的确认标准和计量基础应当遵循《企业会计准则第 14 号——收入》《企业会计准则第 15 号——建造合同》《企业会计准则第 21——租赁》等相关准则的规定。

【例 8-4】 周期性收入在中期财务报告中的确认

资料：华鑫公司为一家房地产开发公司，采取滚动开发房地产的方式，即每开发完成一个房地产项目后，再开发下一个房地产项目。该公司于 2×24 年 1 月 1 日开始开发一住宅小区，小区建成完工需 2 年。公司采取边开发、边销售楼盘的策略。假定该公司在 2×24 年各季度分别收到楼盘销售款 2 000 万元、4 000 万元、3 500 万元和 3 000 万元；为小区建设分别发生开发成本 4 000 万元、2 500 万元、2 000 万元和 1 000 万元；在 2×25 年各季度分别收到楼盘销售款 3 000 万元、4 000 万元、3 000 万元和 2 000 万元；为小区建设分别发生开发成本 2 000 万元、2 500 万元、1 500 万元和 500 万元。小区所有商品房于 2×25 年 11 月完工，12 月全部交付给购房者，并办理完有关产权手续。

要求：该房地产开发公司如何在中期财务报告中确认其周期性收入？

【分析】 本例中，华鑫公司的经营业务具有明显的周期性特征，公司只有在每隔一个周期，待房地产开发完成并实现对外销售后，才能确认收入，即公司只有在2×25年12月所建商品房完工后，与商品房有关的风险和报酬已经转移给了购房者，符合收入确认标准后，才能确认收入。这一收入就属于周期性取得的收入，在2×25年12月之前的各中期都不能预计收入，也不能将已经收到的楼盘销售款直接确认为收入，企业应当在收到这些款项时将其作为预收款处理。对于开发小区所发生的成本也应当首先归集在“开发成本”中，待到确认收入时，再结转相应的成本。另外，该公司对于其经营的周期性特征，则应当根据中期财务报告准则的要求在各有关中期财务报告附注中予以披露。

三、会计年度中不均匀发生的费用的确认与计量

中期财务报告准则规定，企业在会计年度中不均匀发生的费用，应当在发生时予以确认和计量，不应在中期财务报表中预提或者待摊，但会计年度末允许预提或者待摊的除外。通常情况下，与企业生产经营和管理活动有关的费用往往是在一个会计年度的各个中期内均匀发生的，各中期之间发生的费用不会有较大差异。但是，对于一些费用，如员工培训费等，往往集中在会计年度的个别中期内。对于这些会计年度中不均匀发生的费用，企业应当在发生时予以确认和计量，不应当在中期财务报表中予以预提或者待摊。也就是说，企业不应当为了使各中期之间收益的平滑化而将这些费用在会计年度的各个中期之间进行分摊。中期财务报告准则又规定，如果会计年度内不均匀发生的费用在会计年度末允许预提或者待摊，则在中期末也允许预提或者待摊。

【例8-5】 不均匀发生的费用在中期财务报告中的确认与计量

资料：华鑫公司根据年度培训计划，在2×23年6月份对员工进行了专业技能和管理知识方面的集中培训，共发生培训费用12万元。

要求：华鑫公司应如何在中期财务报告中确认与计量这笔费用？

【分析】 本例中，对于该项培训费用，公司应当直接计入6月份的损益，不能在6月份之前预提，也不能在6月份之后待摊。

四、中期会计政策变更的处理

中期财务报告准则规定，企业在中期发生了会计政策变更的，应当按照《企业会计准则第28号——会计政策、会计估计变更和差错更正》规定处理，并在财务报表附注中作相应披露。会计政策变更的累积影响数能够合理确定且涉及本会计年度以前中期财务报表相关项目数字的，应当予以追溯调整，视同该会计政策在整个会计年度一贯采用；同时，上年度可比财务报表也应当作相应调整。

除非国家规定了相关的会计处理方法，一般情况下，中期会计政策变更时，企业应当根据中期财务报告准则的要求，对以前年度比较财务报表最早期间的期初留存收益和比较财务报表其他相关项目的数字进行追溯调整；同时，涉及本会计年度内会计政策变更以前各中期财务报表相关项目数字的，也应当予以追溯调整，视同该会计政策在整个会计年度和可比财务报表期间一贯采用。反之，会计政策变更的累积影响数不能合理确定，以及不涉及本会计年度以前中期财务报表相关

项目数字的，应当采用未来适用法。同时，在财务报表附注中说明会计政策变更的性质、内容、原因及其影响数，如果累积影响数不能合理确定的，则也应当说明理由。

企业中期财务报告中应披露下列会计政策变更的影响数：

(1)披露会计政策变更对以前年度的累积影响数，包括对比较中期财务报表最早期间期初留存收益的影响数，以前年度可比中期损益的影响数；

(2)披露会计政策变更对变更中期、年初至变更中期末损益的影响数；

(3)披露会计政策变更对当年度会计政策变更前各中期损益的影响数。

在会计实务中，需要编制季度财务报告的企业，对会计政策变更的累积影响数能够合理确定且涉及本会计年度以前中期财务报表相关项目数字进行调整时，通常区别以下两种情况进行处理。

1. 会计政策变更发生在会计年度内第一季度的处理

如果企业的会计政策变更发生在会计年度的第一季度，则企业除了计算会计政策变更的累积影响数并作相应的账务处理，在财务报表的列报方面，只需要根据变更后的会计政策编制第一季度和当年度以后季度财务报表，并对根据中期财务报告准则要求提供的以前年度比较财务报表最早期间的期初留存收益和比较财务报表的其他相关项目数字作相应调整。

在财务报表附注的披露方面，应当披露会计政策变更对以前年度的累积影响数(包括对比较财务报表最早期间期初留存收益的影响数和以前年度可比中期损益的影响数)和对第一季度损益的影响数，在当年度第一季度之后的其他季度财务报表附注中，应当披露第一季度发生的会计政策变更对当季度损益的影响数和年初至本季度末损益的影响数。

2. 会计政策变更发生在会计年度内第一季度之外的其他季度的处理

企业的会计政策变更发生在会计年度内第一季度之外的其他季度，如第二季度、第三季度等，其会计处理相对于会计政策变更发生在第一季度而言要复杂一些。企业除了应当计算会计政策变更的累积影响数并作相应的账务处理，在财务报表的列报方面，还需要调整以前年度比较财务报表最早期间的期初留存收益和比较财务报表其他相关项目的数字，以及在会计政策变更季度财务报告中或者变更以后季度财务报告中所涉及的本会计年度内发生会计政策变更之前季度财务报表相关项目的数字。

在附注披露方面，企业需要披露会计政策变更对以前年度的累积影响数主要有：

(1)对比较财务报表最早期间期初留存收益的影响数；

(2)以前年度可比中期损益的影响数，包括可比季度损益的影响数和可比年初至季度末损益的影响数；

(3)对当年度变更季度、年初至变更季度末损益的影响数；

(4)当年度会计政策变更前各季度损益的影响数。此外，在发生会计政策变更以后季度财务报表附注中也需要作相应披露。

第三节　比较中期财务报告的编制要求及披露

中期财务报告的基本构成、基本原则以及会计确认和计量的基础在前面已经阐述。这里重点阐述比较中期财务报告的编制要求以及中期财务报告附注的编制要求及披露。

一、比较中期财务报告的编制要求

为了提高财务报告信息的可比性、相关性和有用性，企业在中期末除了编制中期末资产负债表、中期利润表和现金流量表，还应当提供前期比较财务报表。中期财务报告准则规定，中期财务报告应当按照下列规定提供比较财务报表：

(1)本中期末的资产负债表和上年度末的资产负债表；

(2)本中期的利润表、年初至本中期末的利润表以及上年度可比期间的利润表，其中，上年度可比期间的利润表包括上年度可比中期的利润表和上年度年初至上年可比中期末的利润表；

(3)年初至本中期末的现金流量表和上年度年初至上年可比中期末的现金流量表。

【例 8-6】 比较中期财务报告的编制要求

资料：华鑫公司按要求需要提供半年度中期财务报告，并于 2×23 年 6 月 30 日提供中期财务报告。

问题：华鑫公司于 2×23 年 6 月 30 日编制哪些中期财务报告？

【分析】 华鑫公司于 2×23 年 6 月 30 日应该编制中期财务报告如表 8-1 所示：

表 8-1　华鑫公司 2×23 年中期财务报告

报表类别	本年度中期财务报表时间(或期间)	上年度比较财务报表时间(或期间)
资产负债表	2×23 年 6 月 30 日	2×23 年 6 月 30 日
利润表	2×23 年 1 月 1 日至 6 月 30 日	2×22 年 1 月 1 日至 6 月 30 日
现金流量表	2×23 年 1 月 1 日至 6 月 30 日	2×22 年 1 月 1 日至 6 月 30 日

【例 8-7】 比较中期财务报告的编制要求

资料：华鑫公司按要求需要提供季度中期财务报告。

问题：华鑫公司每个季度编制哪些中期财务报告？

【分析】 根据中期财务报告准则规定，华鑫公司于 2×23 年 3 月 31 日、6 月 30 日和 9 月 30 日应该编制的第一季度、第二季度和第三季度中期财务报告分别如表 8-2、表 8-3、表 8-4 所示：

表 8-2　华鑫公司 2×23 年第一季度报表

报表类别	本年度中期财务报表时间(或期间)	上年度比较财务报表时间(或期间)
资产负债表	2×23 年 3 月 31 日	2×22 年 3 月 31 日
利润表	2×23 年 1 月 1 日至 3 月 31 日	2×22 年 1 月 1 日至 3 月 31 日
现金流量表	2×23 年 1 月 1 日至 3 月 31 日	2×22 年 1 月 1 日至 3 月 31 日

注：通过表 8-2 可知，在第一季度，"本中期"与"年初至本中期末"的期间是相同的，所以华鑫公司在 2×23 年第一季度财务报告中只需要提供一张利润表，因为在第一季度，本中期利润表即为年初至本中期末利润表，相应地，上年度的比较财务报表也只提供一张利润表。但在 2×23 年第二季度和第三季度财务报告中，由于"本中期"与"年初至本中期末"的期间是不相同的，华鑫公司在 2×23 年第二季度和第三季度财务报告和上年度比较财务报告中，分别提供了本中期和年初至

本中期末利润表，具体如表8-3和表8-4所示：

表8-3 华鑫公司2×23年第二季度报表

报表类别	本年度中期财务报表时间(或期间)	上年度比较财务报表时间(或期间)
资产负债表	2×23年6月30日	2×22年6月30日
利润表(本中期)	2×23年4月1日至6月30日	2×22年4月1日至6月30日
利润表(年初至本中期末)	2×23年1月1日至6月30	2×22年1月1日至6月30
现金流量表	2×23年1月1日至6月30日	2×22年1月1日至6月30日

表8-4 华鑫公司2×23年第三季度报表

报表类别	本年度中期财务报表时间(或期间)	上年度比较财务报表时间(或期间)
资产负债表	2×23年9月30日	2×22年9月30日
利润表(本中期)	2×23年7月1日至9月30日	2×22年7月1日至9月30日
利润表(年初至本中期末)	2×23年1月1日至9月30日	2×22年1月1日至9月30日
现金流量表	2×23年1月1日至9月30日	2×22年1月1日至9月30日

需要说明的是，企业在中期财务报告中提供比较财务报表时，应当注意以下几个方面。

(1)企业在中期内按中期财务报告会计准则的规定，对财务报表项目进行了调整，则上年度比较财务报表项目及其金额应当按照本年度中期财务报表的要求进行重新分类，以确保其与本年度中期财务报表的相应信息相互可比。同时，企业还应当在附注中说明财务报表项目重新分类的原因及内容。

如果企业因原始数据收集、整理或者记录等方面的原因，无法对比较财务报表中的有关项目进行重新分类，则应当在附注中说明不能进行重新分类的原因。

(2)企业在中期内发生了会计政策变更的，其累积影响数能合理确定且涉及本会计年度以前中期财务报表净损益和其他相关项目数字的，应当予以追溯调整，视同该会计政策在整个会计年度一贯采用；对于比较财务报表可比期间以前的会计政策变更的累积影响数，应当根据规定调整比较财务报表最早期间的期初留存收益，财务报表其他相关项目的数字也应当一并调整。同时，在附注中说明会计政策变更的性质、内容、原因及其影响数；无法追溯调整的，应当说明原因。

(3)对于在本年度中期内发生的调整以前年度损益事项，企业应当调整本年度财务报表相关项目的年初数，同时，中期财务报告中相应的比较财务报表也应当为已经调整以前年度损益后的报表。

二、中期财务报告附注的编制要求及披露

(一)中期财务报告附注编制要求

中期财务报告附注，是对中期资产负债表、利润表、现金流量表等报表中列示项目的文字描述或明细阐述，以及对未能在这些报表中列示项目的说明等。其目的是使财务报告信息对会计信息使用者的决策更加相关、有用，但同时又要考虑成本效益原则。

1. 中期财务报告附注应当以年初至本中期末为基础编制

编制中期财务报告的目的是向报告使用者提供自上年度资产负债表日之后所发生的重要交

易或者事项，因此，中期财务报告附注应当以"年初至本中期末"为基础进行编制，而不应当仅仅只披露本中期所发生的重要交易或者事项。

【例 8-8】 中期财务报告附注的披露

资料：华鑫公司需要编制季度财务报告，该公司在 2×23 年 2 月 25 日对外进行重大投资，设立一家子公司，该事项对华鑫公司来说是一个重大事项。

要求：华鑫公司在季度报告附注中如何披露这种事项？

【分析】 本例中，对于这一事项，华鑫公司不仅应当在 2×23 年度第一季度财务报告附注中予以披露，还应当在 2×23 年度第二季度财务报告和第三季度财务报告附注中予以披露。

【例 8-9】 中期财务报告附注的披露

资料：华鑫公司为一家水果生产和销售企业，需要对外提供季度财务报告，公司水果的收获和销售主要集中在每年的第三季度。该公司在 2×23 年 1 月 1 日至 9 月 30 日（即年初至第三季度末）间累计实现净利润 300 万元，其中第一季度发生亏损 800 万元，第二季度发生亏损 900 万元，第三季度实现净利润 2 000 万元。第三季度末的存货（库存水果）为 150 万元，公司考虑到该批存货已经过了销售旺季，可变现净值已经远低于账面价值，确认了存货跌价损失 80 万元。

要求：华鑫公司在季度报告附注中如何披露这种事项？

【分析】 本例中，尽管该批存货跌价损失仅仅占华鑫公司第三季度净利润总额的 4%（80/2 000），可能并不重要。但是，该项损失占公司 1—9 月份累计净利润的约 26.67%（80/300），对于理解华鑫公司 2×23 年第 1—9 月份的经营成果来讲，却属于重要事项。所以，华鑫公司应当在第三季度财务报告附注中披露该事项。在实务工作中，企业还应当综合考虑资产规模、经营特征等因素，以对重要性作出较为合理的判断。

2. 中期财务报告附注应当对自上年度资产负债表日之后发生的重要交易或者事项进行披露

为了全面反映企业财务状况、经营成果和现金流量，中期财务报告准则规定，中期财务报告附注应当以年初至本中期末为基础编制，披露自上年度资产负债表日之后发生的，有助于理解企业财务状况、经营成果和现金流量变化情况的重要交易或者事项。此外，对于理解本中期财务状况、经营成果和现金流量有关的重要交易或者事项，也应当在附注中作相应披露。

【例 8-10】 中期财务报告附注的披露

资料：华鑫公司在 2×23 年 1 月 1 日至 6 月 30 日累计实现净利润 2 000 万元，其中，第二季度实现净利润 60 万元，公司在第二季度转回前期计提的坏账准备 40 万元，第二季度末应收账款余额为 200 万元。

要求：华鑫公司在季度报告附注中如何披露这种事项？

【分析】 本例中，尽管该公司第二季度转回的坏账准备仅仅占华鑫公司 1—6 月份净利润总额的 3%（60/2 000），可能并不重要，但是该项转回金额占第二季度净利润约为 66.67%（40/60），占第二季度末应收账款余额的 20%（40/200），对于理解第二季度（4—6 月份）经营成果和第二季度末财务状况而言，属于重要事项，所以，华鑫公司应当在第二季度财务报告附注中披露该事项。在实务工作中，企业还应当综合考虑资产规模、经营特征等因素，以对重要性作出较为合理的判断。

（二）中期财务报告附注披露内容

中期财务报告准则规定，中期财务报告附注至少应当包括以下信息。

(1)中期财务报告所采用的会计政策与上年度财务报表相一致的声明。企业在中期会计政策发生变更的，应当说明会计政策变更的性质、内容、原因及其影响数；无法进行追溯调整的，应当说明原因。

(2)会计估计变更的内容、原因及其影响数；影响数不能确定的，应当说明原因。

(3)前期差错的性质及其更正金额；无法进行追溯重述的，应当说明原因。

(4)企业经营的季节性或者周期性特征。

(5)存在控制关系的关联方发生变化的情况；关联方之间发生交易的，应当披露关联方关系的性质、交易类型和交易要素。

(6)合并财务报表的合并范围发生变化的情况。

(7)对性质特别或者金额异常的财务报表项目的说明。

(8)证券发行、回购和偿还情况。

(9)向所有者分配利润的情况，包括在中期内实施的利润分配和已提出或者已批准但尚未实施的利润分配情况。

(10)根据《企业会计准则第 35 号——分部报告》规定披露分部报告信息的，应当披露主要报告形式的分部收入与分部利润(亏损)。

(11)中期资产负债表日至中期财务报告批准报出日之间发生的非调整事项。

(12)上年度资产负债表日以后所发生的或有负债和或有资产的变化情况。

(13)企业结构变化情况，包括企业合并，对被投资单位具有重大影响、共同控制或者控制关系的长期股权投资的购买或者处置，终止经营等。

(14)其他重大交易或者事项，包括重大的长期资产转让及其出售情况、重大的固定资产和无形资产取得情况、重大的研究和开发支出、重大的资产减值损失情况等。

企业在提供上述(5)和(10)有关关联方交易、分部收入与分部利润(亏损)信息时，应当同时提供本中期(或者本中期末)和本年度初至本中期末的数据，以及上年度可比中期(或者可比期末)和可比年初至本中期末的比较数据。

此外，在同一会计年度内，如果以前中期财务报告中的某项估计金额在最后一个中期发生了重大变更，而企业又不单独编制该最后中期的财务报告，则企业应当在年度财务报告的附注中披露该项会计估计变更的内容、原因及其影响金额。例如，华鑫公司需要编制季度财务报告，但不需单独编制第四季度财务报告。假设该公司在第四季度里，对第一、二或者第三季度财务报表中所采用的会计估计，如固定资产折旧年限、资产减值预计负债等估计作了重大变更，则需要在其年度财务报告附注中，按照《企业会计准则第 28 号——会计政策、会计估计变更和差错更正》的规定，披露该项会计估计变更的内容、原因及其影响金额。同样地，再比如，华鑫公司是需要编制半年度财务报告的企业，但不单独编制下半年财务报告，如果该公司对于上半年财务报告中所采用的会计估计在下半年作了重大变更，应当在其年度财务报告的附注中予以说明。

课堂思政

品质改变世界　积极投身“一带一路”重点工程建设

三一重工股份有限公司（以下简称“三一重工”）创建于1994年，自成立以来，秉持“创建一流企业，造就一流人才，做出一流贡献”的企业愿景，打造了业内知名的“三一”品牌，目前是全球装备制造业领先企业之一。公司主业是以“工程”为主题的装备制造业，主要从事工程机械的研发、制造、销售和服务。公司的主导产品包括混凝土机械、挖掘机械、起重机械、桩工机械、筑路机械等。其中，混凝土机械稳居世界第一品牌；挖掘机在6吨以上市场取得全球产销量第一，大中小挖产品在国内市场已连续十一年蝉联销量冠军；大吨位起重机械、履带起重机械、桩工机械、路面成套设备等主导产品已成为中国第一品牌。

三一重工（SH 600031）于2003年7月3日上市，是中国股权分置改革首家成功并实现全流通的企业。2021年5月13日，《福布斯》发布2021年全球企业2 000强，三一重工排名总榜单第468位，首次跻身全球企业500强。此外，三一重工还全资控股了“全球混凝土机械第一品牌”德国普茨迈斯特（Putzmeister）、持股“全球随车起重机械巨头”奥地利帕尔菲格（Palfinger）。

2020年，三一重工的设备竞争力持续增强，全线产品销售持续增长，国内外市场份额持续提升，经营质量与管理水平稳步提升，实现营业总收入超1 000亿元，同比增长31.25%，再创历史最好经营业绩。在国际化经营成果方面，凭借着一流的产品品质和服务，三一重工的设备出口至150多个国家和地区，广泛参与全球重点工程建设，包括迪拜塔，伦敦、索契奥运场馆，巴西、南非世界杯场馆，蒙内铁路，以及中俄天然气管道、雅万高铁等重大项目。2021年，三一重工海外销售同比大幅增长，上半年海外销售收入近124亿元，增速达95%。

三一重工海外收益的60%来自“一带一路”沿线国家和地区。三一重工有十余家海外子公司、近100家代理商、400多个服务网点，设备遍及60个国家和地区。

三一重工在印度有2家制造工厂，在印尼有1个产业园，为印度、印尼等当地国家的人民就业、税收创造、民生改善等发挥了重大积极的作用。在印度浦那市，三一重工主要生产挖机、中小吨位汽车起重机、宽体车、平地机、搅拌车；此外，旋挖钻、小吨位履带起重机的本地化生产，目前正处于样机试制阶段。在印度果阿市，普茨迈斯特工厂主要生产混凝土设备，目前，原布局在印度浦那基地生产的搅拌站、泵车、拖泵，正在逐步转移至普迈印度工厂。在印尼，三一重工主要生产挖掘机及自卸车、搅拌车等车底盘类产品，挖机产能约3 000台/年、自卸车产能约5 000台/年。

三一重工在15个“一带一路”国家出口排名数一数二，主要包括印尼、新加坡、缅甸、泰国、柬埔寨、越南、菲律宾、阿曼、阿联酋、卡塔尔、科威特、巴林、印度、孟加拉国、乌兹别克斯坦等多个国家。以印尼为例，2021年1—10月挖机销售3 000台、市场占有率超30%，履带起重机市场占有率达60%，汽车起重机市场占有率达53%，为印尼本国的基础设施建设贡献了三一力量，也赢得了印尼客户的高度认可。

1. 在“一带一路”建设上企业践行的社会责任和创新精神有哪些？

（思政元素：“一带一路”倡议，增强国家意识，社会责任感，创新精神和敬业精神。）

2. 海外投资遇到的风险挑战有哪些及企业对现有政策的建议？

（思政元素：中国企业的国际影响力，文化差异风险，培养风险意识，爱国主义情怀。）

课后思考题

1. 什么是中期财务报告？中期财务报告的基本构成包括哪些？
2. 中期财务报告编制的基本原则是什么？
3. 中期财务报告会计确认与计量的原则是什么？
4. 比较中期财务报告的编制要求有哪些？
5. 中期财务报告附注的编制要求及披露有哪些？

课后习题

一、单项选择题

1. 以下不属于中期财务报告至少应当包括的内容的是（　　）。

A. 资产负债表　　B. 利润表　　C. 成本明细表　　D. 现金流量表

2. 在中期财务报告中，企业不应当提供的比较会计报表包括（　　）。

A. 本中期的现金流量表
B. 年初至本中期末的利润表以及上年度可比期间的利润表
C. 本中期的利润表
D. 本中期末的资产负债表和上年度末的资产负债表

3. 中期财务报告编制应遵循的原则不包括（　　）。

A. 应当遵循采用与年度财务报告相一致的会计政策的原则
B. 应当遵循重要性原则
C. 应当遵循及时性原则
D. 应当遵循实质重于形式原则

4. 下列关于中期财务报告及其附注的编制要求，说法不正确的是（　　）。

A. 企业上年度编制合并财务报表的，中期期末应当编制合并财务报表
B. 企业在中期不得随意变更会计政策
C. 中期财务报告附注应当对自上年度资产负债表日之后发生的重要交易或事项进行披露
D. 中期财务报告附注应当以本中期期初至本中期末为基础披露

5. 按照我国企业会计准则规定，下列有关中期财务报告的确认与计量，表述不正确的是（　　）。

A. 中期财务报告会计计量应以年初至本中期期末为基础
B. 企业财务报告的频率不应当影响其年度结果的计量
C. 对于周期性取得的收入，企业应当在发生时予以确认和计量，不应当在中期财务报表中预计或递延
D. 对于会计年度中不均匀发生的费用，应当在中期财务报表中预提或待摊

6. 下列关于中期财务报告说法有误的是（　　）。

A. 在编制中期财务报告时，中期会计计量应当以本中期作会计计量的期间基础
B. 中期财务报告至少应当包括资产负债表、利润表、现金流量表和附注
C. 同一会计年度内，以前中期财务报表项目在以后中期发生了会计估计变更的，以后中期财务报表应当反映该会计估计变更后的金额，但对以前中期财务报表项目金额不作调整

D. 企业中期发生会计政策变更，其累计影响数能够合理确定且涉及本会计年度以前中期财务报表相关项目数字的，应予以追溯调整，视同该会计政策在整个会计年度一贯采用

7. 中期会计计量应当以（　　）至本中期末为基础，财务报告的频率不应当影响年度结果的计量。

A. 年末　　B. 年初　　C. 月初　　D. 月末

8. 华鑫股份有限公司是一家需要编制季度财务会计报告的上市公司，下列会计报表中，不需要该公司在其 2×24 年第三季度财务会计报告中披露的是（　　）。

A. 2×23 年年末资产负债表　　B. 2×23 年第三季度利润表

C. 2×23 年年初至第三季度末利润表　　D. 2×23 年第三季度现金流量表

9. 对于应当编制合并会计报表的上市公司华鑫股份有限公司，其中期财务报告应当（　　）。

A. 提供合并会计报表　B. 提供母公司会计报表

C. 同时提供合并会计报表和母公司会计报表

D. 提供合并会计报表或母公司会计报表

10. 上市公司华鑫股份有限公司 2×24 年第三季度现金流量表反映的现金流量是（　　）。

A. 7—9 月的现金流量　　B. 1—6 月的现金流量

C. 1—9 月的现金流量　　D. 上年 7—9 月的现金流量

11. 华鑫股份有限公司出于上市需要对外提供季度报告，对外提供的 2×24 年第二季度利润表中不应该包括的时点数据是（　　）。

A. 2×24 年 4 月 1 日至 4 月 30 日　　B. 2×24 年 4 月 1 日至 6 月 30 日

C. 2×24 年 1 月 1 日至 6 月 30 日　　D. 2×24 年 1 月 1 日至 6 月 30 日

12. 下列有关编制中期财务报告应遵循原则的相关表述中，不符合会计准则规定的是（　　）。

A. 中期财务报告编制时采用的会计政策、会计估计应当与本年度财务报告相同

B. 为体现及时性原则，中期财务报告计量相对于年度财务数据的计量而言，在很大程度上依赖于估计

C. 中期财务报告会计要素确认和计量原则应与本年度财务报告相一致

D. 中期财务报告的重要性判断应以预计的年度财务报告数据为基础

二、多项选择题

1. 中期财务报告中的附注至少应当包括的信息有（　　）。

A. 中期财务报表所采用的会计政策与上年度财务报表相一致的声明

B. 会计估计变更的内容、原因及其影响数；影响数不能确定的，应当说明原因

C. 前期差错的性质及其更正金额；无法进行追溯重述的，应当说明原因

D. 企业经营的季节性或者周期性特征

2. 中期财务报告应当按照（　　）规定提供比较财务报表。

A. 上上年度末的资产负债表和上年度末的资产负债表

B. 本中期末的资产负债表和上年度末的资产负债表

C. 本中期的利润表、年初至本中期末的利润表以及上年度可比期间的利润表

D. 年初至本中期末的现金流量表和上年度年初至可比本中期末的现金流量表

3. 下列关于中期财务报告表述中，符合企业会计准则规定的有(　　)。

A. 企业在编制中期财务报告时，应当将中期视为一个独立的会计期间，并包括本中期以及年初至本中期末的财务数据

B. 企业在编制中期财务报告时，所采用的会计政策不一定与年度财务报表所采用的会计政策一致

C. 企业在编制中期财务报告时，除了编制本中期末资产负债表、本中期利润表和现金流量表，还需要提供前期比较财务报表

D. 中期财务报告应当遵循重要性与一致性等原则

4. 中期是在一个会计年度之内，但短于一个会计年度的报告期间，可以是(　　)。

A. 1 个月　　B. 1 个季度　　C. 半年　　D. 1 年

5. 中期财务报告至少应当包括(　　)。

A. 资产负债表　　B. 利润表　　C. 现金流量表　　D. 附注

6. 下列关于中期财务报告的编制要求，表述正确的有(　　)。

A. 企业在编制中期财务报告时，应当将中期视同为一个独立的会计期间，所采用的会计政策应当与年度财务报表所采用的会计政策相一致

B. 重要性程度的判断应当以中期财务数据为基础，而不得以预计的年度财务数据为基础

C. 企业的会计政策变更发生在会计年度的第一季度，在财务报表的列报方面，企业只需要根据变更后的会计政策编制第一季度和当年度以后季度财务报表，并对根据中期财务报告准则要求提供的以前年度比较财务报表最早期间的期初留存收益和比较财务报表的其他相关项目数字作相应调整

D. 企业的会计政策变更发生在会计年度内第一季度之外的其他季度，在财务报表的列报方面，企业只需要根据变更后的会计政策编制当季度和当年度以后季度财务报表，并对根据中期财务报告准则要求提供的以前年度比较财务报表最早期间的期初留存收益和比较财务报表的其他相关项目数字作相应调整

7. 下列关于上市公司中期财务报告的表述中，不正确的有(　　)。

A. 中期会计计量应以本中期末为基础

B. 中期财务报告中各会计要素的确认与计量原则应当与年度财务报表相一致

C. 中期财务报表仅是年度财务报表项目的节选，不是完整的报表

D. 对中期财务报表项目进行重要性判断应以预计的年度数据为基础

8. 下列各项关于中期财务报告的表述中，不正确的有(　　)。

A. 中期财务报告的附注相对于年度财务报告的附注，可以适当简化

B. 中期财务报告的比较资产负债表应当包括上年度可比中期的资产负债表以及上年度年初至上年度可比中期末的资产负债表

C. 企业上年度编制了合并财务报表的，中期期末可以自行选择是否编制合并财务报表

D. 中期财务报告附注应当包括企业经营的季节性或者周期性特征

9. 华鑫股份有限公司 2×24 年第二季度财务报告应当提供的财务报表包括(　　)。

A. 2×24 年 6 月 30 日和 2×23 年 12 月 31 日的资产负债表

B. 2×24 年 1 月 1 日至 6 月 30 日和 2×23 年 1 月 1 日至 6 月 30 日的利润表

C. 2×24 年 4 月 1 日至 6 月 30 日和 2×23 年 4 月 1 日至 6 月 30 日的利润表

D. 2×24 年 1 月 1 日至 6 月 30 日和 2×23 年 1 月 1 日至 6 月 30 日的现金流量表

10. 华鑫股份有限公司为上市公司，2×24 年 6 月 30 日需要编制中期财务报告时，提供的现金流量表的时点涵盖(　　)。

A. 2×24 年 1 月 1 日至 6 月 30 日　　B. 2×23 年 1 月 1 日至 6 月 30 日

C. 2×24 年 4 月 1 日至 6 月 30 日　　D. 2×23 年 4 月 1 日至 6 月 30 日

11. 下列各项中，属于中期财务报告附注至少应当包括的内容的有(　　)。

A. 对性质特别或者金额异常的财务报表项目的说明

B. 向所有者分配利润的情况，包括在中期内实施的利润分配和已提出或者已批准但尚未实施的利润分配情况

C. 企业结构变化情况，包括如企业合并，对被投资单位具有重大影响、共同控制或者控制的长期股权投资的购买或者处置，终止经营等

D. 上年度资产负债表日以后所发生的或有负债和或有资产的变化情况

12. 下列关于中期财务报告说法中，正确的有(　　)。

A. 所有者权益变动表是中期财务报告至少包括的报表之一

B. 中期财务报告各会计要素的确认和计量原则应当与中期财务报表所采用的原则相一致

C. 中期财务报告附注应当以年初至本中期末为基础披露

D. 及时性原则是中期财务报告应该遵循的一项重要原则

三、判断题

1. 企业在中期财务报表中应当采用与年度财务报表不一致的会计政策。(　　)

2. 中期财务报告，是指以期初至本中期末为基础编制的财务报告。(　　)

3. 中期财务报告，是指以中期为基础编制的财务报告。(　　)

4. 中期，是指长于一个完整的会计年度的报告期间。(　　)

5. 对于上市公司的中期财务报告，应当同时提供合并会计报表和母公司会计报表。(　　)

6. 在同一会计年度内，以前中期财务报表项目在以后中期发生了会计估计变更的，以后中期财务报表应当反映该会计估计变更后的金额，需要对以前中期财务报表项目金额作调整。(　　)

7. 对于本年度中期内发生的调整以前年度损益事项，不必调整本年度财务报表相关项目的年初数。(　　)

8. 企业取得的季节性、周期性或者偶然性收入，不应当在发生时予以确认和计量，应在中期财务报表中预计或者递延。(　　)

9. 上年度编制合并财务报表的，中期期末应当编制合并财务报表。(　　)

10. 对于理解本中期财务状况、经营成果和现金流量有关的重要交易或者事项，无须在附注中作相应披露。(　　)

11. 企业在确认、计量和报告各中期财务报表项目时，对项目重要性程度的判断，应当以中期财务数据为基础，不应以年度财务数据为基础。（　　）

12. 中期资产负债表、利润表和现金流量表应当是完整报表，其格式和内容应当与上年度财务报表相一致。（　　）

四、计算分析题

1. 华鑫股份有限公司成立于2×20年年初，公司成立之初没有一家子公司，因此公司2×20年第一季度财务报告中只需要提供公司本身的个别财务报表，不必编制合并财务报表。在2×20年第二季度，公司并购了华美公司，获得了该公司60%的股份，从而华美公司成为华鑫股份有限公司的控股子公司，从2×20年第二季度开始，华鑫股份有限公司开始提供合并财务报表和母公司财务报表。至2×24年第二季度末华鑫股份有限公司共有子公司4家。

2×24年6月份，华鑫股份有限公司对所属员工进行专业技能和管理知识方面的培训，发生培训费用10万元。并且发现，公司2×24第一季度管理用固定资产漏记折旧100万元，公司适用的所得税税率是25%。

要求：

(1)华鑫股份有限公司在编制2×24年第二季度财务报告时，应提供哪些比较财务报表？

(2)华鑫股份有限公司提供比较财务报表的时间是什么？

(3)华鑫股份有限公司对于第二季度发生的费用和前期差错应当如何处理？

第九章
分部报告

本章知识结构

- 分部报告
  - 经营分部和报告分部
    - 经营分部的概念及确定依据
    - 报告分部的概念及确定依据
  - 分部信息的披露
    - 分部报告的基本格式
    - 分部报告信息披露的内容

学习目标

通过本章的学习，掌握经营分部的概念及确定依据；掌握报告分部的概念及确定依据；了解分部报告的基本格式；掌握分部报告信息披露的主要内容。

案例导入

上海浦东发展银行是于1993年在上海开业的一家股份制银行。在我国的银行金融体系中，除四家国有商业银行有全国性的网点外，其他的中小银行几乎都是从某一个区域开始起步的，因此，往往这些银行的名字都带有区域的符号，如上海、深圳等。但银行随着业务的扩展，就会逐渐地走出一个特定的区域，开始其全国化的进程。下面，我们就从上海浦东发展银行的分部报告来分析浦发银行的区域发展状态。

为了更有效地进行分析，地区分部报告已经以管理层报告为基础进行编制。

表 9-1 2001 年上海浦东发展银行地区分部报告部分数据 单位:千元(人民币)

地区 指标	营业收入总额		资产总额		资本投资总额	
	金额	占比(%)	金额	占比(%)	金额	占比(%)
上海	1 508 894	44	77 979 560	45	2 765 384	64
北京	599 005	18	24 272 861	14	107 619	3
江苏省	340 994	10	16 843 960	10	10 383 388	9
浙江省	370 262	11	24 286 414	14	486 248	11
其他	571 300	17	30 535 718	17	568 328	13
合计	3 390 455	100	173 918 513	100	4 310 967	100

表 9-2 2000 年上海浦东发展银行地区分部报告部分数据 单位:千元(人民币)

地区 指标	营业收入总额		资产总额		资本投资总额	
	金额	占比(%)	金额	占比(%)	金额	占比(%)
上海	1 738 740	70	78 442 406	61	3 014 081	76
北京	254 254	10	16 142 164	13	107 509	3
江苏省	242 312	10	11 762 017	9	353 725	9
浙江省	182 458	7	14 588 066	11	383 166	10
其他	64 981	3	7 935 198	6	101 694	2
合计	2 482 745	100	128 869 851	100	3 960 175	100

表 9-3 1999 年上海浦东发展银行地区分部报告部分数据 单位:千元(人民币)

地区 指标	营业收入总额		资产总额		资本投资总额	
	金额	占比(%)	金额	占比(%)	金额	占比(%)
上海	1 281 326	57	67 935 278	68	2 522 904	75
北京	368 841	17	9 741 725	10	88 543	3
江苏省	276 685	12	8 734 322	9	319 459	10
浙江省	267 359	12	11 008 013	11	352 253	10
其他	52 289	2	2 770 165	2	67 462	2
合计	2 246 500	100	100 189 503	100	3 350 621	100

从分部报告中我们可以看出,该行一直在大力拓展除上海、北京、江苏、浙江几省以外的业务空间,对其他地区的资本投资额从 1999 年底的 6 700 万增长到 2001 年底的 56 000 万,来自其他地区的营业收入从占全行营业收入比的 2%扩大到 2001 年底的 17%。由此可见,浦发的全国性扩张战略力度在逐渐加大。

在年度分部报告中,我们可以更深入地分析上海区域业务的发展。浦发银行从上海起步,上海区域的资本性投资和收入贡献度在全行都占有十分重要的位置。从 1999 年的数据来看,上海区域占了 57%的收入份额,2000 年由于上海存贷款的迅猛增加,占全行营业收入的比例达到 70%。进入 2001 年,我们发现上海区域的业务发展有微幅下降,如果其他区域的发展没有跟上,就会影响全行的业绩,所幸其他区域接过了上海的接力棒,将全行业务快速增长的势头维持了下去。这样的分部报告信息对分析者的启示意义在于,当从分部报告中了解到上海区域的增长达到了一个阶段性高点后，在预测银行未来增长时应着重分析评价其他业务区域的潜力，以对银行的整体增长作出更为到位的分析，而如果是只有合并报表，则不会得出这些有价值的分析结论。

第一节　经营分部和报告分部

一、经营分部的概念及确定依据

（一）经营分部的概念

经营分部是企业确认分部报告中的报告分部的基础，是指企业内部同时满足下列条件的各组成部分：一是该组成部分能够在日常经营活动中单独产生收入并发生费用；二是企业管理层能够定期或分期评价该组成部分的经营成果，以决定向其配置资源和评价其业绩；三是企业能够取得该组成部分的财务状况、经营成果和现金流量等会计信息。

在理解经营分部的概念时，注意把握以下要点。

第一，不是企业的每个组成部分都是经营分部或经营分部的一个组成部分。例如，企业的管理总部或某些职能部门一般不单独产生收入，或仅仅取得偶发性收入，在这种情况下，这些部门就不是经营分部或经营分部的一个组成部分。

第二，经营分部概念中所指的“企业管理层”强调的是一种职能，而不是具有特定头衔的某一具体管理人员。企业管理层可能是企业的董事长、总经理，也可能是由其他人员组成的管理团队。该职能主要是向企业的经营分部配置资源，并评价其业绩。

第三，对许多企业来说，根据经营分部的概念，通常可以清楚地确定经营分部。但是，企业可能将其经营活动以各种不同的方式在财务报告中予以披露，如果企业管理层使用多种分部信息，则其他因素可能更有助于企业管理层确定经营分部，如每一组成部分经营活动的性质，对各组成部分负责的管理人员和向董事会呈报的信息等。

（二）经营分部的确定依据

企业一般应当以内部组织结构、管理要求、内部报告制度为依据确定单独的经营分部。每一个经营分部一般应具有独自的经济特征，比如生产的产品或提供的劳务的性质、生产过程的性质、销售产品或提供劳务的方式、客户群等。不管哪一方面，只要具有独自的特征，都适合设定为一个经营分部，经济特征不相似的经营分部，必须分别确定为不同的经营分部，不可以合并。

但在实务中，并非所有的经营分部都适合作为独立的经营分部来考虑。在某些情况下，如果两个或两个以上的经营分部具有相似的经济特征，这些经营分部通常就会表现出相似的长期财务业绩，如未来现金流量、资金回报率、长期平均毛利率等，因此，企业应该将它们合并为一个经营分部，适合合并的经营分部包括以下几种。

1. 单项产品或劳务性质相同或相似的经营分部

各单项产品或劳务的性质主要指产品或劳务的规格、型号和最终用途等。在通常情况下，如果产品和劳务的性质相同或相似，其风险、报酬率或成长率可能较为接近，因此，一般可以将其划分到同一经营分部中。对于性质完全不同的产品或劳务，则不应当将其划分到同一经营分部中。

【例 9-1】 经营分部的确定方法

资料：华鑫股份有限公司主要从事产品的生产和销售，其业务范围包括饮品、奶制品及冰激凌、碗碟、厨具用品、糖果及饼干、房地产等。

问题：华鑫股份有限公司应如何确定其经营分部？

【分析】 华鑫股份有限公司经营的商品分别有食品(饮品、奶制品及冰淇淋、糖果及饼干)、炊具(碗碟、厨具用品)和房地产，这几类商品的性质不完全相同，因此，应当分别作为独立的经营分部处理；而饮品、奶制品及冰激凌、糖果及饼干等都属于食品类，适合合并为一个经营分部。

2. 生产过程的性质相同或相似的经营分部

生产过程的性质主要包括以某种生产要素为主的生产组织形式，比如采用劳动密集方式或资本密集方式组织生产、使用相同或相似设备和原材料、采用委托生产或加工方式生产等。对于其生产过程的性质相同或相似的，可以将其划分为一个经营分部，如可以分别按资本密集型和劳动密集型划分经营分部。对于资本密集型的部门而言，其占用的设备较为先进，占用的固定资产较多，相应地负担的折旧费也较多，其经营成本受资产折旧费用影响较大，受技术进步因素的影响也较大；而对于劳动密集型部门而言，其使用的劳动力较多，相对而言其受劳动力的成本即人工费用的影响较大，因而其经营成果受人工成本高低的影响较大。

3. 产品或劳动的客户类型相同或相似的经营分部

产品或劳动的客户类型主要包括大宗客户、零散客户等。同一类型的客户，如果其销售条件基本相同，例如相同或相似的销售价格、销售折扣或售后服务，往往具有相同或相似的风险和报酬，则适合设置为一个经营分部；而其他不同类型的客户，由于其销售条件不尽相同，往往具有不同的风险和报酬，就不适合设置为一个经营分部。例如，某电子设备生产企业，生产的电子设备可以分为商用和个人用，商用电子设备主要的购买客户是企业，一般是大宗购买，对电子设备专业性要求比较强，售后服务相对较为集中；而个人用电子设备，其客户对通用性要求比较高，其售后服务相对比较分散。因此，商用电子设备和个人用电子设备就不适合合并为一个经营分部。

4. 销售产品或提供劳务的方式相同或相似的经营分部

销售产品或提供劳务的方式主要包括批发、零售、自产自销、委托销售、承包等。如果经营分部销售产品或提供劳务的方式相同或相似，往往具有相同或相似的风险和报酬，则适合设置为一个经营分部，但如果各经营分部销售产品或提供劳务的方式不同，其承受的风险和报酬也不相同，就不适合合并为一个经营分部。比如，在赊销方式下，可以扩大销售规模，但发生的收账费用较大，并且发生应收账款坏账的风险也很大；而在现销方式下，则不存在应收账款的坏账问题，不会发生收账费用，但销售规模的扩大有限。因此，分别采用赊销和现销方式销售产品或提供劳务的分部就不适合合并为一个经营分部。

5. 生产产品或提供劳务受法律、行政法规的影响相同或相似的经营分部

企业生产的产品或提供的劳务总是处于一定的经济法律环境之下，受法律和行政法规的影响，包括法律法规规定的经营范围或交易定价机制等，在不同法律环境下生产的产品或提供的劳务可能面临不同的风险和报酬，因此，对不同法律环境下生产的产品或提供的劳务应分别设置经营分部，而具有相同或相似法律环境的产品生产或劳务提供，适合合并设置经营分部，只有这样，才能向会计信息使用者提供不同法律环境下产品生产或劳务提供的信息，有利于会计信息使用者对企业未来的发展走向作出判断和预测。比如，商业银行、保险公司等金融企业易受特别的、严格的监管政策影响，该类企业在考虑以产品或劳务确定经营分部时，应特别考虑各项产品或劳务所受监管政策的影响。

【例 9-2】 经营分部的确定方法

资料：华鑫股份有限公司是一家全球性公司，总部设在美国，主要生产甲、乙、丙、丁 4 个品牌的行李箱、手提包、公文包、皮带等，同时负责相关产品的运输、销售，每种产品均由独立的业务部门完成。生产的产品主要销往日本、欧洲、美国等地。华鑫股份有限公司各项业务 2×23 年 12 月 31 日的有关资料见表 9-4，不考虑其他因素。假定华鑫股份有限公司管理层定期评价各业务部门的经营成果，以配置资源、评价业务；各品牌行李箱、客户类型、销售方式等类似；经预测，生产行李箱的 4 个部门今后 5 年内平均销售毛利率与 2×23 年差异不大。

表 9-4　华鑫股份有限公司有关业务资料　　金额单位：万元

项目	品牌甲	品牌乙	品牌丙	品牌丁	手提包	公文包	皮带	销售公司	运输公司	合计
营业收入	120 000	125 000	100 000	93 000	260 000	230 000	69 000	270 000	50 000	1 317 000
其中：对外交易收入	115 000	105 000	80 000	90 000	180 000	150 000	50 000	270 000	50 000	1 090 000
分部间交易收入	5 000	20 000	20 000	3 000	80 000	80 000	19 000			227 000
业务及管理费	74 200	92 000	67 000	66 000	156 000	142 b600	55 200	220 000	30 000	903 000
其中：对外交易费用	60 000	78 000	57 000	62 000	149 000	132 000	47 200	205 000	300 00	820 200
分部间交易费用	14 200	14 000	10 000	4 000	7 000	10 600	8 000	15 000		82 800
利润总额	45 800	33 000	33 000	27 000	104 000	87 400	13 800	50 000	20 000	414 000
销售毛利率(%)	38	26	33	29	40	38	20	18.5	40	
资产总额	360 000	500 000	310 000	260 000	660 000	600 000	270 000	720 000	320 000	4 000 000
负债总额	160 000	180 000	140 000	200 000	310 000	300 000	170 000	360 000	190 000	2010 000

问题：华鑫股份有限公司应怎样确定其经营分部？

【分析】 在本例中，华鑫股份有限公司的各组成部分能够分别在日常经营活动中产生收入、发生费用；华鑫股份有限公司管理层定期评价各组成部分的经营成果以配置资源、评价业绩；华鑫股份有限公司能够取得各组成部分的财务状况、经营成果和现金流量等会计信息，因此，各组成部分满足经营分部的定义，可以单独确定为经营分部。与此同时，华鑫股份有限公司生产甲、乙、丙、丁品牌行李箱的 4 个部门，销售毛利率分别是 38%、26%、33%、29%，即具有较接近的长期财务业绩；4 个品牌行李箱的生产过程、客户类型、销售方式等类似，具有相似的经济特征。因此，华鑫股份有限公司在确定经营分部时，可以将生产甲、乙、丙、丁品牌行李箱的 4 个部门予以合并，作为一个经营分部(行李箱分部)。

二、报告分部的概念及确定依据

(一)报告分部的概念

报告分部是指在分部报告中单独披露其财务信息的经营分部。根据分部报告准则的规定,并非所有的经营分部都有必要在分部报告中单独披露相关的财务信息。前面已经阐述,经营分部的划分通常以不同的风险和报酬为基础,而不论其是否重要。存在多种产品经营或者跨多个地区经营的企业可能会拥有大量规模较小、不是很重要的经营分部,如果单独披露大量规模较小的经营分部信息,则不仅会给财务报告使用者带来困惑,也会给财务报告编制者带来不必要的披露成本。因此,在确定报告分部时,应当考虑重要性原则,在通常情况下,符合重要性标准的经营分部才能确定为报告分部。

(二)报告分部的确定依据

根据前面的阐述,只有符合重要性标准的经营分部才能确定为报告分部。根据分部报告准则的规定,判断经营分部是否重要的标准主要有以下三个,满足三者中任意一条标准都被认为是重要分部,并应确定为报告分部。

1. 分部收入占所有分部收入合计的10%或者以上的经营分部

分部收入,是指可归属于经营分部的对外交易收入和对其他分部交易收入。分部收入主要由可归属于经营分部的对外交易收入构成,通常为营业收入。可归属于经营分部的收入来源于两个渠道:一是可以直接归属于经营分部的收入,即直接由经营分部的业务交易而产生;二是可以间接归属于经营分部的收入,即将企业交易产生的收入在相关经营分部之间进行分配,按属于某经营分部的收入金额确认为分部收入。

分部收入通常不包括下列项目:

(1)利息收入(包括因预付或借给其他分部款项而确认的利息收入)和股利收入(采用成本法核算的长期股权投资取得的股利收入),但分部的日常活动就是金融性质的除外;

(2)营业外收入,如固定资产报废毁损等处置固定资产产生的净收益、罚没收益等;

(3)处置投资产生的净收益,但分部的日常活动是金融性质的除外;

(4)采用权益法核算的长期股权投资确认的投资收益,但分部的日常活动是金融性质的除外。

【例 9-3】 报告分部的确定方法

资料:沿用【例 9-2】的资料。

要求:运用"分部收入占所有分部收入合计的 10%或者以上"的重要性标准,确认华鑫股份有限公司的报告分部。

【分析】 华鑫股份有限公司各经营分部占总收入的百分比见表 9-5。

表 9-5 分部收入占总收入的百分比 金额单位:万元

项目	品牌甲	品牌乙	品牌丙	品牌丁	手提包	公文包	皮带	销售公司	运输公司	合计
营业收入	120 000	125 000	100 000	93 000	260 000	230 000	69 000	270 000	50 000	1 317 000
分部收入占总收入比例(%)	9.11	9.49	7.59	7.06	19.74	17.46	5.24	20.50	3.81	100

根据表 9-5 可知，手提包分部、公文包分部和销售公司分部都满足“分部收入占所有分部收入合计的 10%或者以上”的重要性标准，因此，应单独作为报告分部，其余经营分部因不完全满足重要性标准，不能单独作为报告分部。在本例中，华鑫股份有限公司甲、乙、丙、丁 4 个品牌行李箱单独取得的收入都不超过总收入的 10%，但 4 个品牌行李箱合并后收入合计 438 000 万元，占所有分部收入合计 1 317 000 万元的比例为 33.26%(438 000÷1 317 000×100%)，满足了报告分部的重要性标准，因此，合并后的行李箱分部应确定为单独的报告分部。

2. 分部利润(亏损)的绝对额占所有盈利分部利润合计数或者所有亏损分部亏损合计数的绝对额两者中较大者的 10%或者以上的经营分部

分部利润(亏损)，是指分部收入减去分部费用后的余额。在计算分部利润(亏损)时，应注意将不属于分部收入和分部费用的项目剔除。

分部费用，是指可归属于经营分部的对外交易费用和对其他分部交易费用。分部费用主要由可归属于经营分部的对外交易费用构成，通常包括营业成本、税金及附加、销售费用等。与分部收入的确认相同，归属于经营分部的费用也来源于两个渠道：一是可以直接归属于经营分部的费用，即直接由经营分部的业务交易而发生；二是可以间接归属于经营分部的费用，即将企业交易发生的费用在相关分部之间进行分配，按属于某经营分部的费用金额确认为分部费用。

分部费用通常不包括下列项目：

(1)利息费用(包括因预收或向其他分部借款而确认的利息费用)，如发行债券产生的利息费，但经营分部的日常活动是金融性质的除外；

(2)营业外支出，如罚没发生的损失；

(3)处置投资发生的净损失，但经营分部的日常活动是金融性质的除外；

(4)采用权益法核算的长期股权投资确认的投资损失，但经营分部的日常活动是金融性质的除外；

(5)与企业整体相关的管理费用和其他费用。

【例 9-4】 报告分部的确定方法

资料：沿用【例 9-2】的资料。

要求：运用分部利润(亏损)的绝对额占各分部绝对额总额比例的重要性标准，确认华鑫股份有限公司的报告分部。

【分析】 华鑫股份有限公司各经营分部利润占利润总额的百分比见表 9-6。

表 9-6 分部利润占利润总额的百分比 金额单位：万元

项目	行李箱	手提包	公文包	皮带	销售公司	运输公司	合计
分部利润	138 800	104 000	87 400	13 800	50 000	20 000	414 000
分部利润占利润总额百分率(%)	33.53	25.12	21.11	3.33	12.08	4.83	100

表 9-6 数据显示，行李箱分部、手提包分部、公文包分部和销售公司分部的利润占所有盈利分部利润的百分比都超过了 10%，根据“分部利润占所有盈利分部利润百分比 10%或者以上”的标准，都应该确定为报告分部，而皮带分部和运输公司的分部利润占所有盈利分部利润的百分比都不足 10%，根据分部利润百分比判断标准，都不能单独确认为报告分部。

3. 分部资产占所有分部资产合计额的10%或者以上的经营分部

分部资产，是指经营分部日常活动中使用的可归属于该经营分部的资产，不包括递延所得税资产。企业在计量分部资产时，应当按照分部资产的账面净值进行计量，即按照原值扣除相关累计折旧或摊销额以及累计减值准备后的金额计量。

企业在确认分部资产时，应注意分部资产与分部利润（亏损）、分部费用等之间存在的对应关系，这些关系主要包括：

(1)如果分部利润（亏损）包括利息或股利收入，分部资产中就应当包括相应的应收账款、贷款、投资或其他金融资产；

(2)如果分部费用包括某项固定资产的折旧费用，分部资产中就应当包括该项固定资产；

(3)如果分部费用包括某项无形资产或商誉的摊销额或减值额，分部资产中就应当包括该项无形资产或商誉。

由两个或两个以上经营分部共同享有的资产，其归属权取决于与该资产相关收入和费用的分配，与共享资产相关的收入和费用归属哪个经营分部，共享资产就应该分配给哪个经营分部。共享资产的折旧费或摊销费应该在其所归属的分部经营成果中扣减。

【例 9-5】 报告分部的确定方法

资料：沿用【例 9-2】的资料。

要求：运用分部资产占所有分部资产百分比的标准运输公司分部和公文包分部是否应当成为报告分部。

【分析】 华鑫股份有限公司各经营分部资产占资产总额的百分比见表 9-7。

表 9-7 分部资产占资产总额百分比 金额单位：万元

项目	行李箱	手提包	公文包	皮带	销售公司	运输公司	合计
分部资产	1430 000	660 000	600 000	270 000	720 000	320 000	4 000 000
分部资产占资产总额百分率(%)	35.75	16.5	15	6.75	18	8	100

表 9-7 数据显示，行李箱分部、手提包分部、公文包分部和销售公司的分部资产占所有分部资产总额的百分比都超过了 10%，根据“分部资产占所有分部资产合计 10%或者以上”的标准，都应该确定为报告分部，而皮带分部和运输公司的分部资产占所有分部资产总额的百分比都不足 10%，根据分部资产百分比判断标准，都不能单独确认为报告分部。

从【例 9-3】、【例 9-4】和【例 9-5】可以看出，华鑫股份有限公司的皮带分部和运输公司，不论采取哪一个重要性判断标准，都不能单独设为报告分部。

（四）报告分部确定的其他相关规定

企业在根据重要性 10%规则确认报告分部时，还必须遵守分部报告准则关于分部报告确定的以下相关规定。

1. 不满足报告分部确认标准的经营分部的处理

如果经营分部未满足上述 10%重要性标准，可以按照下列规定确定报告分部。

(1)企业管理层如果认为披露该经营分部信息对会计信息使用者有用，那么，无论该经营分部是否满足10%的重要性标准，都可以将该经营分部直接指定为报告分部。

(2)将未满足报告分部确认标准的经营分部与一个或一个以上的具有相似经济特征、满足经营分部合并条件的其他经营分部合并，作为一个报告分部。对经营分部10%的重要性测试可能会导致企业拥有大量未满足10%数量临界线的经营分部，在这种情况下，如果企业没有直接将这些经营分部指定为报告分部，就可以将它们适当合并成一个报告分部。

(3)不将该经营分部直接指定为报告分部，也不将该经营分部与其他未作为报告分部的经营分部合并为一个报告分部的，企业在披露分部信息时，应当将该经营分部的信息与其他组成部分的信息合并，作为“其他项目”单独在分部报告中披露。

2. 分部报告中各个报告分部对外交易收入合计应占企业总收入的75%以上

根据分部报告准则的规定，企业在确定报告分部时，除了要满足前述报告分部10%重要性的确定标准，还要注意报告分部的75%外部交易收入约束条件。“报告分部的75%外部交易收入约束条件”是指被确定为报告分部的经营分部，不管数量有多少，各个报告分部的对外交易收入合计数占企业总收入的比重必须达到75%。如果报告分部对外交易收入的总额未达到企业总收入75%，则企业必须增加报告分部数量，将原未作为报告分部的经营分部确认为报告分部，直到该比重达到75%。此时，其他未作为报告分部的经营分部很可能未满足前述规定的10%重要性标准，但为了使报告分部的对外交易收入合计额占合并总收入或企业总收入的总体比重能够达到75%的比例要求，也应当将其确定为报告分部。

【例9-6】 报告分部的确定方法

资料：沿用【例9-2】的资料。根据前面的分析，华鑫股份有限公司的行李箱分部、手提包分部、公文包分部、销售公司分部应单独作为报告分部。

要求：分析华鑫股份有限公司是否满足报告分部对外交易收入合计占企业总收入的75%这条规定。

【分析】 华鑫股份有限公司4大报告分部对外交易收入占企业总收入的百分比见表9-8。

表9-8　对外交易收入占企业总收入的百分比　　金额单位：万元

项目	行李箱	手提包	公文包	销售公司	小计	……	合计
营业收入	438 000	260 000	230 000	270 000	1 198 000	……	1 317 000
其中：对外交易收入	390 000	180 000	150 000	270 000	990 000	……	109 000
分部间交易收入	48 000	80 000	80 000		208 000	……	227 000
对外交易收入占企业总收入的百分比(%)	29.61	13.67	11.39	20.50	75.17	……	82.76

表9-8显示，行李箱分部、手提包分部、公文包分部、销售公司分部4个报告分部的对外交易收入占企业总收入的比例分别为29.61%、13.67%、11.39%、20.50%，合计75.17%，超过了外部交易收入大于75%的限制性标准，因此，华鑫股份有限公司只需设置4个报告分部，不需要再增加报告分部的数量。

3. 分部报告中报告分部的数量不应该超过10个

根据前述报告分部的确定标准以及外部交易收入占企业总收入75%的约束条件，企业最终确定的报告分部数量可能会超过10个，如果这样，企业提供的分部信息就可能变得非常烦琐，不利于会计信息使用者理解和使用。因此，分部报告准则规定，在分部报告中，报告分部的数量不应超过10个。如果按照规定标准确定的报告分部数量超过10个，企业应当考虑将具有相似经济特征、满足经营分部合并条件的报告分部进行合并，以确保报告分部的数量不超过10个。

4. 分部报告中报告分部的确定应遵循可比性原则

企业在确定报告分部时，除应遵循相应的确定标准及约束条件外，还应当考虑不同会计期间分部信息的可比性和一致性。对于某一经营分部，在上期可能满足报告分部的确定条件从而确定为报告分部，但本期可能并不满足报告分部的确定条件，基于可比性原则，如果企业认为该经营分部仍然重要，单独披露该经营分部的信息能够更有助于会计信息使用者了解企业的整体情况，则无须考虑该经营分部确定为报告分部的条件，仍应当将该经营分部确定为本期的报告分部。

反之，对于某一经营分部，在本期可能满足报告分部的确定条件从而确定为报告分部，但上期可能并不满足报告分部的确定条件从而未确定为报告分部，基于可比性原则，企业亦可以将以前会计期间该分部信息进行重述，并追溯披露该分部信息，如果重述所需要的信息无法获得，或者不符合成本效益原则，则无须重述以前会计期间的分部信息。不论是否对以前期间相应的报告分部进行重述，企业均应当在报表附注披露这一事实。

第二节　分部信息的披露

一、分部报告的基本格式

分部报告种类有主要报告形式和次要报告形式。报告分部信息确定的形式通常按照以下原则进行确定：

第一，企业的风险和报酬主要受其产品和劳务差异影响的，报告分部信息的主要形式应当是业务分部，次要形式是地区分部；

第二，企业的风险和报酬主要受其在不同国家或地区经营活动影响的，报告分部信息的主要形式应当是地区分部，次要形式是业务分部；

第三，企业的风险和报酬主要同时较大的受其产品和劳务的差异以及经营活动所在地区的差异影响的，报告分部信息的主要形式应当是业务分部，次要形式是地区分部。

对于主要报告形式，企业应当在附注中披露分部收入、分部费用、分部利润(亏损)、分部资产总额和分部负债总额等。

二、分部报告信息披露的内容

企业应当在财务报表附注中披露分部报告，充分揭示各个报告分部的相关信息。分部信息的披露应当有助于会计信息使用者评价企业各分部所从事经营活动的性质、财务影响及经营所处的经济环境。企业应当以对外提供的财务报表为基础披露分部信息；对外提供合并财务报表的企业，应当以合并财务报表为基础披露分部信息。在财务报表附注中应当披露的分部信息主要包括如下。

(一)描述性信息

企业应当在财务报表附注中披露如下与分部报告相关的描述性信息。

1. 确定报告分部考虑的因素

确定报告分部考虑的因素通常包括企业管理层是怎样对报告分部进行管理的，例如按照产品和服务管理、按地理区域管理或综合各种因素进行组织管理等。

【例 9-7】 分部报告描述性信息的披露

资料：用【例 9-1】的资料。

问题：华鑫股份有限公司在其分部报告中应如何披露其报告分部确定的信息？

【分析】 华鑫股份有限公司在财务报表附注中披露其确定报告分部考虑的因素，描述如下：

本公司的报告分部都是提供不同产品或服务的业务单元。由于各种业务需要不同的技术和市场战略，本公司分别独立管理各个报告分部的生产经营活动，分别评价其经营成果，以决定向其配置资源、评价其业绩。

2. 报告分部的产品和劳务的类型

【例 9-8】 分部报告描述性信息的披露

资料：沿用【例 9-2】、【例 9-3】的资料。

问题：华鑫股份有限公司在其分部报告中应如何披露有关产品和业务类型的信息？

【分析】 华鑫股份有限公司在财务报表附注中披露的报告分部的产品和业务的类型如下：

本公司有 4 个报告分部，分别为行李箱分部、手提包分部、公文包分部和销售公司分部。行李箱分部负责生产行李箱；手提包分部负责生产手提包；公文包分部负责生产公文包；销售公司分部负责销售本公司各组成部分生产的各种产品。

（二）每一报告分部利润（亏损）、资产总额、负债总额信息

1. 每一报告分部的利润（亏损）信息

企业应当在财务报表附注中披露每一报告分部的利润（亏损）信息，包括利润（亏损）总额及其组成项目。同时，还应披露与利润（亏损）相关的每一报告分部的下列信息：

(1)对外交易收入和分部间交易收入；

(2)利息收入和利息费用，但是，报告分部的日常活动是金融性质的除外；

(3)折旧费用和摊销费用，以及其他重大的非现金项目；

(4)采用权益法核算的长期股权投资确认的投资收益；

(5)所得税费用或所得税收益；

(6)其他重大的收益或费用项目。

2. 每一报告分部的资产总额、负债总额信息

企业应当在财务报表附注中披露每一报告分部的资产总额、负债（不包括递延所得税负债）总额信息，包括资产总额组成项目的信息。同时，还应当在附注中披露与资产相关的每一报告分部的下列信息：

(1)对外交易收入和分部间交易收入；

(2)非流动资产（不包括金融资产、独立账户资产、递延所得税资产）金额。

对于两个或多个经营分部共同承担的负债，其分配取决于与共同负债相关费用的分配，与共

同负债相关费用分配给哪个经营分部，该共同负债也应当分配给哪个经营分部。

【例 9-9】 报告分部财务信息的披露

资料：沿用【例 9-2】的资料。假定华鑫股份有限公司总部资产总额为 20 000 万元，总部负债总额为 12 000 万元，其他资料见表 9-1。

要求：根据有关资料，编制华鑫股份有限公司报告分部有关的财务信息。

【分析】 根据表 9-1，编制华鑫股份有限公司报告分部的利润(亏损)、资产及负债信息见表 9-9。华鑫股份有限公司各报告分部的利润(亏损)、资产及负债信息见表 9-10。

表 9-9 华鑫股份有限公司其他资料

单位：万元

项目	品牌甲	品牌乙	品牌丙	品牌丁	手提包	公文包	皮带	销售公司	运输公司	合计
折旧费用	8 250	8 850	5 900	5 320	20 620	13 150	8 100	23 620	14 500	108 310
摊销费用	750	900	1 040	490	860	1 350	230	210		5 830
利润总额	45 800	33 000	33 000	27 000	104 000	87 400	13 800	50 000	20 000	414 000
所得税费用	11 450	8 250	8 250	6 750	26 000	21 850	3 450	12 500	5 000	101 050
净利润	34 350	24 750	24 750	20 250	78 000	65 550	10 350	37 500	15 000	310 500
资本性支出	18 000	13 000	60 000	8 300	36 000	7 500		860	500	144 160

表 9-10 华鑫股份有限公司各报告分部利润(亏损)、资产及负债

单位：万元

项目	行李箱部分	手提包部分	公文包部分	销售公司分部	其他	分部间抵销	合计
一、对外交易收入	390 000	180 000	150 000	270 000	100 000		1 090 000
二、分部间交易收入	48 000	80 000	80 000		19 000	(227 000)	
三、对联营和合营企业的投资收益							
四、资产减值损失							
五、折旧费和摊销费	31 500	21 480	14 500	23 830	22 830		114 140
六、利润总额(亏损总额)	138 800	104 000	87 400	50 000	33 800		414 000
七、所得税费用	34 700	26 000	21 850	12 500	8 450		103 500
八、净利润(净亏损)	104 100	78 000	65 550	37 500	25 350		310 500
九、资产总额	1430 000	660 000	600 000	720 000	590 000		4 000 000
十、负债总额	680 000	310 000	300 000	360 000	360 000		2 010 000
十一、其他重要的非现金项目							
折旧费和摊销费以外的其他非现金费用	99 300	36 000	7 500	860	500		144 160
对联营企业和合营企业的长期股权投资							
长期股权投资以外的其他非流动资产增加额							

分部报告信息在不同行业的披露内容不完全相同，研究上市公司披露的分部信息发现，在分部报告中披露的信息与年报信息基本相似，分部报告中的信息是年报信息根据一定的标准分解后的信息。

（三）分部会计政策及其变更的信息

1. 分部会计政策是指与披露分部报告特别相关的会计政策

一般来说，分部会计政策应当与编制企业集团合并财务报表或企业财务报表时所采用的会计政策一致，但某些分部信息采用了分部特有的会计政策，比如分部的确定、分部间转移价格的确定方法，以及将收入、费用、资产和负债分配给报告分部的基础等。

企业应当在附注中披露与报告分部利润（亏损）计量相关的下列分部会计政策：(1)分部间转移价格的确定基础；(2)相关收入和费用分配给报告分部的基础；(3)确定报告分部利润（亏损）使用的计量方法的变更及变更的性质及影响等。

企业还应当在附注中披露与分部资产、负债计量相关的下列分部会计政策：(1)分部间转移价格的确定基础；(2)相关资产或负债分配给报告分部的基础。

如果企业因管理战略或内部组织结构改变对经营业务范围作出变更或对经营地区作出调整，使企业原已确定的报告分部所面临的风险和报酬产生较大差异，则必须改变原报告分部的分类。在这种情况下，企业就应当对此项分部会计政策变更予以披露。对于分部会计政策的变更，应当提供前期比较数据。对于某一经营分部，如果本期满足报告分部的确定条件为报告分部，即使前期没有满足报告分部的确定条件未确定为报告分部，也应当提供前期的比较数据。但是，重述信息不切实可行的除外。分部会计政策变更时，不论企业是否提供前期比较数据，均应在附注中披露这一事实。

2. 分部间转移价格的确定及变更

企业在计量分部之间发生的交易收入时，需要确定分部间转移交易价格。在一般情况下，分部之间的交易定价不同于市场公允交易价格，为准确计量分部间转移价格，企业在确定分部间交易收入时，应当以实际交易价格为基础计量。由于企业不同期间生产的产品的成本不同，可能会导致不同期间分部间转移价格的确定产生差异，造成转移交易价格的变更。对于分部间转移价格的确定及变更，企业除了应在附注中披露转移价格的确定基础，对于转移交易价格的变更情况，也应当在附注中进行披露。

（四）报告分部与企业信息总额衔接的信息

企业披露的分部信息，应当与合并财务报表或企业财务报表中的总额信息相衔接。具体衔接内容包括以下几点。

1. 报告分部收入总额应当与企业收入总额相衔接

报告分部收入包括可归属于报告分部的对外交易收入和对其他分部交易收入。报告分部收入总额在与企业收入总额进行衔接时，需要将报告分部之间的内部交易进行抵销。各个报告分部的收入总额，加上未包含在任何报告分部中的对外交易收入金额之和，扣除报告分部之间交易形成的收入总额，应当与企业收入总额一致。

2. 报告分部利润（亏损）总额应当与企业利润（亏损）总额相衔接

报告分部利润（亏损）是报告分部收入总额，扣除报告分部费用总额之后的差额。报告分部利润（亏损）总额与企业利润（亏损）总额进行衔接时，需要将报告分部之间的内部交易产生的利润

(亏损)进行抵销。各个报告分部的利润(亏损)总额,加上未包含在任何报告分部中的利润(亏损)金额之和,扣除报告分部之间交易形成的利润(亏损)金额之和,应当与企业利润(亏损)总额一致。

3. 报告分部资产和负债总额应当与企业资产和负债总额相衔接

企业资产总额由归属于报告分部的资产总额和未分配给各个报告分部的资产总额组成。企业负债总额由归属于报告分部的负债总额和未分配给各个报告分部的负债总额组成。

【例 9-10】 报告分部与企业信息总额的衔接

资料:表 9-11 和表 9-12 是华鑫股份有限公司在 2×23 年年报中披露的资产信息以及附注分部报告中披露的分部资产信息。

要求:分析华鑫股份有限公司报告分部资产与企业资产总额的衔接情况。

【分析】 从表 9-11 和表 9-12 可以看出,分部报告和年报中披露的资产信息在项目分类上基本相同,并且报告分部资产的合计数与年报资产的总额是相等的。

表 9-11 华鑫股份有限公司资产负债表(资产部分)

2×23 年 12 月 31 日

单位:万元

项目	金额
货币资金	48 300
交易性金融资产	131 875
应收票据	199 468
应收账款	288 332
预付款项	248 770
其他应收款	223 580
存货	916 850
合同资产	12 736
其他流动资产	441 925
债权投资	548 121
其他债权投资	0
长期应收款	20 892
长期股权投资	5 753
其他权益工具投资	84
投资性房地产	3 490
固定资产	500 000
在建工程	19 410
无形资产	261 095
开发支出	8 380
商誉	0
长期待摊费用	0
递延所得税资产	120 939
资产总计	4 000 000

表 9-12　华鑫股份有限公司分部报告(资产部分)

2×23 年 12 月 31 日

单位:万元

项目	行李箱部分	手提包部分	公文包部分	销售公司分部	其他	合计
货币资金	44 400	2 650	450	310	490	48 300
交易性金融资产	50 000	25 000	35 000	1 875	20 000	131 875
应收票据	72 000	13 268	17 200	87 000	10 000	199 468
应收账款	128 000	86 732	57 800	8 000	7 800	288 332
预付款项	130 000	20 000	50 000	30 000	18 770	248 770
其他应收款	70 610	12 000	56 000	78 190	6 780	223 580
存货	339 770	217 600	123 780	—	235 700	916 850
合同资产	11 578	684	114	190	170	12 736
其他流动资产	411 823	24 344	4 050	1 368	340	441 925
债权投资	509 608	30 124	5 012	3 377	—	548 121
其他债权投资	—	—	—	—	—	—
长期应收款	—	—	—	20 892	—	20 892
长期股权投资	5 288	313	52	50	50	5 753
其他权益工具投资	84	—	—	—	—	84
投资性房地产	1 263	732	1 227	268	—	3 490
固定资产	200 000	130 000	80 000	20 000	70 000	500 000
在建工程	7 280	3 560	7 680	—	890	19 410
无形资产	130 000	120 000	8 760	2 300	35	261 095
开发支出	2 800	3 200	1 880	—	500	8 380
商誉	—	—	—	—	—	—
长期待摊费用	—	—	—	—	—	—
递延所得税资产	67 634	12 756	23 467	12 345	4 737	120 939
资产总计						4 000 000

课堂思政

上市公司作为公众公司,其利益相关者众多。为了保护这些利益相关者,上市公司一个基本的措施就是公开提供可靠、相关的信息。信息披露的主要方式就是相关报告,比如:入市报告、定期报告和临时报告等。

自 1990 年和 1991 年上海和深圳证券交易所建立以来,我国股市从无到有,截至 2022 年 11 月,我国 A 股上市公司总数突破了 5 000 家。但股市自成立以来,利益输送、违规和非法交易时有发生,股价与公司价值严重偏离。而造成这样现象的原因有很多,其中,信息披露不真实、不可靠与不相关是其中一个重要原因。2020 年 3 月 1 日,我国施行了新《中华人民共和国证券法》,其第五章新设"信息披露"专章,以专章规定形式进一步强化信息披露要求,更加系统、明确地凸显了信息披露的重要性。

新《中华人民共和国证券法》设专章规定信息披露制度，系统完善了信息披露制度，包括扩大信息地露义务人的范围；完善信息披露的内容；强调应当充分披露投资者作出价值判断和投资决策所必需的信息；规范信息披露义务人的自愿披露行为；明确上市公司收购人应当披露增持股份的资金来源；确立发行人及其控股股东、实际控制人、董事、监事、高级管理人员公开承诺的信息披露制度等。该法律还大幅提高了对于上市公司信息披露违法行为的处罚力度，从原来最高可处以六十万元罚款，提高至一千万元。

讨论问题：

1. 谈一谈信息披露的重要性。

（思政引领：公开、公平、公正原则，保护利益相关者合法权益）

2. 你认为，会计人员提供高质量的会计信息是否有必要，为什么？

（思政引领：经济发展，企业绩效，社会责任、大国复兴）

课后习题

一、单项选择题

1. 下列各经营分部中，不应当确定为报告分部的有（　　）。

A. 该分部的分部负债占所有分部负债合计的10%或者以上

B. 该分部的分部利润（亏损）绝对额占所有盈利分部利润合计额或所有亏损分部亏损合计额较大者的10%或者以上

C. 该分部的分部收入占所有分部收入合计的10%或者以上

D. 该分部的分部资产占所有分部资产合计额的10%或者以上

2. 下列关于报告分部确定的说法中，不正确的有（　　）。

A. 企业应以经营分部为基础确定报告分部

B. 分部的分部收入占所有分部收入合计的10%或者以上，应将其确定为报告分部

C. 分部的分部利润（亏损）的绝对额，占所有盈利分部利润合计额或者所有亏损分部亏损合计额的绝对额两者中较大者的10%或者以上，应将其确定为报告分部

D. 报告分部的数量可以超过10个

3. 下列关于分部报告的表述，不正确的有（　　）。

A. 企业应当以报告分部为基础确定经营分部

B. 经营分部能够在日常活动中产生收入、发生费用

C. 分部费用通常不包括与企业整体相关的管理费用和其他费用

D. 分部利润是指分部收入减去分部费用后的余额

4. 下列不适合合并的经营分部有（　　）。

A. 单项产品或劳务性质相同或相似的经营分部

B. 生产过程的性质相同或相似的经营分部

C. 产品或劳动的客户类型相同或相似的经营分部

D. 销售产品或提供劳务的方式不同的经营分部

5. 以下关于报告分部的确定标准，正确的是（　　）。

A. 分部收入占所有分部收入合计的10%或者以上的经营分部

B. 分部利润（亏损）的绝对额占所有盈利分部利润合计数或者所有亏损分部亏损合计数的绝对额两者中较大者的20%或者以上的经营分部

C. 分部资产占所有分部资产合计额的15%或者以上的经营分部

D. 分部负债占所有分部负债合计额的15%或者以上的经营分部

6. 分部收入通常不包括，正确的是（　　）。

A. 可以直接归属于经营分部的收入

B. 将企业交易产生的收入在相关经营分部之间进行分配，按属于某经营分部的收入金额确认为分部收入

C. 分部的日常活动是金融性质的利息收入

D. 采用权益法核算的长期股权投资确认的投资收益，但分部的日常活动是金融性质的除外。

7. 关于分部费用，下列说法不正确的是（　　）。

A. 是指可归属于经营分部的对外交易费用和对其他分部交易费用

B. 分部费用主要由可归属于经营分部的对外交易费用构成，通常包括营业成本、税金及附加、销售费用等

C. 将企业交易发生的费用在相关分部之间进行分配，按属于某经营分部的费用金额确认为分部费用

D. 分部费用包括与企业整体相关的管理费用和其他费用

8. 关于分部报告，下列说法不正确的是（　　）。

A. 分部报告中各个报告分部对外交易收入合计应占企业总收入的75%以上

B. 分部报告中报告分部的数量不应该超过10个

C. 分部报告中报告分部的确定应遵循可比性原则

D. 企业管理层如果认为披露该经营分部信息对会计信息使用者有用，那么，无论该经营分部是否满足20%的重要性标准，都可以将该经营分部直接指定为报告分部

9. 分部信息披露的描述性信息不包括（　　）。

A. 确定报告分部考虑的因素

B. 报告分部的产品

C. 报告分部劳务的类型

D. 每一报告分部的利润（亏损）信息

10. 报告分部与企业信息总额衔接的信息内容，下列说法不正确的是（　　）

A. 报告分部收入总额应当与企业收入总额相衔接

B. 报告分部利润（亏损）总额应当与企业利润（亏损）总额相衔接

C. 报告分部资产和负债总额应当与企业资产和负债总额相衔接

D. 报告分部费用总额应当与企业费用总额相衔接

二、多项选择题

1. 两个或两个以上的业务分部或地区分部同时满足(　　)条件的,可以予以合并。

A. 具有相近的长期财务业绩

B. 确定业务分部或地区分部所考虑的因素类似

C. 具有相近的短期财务业绩

D. 确定业务分部或地区分部所考虑的因素不类似

2. 分部收入主要由可归属于分部的对外交易收入构成,通常为营业收入,不包括(　　)。

A. 利息收入　　B. 资产处置净收益

C. 营业外收入　　D. 采用权益法核算的长期股权投资确认的投资收益

3. 分部费用主要由可归属于分部的对外交易费用构成,通常包括(　　)。

A. 利息费用　　B. 营业成本　　C. 税金及附加　　D. 销售费用

4. 以下项目中,应计入营业外支出的有(　　)。

A. 公益性捐赠支出　　B. 捐赠利得　　C. 非常损失　　D. 盘亏损失

5. 以下项目中,属于利息收入的有(　　)。

A. 因预付或借给其他分部款项而确认的利息收入

B. 债券投资的利息收入

C. 对其他分部贷款的利息收入

D. 股利收入

6. 以下不属于分部费用的有(　　)。

A. 资产处置净损失　　B. 营业外支出　　C. 税金及附加　　D. 利息费用

7. 下列关于分部报告的表述,不正确的有(　　)。

A. 企业应当以报告分部为基础确定经营分部

B. 经营分部能够在日常活动中产生收入、发生费用

C. 分部费用通常应包括与企业整体相关的管理费用和其他费用

D. 分部利润是指分部收入减去分部费用后的余额

8. 企业应当区分主要报告形式和次要报告形式披露分部信息,以下相关表述中,正确的有(　　)。

A. 风险和报酬主要受企业的产品和劳务差异影响的,披露分部信息的主要形式应当是业务分部,次要形式是地区分部

B. 风险和报酬主要受企业在不同的国家或地区经营活动影响的,披露分部信息的主要形式应当是地区分部,次要形式是业务分部

C. 风险和报酬同时较大地受企业产品和劳务的差异以及经营活动所在国家或地区差异影响的,披露分部信息的主要形式应当是业务分部,次要形式是地区分部

D. 风险和报酬主要受企业的产品和劳务差异影响的,披露分部信息的主要形式应当是地区分部,次要形式是业务分部

9. 下列有关分部报告的表述中,正确的有(　　)。

A. 分部报告应当披露每个报告分部的净利润

B. 分部收入应当分别对外交易收入和对其他分部收入予以披露

C. 在分部报告中应将递延所得税资产作为分部资产单独予以披露

D. 企业披露分部信息时,应注意报告分部信息总额与企业信息总额的衔接

10. 业务分部或地区分部的大部分收入是对外交易收入，且满足下列（　　）条件之一的，应当将其确定为报告分部。

A. 该分部的分部收入占所有分部收入合计的10%或者以上

B. 该分部的分部利润（亏损）的绝对额，占所有盈利分部利润合计额或者所有亏损分部亏损合计额的绝对额两者中较大者的10%或者以上

C. 该分部的分部资产占所有分部资产合计额的10%或者以上

D. 该分部的分部负债占所有分部负债合计额的80%或者以上

三、判断题

1. 企业应当以对外提供的财务报表为基础披露分部信息。对外提供合并财务报表的企业，应当以合并财务报表为基础披露分部信息。（　　）

2. 地区是以某行政区域作为划分依据，可以是单一国家，也可以是两个或者两个以上相邻国家的组合，可以是一个国家内行政区域，也可以是一个国家两个或两个相邻的行政区域的组合。（　　）

3. 分部收入不包括处置投资产生的净收益。（　　）

4. "报告分部的75%外部交易收入约束条件"是指各个报告分部的对外交易收入合计数占企业总收入的比重必须达到75%。（　　）

5. 分部报告准则规定，在分部报告中，报告分部的数量可以是30个。（　　）

6. 企业应当在财务报表附注中披露分部报告，充分揭示各个报告分部的相关信息。（　　）

7. 企业应当在财务报表附注中披露每一报告分部的利润（亏损）信息，包括利润（亏损）总额及其组成项目。（　　）

8. 分部会计政策应可以与编制企业集团合并财务报表或企业财务报表时所采用的会计政策不一致。（　　）

9. 如果企业因管理战略或内部组织结构改变对经营业务范围作出变更或对经营地区作出调整，使企业原已确定的报告分部所面临的风险和报酬产生较大差异，则必须改变原报告分部的分类。（　　）

10. 不是企业的每个组成部分都是经营分部或经营分部的一个组成部分。（　　）

四、业务题

2019—2021年顺丰控股分部信息披露如表9-13所示：

表9-13　顺丰分部信息披露情况

会计准则披露要求	2019年	2020年	2021年
报告分部个数	0	2	4
项目是否包含分部收入、分部费用、分部利润或亏损、分部资产、分部负债	否	是	是
是否满足10%要求（分部收入、分部利润或亏损、分部资产要求中任意一个）	否	是	是
是否满足75%要求	否	是	是

注：数据源于2019—2021顺丰控股年度报告

其他资料：顺丰控股在2019年及2019年以前并没有对分部报告进行披露，年度报告中对此解释的原因为2019年以前除速运分部以外，其他分部对顺丰控股意义不大，因此出于重要性原则和

成本控制的角度，并未披露分部报告。从 2020 年开始，顺丰开始在年度报告的财务报告附注中开始披露分部报告，披露关键会计项目包含分部收入、分部费用、分部利润或亏损、分部资产和分部负债，从分部报告披露内容的列示上满足第 35 号准则分部报告中第三章分部信息披露的要求。在报告分部的确认方面，顺丰控股在 2020 年度披露了两个报告分部，一个是速运分部一个是快运分部。这两个分部的对外分部收入均满足分部收入占两个分部合并收入 10%的独立分部要求，并且两个分部收入占全部收入的 92%。

根据最新 2021 年度报告显示，顺丰将报告分部增加为 4 个，除原有的速运、快运分部外，还增加了同城分部和供应链及国际分部两个分部。其中速运、快运和供应链及国际分部满足单个分部销售收入占合并收入 10%条件，同城分部满足分部亏损占总亏损绝对值 10%以上。在 2021 年度报告中，顺丰不仅披露了 2021 年分部报告，还根据 2021 年报告分部项目对 2020 年报告分部作出了调整并编制了分部报告，将 2020 年原速运分部拆分为速运分部、同城分部、供应链及国际分部，调整后的这三个单个报告分部依然满足独立报告分部的 10%要求，因此可以将这三个分部进行单独披露。其中，同城分部经营亏损额为约 756 534 元，占合并亏损总额的 45%，供应链及国际分部的利润较低。

根据上述资料，回答下列问题：

1. 各分部确认的条件有哪些？

2. 分部信息披露的内容有哪些？

3. 请对顺丰控股的报告分部确认与分部信息披露进行评价。

第十章 破产清算会计

本章知识结构

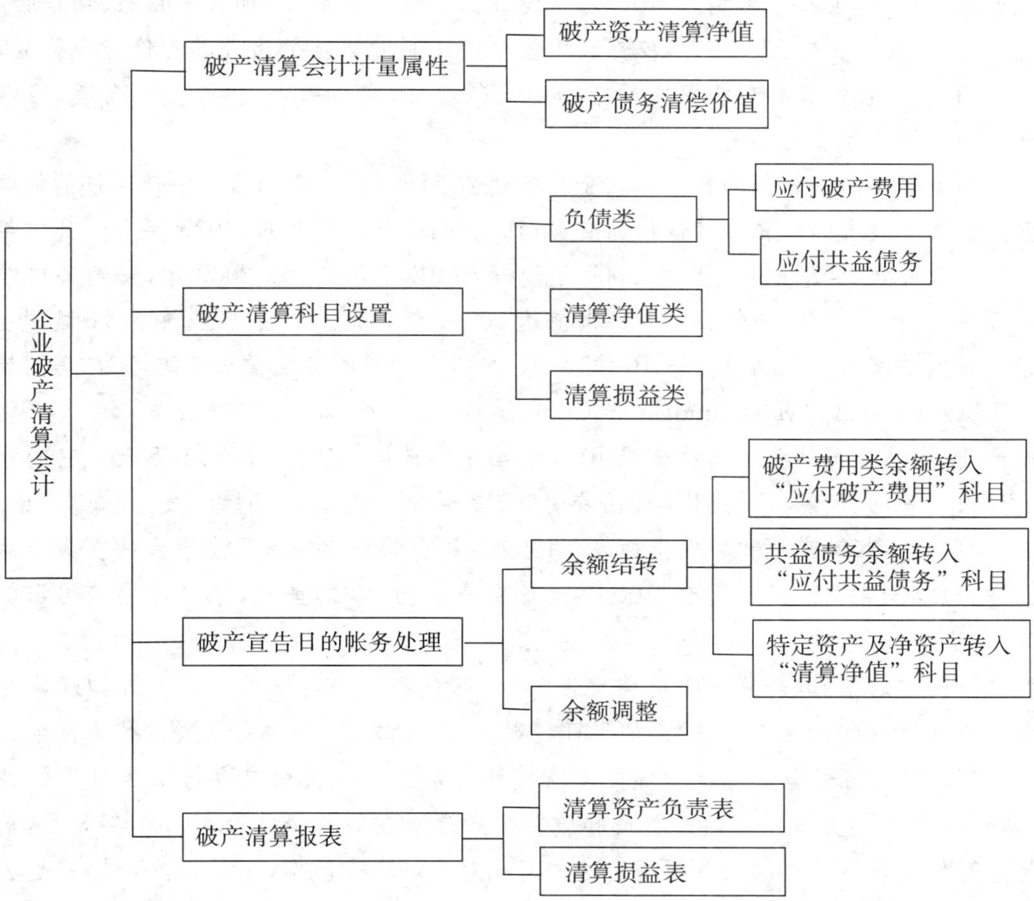

学习目标

通过本章的学习，了解企业清算的程序；理解企业清算中涉及的概念；掌握企业清算涉及的主要会计事项；掌握企业清算会计的特点及科目设置。

案例导入

2001年12月2日，美国安然公司正式申请破产，在短时间内戏剧性地由顶峰滑至谷底，创下了美国历史上规模最大的企业破产记录。

安然公司通过创造性地将期货、期权等金融工具引入能源交易中，扩大交易领域，短期内迅速成为世界上最大的能源和其他商品交易商。但是在宏观环境剧烈变化、股市出现大幅震荡的情况下，它将公司收入和业务稳定与自己的股票价格绑在一起，实行泡沫化经营，利用会计、审计制度中的缺陷隐瞒债务、人为操纵利润等，加上公司监管机构形同虚设等，导致其很快崩溃。

安然公司成立于1985年，由当时的休斯敦天然气公司和北联公司合并而成，主要经营北美的天然气与石油输送管道业务。20世纪80年代后期，美国政府开始放松对能源市场的管制，导致能源特别是天然气与石油价格的波动加大。安然公司抓住时机，利用市场上随之出现的希望规避与控制能源价格波动风险的需求，创造性地将金融市场中的期货、期权等概念移植到能源交易中，从提供能源产品的期货、期权等新型交易入手，广泛开拓其他大宗商品(如天气预报、通信带宽等)的衍生交易市场，扩大经营范围。同时，安然公司依靠所研制的能源衍生证券定价与风险管理系统，利用财力上的优势，占据了新型能源交易市场的垄断地位，成为一个类似美林、高盛，但以交易能源衍生产品为主的新型交易公司。

安然公司凭借不断开拓新的市场，在1985年到2000年的15年间从一个地区性的能源供应商迅速演变为世界上最大的能源和其他商品交易商。根据安然公司年报，1986年安然公司年销售收入为76亿美元，1996年达133亿美元，2000年则升至1 008亿美元。2000年，安然公司股票价格高达90.56美元，据此计算，安然公司资产市值达800多亿美元。该公司在《财富》杂志的企业500强排行榜上曾列美国第7位和世界第16位，并从1996年起连续6次被该杂志评为“美国最具创新能力的公司”(American's Most Innovative Company)。

在破产前，安然公司的业务遍及全球40多个国家和地区，拥有雇员2.1万人。它的业务领域包括石油天然气管网、能源、原材料等产品交易，交易对象除天然气、电力、石油、煤炭、金属外，还涉及天气预报、通信频率带宽和环保指标等。1999年该公司建立的世界上最大的在线商品交易网站交易品种为1 500种，日交易量为5 000宗，日交易值为30亿美元，累计交易有6 500亿美元以上。

安然公司问题的暴露，是从一些机构投资公司、基金管理公司证券分析人员和媒体对安然公司的利润产生怀疑开始的。2001年3月5日，《财富》杂志发表文章《安然股价是否高估》，对公司财务提出疑问。随后证券分析人员和媒体不断披露安然公司在关联交易与财务方面的种种不正常做法，认为这些关联交易对安然的负债和股价会产生潜在的致命风险。2001年8月，美国证券交易委员会开始调查该公司的财务问题。这些情况对市场产生影响，2001年10月，安然公司的股价下跌至20美元左右。在各种压力下，安然公司不得不决定重审过去的财务报表，于2001年11月8日宣布在1997年至2000年间共虚报利润近6亿美元，并有巨额负债未列入资产负债表。11月28日，在安然公司有6亿美元的债务到期的情况下，原准备并购安然的昔日竞争对手德能公司宣布无法按照并购条件向安然公司提供20亿美元现金，使得市场对安然公司的信心陡降。同时，标准普尔公司和穆迪公司将安然公司的债信评级连降六级为“垃圾债”，安然股价立即大幅下跌，跌至每股0.2美元的最低点。股价严重下跌，又引发了由关联交易形成的高达34亿美元的债务清偿。由于严重资不抵债，安然于2001年12月2日正式申请破产保护。

从当时揭露的情况看，安然公司的破产可能涉及经营中的欺诈假账、内幕交易等违法行为，也暴露出美国会计、审计制度等监管方面的漏洞。同时，由于安然公司股价大跌，那些将养老金大量投资其股票的职工血本无归，这对美国的社会保障制度改革也带来了巨大的影响。

第一节　企业清算概述

知识拓展

一、企业清算的相关概念

（一）企业清算的含义

企业清算是指在企业面临终止的情况下，负有清算义务的主体按照法律规定的方式、程序对企业的资产、负债、股东权益等作全面的清理和处置，使得企业与其他社会主体之间产生的权利和义务归于消灭，从而为企业的终止提供合理依据的行为。

企业终止的原因很多，根据我国相关法律的规定，企业终止的原因可以归纳为：(1)企业营业期限届满，自行终止；(2)企业章程所设立的经营目的业已达到，企业不需要继续经营；(3)企业章程所设立的经营目的根本无法实现，且企业无发展前途；(4)企业章程规定的终止事由出现；(5)股东大会或企业最高权力机构决定终止；(6)企业合并或分立，要求企业终止；(7)企业违反国家法律、法规，危害社会公共利益被依法撤销；(8)企业宣告破产。

公司终止的原因多种多样，但根据《中华人民共和国公司法》(以下简称《公司法》)的规定，公司清算的最基本分类是破产清算与非破产清算。

非破产清算是指在公司法人资产足以清偿债务的情况下，依照公司法的规定所进行的清算，包括自愿的解散清算和强制的解散清算。此种清算的财产除用以清偿公司的全部债务外，还要将剩余的财产分配给债权人和股东。

破产清算是指在企业不能清偿到期债务的情况下，依照《中华人民共和国企业破产法》(以下简称《破产法》)的规定所进行的清算。《公司法》规定："公司被依法宣告破产的，依照有关企业破产的法律实施破产清算。"

此二者进行区分的依据主要是企业依法清算的程序不同。

企业终止时，如果财产足以偿还债务，则所进行的清算为非破产清算，理论上全部债权人的债权均能实现，而且往往还存在剩余财产可供分配；如果财产已不足以偿还全部债务，则必须按照破产清算程序进行清算，按照法定程序和公平受偿原则清偿破产企业职工工资、劳动保险费用、所欠税款、破产债权后，企业终止。

在实践中，也存在一种特殊的情况，即公司终止时，由于尚未进行清算，对其资产负债情况并不十分清楚，可能首先启动的是非破产清算，但经清理公司的财产和债权债务关系后，发现其财产不足以偿还全部债务，这时，非破产清算程序将无法进行下去。这就需要清算组织或者债权人按照破产法的有关规定向人民法院提起破产清算程序，从而由非破产清算程序转为破产清算程序。

(二)企业破产的概念

破产,是指当债务人的全部资产不足以清偿到期债务时,债权人通过一定程序将债务人的全部资产供其平均受偿,从而使债务人免除不能清偿的其他债务,并由法院宣告破产解散。当企业资产的公允价值低于其全部债务,亦无债务展期、和解、重整的可能性时,企业实际上已经破产

从法律上讲,企业破产有两层含义:其一是资不抵债时发生的实际意义上的破产,即债务人因其负债超过其资产的公允价值,不能清偿其到期债务而发生的一种状况;其二是指债务人因不能清偿到期债务而被法院宣告破产。此时债务人资产的公允价值可能低于负债,也可能等于或超过负债,这种破产是法律意义上的破产。

二、企业清算的程序

(一)企业非破产清算的程序

一个企业的非破产清算,必须按一定程序分清企业应负的责任,及时处理债权债务,合理地分配财产、费用,避免因企业清算所造成的各种经济损失和纠纷。

根据我国《公司法》的规定,公司清算的一般程序如下。

1. 组织清算组

按《公司法》规定,自愿解散的有限责任公司的清算组应当由股东组成,股份有限公司的清算组应当由股东大会确定;如果是强制解散,清算组则应由主管机关从股东、有关机关及其专业人员中指定。

2. 公告和通知债权人,催报债权

清算组成立后应在 10 日内通知已知的债权人并于 60 日内在报纸上至少公告了 3 次,债权人应当在接到通知书之日起 30 日内,未接到通知书的自第一次公告之日起 90 日内,向清算组申报债权,逾期未申报者,即视为放弃债权,不列入清算债权。

3. 编造财产账册,制订清算方案

清算组应登记债权,清理财产,编制资产负债和财产清单,然后制订清算方案,并报股东会或者有关主管机关确认。

4. 清偿债务

公司财产足以清偿全部债务的,按下列顺序清偿:

第一,支付清算费用;

第二,支付职工工资和劳保费用;

第三,缴纳所欠税款;

第四,清偿公司债务。

5. 分配剩余财产

在清偿债务后,公司的剩余财产按股东出资比例进行再次分配(股份公司按股权分配)。

6. 注销执照

清算组在终结分配后，应制作清算终结报告，报股东会或主管机关认可后，申请注销公司法人资格，吊销营业执照。

（二）企业破产清算的程序

企业的破产清算往往要履行严格的法律程序，按照《破产法》的相关规定，公司破产清算的程序主要包括如下。

1. 成立清算组

《破产法》规定，用"破产管理人"取代旧破产法的"破产清算组"，负责在企业重整或破产清算程序中，全面接管破产企业并负责破产财产的保管、清理、估价、处理和分配等破产清算事务。人民法院应当在宣告企业破产之日起十五日内成立清算组，接管破产企业，清算组应当由股东、有关机关及专业人士组成。

2. 破产管理人接管破产公司

《破产法》规定，法院裁定受理破产申请的，应当同时指定管理人。管理人可以由有关部门、机构的人员组成的清算组或者依法设立的律师事务所、会计师事务所、破产清算事务所等社会中介机构担任。人民法院宣告企业破产后，破产企业由破产管理人接管，负责对破产企业的财产进行管理、清理、估价、处理、分配，代表破产企业参与民事活动，其行为对人民法院负责并向人民法院汇报工作。

3. 破产财产分配

由破产管理人提出破产财产分配方案，在债权人会议上讨论通过，报人民法院批准后由破产管理人具体执行。

破产管理人分配破产财产前，首先应拨付清算费用，包括：(1)破产财产管理、变卖、分配所需的费用；(2)破产案件诉讼费；(3)为债权人的共同利益而在破产程序中支付的其他费用。

破产财产在优先支付清算费用后，按以下顺序清偿：(1)破产企业拖欠的职工工资、劳动保险费用；(2)破产企业拖欠税款；(3)破产债权。

4. 清算终结

破产财产清算分配完毕，由破产管理人向人民法院汇报清算分配工作的情况，并申请人民法院裁定破产终结，未得到清偿的债权，不再进行清偿。

5. 注销登记

企业破产，破产财产分配完毕，企业法人依法终止其民事行为能力，破产管理人向破产公司的原登记机关申请注销原公司登记。

（三）企业破产清算与非破产清算的程序比较

破产清算和非破产清算两者相同之处在于企业面临终止，需要清理资产和债权债务，最终向企业登记机关办理注销手续，退出市场。

两者的主要不同有以下几点。

1. 清算的条件不同

破产清算以企业法人的财产不能清偿全部债务为条件，资不抵债、缺乏现金流使得企业丧失清偿能力，只有通过破产清算借助司法强制力才能使债权人公平受偿。引起非破产清算的原因是企业解散，常见的有企业经营期满、股东大会决定解散等事由，理论上资产大于负债，清偿债务后还有剩余资产分配给出资人。

2. 清算的法律依据不同

企业破产清算依据的主要有《破产法》《中华人民共和国民事诉讼法》和《最高人民法院关于审理企业破产案件若干问题的规定》等法律、司法解释。非破产清算主要适用于《公司法》《中华人民共和国全民所有制工业企业法》《中华人民共和国企业法人登记管理条例》《外商投资企业清算办法》等法律法规。

3. 是否进入破产程序不同

破产清算是法院受理破产申请，经审查裁定宣告破产后进行的清算，法院指定管理人履行清算职责，债权异议的审查、财产的变价和财产的分配方案，都由法院最终确定。当清算完毕后，法院裁定终结破产程序。可以说，整个破产清算工作在法院的主持和监督下进行。

非破产清算则是由企业的清算义务主体组成清算组进行清算，如有限责任公司的清算组由股东组成，股份有限公司的清算组由董事或股东大会确定的人员组成，按照《公司法》确定的程序进行清算。虽然《公司法》第一百八十四条规定，公司应当在解散事由出现之日起十五日内成立清算组，开始清算。逾期不成立清算组进行清算的，债权人可以申请人民法院指定有关人员组成清算组进行清算。人民法院应当受理该申请，并及时组织清算组进行清算。但法院一般在公司股东、董事、监事、债权人或其他利害关系人中指定清算组成员，由他们负责清算事务，法院并不对清算事务插手，与破产清算程序完全不同。

4. 财产执行程序是否中止不同

破产清算以全体债权人公平受偿为目的，因此，法律规定破产案件受理后，禁止对个别债权人进行清偿，防止其他债权人的利益受损。为了加大对债务人财产保护的力度，保护措施溯及破产申请受理前六个月内，当债务人达到破产界限时，仍对个别债权人进行清偿，经管理人申请，法院有权撤销。

针对财产的执行程序往往依据个别债权人申请而启动，强制处置债务人财产使申请人的债权得到实现，很可能使其他债权落空，结果与全体债权人公平受偿的立法宗旨相违背。于是，立法者设计了“自动中止”的制度安排，破产程序开始后，针对债务人财产的强制执行行为即告中止，执行申请人与其他债权人一起等待财产统一分配。

但是，在非破产清算中，虽然《公司法》第一百八十六条规定，在申报债权期间，清算组不得对债权人进行清偿，但该规定不能对抗法院或行政机关采取的执行措施。

5. 债务人是否免责不同

破产清算的最大优势是将破产财产公平地分配给债权人，破产程序终结后，债务人对未能清偿的债务不再清偿，即所谓的破产免责主义。

非破产清算必须保证每个债权人都得到清偿，如果减免债务除非得到债权人的同意。

三、清算会计的特征及科目设置

(一)企业清算会计的特征

企业清算会计是财务会计的一个分支,它专门从事对清算企业在清算期间的财务信息进行记录、核算和报告的会计管理活动。由于清算会计服务于企业的终止阶段,它有别于常规财务会计,具有自身的特点。

1. 清算会计目标有别于常规财务目标

在持续经营的条件下,企业从事正常的生产经营活动。服务于正常生产经营活动的常规财务会计的目标是提供企业现实的财务状况,反映企业的经营成果和资金的变动情况,预测和展示企业未来的财务能力和获利能力。

当企业进入清算状态后,正常的生产经营活动已经停止,清算业务的主要活动是财产清理变现、债务清偿和剩余财产分配等。此时,清算会计的主要活动是要反映清算过程中的财务状况,它所提供的会计信息,已不再用来说明生产经营过程中销售、成本、费用、盈利等方面的情况,而是用来说明清算过程中的财产变现、债务清偿、资金流转和清算净损益等方面的情况。

2. 清算会计的计量基础和核算原则有所变化

在清算过程中,人们最关心的是企业资产的变现能力和债务清算程度。这样,在持续经营前提下常规会计核算的历史成本计量基础已不再适用,清算会计核算必须以清算价值(或变现价值)为计量基础。常规会计核算遵循的历史成本计价、配比和权责发生制等会计原则已不再适用,取而代之的是清算价格、收付实现制等原则。

3. 清算会计循环变为单周期核算活动

在持续经营前提下,一个企业的会计核算必须在一个会计期间内完成一系列的会计程序,并于会计期初开始,于会计期末结束,这一过程循环往复,周而复始。当企业进入清算状态后,持续经营的会计前提消失了,清算会计循环周期不再以年为单位,而是以清算业务完成实际耗用的时间为准。

4. 清算会计的报表体系比较独特

由于信息使用者的变化和对信息内容要求的不同,清算企业的报表一般由三部分组成:

(1)财产现状类报表,如清算资产负债表、债权债务清单等;

(2)变现偿债类报表,用来反映清算过程中清算财产变卖和债务的偿还进度、偿还比例等方面的情况,一般在清算过程中分阶段或者一次性编制;

(3)清算损益类报表,用来反映清算期间财务状况和理财过程,如清算利润表等,一般在清算结束时编制。

(二)会计科目设置

企业终止进入清算期,必须设置"清算费用"和"清算损益"两个科目单独核算。存在土地转让业务的企业,还应设置"土地转让收益"科目。

1."清算费用"科目

本科目核算清算期间发生的清算人员的酬金、公告费用、咨询费用、诉讼费用和利息等支出。

2.“清算损益”科目

本科目核算清算期间所发生的收益或损失。

3.“土地转让收益”科目

本科目核算被清算企业转让土地使用权取得的收入，企业所支付的职工安置费，发生的与转让土地使用权有关的成本、税费，如应缴的有关税金、支付的土地评估费用等，也在本科目中核算。

清算结束时，清算收益减去清算费用和清算损失，加上土地转让收益后的余额为清算净收益，在依照税法规定弥补以前年度亏损后，应当视同利润按照规定的税率缴纳所得税。该科目余额应转入“利润分配”科目。

（三）清算损益的计量

企业在清算过程中，会发生清算收益或损失、土地转让收益和清算费用。

清算收益或损失是指清算期内企业在处置清算财产过程中取得财产的变卖收入超过资产的账面价值所发生的收益和重新确认债务中发生的负债的减少金额，以及在处置清算财产过程中取得的财产变卖收入小于资产的账面价值所发生的损失、不能收回的应收账款和重新确认债务中发生的负债的增加金额等。

土地转让收益是指转让土地使用权取得的收入减去以此收入支付的职工安置费等支付后的净收益。

清算费用是指在清算过程中发生的各种清算费用。

清算收益减去清算损失和清算费用加上土地转让收益后的余额，即为清算净损益。

清算净损益的计算公式为：

清算净损益＝清算收益－清算损失－清算费用＋土地转让收益

【例 10-1】 清算净损益的计算举例说明

资料：华鑫股份有限公司于 2×22 年 10 月 1 日宣告终止，实行清算，9 月 30 日的资产负债表（简表）见表 10-1。

表 10-1 资产负债表

编制单位：华鑫股份有限公司　　2×22 年 9 月 30 日　　单位：万元

资产	金额	负债及股东权益	金额
货币资金	360	短期借款	80
应收账款	576	应付账款	100
存货	720	长期借款	108
预付款项	24	负债合计	288
长期股权投资	200		
固定资产原值	1 800	实收资本	1 800
减：累计折旧	552	资本公积	800
固定资产净值	1 248	未分配利润	200
无形资产	40	所有者权益	2 880
资产总计	3 168	负债及股东权益总计	3 168

在清算过程中，首先对该企业的资产和负债进行全面清查，然后处理这些资产和负债，假定该

企业清算情况如下：

(1)应收账款收回货币资金 5 400 000 元，发生 360 000 元坏账损失；

(2)存货盘亏 500 000 元，其余变卖收到货币资金 6 000 000 元；

(3)预付款项 240 000 元予以转销；

(4)长期股权投资收到转让所得 4 000 000 元；

(5)固定资产全部变现，收到货币资金 14 000 000 元；

(6)无形资产转让所得 600 000 元；

(7)负债 2 880 000 元全部予以偿还(不计利息)；

(8)发生清算费用 1 000 000 元。

要求：由以上资料可以计算出该企业的清算净损益。

【分析】

(1)清算收益为 3 720 000 元。

其中：

长期股权投资＝4 000 000－2 000 000＝2 000 000(元)

固定资产＝14 000 000－(18 000 000－5 520 000)＝1 520 000(元)

无形资产＝600 000－400 000＝200 000(元)

(2)清算损失为 1 800 000 元。

其中：

应收账款＝5 760 000－5 400 000＝360 000(元)

存货＝7 200 000－6 000 000＝1 200 000(元)

预付款项＝240 000 元

(3)清算费用＝1 000 000 元。

(4)清算净损益＝3 720 000－1 800 000－1 000 000＝920 000(元)。

由于清算业务的会计原理与常规业务的会计原理大不相同，清算的会计核算方法与常规会计核算的方法有所不同。本章以下分别具体举例说明企业非破产清算与破产清算的会计处理。

四、清算会计的主要内容

(一)企业非破产清算的主要内容

企业非破产清算涉及的会计事项主要包括：

(1)编制清算年度年初至清算日的财务报表；

(2)编制债权债务清册；

(3)评估资产净值；

(4)反映和监督清算费用；

(5)资产变现并偿还债务；

(6)核算企业清算净损益；

(7)按清算净收益计算、缴纳所得税；

(8)在所有者之间分配剩余财产，并结清会计账簿，编制清算报告。

（二）企业破产清算的主要内容

破产企业在宣告破产并成立破产管理人后，应接受破产管理人的指导，协助破产管理人对企业的各种财产进行全面的清理登记，编制清册；同时对各项资产损失、债权债务进行全面核定查实。

破产清算的会计事项主要包括以下几方面。

1. 破产财产清查

破产管理人应对破产公司的债权、债务、实有财产（固定资产、无形资产）等情况进行全面审核和清理。清查时，可以采用审阅法、盘存法、抽查法、核对法等方法。

2. 编制破产清算日的有关报表

破产管理人应首先封存破产公司的原有账册，另行设立专用账册；其次，编制破产清算日的公司目录及资产负债表，这种资产负债表又叫作“破产负债表”。

3. 变卖破产财产

破产管理人应对破产公司的财产进行估价，估价的方法有账面价值法、重置成本法、现行市价法、收益现值法等。不同的财产可采用不同的方法。估价后，需要把财产进行变现。

4. 收取各种债权

对于公司应清收的各项债权，作为财产收入来处理。

5. 单独核算破产清算净损益

破产清算净损益也是清算收益与清算费用和清算损失相比较的结果。

破产清算费用主要包括：清算工作人员的费用；诉讼费用；咨询费用；利息净支出等。

破产清算损失主要包括：财产盘亏损失；财产变现损失；财产估价损失；坏账损失等。

破产清算收益主要包括：财产盘盈收益；财产变现收益；财产估价收益；不用归还的债务；转让土地使用权净收益；其他收益等。

6. 破产财产对公司债权人的分配

若破产财产的余额不能全部清偿其债权人的债务，应按所持有的债务比例进行分配。

7. 编报破产财务报表

通过编制破产财务报表反映破产企业清算后的财务状况。

（三）企业破产清算与非破产清算会计事项的比较

清算的会计处理工作主要包括对企业的清算财产加以确认、计量和重估计价，以及进行处置变现，确认、计量清算债权并据以分配清算财产，对全部清算过程进行会计核算并编报有关企业清算的会计报表。

破产清算和非破产清算会计事项基本相同，都需要对以下事项进行会计处理：

(1)清理公司财产，编制资产负债表和财产清单；

(2)处理公司未了结的业务，包括代表公司参加民事诉讼或仲裁活动；

(3)进行资产评估；

(4)制订清算方案；

(5)资产经过评估后，清算组应在征得债权人同意后，经财政部门和国有资产管理部门批准后，进行变卖或拍卖；

(6)清偿债务，清算组应对享有优先受偿的债务，包括有抵押、质押、留置权益的债务进行优先受偿。

正常生产经营的会计制度不适用于非破产清算，国家也没有出台非破产清算会计处理的单独规定，因而目前绝大多数内资企业在非破产清算期间对相关的清算业务未进行相应的会计处理。非破产清算与破产清算有许多相同之处，在会计处理上应参照财政部于2015年12月20日发布的《企业破产清算有关会计处理规定》，并根据非破产清算的特点对会计核算进行适当调整，达到既能反映企业清算过程的财务状况，又有利于管理部门对企业清算进行有效控制的目的。

知识点链接

在会计制度层面，财政部早在1997年就发布了《国有企业试行破产有关会计处理问题暂行规定》(财会字〔1997〕28号)，但是该文件仅适用于破产的国有企业，并不适用于其他的破产企业。2006年2月15日，财政部发布了《企业会计准则—基本准则》和38项具体准则(部分准则随后进行了调整和更新，目前是42项具体准则)，标志着我国企业会计准则体系初步建成。但是由于企业会计准则的基本假设之一是持续经营假设，该准则并不适用于破产企业。

随着我国市场经济体制的不断发展与完善，企业在市场竞争中适者生存，实施破产的企业越来越多。基于上述的各种原因，财政部于2016年7月4日发布了《企业破产清算有关会计处理规定(征求意见稿)》，经过半年时间的意见征集，于2016年12月20日出台了正式的《企业破产清算有关会计处理规定》。

第二节　非破产清算的会计处理

一、非破产清算会计处理的主要步骤

企业非破产清算过程中的会计处理一般要经过几个步骤，如图10-1所示。

图10-1　非破产清算会计处理的主要步骤

二、非破产清算的会计处理

下面举例说明企业由于经营期限届满和连年发生亏损而进行的清算

1. 企业由于经营期限届满而进行的清算

【例 10-2】 经营期限届满而进行的清算

资料：华鑫股份有限公司于 2×12 年 8 月 1 日开业，按照公司章程规定经营期为 10 年，2×22 年 8 月 1 日结业。2×22 年 8 月 1 日经股东大会讨论一致通过决议决定终止经营，自即日起办理清算。

要求：按步骤对该公司进行相关的清算会计处理，编制相关的报表。

【分析】 清算会计处理步骤如下。

(1)编制清算日的资产负债表。

这里的清算日，应该是 2×22 年 7 月 31 日。该股份有限公司清算日的资产负债表见表 10-2（假定该公司无欠缴税款）。

表 10-2　资产负债表(清算前)

编制单位：华鑫股份有限公司　　2×22 年 7 月 31 日　　单位：万元

资产	金额	负债及股东权益	金额
流动资产：		流动负债：	
货币资金	700	短期借款	60
应收票据	140	应付票据	40
应收账款	900	应付账款	40
减：坏账准备	20	流动负债合计	140
应收账款净额	880		
存货	1 280	非流动负债：	
流动资产合计	3 000	长期借款	120
		负债合计	260
非流动资产：			
固定资产原值	840	股东权益：	
减：累计折旧	300	股本	2 400
固定资产净值	540	其中：优先股	600
长期待摊费用	20	普通股	1 800
非流动资产合计	560	资本公积	240
		盈余公积	400
		未分配利润	260
		股东权益合计	3 300
资产总计	3 560	负债及股东权益总计	3 560

(2)核算清算费用。

2×22 年 8 月 1 日至 8 月 31 日整个清算期间一共发生各项清算费用 210 000 元(包括清算人

员酬金 60 000 元，公告费用 24 000 元，利息支出 102 000 元，咨询费用 24 000 元），全部用银行存款支付。

有关账务处理如下：

借：清算费用	210 000	
贷：银行存款		210 000

(3)核算企业财产物资变卖损益。

①处理存货。其中：

原材料账面价值 2 400 000 元，出售价 2 800 000 元；

在产品账面价值 2 400 000 元，出售价 2 200 000 元；

低值易耗品账面价值 800 000 元，出售价 400 000 元；

产成品账面价值 7 200 000 元，出售价 8 400 000 元。

原材料和产成品均以超过账面价值的价格出售，这部分记入"清算损益"科目的贷方；在产品和低值易耗品均以低于账面价值的价格出售，这部分记入"清算损益"科目的借方。

有关账务处理为：

借：银行存款	13 800 000	
贷：原材料		2 800 000
库存商品		8 400 000
生产成本		2 200 000
低值易耗品		400 000
借：原材料	400 000	
库存商品	1 200 000	
贷：清算损益		1 600 000
借：清算损益	600 000	
贷：生产成本		200 000
低值易耗品		400 000

②处理固定资产。将所有固定资产变卖共获得收入 7 000 000 元，超过账面净值 1 600 000 元，先将变价收入入账：

借：银行存款	7 000 000	
贷：固定资产		7 000 000

③将累计折旧冲销固定资产，将溢价收入转入"清算损益"科目。

借：累计折旧	3 000 000	
贷：固定资产		1 400 000
清算损益		1 600 000

④将长期待摊费用 200 000 元一次摊销完毕。

借：清算损益	200 000	
贷：长期待摊费用		200 000

(4)核算企业收回债权和清偿债务。

①收回应收票据 1 400 000 元。

借:银行存款　　1 400 000
　贷:应收票据　　1 400 000

②核算收回的应收账款 8 600 000 元,冲销坏账准备 200 000 元,其余 200 000 元无法收回,作为坏账损失列入"清算损益"科目。

借:银行存款　　8 600 000
　坏账准备　　200 000
　清算损益　　200 000
　贷:应收账款　　9 000 000

③归还银行短期借款 600 000 元(应支付利息 30 000 元,已列入清算费用),偿还应付票据 400 000元,偿还应付账款 400 000 元,归还长期借款 1 200 000 元(支付利息 72 000 元也已列入清算费用)。

根据上述业务作账务处理为:

借:短期借款　　600 000
　贷:银行存款　　600 000
借:应付票据　　400 000
　贷:银行存款　　400 000
借:应付账款　　400 000
　贷:银行存款　　400 000
借:长期借款　　1 200 000
　贷:银行存款　　1 200 000

(5)核算剩余股东权益。

①将清算费用转入"清算损益"科目。

借:清算损益　　210 000
　贷:清算费用　　210 000

②计算清算损益。到现在为止,"清算损益"科目的借方发生额为 1 210 000 元,贷方发生额为 3 200 000 元,经过计算,将清算损益结转到"利润分配"科目。

借:清算损益　　1 990 000
　贷:利润分配　　1 990 000

③按清算净损益计算并缴纳所得税(按 25%计算缴纳)。

应交所得税=1 990 000×2.5%=497 500(元)

借:利润分配　　497 500
　贷:银行存款　　497 500

④支付本年度优先股 1—7 月份股利。

借:利润分配　　400 000
　贷:银行存款　　400 000

(6)编制清算费用表(见表10-3)、清算利润表(见表10-4)和清算结束日资产负债表(见表10-5)。

表10-3　清算费用表

编制单位:华鑫股份有限公司　　2×22年8月1日—8月31日　　单位:万元

费用项目	金额
清算人员酬金	60 000
公告费用	24 000
咨询费用	24 000
利息支出	102 000
合计	210 000

表10-4　资产负债表(清算前)

编制单位:华鑫股份有限公司　　2×22年8月1日—8月31日　　单位:万元

清算损失及清算费用	金额	清算收益	金额
清算费用	210 000	变卖存货溢价收入	1 600 000
应收账款坏账损失	200 000	变卖固定资产溢价收入	1 600 000
变卖存货损失	600 000		
摊销长期待摊费用	200 000		
合计	1 210 000	合计	3 200 000

表10-5　资产负债表(清算后)

编制单位:华鑫股份有限公司　　2×22年8月31日　　单位:万元

资产	金额	股东权益	金额
银行存款	34 092 500	优先股	6 000 000
		普通股	18 000 000
		资本公积	2 400 000
		盈余公积	4 000 000
		未分配利润	3 692 500
资产总计	34 092 500	股东权益总计	34 092 500

(7)分配剩余资产。

清算结束后的剩余财产为货币资金34 092 500元。

由于该公司是股份有限公司,剩余财产必须先分配给优先股股东,然后再分配给普通股股东。作账务处理为:

借:股本—优先股　　6 000 000

　贷:银行存款　　6 000 000

假设普通股共有18万股,原来每股面值为100元,现在每股可分得156.07元。作账务处理为:

借:股本—普通股　　18 000 000

　资本公积　　2 400 000

　盈余公积　　4 000 000

　利润分配——未分配利润　　3 692 500

　贷:银行存款　　28 092 500

2. 企业由于连年发生亏损而终止清算

【例 10-3】 连年发生亏损而终止清算

资料:假设华鑫公司于 2×20 年 9 月 1 日开业,但近几年来,由于经营管理不善,连年发生亏损,经股东大会讨论一致通过决议决定终止经营,自 2×22 年 9 月 1 日起办理清算。

要求:按步骤对该公司进行相关的清算会计处理,编制相关的报表。分析:这种情况下的会计处理步骤与前一种情况是一致的。具体说明如下:

(1)编制清算日的资产负债表(见表 10-6)。

表 10-6 资产负债表(清算前)

编制单位:华鑫股份有限公司　　2×22 年 8 月 31 日　　单位:万元

资产	金额	负债及股东权益	金额
流动资产:		流动负债:	
货币资金	888 320	短期借款	800 000
其中:库存现金	8 320	应付票据	320 000
银行存款	880 000	应付账款	15 200 000
应收票据	880 000	应付职工薪酬	320 000
应收账款	11 071 680	应交税费	480 000
减:坏账准备	320 000	流动负债合计	17 120 000
应收账款净额	10 751 680	非流动负债:	
存货	15 328 000	长期借款	1 600 000
流动资产合计	27 848 000	负债合计	18 720 000
非流动资产:		股东权益:	
固定资产原值	20 528 000	股本	32 000 000
减:累计折旧	4 056 000	资本公积	3 200 000
固定资产净值	16 472 000	盈余公积	1 600 000
		未分配利润	(11 200 000)
		股东权益合计	25 600 000
资产总计	44 320 000	负债及股东权益总计	44 320 000

(2)核算清算费用。

2×22 年 9 月 1 日至 9 月 30 日期间共支付各项清算费用 280 000 元(包括清算人员酬金 128 000元,公告费用 32 000 元,咨询费用 32 000 元,诉讼费用 88 000 元)。

有关账务处理为:

借:清算费用　　280 000

　贷:库存现金　　8 320

　　银行存款　　271 680

(3)核算企业财产物资变卖损益。

①处理存货。其中,原材料账面价值 3 200 000 元,产成品账面价值 8 000 000 元,溢价出售为原材料 3 840 000 元,产成品 9 760 000 元。超过账面价值部分列入“清算损益”科目。在产品账面价值 3 200 000 元,低值易耗品账面价值 928 000 元,折价出售为在产品 2 880 000 元,低值易耗品 320 000 元。低于账面价值部分列入“清算损益”科目。

借:银行存款　　16 800 000
　贷:原材料　　3 840 000
　　生产成本　　2 880 000
　　库存商品　　9 760 000
　　低值易耗品　　320 000
借:原材料　　640 000
　库存商品　　1 760 000
　贷:清算损益　　2 400 000
借:清算损益　　928 000
　贷:生产成本　　320 000
　　低值易耗品　　608 000

②处理固定资产收入 17 600 000 元,超过账面净值 1 128 000 元。

先将变价收入入账。

借:银行存款　　17 600 000
　贷:固定资产　　17 600 000

再将累计折旧冲销固定资产,并将溢价部分转入“清算损益”科目。

借:累计折旧　　4 056 000
　贷:固定资产　　2 928 000
　　清算损益　　1 128 000

(4)核算企业收回债权和清偿债务。

①收回应收票据 880 000 元,支付贴现利息 24 000 元。

借:银行存款　　856 000
　清算费用　　24 000
　贷:应收票据　　880 000

②收回应收账款 10 720 000 元,冲销坏账准备 320 000 元,其余 31 680 元无法收回,作为坏账损失。

借:银行存款　　10 720 000
　坏账准备　　320 000
　清算损益　　31 680
　贷:应收账款　　11 071 680

③清偿应付职工薪酬。

借:应付职工薪酬　　320 000
　贷:银行存款　　320 000

④支付应交税费 480 000 元。

借:应交税费　　480 000
　贷:银行存款　　480 000

⑤归还短期借款 800 000 元,并将支付的利息 24 000 元列入“清算费用”科目。

借:短期借款　　800 000
　清算费用　　24 000
　贷:银行存款　　824 000

⑥偿还应付票据 320 000 元及应付账款 15 200 000 元。

借:应付票据　　320 000

　应付账款　　15 200 000

　贷:银行存款　　15 520 000

⑦归还长期借款 1 600 000 元,并将支付的利息 80 000 元列入“清算费用”科目。

借:长期借款　　1 600 000

　清算费用　　80 000

　贷:银行存款　　1 680 000

(5)核算剩余股东权益。

①将清算费用转入“清算损益”科目。

借:清算损益　　408 000

　贷:清算费用　　408 000

②计算清算净损益。“清算损益”科目借方合计为 1 367 680 元,贷方合计为 3 528 000 元,则清算净损益为 2 160 320 元(3 528 000－1 367 680)。将其结转到“利润分配”科目。

借:清算损益　　2 160 320

　贷:利润分配　　2 160 320

清算净损益应先弥补以前年度亏损,若有剩余,再计算并缴纳所得税。因为本例清算净损益为2 160 320元,不足以弥补以前年度亏损 11 200 000 元,所以不用计算缴纳所得税。

③计算剩余财产。经过上述清偿后,剩余财产为 27 760 320 元。

(6)编制清算报表。

有关清算费用表见表 10-7,清算利润表见表 10-8,清算后资产负债表见表 10-9。

表 10-7　清算费用表表

编制单位:华鑫股份有限公司　　2×22 年 9 月 1 日—2×22 年 9 月 30 日　　单位:万元

费用项目	金额
清算人员酬金	128 000
公告费用	32 000
咨询费用	32 000
诉讼费用	88 000
利息支出	128 000
合计	408 000

表 10-8　清算利润表

编制单位:华鑫股份有限公司　　2×22 年 9 月 1 日—2×22 年 9 月 30 日　　单位:万元

清算损失及清算费用	金额	清算收益	金额
清算费用	408 000	变卖存货溢价收入	2 400 000
应收账款坏账损失	31 680	变卖固定资产溢价收入	1 128 000
变卖存货损失	928 000		
合计	1 367 680	合计	3 528 000

表 10-9　资产负债表(清算后)

编制单位:华鑫股份有限公司　　　　2×22 年 9 月 30 日　　　　单位:万元

资产	金额	股东权益	金额
银行存款	27 760 320	股本	32 000 000
		资本公积	3 200 000
		盈余公积	1 600 000
		未分配利润	(9 039 680)
资产总计	27 760 320	股东权益总计	27 760 320

(7)分配剩余资产。

将剩余资产 27 760 320 元分配给普通股股东,原来每股面值为 100 元,共 320 000 股,由于企业连年发生亏损,剩余财产不足以发还全部股本,每股只能按 86.751 元分配,作账务处理为:

借:股本　　32 000 000
　资本公积　　3 200 000
　盈余公积　　1 600 000
　贷:利润分配　　9 039 680
　　银行存款　　27 760 320

第三节　破产清算的会计处理

一、破产清算会计处理的主要步骤

企业破产清算过程中的会计处理一般要经过几个步骤,如图 10-2 所示。

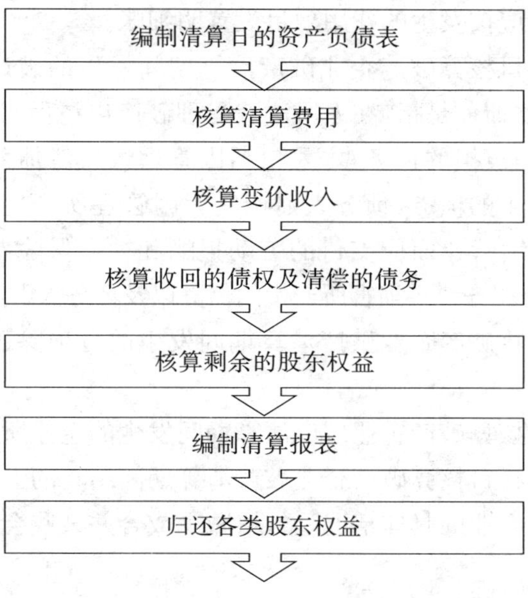

图 10-2　破产清算会计处理的主要步骤

二、破产清算的会计处理

（一）破产清算会计新增会计科目

破产管理人接管破产企业的会计档案等财务资料后，应当在企业被法院宣告破产后，增设以下会计科目。破产企业可以根据实际需要，在一级科目中设置明细科目。增设的会计科目分为债务类、累计清算净损益类和清算损益类。

1. 新增债务类科目

应付破产费用：本科目核算破产企业在破产清算期间发生的破产法规定的各类破产费用。

应付共益债务：本科目核算破产企业在破产清算期间发生的破产法规定的各类共益债务。

2. 新增累计清算净损益类科目

累计清算海损益：本科目核算破产企业在编制破产财务报表日结转的当期清算净损益科目余额。破产企业财产与债务的差额，也在本科目核算。

3. 新增清算损益类科目

（1）财产处置净损益：本科目核算破产企业在破产清算期间处置破产财产产生的、扣除相关处置费用后的净损益。

（2）债务清偿净损益：本科目核算破产企业在破产清算期间清偿债务产生的净损益。

（3）计量基础调整净损益：本科目核算破产企业在破产清算期间按照破产清算净值调整财产账面价值，以及按照清偿价值调整债务账面价值产生的净损益。

（4）其他收益：本科目核算除财产处置、债务清偿以外，在破产清算期间发生的其他收益。

（5）破产费用：本科目核算破产企业破产清算期间发生的破产法规定的各项破产费用，主要包括破产案件的诉讼费用，管理、变价和分配债务人财产的费用，管理人执行职务的费用、报酬和聘用工作人员的费用。本科目应按发生的费用项目设置明细账。

（6）共益债务费用：本科目核算破产企业破产清算期间发生的破产法规定的共益债务相关的各项费用。根据破产法，共益债务是指，在人民法院受理破产申请后，为全体债权人的共同利益而管理、变卖和分配破产财产而负担的债务，主要包括因管理人或者债务人请求对方当事人履行双方均未履行完毕的合同所产生的债务，债务人财产受无因管理所产生的债务，因债务人不当得利所产生的债务，为债务人继续营业而应支付的劳动报酬和社会保险费用以及由此产生的其他债务，管理人或者相关人员执行职务致人损害所产生的债务以及债务人财产致人损害所产生的债务。

（7）其他费用：本科目核算破产企业破产清算期间发生的各项除破产费用和共益债务费用之外的其他费用。

（8）所得税费用：本科目核算破产企业破产清算期间发生的企业所得税费用。

（9）当期清算净损益：本科目核算破产企业破产清算期间结转的上述各类清算损益科目余额。

破产管理人可根据破产企业的具体情况，增设、减少或合并某些会计科目。

（二）破产清算的会计处理

破产清算是企业发生严重亏损以致资不抵债而不得不宣告破产时进行的清算，与非破产清算在清偿企业债务时有些不同，既不能全额偿还，也没能力支付股东或所有者款项。为了说明问题，我们举例看一看破产清算与非破产清算在会计处理上有哪些不同。

【例 10-4】 企业因破产清算进行的会计处理

资料：假定华鑫股份有限公司 2×19 年开业，由于疫情原因，经营管理不善，连年发生亏损，现有资产不能抵偿债务，经全体股东大会讨论决定申请破产，经人民法院裁定，自 2×23 年 9 月 1 日起按破产程序进行清算。该公司清算前的资产负债表见表 10-10。

表 10-10　资产负债表(清算前)

编制单位：华鑫股份有限公司　　　　2×23 年 8 月 31 日　　　　单位：万元

资产	金额	负债及股东权益	金额
流动资产：		流动负债：	
货币资金	3 852 000	短期借款	2 400 000
其中：库存现金	12 000	应付票据	1 200 000
银行存款	3 840 000	应付账款	22 800 000
应收票据	480 000	应付职工薪酬	1 200 000
应收账款	13 200 000	应交税费	720 000
减：坏账准备	360 000	流动负债合计	28 320 000
应收账款净额	12 840 000	非流动负债：	
存货	8 400 000	长期借款	12 000 000
流动资产合计	25 572 000	负债合计	40 320 000
		股东权益：	
非流动资产：		股本	48 000 000
固定资产原值	9 120 000	资本公积	4 800 000
减：累计折旧	3 000 000	盈余公积	2 400 000
固定资产净值	6 120 000	未分配利润	(63 828 000)
非流动资产合计	6 120 000	股东权益合计	(8 628 000)
资产总计	31 692 000	负债及股东权益总计	31 692 000

在清算过程中，发生如下经济业务：

(1)支付各项清算费用 1 212 000 元，包括清算人员酬金 168 000 元，公告费用 48 000 元，咨询费用 48 000 元，诉讼费用 60 000 元，利息净支出 888 000 元；

(2)处理存货共获得价款 8 400 000 元，其中，原材料和产成品溢价出售超过账面价值 720 000 元，在产品和低值易耗品折价出售低于账面价值 720 000 元；

(3)处理固定资产收入 6 840 000 元，超过账面价值 720 000 元；

(4)在上述被处理固定资产中有一建筑物原来作价 2 400 000 元，用作长期借款的担保品，现在应当优先偿还有抵押的借款；

(5)收回应收票据 480 000 元，应收账款 12 000 000 元，冲销坏账准备后还有 840 000 元无法收回，作为坏账损失，记入“清算损益”科目的借方；

(6)经过上述处理后，剩余财产仅剩下银行存款 27 960 000 元。

要求：按步骤对该公司进行相关的清算会计处理，编制相关的报表。

【分析】

(1)破产宣告日余额结转。

将企业“应付账款”“其他应付款”等科目中属于破产法所规定的破产费用的余额转入“应付破产费用”科目。属于破产法所规定的共益债务的余额，转入“应付共益债务”科目。

相关会计处理如下：

本例中，为计算方便，假定其中各50%的应付职工薪酬和应交税费归属于破产费用。

借：应付账款	600 000	
应交税费	360 000	
贷：应付破产费用		960 000
借：应付账款	600 000	
应交税费	360 000	
贷：应付共益债务		960 000

(2)处置破产财产的账务处理为：

借：银行存款	480 000	
贷：应收票据		480 000
借：银行存款	12 000 000	
资产处置净损益	840 000	
贷：应收账款		12 840 000
借：银行存款	8 400 000	
贷：存货		8 400 000
借：银行存款	6 840 000	
贷：固定资产		6 120 000
资产处置净损益		720 000

(3)清偿债务的账务处理如下。

在进行破产公司剩余财产的分派时，必须按照法律规定的程序清偿。

①清偿相关破产费用960 000元，清偿相关共益债务960 000元。

借：应付破产费用	960 000	
应付共益债务	960 000	
贷：银行存款		1920 000

②清偿应归还债权人款项。

该公司所欠债权人款项达36 000 000元，包括短期借款2 400 000元，应付票据1 200 000元，应付账款22 800 000元，长期借款9 600 000元(12 000 000－2 400 000)，而现有的剩余财产只有银行存款26 040 000元(27 960 000－1 920 000)。因此，只能按72.33%的比例部分偿还债权(偿还比例用26 040 000－36 000 000来求得)。

通过计算，可以归还的负债按比例计算的金额分别为：短期借款1 736 000元，应付票据868 000元，应付账款16 492 000元，长期借款6 944 000元。作账务处理为：

借:短期借款　　1 736 000

　应付票据　　868 000

　应付账款　　16 492 000

　长期借款　　6 944 000

　贷:银行存款　　26 040 000

剩余无力归还的部分总额为 9 960 000 元,应当转入"清算损益"科目。

借:短期借款　　664 000

　应付票据　　332 000

　应付账款　　6 308 000

　长期借款　　2 656 000

　贷:清算损益　　9 960 000

③将清算费用转入"清算损益"科目,并结转"清算损益"。

借:清算损益　　1 212 000

　贷:清算费用　　1 212 000

经过上述会计处理后,编制清算费用表(略)、清算利润表(见表 10-11)和清算后资产负债表(见表 10-12)。

表 10-11　清算利润表

编制单位:华鑫股份有限公司　　2×23 年 9 月 1 日—2×23 年 9 月 30 日　　单位:万元

清算损失及清算费用	金额	清算收益	金额
清算费用	1 212 000	变卖存货溢价收入	720 000
应收账款坏账损失	840 000	变卖固定资产溢价收入	720 000
变卖存货损失	720 000	短期借款按比例偿还后的差额转入	664 000
		应付票据按比例偿还后的差额转入	332 000
		应付账款按比例偿还后的差额转入	6 308 000
		长期借款按比例偿还后的差额转入	2 656 000
合计	2 772 000	合计	11 400 000

表 10-12　资产负债表(清算后)

编制单位:华鑫股份有限公司　　2×23 年 9 月 30 日　　单位:万元

资产	金额	股东权益	金额
未弥补亏损		股本	48 000 000
		资本公积	4 800 000
		盈余公积	2 400 000
资产总计	55 200 000	股东权益总计	55 200 000

同时,表中清算收益与清算损失及清算费用两项的差额为 8 628 000 元,作账务处理为:

借:清算净损益　　8 628 000

　贷:利润分配　　8 628 000

这样结转后,该公司清算后剩余的未分配亏损为 5 520 万元。

最后，作账务处理。

由于该公司资产不能抵偿负债，除按比例偿还的债务外，作结清账务的处理为：

借：股本 48 000 000

　资本公积 4 800 000

　盈余公积 2 400 000

贷：利润分配 55 200 000

课后思考题

1. 企业终止的原因有哪些？
2. 什么是企业清算？企业清算会计有什么特点？
3. 企业非破产清算与企业破产清算的会计处理有什么区别？
4. 破产管理人与破产清算组有区别吗？区别是什么？
5. 清算净损益如何计算？
6. 2016 年 12 月 20 日财政部发布的《企业破产清算有关会计处理》规定的内容和主要变化有哪些？

课后习题

一、单项选择题

1. 依据清算的原因不同，企业清算可以分为（　　）。

A. 自愿清算和强制清算　　B. 非破产清算和特别清算

C. 破产清算和非破产清算　　D. 特别清算和破产清算

2. 清算会计的计量基础是（　　）。

A. 历史成本　　B. 变现价值　　C. 预计净残值　　D. 现行重置成本

3. 清算会计的目标与常规财务会计目标不同，因此，清算会计的主要活动是反映企业（　　）。

A. 清算前的财务状况　　B. 清算过程中的财务状况

C. 清算后的财务状况　　D. 以上三项内容

4. 下列关于清算会计的有关说法中，不正确的是（　　）。

A. 清算净收益要缴纳所得税　　B. 普通清算的清算净收益可弥补前期亏损

C. 清算企业必须设置“土地转让收益”科目　　D. 土地转让损失不能记入“清算费用”科目

5. 下列有关处理企业清算过程中发生的费用的说法中，不正确的是（　　）。

A. 土地转让净收益直接转入未分配利润　　B. 清算费用在清算财产中优先支付

C 财产保管费计入清算费用　　D. 估价费计入清算费用

6. 在清算会计中，清算企业的下列原账户不转入清算组接管企业后新开设的“应收款”账户中的是（　　）。

A. 应收账款　　B. 预付账款　　C. 预收账款　　D. 其他应收款

7. 破产企业在破产清算期间收到的租金，应记入（　　）科目。

A. 资产处置净损益　　B. 共益债务支出　　C. 其他收益　　D. 破产费用

8. 企业破产清算期间，应收款项类债权的收回金额与其账面价值的差额，应计入的会计科目是(　　)。

A. 其他费用　　B. 资产处置净损益　　C. 清算净损益　　D. 破产费用

9. 破产企业在破产清算期间资产的计量属性是(　　)。

A. 破产资产可变现净值　　B. 破产资产公开拍卖的成交价

C. 破产资产历史成本　　D. 破产资产清算净值

10. 破产企业按照法律、行政法规规定支付职工补偿金时，可能涉及的会计科目是(　　)。

A. 债务清偿净损益　　B. 清算净值

C. 破产费用　　D. 其他费用

二、多项选择题

1. 企业终止的原因多种多样，下列各项目中符合我国有关法规规定的企业终止原因的有(　　)。

A. 企业章程所设立的经营目的根本无法实现，且企业无发展前途

B. 企业章程所设立的经营目的业已达到，企业不需要继续经营

C. 营业期限届满，自行终止

D. 企业合并或分立，要求企业终止

E. 企业宣告破产

2. 企业进入清算程序后，下列活动中属于清算组职责的有(　　)。

A. 公告债权人　　B. 清理企业债权债务

C. 代表企业参与民事诉讼活动　　D. 清理企业财产，编制财产清单

3. 下列各种报表中属于清算财务报表的有(　　)。

A. 清算前资产负债表　　B. 清算后资产负债表　　C. 清算费用表

D. 清算利润表　　E. 现金流量表

4. 下列各项目中将增加清算收益金额的有(　　)。

A. 土地转让收益　　B. 财产变卖收益　　C 财产变卖损失

D. 不能收回的应收账款　　E. 重新确认债务中发生的负债减少额

5. 清算期间发生的下列各项费用中应计入清算费用的有(　　)。

A. 清算人员酬金　　B. 公告费用　　C. 诉讼费用

D. 利息支出　　E. 咨询费用

6. 下列属于企业破产清算计量属性的有(　　)。

A. 可变现净值　　B. 破产债务清偿价值　　C. 重置成本

D. 破产资产清算净值　　E. 公允价值

7. 关于破产企业会计，下列表述中正确的有(　　)。

A. 资产的计量属性为破产资产清算净值　　B. 资产的计量属性为破产资产公允价值

C. 负债的计量属性为破产债务清偿价值　　D. 负债的计量属性为破产债务现值

8. 下列各项中，属于破产企业清算会计中的负债类科目的有(　　)。

A. 应付破产费用　　B. 应付共益债务　　C. 清算净值　　D. 资产处置净损益

9. 下列各项中，应当在企业破产宣告日将其余额转入清算净值的有（ ）。

A. 商誉 B. 长期待摊费用 C. 递延所得税资产 D. 其他综合收益

10. 下列各项中，一般属于破产企业清算财务报表报送对象的有（ ）。

A. 股东 B. 职工 C. 法院 D. 债权人会议

三、判断题

1. A公司与B公司新设合并形成一个新的企业——C公司。这一新设合并事项至少涉及两个公司的清算。（ ）

2. 我国有关法规规定，如果企业在规定的期限内没有营业，长期歇业，就有可能被宣告解散。（ ）

3. 企业清算包括强制清算与非强制清算两种形式。（ ）

4. 清算过程中的土地转让收益是指转让土地使用权取得的收入减去转让费用后的差额。（ ）

5. 企业清算过程中支付的职工安置费应计入清算费用。（ ）

6. 影响清算损益金额的因素包括清算收益、清算损失、清算费用和土地转让净收益。（ ）

7. 清算会计要遵循收付实现制原则。（ ）

8. 破产企业会计确认、计量和报告以持续经营为前提。（ ）

9. 债务人财产不包括破产申请受理时属于债务人的全部财产，只包括破产申请"受理后至破产程序终结前"债务人取得的财产。（ ）

10. 破产清算期间发生资产处置的，破产企业应当终止确认相关被处置资产，并将处置所得金额与被处置资产的账面价值的差额扣除直接相关的处置费用后，计入清算损益。（ ）

四、计算与账务处理题

1. 资料：企业清算时有应收账款30万元，收回25万元，有5万已不能收回。有办公设备，账面价值3万元，作价1万元卖掉。按2%支付应交的增值税。另支付所欠的员工工资3 000元。

要求：根据上述资料，进行该企业破产清算的会计处理。

2. 资料：华鑫股份有限公司由A、B、C、D四家企业等额投资联合经营。现因联营期满决定终止经营，进行清算。2×23年8月31日实施清算前的资产负债表见表10-13。清算过程中发生的业务见表10-14。

表10-13 资产负债表

编制单位：华鑫股份有限公司 2×23年8月31日 单位：万元

资产	期末余额	负债和所有者权益	期末余额
货币资金	200	短期借款	1 200
应收账款	300	应付账款	210
库存商品	1 500	应交税费	−170
固定资产原值	3 700	其他应付款	60
累计折旧	2 500	长期借款	800
		股本	700
		资本公积	100
		盈余公积	180
		利润分配	120
资产总计	3 200	负债和所有者权益总计	3 200

表 10-14　清算期间发生的业务

顺序号	业务内容
1	收回应收账款 250 万元，核销无法收回的 50 万元。
2	将库存商品等存货按 1 600 万元的价格全部变现，增值税税率为 13%
3	将固定资产按 1 300 万元的价格变现，相关税费略
4	用现金偿还全部债务
5	支付清算费用 20 万元
6	归还股东权益

要求：根据上述资料，计算华鑫股东公司歇业清算的清算收益、清算损失、清算费用、清算损益及各种投资方分回资金金额。

第十一章 生物资产会计

本章知识结构

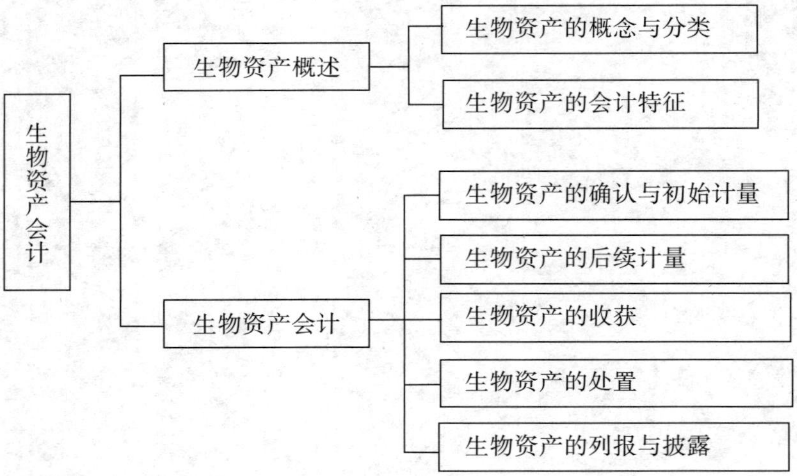

学习目标

通过本章的学习，掌握生物资产的概念与分类、生物资产的确认条件；熟悉生物资产初始计量、后续计量、收获及处置的账务处理；了解生物资产的列报与披露。

案例导入

对于农业企业而言，生物资产通常是其资产的重要组成部分，但是由于生物性资产不确定性大，企业拥有非常大的解释权，财务造假较为简单，生物资产因此成了舞弊行为的天然庇护。生物资产的财务造假案例频发，比如蓝田的鱼，獐子岛的扇贝，辉山乳业的奶牛，未名医药的人参，而生物资产财务造假的核查难度又非常之大，獐子岛案的调查就耗时一年半。所以，我们必须开始重视生物资产的会计核算，寻求更完善的核算体系来减少造假事件的发生。

第一节　生物资产概述

一、生物资产的概念与分类

（一）生物资产的概念

生物资产是指与农业生产相关的有生命的（即活的）动物和植物，其中涵盖收获时点的农产品。例如，果树、橡树、奶牛、农田中的农作物、池塘中养殖的鱼、养殖的蛋鸡和肉食鸡、企业营造的消耗性林木等。

提示说明

1. 本章规范的农业包括种植业、畜牧养殖业、林业和水产业等。

2. 农产品与生物资产密不可分，当其附在生物资产上时，构成生物资产的一部分。收获的农产品从生物资产这一母体分离开始，不再具有生命和生物转化能力或者其生命和生物转化能力受到限制，应当作为存货处理，比如：收获后的蔬菜、从果树上摘下的水果等。

（二）生物资产的分类

根据《企业会计准则第 5 号——生物资产》规定，生物资产通常分为消耗性生物资产、生产性生物资产和公益性生物资产三大类。

1. 消耗性生物资产

消耗性生物资产，是指为出售而持有的或在将来收获为农产品的生物资产。消耗性生物资产属于劳动对象，包括生长中的大田作物、蔬菜、用材林以及存栏待售的牲畜等。

消耗性生物资产通常是一次性消耗并终止其服务能力或未来经济利益，因此在一定程度上具有存货的特征，应当作为存货在资产负债表中列报。

2. 生产性生物资产

生产性生物资产，是指为产出农产品、提供劳务或出租等目的而持有的生物资产。生产性生物资产属于劳动手段，包括经济林、薪炭林、产畜和役畜等。

一般而言，生产性生物资产通常需要生长到一定阶段才开始具备生产的能力。根据其是否具备生产能力（即是否达到预定生产经营目的），可将生产性生物资产分为成熟生产性生物资产和未成熟生产性生物资产。

生产性生物资产具备自我生长性，能够在持续的基础上予以消耗并在未来的一段时间内保持其服务能力或未来经济利益，通常认为生产性生物资产在一定程度上具有固定资产的特征，例如果树每年产出水果、奶牛每年产奶等。

3. 公益性生物资产

公益性生物资产，是指以防护、环境保护为主要目的的生物资产，包括防风固沙林、水土保持林和水源涵养林等。

公益性生物资产虽然不能直接给企业带来经济利益，但具有服务潜能，有助于企业从相关资产获得经济利益，如防风固沙林和水土保持林能带来防风固沙、保持水土的效能，风景林具有美化环境、休息游览的效能等，因此应当确认为生物资产，并且应当单独核算。

二、生物资产的会计特征

一是生物资产通过生物转化活动，促使其在数量和质量两方面发生变化，进而影响其核算的价值发生变化。

二是生物资产的生命周期可能与会计期间不一致，因此在按会计期间对生物资产进行财务状况报告或计算折旧时应该考虑其生命周期。

第二节 生物资产会计

一、生物资产的确认与初始计量

（一）生物资产的确认条件

生物资产同时满足下列条件的，才能予以确认：

(1)企业因过去的交易或者事项而拥有或者控制该生物资产；

(2)与该生物资产有关的经济利益或服务潜能很可能流入企业；

(3)该生物资产的成本能够可靠地计量。

（二）生物资产的初始计量

生物资产应当按照成本进行初始计量。生物资产的取得方式不同，其初始成本的确定也各不相同。

1. 外购的生物资产

无论是消耗性生物资产、生产性生物资产还是公益性生物资产，外购的生物资产的成本都包括购买价款、相关税费、运输费、保险费以及可直接归属于购买该资产的其他支出。其中，可直接归属于购买该资产的其他支出包括场地整理费、装卸费、栽植费、专业人员服务费等。

企业外购的生物资产，按应计入生物资产成本的金额，借记“消耗性生物资产”“生产性生物资产”或“公益性生物资产”科目，贷记“银行存款”“应付账款”“应付票据”等科目。

企业一笔款项一次性购入多项生物资产时，购买过程中发生的相关税费、运输费、保险费等可直接归属于购买该资产的其他支出，应当按照各项生物资产的价款比例进行分配，分别确定各项生物资产的成本。

【例 11-1】 2024 年 2 月，华鑫股份有限公司从市场上一次性购买了 6 头种牛、15 头种猪和 600 头猪苗，单价分别为 4 000 元、1 400 元和 250 元，支付的价款共计 195 000 元，此外，发生的运输费为 4 500 元，保险费为 3 000 元，装卸费为 2 250 元，款项全部以银行存款支付。

【分析】 相关计算如下。

(1)确定应分摊的运输费、保险费和装卸费：

分摊比例＝(4 500＋3 000＋2 250)÷195 000＝5％

6 头种牛应分摊：6×4 000×5％＝1 200(元)

15 头种猪应分摊：15×1 400×5％＝1 050(元)

600 头猪苗应分摊：600×250×5％＝7 500(元)

(2)确定种牛、种猪和猪苗的入账价值：

6 头种牛的入账价值：6×4 000＋1 200＝25 200(元)

15 头种猪的入账价值：15×1 400＋1 050＝22 050(元)

600 头猪苗的入账价值：600×250＋7 500＝157 500(元)

账务处理如下：

借：生产性生物资产——种牛　　25 200
　　　　　　　　　——种猪　　22 050
　　消耗性生物资产——猪苗　　157 500
　贷：银行存款　　204 750

2. 自行繁殖、营造的生物资产

生物资产包括生产性生物资产、消耗性生物资产和公益性生物资产，自行营造时其各自的成本包括的内容各不相同。

自行栽培、营造、繁殖或养殖的消耗性生物资产的成本，应当按照下列规定确定：

(1)自行栽培的大田作物和蔬菜的成本，包括在收获前耗用的种子、肥料、农药等材料费、人工费和应分摊的间接费用等必要支出；

(2)自行营造的林木类消耗性生物资产的成本，包括郁闭前发生的造林费、抚育费、营林设施费、良种试验费、调查设计费和应分摊的间接费用等必要支出；

(3)自行繁殖的育肥畜的成本，包括出售前发生的饲料费、人工费和应分摊的间接费用等必要支出；

(4)水产养殖的动物和植物的成本，包括在出售或入库前耗用的苗种、饲料、肥料等材料费、人工费和应分摊的间接费用等必要支出。

【例 11-2】 华鑫股份有限公司自行营造的白桦林，属于林木类消耗性生物资产，郁闭前发生的造林费 50 000 元，抚育费、营林设施费、良种试验费、调查设计费合计是 10 000 元。

【分析】 其账务处理为：

借：消耗性生物资产——白桦林　　60 000
　贷：银行存款　　60 000

自行营造或繁殖的生产性生物资产的成本，应当按照下列规定确定：

(1)自行营造的林木类生产性生物资产的成本，包括达到预定生产经营目的前发生的造林费、抚育费、营林设施费、良种试验费、调查设计费和应分摊的间接费用等必要支出；

(2)自行繁殖的产畜和役畜的成本，包括达到预定生产经营目的(成龄)前发生的饲料费、人工费和应分摊的间接费用等必要支出。

提示说明

达到预定生产经营目的，是指生产性生物资产进入正常生产期，可以多年连续稳定产出农产品、提供劳务或出租。

【例 11-3】 华鑫股份有限公司自 2017 年开始自行营造 100 公顷橡胶树，当年发生种苗费 189 000元，平整土地和定植所需的机械作业费 55 500 元，定植当年抚育发生肥料及农药费 250 500 元、人员工资等 450 000 元。该橡胶树达到正常生产期为 6 年，从定植后至 2023 年共发生管护费用 2 415 000 元，以银行存款支付。

【分析】 账务处理为：

借：生产性生物资产——未成熟生产性生物资产(橡胶树)	945 000	
贷：原材料——种苗		189 000
——肥料及农药		250 500
应付职工薪酬		450 000
累计折旧		55 500
借：生产性生物资产——未成熟生产性生物资产(橡胶树)	2 415 000	
贷：银行存款		2 415 000

该 100 公顷橡胶树的成本为：

189 000＋55 500＋250 500＋450 000＋2 415 000＝3 360 000(元)

借：生产性生物资产——成熟生产性生物资产(橡胶树)	3 360 000	
贷：生产性生物资产——未成熟生产性生物资产(橡胶树)		3 360 000

自行营造的公益性生物资产的成本，应当按照郁闭前发生的造林费、抚育费、森林保护费、营林设施费、良种试验费、调查设计费和应分摊的间接费用等必要支出确定。

提示说明

1. 因择伐、间伐或抚育更新性质采伐而补植林木类生物资产发生的后续支出，应当予以资本化，计入林木类生物资产的成本，借记"消耗性生物资产""生产性生物资产"或"公益性生物资产"科目，贷记"银行存款"等科目。

2. 生物资产在郁闭或达到预定生产经营目的后发生的管护、饲养费用等后续支出，应当计入当期损益，借记"管理费用"科目，贷记"银行存款"等科目。

3. 天然起源的生物资产

天然林等天然起源的生物资产，仅在企业有确凿证据表明能够拥有或者控制该生物资产时，才能予以确认。企业拥有或控制的天然起源的生物资产，通常并未进行相关的农业生产，如企业从土地、河流湖泊中取得的天然生长的天然林、水生动植物等。

天然起源的生物资产的公允价值无法可靠地取得，应按名义金额确定生物资产的成本，同时计入当期损益，名义金额为 1 元人民币，即借记"消耗性生物资产""生产性生物资产"或"公益性生物资产"科目，贷记"营业外收入"科目。

4. 其他方式取得的生物资产

投资者投入生物资产的成本，应当按照投资合同或协议约定的价值确定，但合同或协议约定价值不公允的除外。

非货币性资产交换、债务重组和企业合并取得的生物资产的成本，应当分别按照《企业会计准则第 7 号——非货币性资产交换》、《企业会计准则第 12 号——债务重组》和《企业会计准则第 20 号——企业合并》确定。

二、生物资产的后续计量

（一）采用成本模式计量生物资产

在我国，处于不同生长阶段的各类生物资产的公允价值一般难以取得，因此，生物资产准则规定通常应当采用历史成本对生物资产进行后续计量，但有确凿证据表明其公允价值能够持续可靠取得的除外。

生物资产采用历史成本进行计量的情况下，消耗性生物资产按成本减累计跌价准备计量；未成熟的生产性生物资产按成本减累计减值准备计量，成熟的生产性生物资产按成本减累计折旧及累计减值准备计量；公益性生物资产按成本计量。

1. 成熟生产性生物资产折旧的计提

成熟的生产性生物资产进入正常生产期，可以多年连续稳定产出农产品、提供劳务或出租。因此，应当按期计提折旧，以与其给企业带来的经济利益流入相配比。例如，已经开始挂果的苹果树的折旧额与从苹果树上采摘的苹果取得的收入相配比，役牛每期的折旧额与其犁地为企业带来的经济利益流入相配比等。

生产性生物资产的折旧，是指在生产性生物资产的使用寿命内，按照确定的方法对应计折旧额进行系统分摊。其中，应计折旧额是指应当计提折旧的生产性生物资产的原价扣除预计净残值后的余额；如果已经计提减值准备，还应当扣除已计提的生产性生物资产减值准备累计金额。预计净残值是指预计生产性生物资产使用寿命结束时，在处置过程中所发生的处置收入扣除处置费用后的余额。

(1)需要计提折旧的生产性生物资产的范围。

当期增加的成熟生产性生物资产应当计提折旧，一旦提足折旧，不论能否继续使用，均不再计提折旧。需要注意的是，以融资租赁租入的生产性生物资产和以经营租赁方式租出的生产性生物资产，应当计提折旧；以融资租赁租出的生产性生物资产和以经营租赁方式租入的生产性生物资产，不应计提折旧。

(2)预计生产性生物资产的使用寿命。

企业确定生产性生物资产的使用寿命，应当考虑下列因素：①该资产的预计产出能力或实物产量；②该资产的预计有形损耗，如产畜和役畜衰老、经济林老化等；③该资产的预计无形损耗，如因新品种的出现而使现有的生产性生物资产的产出能力和产出农产品的质量等方面相对下降、市场需求的变化使生产性生物资产产出的农产品相对过时等。

在实务中，企业应在考虑这些因素的基础上，结合不同生产性生物资产的具体情况做出判断。例如，在考虑林木类生产性生物资产的使用寿命时，可以考虑诸如温度、湿度和降雨量等生物特征、灌溉特征、嫁接和修剪程序、植物的种类和分类、植物的株间距、所使用初生主根的类型、采摘或收割的方法、所生产产品的预计市场需求等。在相同的环境下，同样的生产性生物资产的预计使用寿命应该基本相同。

(3)生产性生物资产的折旧方法。

企业可选用的折旧方法包括年限平均法、工作量法、产量法等。在具体运用时，企业应当根据生产性生物资产的有关经济利益预期实现方式，合理选择相应的折旧方法。

(4)生产性生物资产的使用寿命、预计净残值和折旧方法的复核。

企业至少应当于每年年度终了对生产性生物资产的使用寿命、预计净残值和折旧方法进行复核。如果生产性生物资产的使用寿命或预计净残值的预期数与原先估计数有差异的，或者有关经济利益预期实现方式有重大改变的，企业应当作为会计估计变更，按照《企业会计准则第28号——会计政策、会计估计变更和差错更正》的规定进行会计处理，调整生产性生物资产的使用寿命或预计净残值或者改变折旧方法。

(5)生产性生物资产计提折旧的账务处理。

企业应当按期对达到预定生产经营目的的生产性生物资产计提折旧，并根据受益对象分别计入将收获的农产品成本、劳务成本等。对成熟生产性生物资产按期计提折旧时，借记“生产成本”“劳务成本”“管理费用”等科目，贷记“生产性生物资产累计折旧”科目。

【例11-4】 华鑫股份有限公司有一片经济林，属于生产性生物资产，原价是25万元，预计可使用年限为10年，预计净残值率是4%，采用年限平均计提折旧。

【分析】 相关计算为：

年折旧额＝250 000×(1－4%)÷10＝24 000(元)

月折旧额＝24 000÷12＝2 000(元)

按期计提折旧时，账务处理为：

借：生产成本　　2 000

　贷：生产性生物资产累计折旧　　2 000

2. 生物资产的减值

企业至少应当于每年年度终了对消耗性生物资产和生产性生物资产进行检查，有确凿证据表明上述生物资产发生减值的，应当计提消耗性生物资产跌价准备或生产性生物资产减值准备。企业首先应当注意消耗性生物资产和生产性生物资产是否有发生减值的迹象，在此基础上计算确定消耗性生物资产的可变现净值或生产性生物资产的可收回金额。

提示说明　对于公益性生物资产而言，由于其持有目的与消耗性生物资产和生产性生物资产有本质不同，主要是出于防护、环境保护等特殊公益性目的，具有非经营性的特点，因此生物资产准则规定公益性生物资产不计提减值准备。

(1)判断消耗性生物资产和生产性生物资产减值的主要迹象

生物资产准则对消耗性生物资产和生产性生物资产的减值采取了易于判断的方式，即企业至少应当于每年年度终了对消耗性生物资产和生产性生物资产进行检查，有确凿证据表明由于遭受自然灾害、病虫害、动物疫病侵袭或市场需求变化等原因的情况下，上述生物资产才可能存在减值迹象。具体来说，消耗性生物资产和生产性生物资产存在下列情形之一的，通常表明可变现净值或可收回金额低于成本或账面价值：

①因遭受火灾、旱灾、水灾、冻灾、台风、冰雹等自然灾害，造成消耗性生物资产或生产性生物资产发生实体损坏，影响该资产的进一步生长或生产，从而降低其产生经济利益的能力；

②因遭受病虫害或者疯牛病、禽流感、口蹄疫等动物疫病侵袭，造成消耗性生物资产或生产性生物资产的市场价格大幅度持续下跌，并且在可预见的未来无回升的希望；

③因消费者偏好改变而使企业的消耗性生物资产或生产性生物资产收获的农产品的市场需求发生变化，导致市场价格逐渐下跌，与工业产品不同，一般情况下技术进步不会对生物资产的价值产生明显的影响；

④因企业所处经营环境，如动植物检验检疫标准等发生重大变化，从而对企业产生不利影响，导致消耗性生物资产或生产性生物资产的市场价格逐渐下跌；

⑤其他足以证明消耗性生物资产或生产性生物资产实质上已经发生减值的情形。

(2)计提减值准备。

消耗性生物资产的可变现净值或生产性生物资产的可收回金额低于其成本或账面价值时，企业应当按照可变现净值或可收回金额低于成本或账面价值的差额，计提生物资产减值准备，借记“资产减值损失”科目，贷记“消耗性生物资产跌价准备”或“生产性生物资产减值准备”科目。

消耗性生物资产的可变现净值是指在日常活动中，消耗性生物资产的估计售价减去至出售时估计将要发生的成本、估计的销售费用以及相关税费后的金额，其确定应当遵循《企业会计准则第1号——存货》。生产性生物资产的可收回金额根据其公允价值减去处置费用后的净额与资产预计未来现金流量的现值两者之间较高者确定，应当遵循《企业会计准则第8号——资产减值》。

(3)已确认的消耗性生物资产跌价损失的转回。

企业在每年年度终了对消耗性生物资产进行检查时，如果消耗性生物资产减值的影响因素已经消失的，减记金额应当予以恢复，并在原已计提的跌价准备金额内转回，转回的金额计入当期损益，借记“存货跌价准备——消耗性生物资产”科目，贷记“资产减值损失”科目。根据《企业会计准则第8号——资产减值》的规定，生产性生物资产减值准备一经计提，不得转回。

【例11-5】 华鑫股份有限公司已郁闭成林的造纸原材料实际成本为400万元。2022年度，由于遭受病虫害侵袭，该公司预计其可变现净值为360万元，假定该用材林以前年度未计提减值准备。2023年病虫害得到根本控制，该用材林预计其可变现净值为380万元。

【分析】 该公司的账务处理如下。

(1)2022年预计其可变现净值为360万元小于实际成本为400万元，故计提跌价准备40万元。

借：资产减值损失　　400 000

　贷：消耗性生物资产跌价准备　　400 000

(2)2023年影响消耗性生物资产的减值因素已消失，预计其可变现净值380万元大于其账面价值360万元，故恢复增加的价值20万元。

借：消耗性生物资产跌价准备　　200 000

　贷：资产减值损失　　200 000

（二）采用公允价值计量生物资产

1. 采用公允价值计量的条件

生物资产通常按照成本计量，但有确凿证据表明其公允价值能够持续可靠取得的除外。对于采用公允价值计量的生物资产，生物资产准则规定了严格的条件，应当同时满足下列两个条件。

第一，生物资产有活跃的交易市场，即该生物资产能够在交易市场中直接交易。

活跃的交易市场，是指同时具有下列特征的市场：市场内交易的对象具有同质性；可随时找到自愿交易的买方和卖方；市场价格的信息是公开的。

第二，能够从交易市场上取得同类或类似生物资产的市场价格及其他相关信息，从而对生物资产的公允价值作出科学合理的估计。

同类或类似的生物资产，是指品种相同、质量等级相同或类似、生长时间相同或类似、所处气候和地理环境相同或类似的有生命的动物和植物。这一规定表明，企业能够客观而非主观随意地使用公允价值。

2. 公允价值模式下的会计处理

在公允价值模式下，企业不再对生物资产计提折旧和计提减值准备，应当按照生物资产的公允价值减去出售费用后的净额计量，各期变动计入当期损益。一般情况下，企业对生物资产的计量模式一经确定，不得随意变更。

【例 11-6】 2023 年 12 月 31 日，华鑫股份有限公司生物资产一直采用公允价值进行计量，其中消耗性生物资产账面余额 30 万元，市场价值为 36 万元；生产性生物资产账面余额 100 万元，市场价值为 80 万元；公益性生物资产账面余额 60 万元，市场价值为 120 万元。

【分析】 如果没有其他因素影响，则该公司应在月末进行如下账务处理：

借：消耗性生物资产	60 000	
公益性生物资产	600 000	
贷：公允价值变动损益		660 000
借：公允价值变动损益	200 000	
贷：生产性生物资产		200 000

三、生物资产的收获

收获，是指消耗性生物资产生长过程的结束，如收割小麦、采伐用材林等，以及农产品从生产性生物资产上分离，如从苹果树上采摘下苹果、奶牛产出牛奶、绵羊产出羊毛等。

生物资产收获之后成为农产品的，应当按照《企业会计准则第 1 号——存货》处理。

（一）消耗性生物资产的收获

对于消耗性生物资产，应当在收获时，按照其账面价值结转成本。结转成本方法包括加权平均法、个别计价法、蓄积量比例法、轮伐期年限法等。

从消耗性生物资产上收获农产品后，消耗性生物资产自身完全转为农产品而不复存在，如肉猪宰杀后的猪肉、收获后的蔬菜、用材林采伐后的木材等，企业应当将收获时点消耗性生物资产的账面价值结转为农产品的成本。借记“农产品”科目，贷记“消耗性生物资产”科目，已计提跌价准备的，还应同时结转跌价准备，借记“消耗性生物资产跌价准备”科目；对于不通过入库直接销售的鲜活产品等，按实际成本，借记“主营业务成本”，贷记“消耗性生物资产”科目。

【例 11-7】 华鑫股份有限公司 2023 年 6 月入库小麦 20 吨，成本为 12 000 元。

【分析】 账务处理如下：

借：农产品——小麦	12 000	
贷：消耗性生物资产——小麦		12 000

（二）生产性生物资产的收获

生产性生物资产具备自我生长性，能够在生产经营中长期、反复使用，从而不断产出农产品。从生产性生物资产上收获农产品后，生产性生物资产这一母体仍然存在，如奶牛产出牛奶，从果树上采摘下水果等。生产性生物资产收获的农产品成本，按照产出或采收过程中发生的材料费、人工费和应分摊的间接费用等必要支出计算确定，并采用加权平均法、个别计价法、蓄积量比例法、轮伐期年限法等方法，将其账面价值结转为农产品成本。

【例 11-8】 华鑫股份有限公司 2024 年 1 月发生奶牛（已进入产奶期）的饲养费用为：领用饲料 5 000 公斤，计 1 200 元，应付饲养人员工资 3 000 元，以现金支付防疫费 500 元。

【分析】 账务处理如下：

借：生产成本——农业生产成本（牛奶）	4 700	
贷：原材料		1 200
应付职工薪酬		3 000
库存现金		500

四、生物资产的处置

（一）生物资产出售

企业出售消耗性生物资产时，企业应按实际收到的金额，借记“银行存款”等科目，贷记“主营业务收入”等科目；应按其账面余额，借记“主营业务成本”等科目，贷记“消耗性生物资产”科目，已计提跌价准备的，还应同时结转跌价准备。

【例 11-9】 华鑫股份有限公司于 2024 年 1 月将育成的 40 头仔猪出售给乙食品加工厂，价款总额为 20 000 元，货款尚未收到。出售时仔猪的账面余额为 12 000 元，未计提跌价准备，不考虑相关税费。

【分析】 账务处理如下：

借：应收账款——乙食品加工厂	20 000	
贷：主营业务收入		20 000
借：主营业务成本	12 000	
贷：消耗性生物资产——育肥猪		12 000

企业对外出售生产性生物资产时，按实际取得的价款，借记“银行存款”等科目，按其账面余额，贷记“生产性生物资产”科目，已计提减值准备或折旧的，还应同时结转减值准备或累计折旧。按其差额，借记“营业外支出”科目或贷记“营业外收入”科目。

【例 11-10】 2023 年 9 月 30 日，华鑫股份有限公司将 5 头奶牛作价 25 000 元出售给个人。奶牛账面原价 36 000 元，已计提折旧 15 000 元，未计提减值准备。假定不考虑其他因素。

【分析】 账务处理如下：

借：银行存款	25 000	
生产性生物资产累计折旧	15 000	
贷：生产性生物资产		36 000
营业外收入——处置非流动资产利得		4 000

(二)生物资产盘亏或死亡、毁损

生物资产盘亏或死亡、毁损时，应当将处置收入扣除其账面价值和相关税费后的余额先记入“待处理财产损益”科目，待查明原因后，根据企业的管理权限，经股东大会、董事会或类似机构批准后，在期末结账前处理完毕。生物资产因盘亏或死亡、毁损造成的损失，在减去过失人或者保险公司等的赔款和残余价值之后，计入当期“管理费用”；属于自然灾害等非常损失的，计入“营业外支出”。

【例 11-11】 华鑫股份有限公司于 2023 年 8 月 4 日丢失三头种牛，账面原值为 11 600 元，已经计提折旧 600 元；经查实，饲养员赵五负有一定管理责任，应赔偿 3 000 元。

【分析】 账务处理如下：

借：待处理财产损益	11 000	
生产性生物资产累计折旧	600	
贷：生产性生物资产——种猪		11 600
借：其他应收款——赵五	3 000	
管理费用	8 000	
贷：待处理财产损益		11 000

(三)生物资产转换

生物资产改变用途后的成本，应当按照改变用途前的账面价值确定，即应将转出生物资产的账面价值作为转入资产的实际成本。通常包括如下情况。

当产畜或役畜淘汰转为育肥畜，或者林木类生产性生物资产转为林木类消耗性生物资产时，按转群或转变用途时的账面价值，借记“消耗性生物资产”科目，按已计提的累计折旧，借记“生产性生物资产累计折旧”科目，按其账面余额，贷记“生产性生物资产”科目。已计提减值准备的，还应同时结转已计提的减值准备。

当育肥畜转为产畜或役畜，或者林木类消耗性生物资产转为林木类生产性生物资产时，应按其账面余额，借记“生产性生物资产”科目，贷记“消耗性生物资产”科目。已计提减值准备的，还应同时结转减值准备。

【例 11-12】 2023 年 4 月，华鑫股份有限公司自行繁殖的 200 头种猪转为育肥猪，此批种猪的账面原价为 500 000 元，已经计提的累计折旧为 200 000 元，已经计提的资产减值准备为 30 000 元。

【分析】 账务处理如下：

借：消耗性生物资产——育肥猪　270 000
　　生产性生物资产累计折旧　200 000
　　生产性生物资产减值准备　30 000
　贷：生产性生物资产——成熟生产性生物资产（种猪）　500 000

消耗性生物资产、生产性生物资产转为公益性生物资产时，应当按照相关准则规定，考虑其是否发生减值，发生减值时，应当首先计提减值准备，并以计提减值准备后的账面价值作为公益性生物资产的入账价值。转换时，应按其扣除减值准备后的账面价值，借记“公益性生物资产”科目，按已计提的生产性生物资产累计折旧，借记“生产性生物资产累计折旧”科目，按已计提的减值准备借记“消耗性生物资产跌价准备”“生产性生物资产减值准备”科目，按账面余额，贷记“消耗性生物资产”“生产性生物资产”科目。

【例 11-13】 2023 年 7 月，由于区域生态环境的需要，华鑫股份有限公司的 12 公顷造纸原料林（杨树）被划为防风固沙林，仍由公司负责管理，该林的账面余额 80 000 元，已经计提的跌价准备为 5 000 元。此时该林的可变现净值估计为 70 000 元。

【分析】 账务处理如下：

借：资产减值损失——造纸原料林（杨树）　5 000
　贷：消耗性生物资产跌价准备——造纸原料林（杨树）　5 000

借：公益性生物资产——防风固沙林（杨树）　70 000
　　消耗性生物资产跌价准备——造纸原料林（杨树）　10 000
　贷：消耗性生物资产——造纸原料林（杨树）　80 000

公益性生物资产转为消耗性生物资产或生产性生物资产时，应按其账面余额，借“消耗性生物资产”或“生产性生物资产”科目，贷记“公益性生物资产”科目。

【例 11-14】 2023 年 9 月，华鑫股份有限公司根据所属区域的林业发展规划相关政策调整，将以马尾松为主的 800 公顷防风固沙林，全部转为以采脂为目的的商品林，该马尾松的账面价值为 2 000 000元。其中，已经具备采脂条件的为 600 公顷，账面价值为 160 000 元，其余的尚不具备采脂条件。2023 年 11 月，华鑫股份有限公司根据国家政策规定，将乙林班 100 公顷作为防风固沙林的杨树转为作为造纸原料的商品林，该杨树账面余额为 180 000 元。

【分析】 账务处理如下。

(1)2023 年 9 月：

借：生产性生物资产——成熟生产性生物资产（马尾松）　1 600 000
　　生产性生物资产——未成熟生产性生物资产（马尾松）　400 000
　贷：公益性生物资产——防风固沙林（马尾松）　2 000 000

(2)2023 年 11 月：

借：消耗性生物资产——造纸原料林（杨树）　180 000
　贷：公益性生物资产——防风固沙林（杨树）　180 000

五、生物资产的列报与披露

（一）生物资产的列报

生产性生物资产在资产负债表中非流动资产下“生产性生物资产”项目单独列示，消耗性生物资产在资产负债表“存货”项目中列示，公益性生物资产在资产负债表“其他非流动资产”项目中列示。

（二）生物资产的披露

企业应当在附注中披露与生物资产有关的下列信息：

(1)生物资产的类别以及各类生物资产的实物数量和账面价值；

(2)各类消耗性生物资产的跌价准备累计金额，以及各类生产性生物资产的使用寿命、预计净残值、折旧方法、累计折旧和减值准备累计金额；

(3)天然起源生物资产的类别、取得方式和实物数量；

(4)用于担保的生物资产的账面价值；

(5)与生物资产相关的风险情况与管理措施。

企业应当在附注中披露与生物资产增减变动有关的下列信息：

(1)因购买而增加的生物资产；

(2)因自行培育而增加的生物资产；

(3)因出售而减少的生物资产；

(4)因盘亏或死亡、毁损而减少的生物资产；

(5)计提的折旧及计提的跌价准备或减值准备；

(6)其他变动。

知识拓展

课后思考题

1. 什么是生物资产？试举例说明。
2. 生物资产有何特点？如何分类？
3. 生物资产的确认条件是什么？
4. 生物资产采用公允价值模式进行后续计量要求经济环境具备哪些条件？
5. 生物资产如何进行初始确认和计量？如何进行后续计量？收获和处置如何进行核算？
6. 企业应对生物资产如何进行披露？

课堂思政

2014年7月，獐子岛集团股份有限公司(以下简称“獐子岛公司”)对外声称，扇贝未受到自然灾害的影响，实际却是在2014年秋季盘点发现上万公顷海洋牧场几乎绝收，企业决定放弃采捕2011年底播的虾夷扇贝，核销虾夷扇贝账面价值7.3亿元左右，并对虾夷扇贝计提跌价准备，共计2.9亿元左右，共计造成了8亿元的巨额损失，于10月14日临时停牌。经过2014年“扇贝逃跑”

事件，广大投资者和企业未从损失中恢复，2017 年上半年海水升温，饵料剧减，导致出现“扇贝饿死”事件。2017 年 5 月 24 日和 10 月 25 日獐子岛生物资产盘查后，对外披露并没有出现生物资产减值。但 2018 年 1 月，突然宣布放弃采捕 2014—2016 年底播的虾夷扇贝，随后，企业计提跌价准备约 0.51 亿元，核销成本 5.78 亿元，2017 年净利润损失 6.29 亿元，预计 2018 年企业的经营负担将持续加重，在 2019 年 11 月，扇贝大批量死亡，存在减值风险，股价下跌 1.64%，总市值 21.33 亿元，继续处于亏损状态。

针对 2014 年“扇贝逃跑”和 2017“扇贝饿死”事件，企业给出的海底虾夷扇贝受冷水团气候破坏、气温升高饵料不足的解释含糊其词，广大的股民对獐子岛的股票产生了质疑。我们从獐子岛公司生物资产核算及披露的角度发现了以下问题。

1. 生物资产期末计量不准确

海产养殖业由于缺少外部独立的监督和盘查，投入的幼苗费、饲料费、捕捞费等难以估计，所以生物资产历史成本难以准确估计；生物资产极易受到海洋灾害的影响，难以估计海产品的数量和质量。其中，獐子岛公司对生物资产的盘点不合理也是期末计量不准确的重要因素之一（见表 11-1）。

表 11-1　2017 年獐子岛虾夷扇贝盘点

底播年份/年	底播面积/hm^2	抽点面积/hm^2	抽点比/%	数量/枚	扇贝平均重量/kg	扇贝平均产量/kg/hm^2
2014	14 093	53	0.38	2 463	0.16	7.35
2015	33 013	73	0.21	52 237	0.09	65.55
2016	40 533	106	0.27	23 036	0.06	12.6

由表 11-1 可知，2014—2016 年抽查盘点的面积仅占 0.38%、0.21%和 0.27%，不足 1%的抽查比例，抽查样本不全面，生物资产会计核算及减值计提存在错误，最终导致了獐子岛公司的生物资产期末计量不准确。

2. 生物资产减值处理不当

獐子岛虾夷扇贝出现减值后，公司做出了大量的资产减值和存货跌价准备（见表 11-2、表 11-3）。

表 11-2　2017 年獐子岛底播虾夷扇贝存货核销

资产名称	底播面积/hm^2	账面价值/亿元	平均产量/kg/hm^2	核销依据
2014 年底播虾夷扇贝	14 093	1.33	6.75	收获价值不抵采捕成本
2015 年底播虾夷扇贝	20 280	1.57	13.2	
2016 年底播虾夷扇贝	37 066	2.86	12	

表 11-3　2017 年獐子岛底播虾夷扇贝跌价准备

资产名称	底播面积/hm^2	可回收金额/亿元	账面价值/亿元	跌价准备金额/亿元	依据
2015 年底播虾夷扇贝	12 733	0.63	0.99	0.36	可回收金额<账面价值
2016 年底播虾夷扇贝	3 466	0.02	0.27	0.24	

由表 11-2、表 11-3 数据可知，2017 年獐子岛在生物资产的可变现净值核算不清以及历史成本不明确的情况下，突然做出巨额的生物资产核销和计提跌价准备，其“成本可靠计量”缺少准确性和真实性，并不符合生物资产减值的核算标准，其处理过程存在诸多不合理之处，引起了社会外界

的一片质疑。

3. 生物资产信息披露不全

中国会计准则在生物资产信息披露方面提出了相关要求，为了能够给投资者提供准确真实的生物资产信息，加强外部监督机构对公司的监管审核，企业应按会计准则进行信息披露。具体披露信息如表 11-4 所示。

表 11-4　中国生物资产披露要求

资产类型	披露内容
各类生物资产	分类、持有数量、账面价值、风险情况及管理措施
消耗性生物资产	生物资产跌价准备累计金额
生产性生物资产	生物资产预计净残值、折旧方法、使用寿命、累计折旧和减值准备累计金额

獐子岛公司作为中国典型的生物资产企业，在生物资产相关信息的披露上更应该遵循中国的会计准则。通过对獐子岛公司年报中相关报表的查阅，了解到獐子岛生物资产有关信息的披露方式和具体情况(见表 11-5、表 11-6)。

表 11-5　獐子岛生物资产披露方式

资产种类	资产负债表	附注	子项目
消耗性生物资产	无披露	无披露	有披露
生产性生物资产	有披露	有披露	无披露
公益性生物资产	无披露	无披露	无披露

表 11-6　獐子岛消耗性生物资产披露情况

资产明细	跌价准备累计金额	资产风险情况与管理措施	资产增减变动额	资产相关成本构成文字说明	成本构成数量说明
无披露	无披露	无披露	有披露	有披露	无披露

由表 11-5、表 11-6 中公司年报附注信息披露情况可以看出，一方面，对占有极大比重的消耗性生物资产未进行单独的项目列示；另一方面，在披露信息的内容上，生物资产减值信息，獐子岛生物资产如何分类和相关占比，生物资产发生减值的跌价准备累计金额，对公司生物资产进行的风险预测与管理等内容都没有进行信息披露，导致相关股东和信息使用者未能全面了解事件信息，对公司自身发展造成了不利影响。

[资料来源：王秋菲，胥瑞雪. 生物资产期末计量问题研究——以獐子岛公司为例[J]. 沈阳建筑大学学报(社会科学版)，2022，24(05).]

请思考：

(1) 多年前，朱镕基总理为北京国家会计学院题词："诚信为本，操守为重，坚持准则，不做假账。"不做假账应该是财会人员的基本要求。请结合上述资料，站在财会人员的角度谈一谈对獐子岛公司财务造假案的看法。

(2) 结合案例和生物资产相关知识，谈谈你对生物资产核算有何好建议以及如何解决特殊生物资产的盘点问题？

课后习题

一、单项选择题

1. 下列各项中，不属于生产性生物资产的是（　　）。

A. 苹果树　　B. 为提供柴炭燃料而种植的马尾松

C. 成年奶牛　　D. 肉猪

2. 可以采用名义金额计量的生物资产是（　　）。

A. 消耗性生物资产　　B. 公益性生物资产

C. 天然起源的生物资产　　D. 生产性生物资产

3. 因择伐、间伐和抚育更新性质采伐而补植林木类生物资产发生的后续支出，应当计入（　　）。

A. 当期损益　　B. 生物资产的成本

C. 所有者权益　　D. 长期待摊费用

4. 生物资产改变用途后的成本按照（　　）确定。

A. 改变用途前的公允价值　　B. 改变用途前的账面价值

C. 改变用途前的账面余额　　D. 改变用途前的市场交易价值

5. 消耗性生物资产在资产负债表上列示在（　　）项目。

A. 其他非流动资产　　B. 生物资产　　C. 存货　　D. 固定资产

6. 以下属于消耗性生物资产的是（　　）。

A. 防风固沙林　　B. 水土保持林　　C. 用材林　　D. 薪炭林

7. 长江公司为一家林业有限责任公司，其下属森林班组织培植管护一片森林。2020 年 6 月发生森林管护费用共计 50 000 元，其中，本月应付人员薪酬 25 000 元，仓库领用库存肥料 18 000 元，管护设备折旧 7 000 元。管护总面积为 5 000 公顷，已郁闭的占 60%，其余的尚未郁闭。则长江公司发生的森林管护费用计入消耗性生物资产成本的金额为（　　）元。

A. 20 000　　B. 30 000　　C. 43 000　　D. 50 000

8. 生产性生物资产计提的折旧应计入（　　）。

A. 当期损益　　B. 相关资产成本或者当期损益

C. 所有者权益　　D. 相关资产的成本

9. 以下生物资产不计提减值准备的是（　　）。

A. 用材林　　B. 薪炭林　　C. 水土保持林　　D. 存栏待售的牲畜

10. 以下内容不构成外购生物资产成本的是（　　）。

A. 专业人员服务费　　B. 人员培训费　　C. 栽培费　　D. 装卸费

二、多项选择题

1. 甲公司为一家林业有限责任公司，林木类消耗性生物资产的支出如下：郁闭前发生的造林费 50 万元，抚育费 40 万元，营林设施费 15 万元，良种试验费 8 万元，郁闭后发生的管护费 5 万元。2020 年 12 月 31 日将其出售，实际收到 150 万元。不考虑其他因素，下列关于甲公司消耗性生物资产的账务处理中,正确的有(　　)。

A. 借:消耗性生物资产　113
　　贷:银行存款　113

B. 借:消耗性生物资产　5
　　贷:银行存款　5

C. 借:银行存款　150
　　贷:主营业务收入　150

D. 借:主营业务成本　113
　　贷:消耗性生物资产　113

2. 下列各项中,关于生产性生物资产的表述正确的有(　　)。

A. 自行繁殖的育肥畜的成本应计入生产性生物资产

B. 达到预定生产经营目的的生产性生物资产应计提折旧

C. 生产性生物资产在郁闭后发生的管护费应计入管理费用

D. 自行营造的经济林的成本应计入生产性生物资产

3. 减值准备一经计提,以后期间不得转回的有(　　)。

A. 固定资产　B. 无形资产　C. 生产性生物资产　D. 消耗性生物资产

4. 生产性生物资产收获农产品,将其账面价值结转为农产品成本应采用的方法有(　　)。

A. 加权平均法　B. 个别计价法　C. 蓄积量比例法　D. 轮伐期年限法

5. 企业确定生产性生物资产的使用寿命,应考虑的因素有(　　)。

A. 预计的产出能力　B. 预计的实物产量

C. 预计的无形损耗　D. 预计的有形损耗

6. 下列各项中,关于生产性生物资产的会计处理表述正确的有(　　)。

A. 育肥畜转为产畜时,应按转群时育肥畜的公允价值计入产畜的成本

B. 达到预定的生产经营目的时,应当按期计提折旧

C. 资产减值损失一经确认,不得转回

D. 公允价值能够持续可靠取得时,生物资产可采用公允价值计量

7. 下列各项支出中,应计入消耗性生物资产成本的有(　　)。

A. 自行栽培的大田作物和蔬菜收获前发生的必要支出

B. 自行营造的林木类消耗性生物资产郁闭前发生的必要支出

C. 自行繁殖的育肥畜出售前发生的必要支出

D. 择伐、间伐或抚育更新性质采伐而补植林木类消耗性生物资产发生的后续支出

8. 外购生物资产成本包括(　　)。

A. 购买价款　B. 相关税费

C. 运输费、保险费　D. 可直接归属于购买该生物资产的其他支出

9. 消耗性生物资产收获为农产品时,涉及的会计科目有(　　)。

A. 原材料　B. 农产品

C. 消耗性生物资产　D. 库存商品

10. 生物资产准则规定了企业可选用的折旧方法包括(　　)等。

A. 年限平均法　B. 工作量法

C. 产量法　D. 年数总和法

三、判断题

1. 消耗性生物资产的减值损失一经确认，在以后期间不得转回。（　　）

2. 水产养殖的动物成本包括出售前耗用的苗种、饲料、肥料等材料费。（　　）

3. 消耗性生物资产包括生长中的大田作物、蔬菜、经济林以及存栏待售的牲畜等。（　　）

4. 天然林等天然起源的生物资产，仅在企业有确凿的证据表明能够拥有或者控制该生物资产时才能予以确认。（　　）

5. 当期增加的成熟生产性生物资产应当计提折旧，一旦提足折旧，不论能否继续使用，均不再计提折旧。（　　）

6. 以融资租赁租出的生产性生物资产和以经营租赁方式租入的生产性生物资产，应当计提折旧。（　　）

7. 公益性生物资产按成本减累计折旧及累计减值准备计量。（　　）

8. 生产性生物资产采用公允价值计量需要满足以下条件之一：一是生物资产有活跃的交易市场，即该生物资产能够在交易市场中直接交易；二能够从交易市场上取得同类或类似生物资产的市场价格及其他相关信息，从而对生物资产的公允价值作出科学合理的估计。（　　）

9. 生物资产在郁闭或达到预定生产经营目的后发生的管护、饲养费用等后续支出，应当计入生产性生物资产成本。（　　）

10. 消耗性生物资产、生产性生物资产转为公益性生物资产时，应当按照相关准则规定，考虑其是否发生减值，发生减值时，应当首先计提减值准备，并以计提减值准备后的账面价值作为公益性生物资产的入账价值。（　　）

四、计算分析题和业务题

1. 甲公司自 2017 年初开始自行营造 100 亩橡胶林，当年发生种苗费 100 000 元，平整土地和定植所需机器设备折旧费 50 000 元；自营造开始正常生产周期为 5 年，假定各年均匀发生抚育肥料及农药费 60 000 元、人工费 75 000 元、每年应分摊的管护费用 400 000 元。

2021 年，甲公司自行营造生产性生物资产达到预定生产经营目的。假定不考虑相关税费等其他因素。

2. 公司下属非独立核算的 A 养猪场从外省购买专门用于繁育仔猪的优良种猪 500 头，支付对方货款总价款 800 000 元，沿途缴纳相关管理费用 3 000 元，专程租赁的运输公司运费 4 500 元尚未实际支付，同时，还支付了因采购种猪所必需的可直接归属于购买该资产的其他支出 2500 元。

3. 某农场种植 1 000 亩小麦。在小麦的种植过程中发生了如下的费用：领用种子 1 000 元，领用化肥 3 000 元，领用农药 1 000 元，承担机械作业费 500 元，发生本单位人员工资 2 000 元。在种植过程中发生其他费用 500 元，已用现金支付。收获时共收获小麦 10 000 公斤，已验收入库。企业将该小麦出售了 5 000 公斤，售价为 10 000 元，另外 5 000 公斤期末盘点时发现短缺 100 公斤，报批后核销。要求：做出上述业务的会计分录。

全书课后习题答案